南開日本研究

NANKAI JAPAN STUDIES

2019

南开大学日本研究院
教育部国别和区域研究基地南开大学日本研究中心　主办
宋志勇 主编

天津出版传媒集团
天津人民出版社

图书在版编目（CIP）数据

南开日本研究. 2019 / 宋志勇主编. -- 天津：天津人民出版社, 2019.12
ISBN 978-7-201-13876-3

Ⅰ. ①南… Ⅱ. ①宋… Ⅲ. ①日本－研究 Ⅳ. ①K313.07

中国版本图书馆CIP数据核字（2019）第273807号

南开日本研究 2019
NANKAI RIBEN YANJIU 2019

出　　版　天津人民出版社
出 版 人　刘　庆
地　　址　天津市和平区西康路35号康岳大厦
邮政编码　300051
邮购电话　（022）23332469
网　　址　http://www.tjrmcbs.com
电子信箱　reader@tjrmcbs.com

责任编辑　岳　勇
装帧设计　卢炀炀

印　　刷　天津市宏瑞印刷有限公司
经　　销　新华书店
开　　本　787毫米×1092毫米　1/16
印　　张　24
插　　页　2
字　　数　300千字
版次印次　2019年12月第1版　2019年12月第1次印刷
定　　价　68.00元

编辑委员会

目　录

新中国70年南开的日本研究

近代日本的对外扩张

思想与文化

当代日本及中日关系

新中国 70 年南开的日本研究

明治维新和维新政权

吴廷璆

近代史上日本是被卷入资本主义世界最晚的国家之一。1854 年日本被美国打开了“锁国”的大门，签订了第一个不平等条约，四年后的 1858 年，美、荷、俄、英、法先后迫使日本缔结通商条约，使它沦于半殖民地的状态。就在这一年，马克思指出：

> 资产阶级社会的本来的使命是建立世界市场（至少在轮廓上），建立以这种市场为基础的生产。因为地球是圆的，所以随着加利福尼亚和澳大利亚的殖民地化，随着中国和日本的门户开放，这个使命似乎已经完成了。①

由于长期的锁国政策和幕藩领主制的专制统治，日本由封建社会向资本主义社会的变革被拖延了。虽然日本社会内部的矛盾还是按照一般历史规律发展着，但外国资本主义的侵略，促进了日本封建危机深化，革命形势高涨，在民族灭亡的威胁下，资本主义关系还没有成熟，就必须对自己命运做出选择。明治维新就是在这样的形势下发生的。

日本资产阶级革命的问题是到了世界资本主义已将进入帝国主义的前夜才被提出，而这时日本又未充分具备革命的物质条件，所以明治维新不得不带有某些与典型的资产阶级革命不同的特点。正因为这样，明治维新的性质成为引起广泛争论的问题。

革命的根本问题是政权问题，而政权问题是一向被弄得最混乱的问题。本文从分析明治维新过程的一些特点及维新政权的实质，对这一问题提出初步的看法。

明治维新的历史前提

比起资产阶级革命前的英、法等国来，明治维新前日本社会经济发展还处在相当低的阶段。农村中的基本关系仍为领主对农民的封建剥削关系。农民为领主耕种一小块世袭份地。②这种封建领地的农民称为“本百姓”③。领主从农民剥削 50%—

① 马克思：《1858 年 10 月 8 日致恩格斯信》，《马克思恩格斯书信选集》，人民出版社，1962 年，第 110 页。

② 根据日本学者的调查，德川时代日本农民（本百姓）每户占有的土地绝大多数都在 5 反（1 反=1.5 市亩）以下，形成一种零碎的封建小农经济（参看羽仁五郎：《幕末的社会经济形态、阶级关系及阶级斗争》前篇，《日本资本主义发达史讲座》，1932 年，岩波书店，第 19—20 页）。

③ 本百姓是登记在领主的土地清丈册上、占地自营、按期纳贡的领民，它的前身是称为“作子”的农奴，随着商品经济发展和封建后期“兵农分离”，小领主（名主）成为诸侯的武士家臣，脱离农村，或下降为农民及村吏，“作子”便成为幕府和诸侯领地上的“本百姓”。这一阶层实质上是领主制下的农奴，是幕藩体制的主要经济基础，但在不断分化中。

70%的实物贡租，还加上各种杂税、劳役，农民在领主的代官、村吏重重压迫下，不但自己被紧缚在土地上，并且连种植自由乃至生活自由都被剥夺，事实上等于农奴。[①]马克思在《资本论》中说到当时日本还是一个“有纯粹封建性的土地占有组织和发达的小农经济”的国家，说“它为欧洲的中世纪提供了一幅更真实得多的图画”[②]。封建主义生产的基础是小农经济，领主从农奴榨取全部剩余产品作地租，德川幕府的统治，就建立在这一封建的小农经济基础上。根据德川幕府的传统政策，农民被认为“仅属供课征贡赋及摊派用款者”。德川家康的谋臣本多正信指出：“农民，天下之根本也。治之有法：先设各人田地之界，使留一年必需之粮，其余即收作年贡，不使其有余财，又不使其不足。”又说，“收农民之贡献，要不使其死，亦不使其生”[③]。这些话充分表现了纯粹封建土地所有权的本质。而本百姓及乡士（在乡武士）中还有拥有被称为“谱代下人”“名子”“被官”等农奴的。与此同时，农村中还保留着公社关系的残余，农民公有山林草地，农业和手工业紧密地结合着，说明了日本封建社会经济的落后性。但随着商品经济的发展，18 世纪后，封建领主的土地所有制开始分解，一方面从本百姓中分化出豪农[④]和水吞[⑤]，豪农和商人又有因开发新田及兼并贫苦农民的份地，成为地主[⑥]的，由此，在领主经济下发展了土地的租佃关系和雇佣劳动；另一方面，城市商人和豪农的商业资本又逐渐控制农村中的家庭手

① 竹越与三郎：《日本经济史》，第 7 卷，平凡社，1936 年，第 173—175 页。又据 19 世纪初幕府执政官（老中）松平定信所著《国本论》，农奴所受榨取有如下述：“至今有五公五民、六公四民、七公三民之税，贡赋之多，更难仆数。场圃有赋，家屋有赋，户牖有赋，……又榷布、榷酒、榛柞菽麻之类，悉使上贡。……常税为米一石，帛一缣，而因阻难、更换及贿赂勒索，所费殆至三倍。收获时有司数十百人巡行阡陌，途远必宿民家，供应稍差，即增赋税，或征劳役。民畏之如虎狼。修桥铺路，匍匐泥中，迎之惟恐不恭。民当赋役，作道路桥堤，送旅差，出驿马，虽在农忙，逢役即弃耒耜，负粮糈，经十百里而不得一文，反被杖殴怒骂”（《日本经济大典》，第 13 卷，第 336—339 页）。

② 马克思：《资本论》第 1 卷，中译本，人民出版社，1963 年，第 792 页，注 192。

③ 《日本经济丛书》，第 32 卷，第 260 页；第 1 卷，第 19 页；第 2 卷，第 238 页。

④ 豪农相当于富农、小地主，多兼村吏或在农村中经营工商业、高利贷，有前期资本家的一面，他们受领主的压榨，常成为农民起义的指导者，但本身依附领主，在村落中占统治地位，负担贡租较本百姓低，但剥削农民更高的佃租，又带有封建主的一面。

⑤ 水吞是失去土地、领主土地清丈册上没有名字的农民，相当于贫农。

⑥ 地主，一般本身还参加劳动，出租土地收租（完全不事生产，只收地租的“寄生地主”，到幕末才在先进地区逐渐增加），德川时代地主可大别为土豪地主、兼并地主、开发（新田）地主三类，他们多数出身于富农、村吏、商人及高利贷者。雇农、佃农与地主间，都存在着接近农奴制的封建依附关系。地主多兼营工商业及高利贷业，具有封建地主和商业资本家的双重性格。

工业，先进地区在 18 世纪就出现了工场手工业。不论在农业和手工业方面，债务劳动[①]都逐渐转化为带有工资劳动性质的雇佣关系，例如债务劳动的时间在缩短，借钱变成付酬。土地租佃关系也在发展，维新前全国佃耕地已占耕地总面积的 20%—30%。[②]手工业方面雇佣劳动的发展比农业方面更快。[③]这些事实说明，不待外国资本主义的影响，日本也将发展到资本主义社会。日本学者中不少人认为德川封建制缺少近代化的条件，只是由于极度的榨取而从内部腐朽，在“接触世界资本主义后，就像木乃伊遇到空气一样，立刻瓦解了”[④]，这一看法只强调幕末日本经济的封建停滞，忽略了当时资本主义萌芽已在成长的一面，是值得商榷的。

幕藩封建统治者对于这种生产关系变化的趋势不是漠不关心的，为了稳定封建经济，他们不断用法令禁止土地买卖，限制分田，禁止农民离村，取缔雇佣劳动。因此直至开港前，农村中资本主义的发展是很缓慢的。

日本早期的商业资本家——行庄制家庭手工业经营者，多数是从豪农掌握了农民的商品小生产者发展起来的，这一点和十六七世纪英国毛纺织业中分散性工场手工业是以自耕农(yeomanry)为主体分化发展起来的情形多少有点相似。[⑤]但英国的自耕农由于早已获得一定的自由，因而农村纺织业能迅速向资本主义工业发展，在日本则因缺乏海外市场，加上幕藩领主制的封建束缚，使豪农多向寄生地主和商业高利贷资本转化，就是兼营分散性工场手工业的，也不易向近代工业资本发展。直至幕末开港后，农村工业在生丝、制茶等重要输出品生产中，工场手工业才有迅速的发展，但不久仍受到幕府的压抑。[⑥]这些早期商业资本家在同幕藩领主和城市封建特权商人（株仲间）斗争中，显然缺乏西欧新兴市民阶级独立自主的精神。

城市封建商人——町人，本来是德川社会中被置于四民之末的阶级。他们政治上无权，经济活动受领主的严格限制干涉，但大商业资本家为幕藩领主武士的剥削

---

① 日本学者认为幕末豪农商使用的雇佣劳动是一种带有债务奴隶性质的劳动（见羽鸟卓也：《近世日本社会史研究》，未来社，1955 年，第 111—113 页）。但这一问题还有争论，如藤田五郎就认为德川时代农村中的雇佣关系是一种资本主义的契约关系的萌芽（见藤田五郎：《近世农民阶层的阶级分化》，《社会构成史体系》所收，第 7、41、57、64、126 页。又《封建社会的展开过程》，第 340 页以下）。

② 近藤康男：《日本农业经济论》，时潮社，1942 年，第 30 页。

③ 守屋典郎：《日本经济史》，中译本，三联书店，1963 年，第 7—8 页。

④ 平野义太郎：《日本资本主义社会的构造》，岩波书店，1934 年，第 252 页。

⑤ 英国的情形参看 C.恩文：《十六七世纪的工业组织》，1912 年，伦敦，第 200 页。

⑥ 藤村通：《近代日本经济史》，风间书房，1956 年，第 74—75 页。

和奢侈生活服务，经营贡米及国产物[①]的交易，操纵金融，有的替诸侯管理财政、发行货币，他们的特权受到保护。和中世末通过城市自治权的获得、政治上独立、且敢于同封建王权对抗的西欧诸国商业资本家相反，日本的町人在封建锁国下没有成长为强大的阶级力量，虽也有因幕藩领主武士的勒索及赖债而进行过一些“抗贷同盟”之类的斗争，但由于本身主要依靠实物贡租的中间榨取而存在，使他们不能摆脱对领主阶级的从属地位。

德川家族继承织田信长、丰臣秀吉统一日本的事业，结束了战国以来群雄割据、长期混乱的局面，确立了中央集权的幕藩体制。为了压制诸侯反抗和农民起义，幕府的统治具有专制主义的性质[②]，尽管它还有封建割据色彩，但由于幕府对亲藩、内藩、外藩的领地作了有计划的配置，使之互相监视，在军事上就完全控制了地方势力。统治阶级间遵守着以德川将军为中心的严格的父家长制的隶属关系和武士道纪律，德川家康被尊为“神祖”“神君”，幕府厉行锁国，以中国封建主义的朱子学为国学，迫害洋学，统一全国人民的思想，制定有关禁中（皇室）、公家（贵族）、武家（诸侯、武士）的“法度”（道德和法制），不断发布压制和干涉平民日常生活的“御触书”（告示）、“御定书”（法规），特别设立了驾驭全国诸侯的“参觐交代制”[③]、管制城乡居民的“五人组”（五家联保）制度，以及遍布全国的目付（特务）制度，使日本成为一个名副其实的“专制警察国家”[④]。整个德川时代天皇不得过问政治，将军对外称“大君”，以日本国家元首自居。他是全国最大的领主，在 68 国中的 47 国都有幕府的直辖领地，领地的收入达全国租赋的 1/4。幕府还直辖国内主要的城市和矿山，掌握了全国的经济命脉。诸侯虽有统治领内土地人民的权利，但幕府有权改换、削减甚至没收诸侯的领地。这种庞大物质财富的集中和幕藩领主对农民父家长制的剥削统治，构成德川封建中央集权国家的社会经济基础。与西欧专制主义国家不同，当时日本新兴资产阶级和统一的民族市场还没有形成，建立在

---

① 德川中期后，诸藩垄断专卖领内生产品，称为国产物，由官商合办“国产会所”经营。

② 这里所说的“专制主义”，指古代、中世东方国家流行的君主专制政体，实质上就是封建统治阶级的专政，它和马克思主义所指的十七、十八世纪西欧专制君主政治（又称绝对主义 Absolutismus）性质不同，详见以下各节。

③ 大名（诸侯，或称藩主）轮值制。幕府规定各大名每两年中一年住本藩领地，一年住幕府所在地江户（东京），妻子住江户作为人质。

④ 日本资产阶级经济学者福田德三曾比较都铎王朝时代的英国 、波旁王朝时代的法国、1848 年以前的德国和德川幕府的政治，认为都属于绝对君主制的专制警察国家（《日本经济史论》，日译本，第 181 页以下）。日本学者中也有同意这种论点的。

幕府和三百诸侯领主土地所有制基础上的中央集权，直至明治维新时还保留着封建割据色彩，这就是德川专制主义的特色。[①]

德川时代的社会经济矛盾，远自元禄(1688—1703 年)年间就开始暴露。德川后期，农村阶级分化更迅速。据那时记载本州西南地区情况的《长防风土记》，当地 78730 户农家中，(农奴)自耕占 36.3%，自耕兼佃农占 19.5%，佃农达 44.2%[②]，可见领主经济瓦解的趋势。幕藩领主由于商品货币经济侵蚀农村，直接支配土地的力量逐渐丧失，财政日益困难，因而加紧压榨人民，实行强迫农民归村，预征租赋，低价收购和专卖农副产品，改铸劣币，滥发地方纸币(藩札)，向商人摊派献金及赖债不还等措施；同时，扶植富农、村吏的势力，许其冠姓佩刀，视同武士，或组织他们到专卖事业中以加强对农民的奴役，控制农民的商品经济，但这只有促使土地私有更发展[③]，城乡各阶级间的矛盾更尖锐化。整个德川时代，农民和城市贫民斗争约 1240 起，其中大部分发生在德川中期即 18 世纪初以后。[④]这里面有在"名主""庄屋"等富农、村吏领导下，采取代表全体农民意志，越级上诉，以直接反对领主剥削的行动的，有以进行商品生产的中农为核心，联合贫雇农、没落中农反对寄生地主和领主的爪牙(代官、村吏)的，也有城乡贫民反对商业高利贷资本和领主官吏的，在经济发达的地区，后两种斗争到幕末发展愈为猛烈。

农民起义和城市贫民的暴动带有鲜明的反封建斗争性质，同时也反映德川幕藩体制危机的加深，在起义的威胁下，幕藩统治阶级被迫进行了几次改革。日本经济史学者堀江英一曾指出 1713 年到明治十年(1877 年) 160 余年间，共出现了四次起义高峰，每次都比前一次声势浩大，显示幕藩体制崩溃的迫近，有名的享保、宽政及天保年间的三大改革及明治维新，都是紧接每一次起义高峰之后实施的。[⑤]

不论幕府或诸藩的改革，实质上都是以缓和阶级斗争，挽救封建危机为目的，幕府前两次改革都企图抑制商品货币经济的发展，来恢复和巩固领主制的自然经济，结果不但不能解决矛盾，反而加速了幕府统治的没落。诸藩最初也跟随幕府进

---

① 中国秦汉以来的封建专制政体是以地主经济为基础的封建统治阶级的专政。这和日本中世纪末期的专制主义也不相同，其理由当另文研究。

② 安藤良雄、守本顺一郎：《日本经济史》，学灯社，1958 年，第 106 页。

③ 货币经济发达后，农村中虽在禁令下，仍有假借典押、互换、借让及还债等名义买卖份地的，政府最初竭力禁止，以后为保证财政收入，只得听任其发展。

④ 黑正岩：《农民起义年表》，《经济史研究》十七之三所收，1937 年。

⑤ 堀江英一：《明治维新的社会构造》，有斐阁，1959 年，第 54—55 页。

行了改革，采取的政策不外禁止奢侈、限制地主土地私有、发展藩内生产等，作用也不大。

到天保年间(1830—1843年)，由于社会矛盾日益尖锐化，幕藩领主加紧榨取和周期性的大饥馑，引起反封建斗争的质变，城乡人民暴动愈益带上直接反对幕藩统治的色彩（以天保八年大盐平八郎领导的起义为标志）。加以欧美资本主义列强开始侵略日本，使幕藩统治阶级不得不认真应付这一严重的局势。幕府的天保改革（1841—1843年），在新旧势力一致反对下，仅两年半就失败了。值得注意的是诸侯的动态，诸藩在天保改革中，由于各藩本身经济发展程度、政治力量对比和采取政策不同，结果并不一致。据战后日本学者的研究，当时领主经济的发展水平可按地区分为东北诸藩（落后）、中央诸藩（先进）及西南诸藩（中间）三种类型。[①]改革比较成功的西南几个藩，本身经济发展都不是先进的，但由于地理上与资本主义国家接触较早，大都能适应客观趋势，通过专卖等方式，将领内农民的商品生产吸收到藩的财政方面来，同时输入西方先进技术，发展藩营企业，购买近代武器船舰，改革军制，实行所谓富国强兵的重商主义政策，由此迅速提高了本藩经济和军事实力，形成了几个著名的西南“强藩”。反之，东北诸藩领主经济商品化，日益压制农民商品生产的发展；反封建的倾向强烈，领主榨取发生困难，因而改革的成果很少。[②]

明治维新的主导力量产生在商品经济处于中等发展地带的西南诸藩中，不是偶然的。以萨摩藩来说，领地处在火山地带，产米少，经济本不够发达，武士占全人口的1/3，与他藩武士居住领主城市不同，萨藩武士大部分都是散在农村的“乡士”，他们直接压榨称为“札子”的农奴，发展比较落后[③]，但由于地理上接近琉球，获得奴役琉球人民种植甘蔗、独占制糖事业及发展海外走私贸易的便利，经济上补偿了它在农业中的落后性。天保改革中，他们加强对农民的束缚和糖的专卖，得以渡过当时的封建危机[④]，并且逐渐强大起来。长州藩处在濑户沿海商品经济发达的地区，天保初年领内农民为反对农产物专卖的起义，迫使长藩进行了改革，改革派武

① 堀江英一：《封建社会中资本的存在形态》，《社会构成史大系》第三回配本，日本评论社，1949年。

② 堀江英一：《封建社会中资本的存在形态》。

③ 西山武一、原口虎雄：《鹿儿岛县近代农业史》，《日本农业发展史》别卷上，中央公论社，1958年，第10—13页。

④ 山本弘文：《萨藩天保改革的前提》，《经济志林》，22卷，第4号，1954年。

士为保证封建榨取，积极维护本百姓的土地经营，阻止其没落，通过改进专卖制及增加杂税，掌握农民的商品生产，由此偿清多年巨大的债务、安定了武士的生活、改善了藩的财政、巩固了封建领主经济，使长州成为西南强藩之一。[①]和萨、长两藩情形相似的，还有土佐、肥前两藩的改革，也取得了一定的成就。这四个强藩的改革，虽没有根本触动封建领主制的基础，但却适应了商品经济的发展，使自己富强，使得西南强藩武士集团在幕末中央政局中获得了发言权，进一步导致以后他们联合起来在全国范围实现明治维新的局面。堀江英一指出，明治政权的中心势力没有产生在资本主义萌芽最发展的中央地带，而产生在西南，确实可以拿来说明这一政权的封建性质（一个封建领主打倒了其他封建领主成为全民族唯一的封建领主）。他以西南强藩来和形成德国专制主义的主要角色——比德国西部诸侯更为封建的普鲁士相比[②]，这一论点曾有力地支持了主张明治维新是绝对主义王政改革一派的学说。但明治维新领导层的构成，及维新的性质都和普鲁士、德国的情形有所不同，这将在以后说明。

以上所说天保年间幕藩进行的改革尽管在西南强藩中获得了一定的成功，但在商品货币经济日益发展的情形下，整个幕藩体制的危机是无法克服的。特别到安政五年（1858 年），日本被迫对西方资本主义列强开港后，加深了这一封建危机。与此同时，日本和各国签订的不平等条约中，包括了欧美资本主义国家迫使东方弱小国家接受的一切主要条件，举凡居留地、领事裁判权、外国驻军、协定关税率及最惠国条款等应有尽有。事实上，日本已接近鸦片战争后中国一样的半殖民地状态。开港后社会经济发生重大变化，封建经济的解体加剧了。列强利用不平等条约取得的特权，低价榨取粮食、丝、茶，大量出口，同时，外国棉毛织品、兵器等工业品大量涌入，都市旧式的工商业机构发生空前混乱。由于列强加紧搜刮原料，促进制丝工场手工业迅速发展，使用水车作动力的缫丝业也出现了。但棉布等手工业却受到英国廉价纺织品的严重打击。封建体制加于工商业方面的束缚，更阻碍生产力的自由发展。国内生活必需品日趋缺乏，物价不断高涨，粮食发生恐慌。丝、茶及蚕卵纸等主要输出品的价格，从安政六年(1859 年）到庆应三年（1867 年）8 年间分别涨了 3 倍、2 倍及 10 倍，米价猛涨 12 倍，棉粮油盐等生活必需品价格也都暴

① 关顺也：《藩政改革和明治维新》，第 106—107 页。

② 堀江英一：《封建社会中资本的存在形态》。

涨[①]，这对劳动人民和下级武士的生活是一大威胁。生丝、棉花的涨价，使丝织业一度濒于毁灭，以致引起织工的暴动。[②]由于日本长期脱离国际市场，黄金对白银的比价（1:6）远比世界市场金银比价（1:15.5）低，造成黄金大量流出，幕府降低黄金成色，来弥补财政亏损[③]，结果引起物价上涨，为应付经济混乱，更采取限制工商业发展、实行贸易统制、保护江户御用特权商及压迫地方商人的政策，终于遭受地方商人和外国商人的反对而归于失败。于是只得增加贡租，扣欠官吏武士俸禄来支付国防和外交的费用，以致城乡贫民和武士浪人愈无法生活。改革国内政治的呼声和攘夷的口号同时响彻了日本。

总体看来，维新前日本正处在纯粹的封建社会开始瓦解，资本主义还在萌芽的时期，小农经济发达，但农村的直接生产者基本上还是农奴和半自由的领民，不是资本主义的独立自耕农。随着商品经济的发达，兼营农村商工业和高利贷的富农地主在成长，封建领主经济衰落，武士日益贫困，封建剥削促进城乡的阶级斗争，幕藩多次改革挽救不了封建危机，但改革中成长了一支地方的革新势力——西南地区的诸强藩的武士集团，成为推动革命的重要力量。19世纪50年代外国资本主义入侵后，社会经济矛盾更尖锐化，摆在日本人民面前的任务是反封建和反侵略，建立独立的民族国家，但当时日本既没有出现近代的资产阶级，农民单独进行革命，又难取得成功。这里出现了西方国家资产阶级革命时期所没有遇到的局面，明治维新便在严重的民族危机和复杂的阶级斗争中，呈现出它自己的一些特色。

幕末阶级斗争的几个主要方面

德川幕府末期社会的主要矛盾是农民和封建领主阶级的矛盾，这个矛盾的社会基础是商品经济发展和封建领主土地所有制间的矛盾。封建的幕藩领主土地所有制不仅严重地阻碍商品生产的发展，也阻碍农民和寄生地主获得土地的机会；另一方面商品货币经济日益瓦解着以自然经济为基础的农奴制度，促使幕藩统治阶级加紧封建剥削，逼得农民无法活下去。在欧美资本主义列强的侵略下，幕府进一步暴露

① 堀江保藏：《日本资本主义的成立》，大同书院，1939年，第111—112页；土屋乔雄：《维新经济史》，中央公论社，1942年，第39页。

② 石井孝：《幕末开港引起的国内经济混乱及幕府的贸易统制计划》，《历史学研究》（第9卷）第1号。

③ 竹越与三郎：《日本经济史》（第10卷）第269—312页。

出它的腐朽和反动面目，民族矛盾使日本社会各阶级间本来的矛盾更加紧张而复杂化起来。

首先，广大农民及城市贫民反对封建剥削压迫的斗争规模愈大，带有全民族的性格。这是德川封建体制下根本的阶级矛盾。农奴长期受超经济剥削，周期性饥馑疫疠迫使他们出卖田地妻女，堕胎杀婴乃至逃亡。幕末农政学者佐藤信渊曾指出农民破产离村，造成土地荒废，人口减少的现象。[①]开港后，农民生活更恶化，起义次数激增，万延、文久（1860—1863）4 年间发生 34 件，元治、庆应（1864—1867）4 年间激增到 59 件[②]，性质也从总百姓起义演变为改革世间起义[③]，这是以贫农为基础的反抗幕藩领主制、地主制、商业高利贷资本等剥削阶级的斗争。除了反封建外，还具有建立民主社会的目标。他们已不再上诉，而采取直接行动，捣毁地主豪农、豪商宅院，夺回抵押品，要求减免租役、自由贩卖农产品，主张平分土地财产，平等选举村吏。为了实现他们要求的目的，农民烧毁"检地账"（征收地租的账册），这是否定领主土地所有权的土地革命的表现。[④]斗争带着日本古来人民起义所具有的民主传统，如罢免村吏、驱逐代官、实行自治。城市贫民的捣毁运动，大部分是反对幕藩领主商人囤积粮食，投机涨价，加紧掠夺的抢米暴动。也有反对外侵的起义，如 1861 年对马岛农民、渔民武装抗击帝俄军舰侵略的同时，坚决反对企图妥协的藩主和幕府官吏，最后迫使俄舰接受英舰队要求而撤退。[⑤]

农民和城市贫民是德川社会最受压迫的阶层，是反封建剥削和反外国侵略斗争的主力，贫农在斗争中尤其表现得坚决，在某些起义中，由于贫农掌握了领导权，克服了中农层的动摇，取得了胜利。他们的斗争虽由于缺乏先进阶级的领导，带有一定的自发性，不能为革命运动指出正确的方向，队伍中包括了中农以上的富农、村吏层在内，领导权经常落在后者手中[⑥]，更没有将农村和城市的斗争严密统一地

① 《佐藤信渊家学全集》（上卷）第 928 页。

② 黑正岩：《农民起义年表》。

③ 总百姓起义是包括村吏（一般由富农兼任）在内的全村或同族农民反对领主的起义，这是德川时代农民起义的基本形态。改革世间起义主要是中农以下贫雇农反抗领主，捣毁幕府派驻直辖的官衙（代官所），袭击富农豪商村吏等，有时还同都市贫民结合起来进行的暴动，具有明确的政治目的，并已越出了农村共同体和血缘关系的范围。

④ 庄司吉之助：《明治绝对政府成立期的社会经济构造》，伊东信雄等编：《新稿日本史》，文理出版社，1959 年，第 166—167 页。

⑤ 井上清等：《日本农民运动史》，1955 年，中译本，第 15—16 页。

⑥ 羽乌卓也：《近世日本社会史研究》，第 217—234 页。

组织起来，尽管有这些缺点，但由于他们不断进行声势浩大的斗争，终使幕藩领主统治崩溃，赋予明治维新以革命的意义。

其次是富农、地主和工商业者（草莽志士）反幕藩领主制的斗争。富农（豪农）、豪商及寄生地主是商品货币经济发达下产生的新的社会阶层。如上节所述，他们在经营农业的同时，一般还兼营农村中的商业高利贷和行庄制家庭手工业，这一阶层是明治维新中最值得注意的力量，他们代表着新生产方式的萌芽，在不少具体政策上同幕藩领主统治对立，具有反封建的倾向，但德川时代封建的小经济和锁国政策，阻碍着资本主义的发展，使他们不能像英国圈地运动后的自耕农那样成为租地农业家或工业资本家。不论富农豪商或寄生地主，在幕藩领主经济下都具有二重性：一方面他们多兼为村吏，依附封建制度进行剥削，少数人还买得武士身份，或任藩吏，因而具有反动的性格，受农民的攻击；另一方面，他们的经营带有资本主义的性质，作为半封建的地主富农和产业资本家的前身，又具有变革的倾向。开港后各地的商品生产都受到刺激而发展，豪农豪商有的经营经济作物的栽培，有的经营制丝工业①，农村直接生产者中也有兼作商人的。②他们积累了财富，而幕藩领主实施国产物专卖，勾结特权商人垄断运输和贸易、压抑商品生产等政策，日益威胁他们的切身利益。他们本出身于百姓，身受领主制的剥削压迫，和农民有共同的利害，所以也和中世纪时的名主（富农兼村吏）一样，参加甚至领导了总百姓起义。尊王攘夷运动展开后，他们要求改革，为逃避中农以下贫雇农的攻击，并为着自已的政治目的，将农民起义的锋芒引向反对幕藩体制，和激进的武士、浪人一道，参加到政治斗争中去，成为所谓“草莽志士”。仔细研究一下幕末各地武士浪人发动的起义，都有豪农、豪商的背景。如关东方面，水户藩士1860年的樱田门事变，宇都宫及水户两藩士1862年的坂下门事变，水户天狗党1864年的筑波山起兵。关西方面，1863年尊攘派武士公卿在大和、生野的起义以及内战中各地农兵的参加讨幕，背后就都受着本藩豪农、豪商的支持。③东北越后各藩还有不少豪农、豪商的勤王派出资组织农兵，参加讨幕战争。④长藩方面，支援改革派建立农兵的下关贸易商白

① 石井孝：《幕末贸易史的研究》，中央公论社，1944年，第383—384页。

② 庄司吉之助：《明治维新的经济构造》，御茶之水书房，1954年，第276页。

③ 历史学研究会编：《近代日本的形成》，岩波书店，1956年，第4—21页，服部之总：《明治维新讲话》，1956年，中译本，第18—21页。

④ 井上清：《日本现代史·明治维新》，1954年，第309—310页（中译本，第306—307页）。

石正一郎、山田尻町的棉商冈本三右卫门、绸缎商秋本新藏等，都是豪农出身的大商人及村吏层。[①]他们在地方上和封建统治者勾结压榨农民，在维新运动中也不能避免农民的反对，因此大和、生野等反幕起义一旦失败，就都变为农民对村吏层的捣毁运动。[②]由于豪农这一地富、高利贷和商业资本家三位一体的阶级性，导致它在反封建领主制斗争中具有一定的积极性，他们和尊攘派武士的同盟，领导了农民起义转向尊攘倒幕；而当革命转向反对封建地主制时，就暴露出极大的动摇性和反动性。

最后，下级武士反对幕藩体制统治的斗争：和中世纪末期欧洲的骑士由于火药武器的改善、工业的进步及货币的需要而趋于灭亡一样，幕末日本的下级武士也成为日趋没落、走投无路的阶层，他们本来是封建社会的特权阶级，是幕藩体制的重要支柱，但当时日本的形势决定他们不能再向幕藩体制求出路，只能从社会制度的改造求生机，和德国的容克不同，德川时代的武士从来不直接支配土地，只是住在城市里领禄米。下级武士本来就受门阀制度的压抑，政治地位和经济收入都较低微。当商品经济日益瓦解封建社会的经济基础时，特别是开港后物价飞涨，幕府统治者不但无法救济贫困武士的生活，反用“半知”“减知”的办法，尅扣禄米，致使他们“恨主如恨敌”[③]，对旧社会深怀不满，武士只得靠典卖武器衣服，或和家属私下作点副业（如糊伞、糊灯及木屐加工）维持生计，一部分人转而依附豪商、寄生地主及城市町人阶级[④]，甚至脱离藩籍，成为浪人（如长州藩的吉田松阴等）或自由职业者。由于“士”在中世日本除了担当军务外，还是垄断学问的一个阶层，所以有不少武士浪人成为儒学、国学或洋学的学者，设塾授徒，培养出成批具有不同见解的年青一代藩士。这些人身份低，接近农民和工商业者，他们所处的职业地位，基本上已可不靠禄米生活，实际是向城市小资产阶级转化。他们吸收了较多的新知识，关心国内外大势，当发现幕府统治已不能挽救民族危亡和武士阶级前途日趋没落时，对封建领主制不但无所留恋，反要求学习西方迅速改革，因而站在“激进派”的立场，对幕藩领主制进行了果敢的斗争。随着开国后内外形势的复杂化，幕藩为适应新局面，不得不打破门阀限制，“登用人才”，在萨摩、长州、水户、土佐、肥

① 关顺也：《藩政改革和明治维新》，有斐阁，1956 年，第 134—135 页。

② 堀江英一：《明治维新的社会构造》，第 18—29 页。

③ 本多利明：《经世秘策》，《日本经济丛书》第 12 所收。

④ 武阳隐士：《世事见闻录》，《近世社会经济丛书》第 12 所收。

前等藩，这些下级武士的一部分便被吸收到藩的改革事业中来。他们代表地方商人地主及富农的利益，反对过去改革中的保守路线，采取发展农民商品生产、创建洋式军队及企业的富强政策，同代表领主门阀的下层武士展开尖锐的斗争，逐渐获得地位。这些藩还任用了一些豪农、豪商出身的人，和下级武士一道发展为管理经济军事的近代官僚和技术家。他们的开明政策，改变了藩的贫困落后面貌，其中一部分先进分子，如越前藩的桥本左内、萨摩藩的五代友厚，已能超越藩的利益，公开批判幕藩体制的不合理，提出改造整个国家和社会制度的见解，成为维新前的改革派。

大体来看，明治维新时期是日本国内各阶级力量分化消长，迅速改组，展开激烈斗争的时期。以贫农为主导的农民和城市农民，反对封建和外国侵略，进行了坚决的革命斗争。以豪农豪商为主导的富农地主和地方工商业者要求占有土地，发展商品生产和自由贸易，反对领主土地所有制和幕藩限制束缚生产力的各种政策。由于他们所处的剥削阶级地位，使他们在革命中不但不能和农民结成同盟，并且害怕革命会损害自己的利益，只求在不根本改变封建制度下发展资本主义。但在农民反对豪农村吏层的斗争下，他们为逃避农民攻击，和尊攘派武士结成同盟，反而领导了农民起义转向倒幕，以达自己的目的。以下级武士为主导的武士、乡士、浪人和下级公卿，他们在幕末的身份地位最不稳定，大部分走向没落。由于他们在旧社会中长期处在寄生的地位，既不能从事生产，又不甘心放弃统治者的特权，却在生活实践中体验到国内外形势下，不改革就无出路，因此都有变革旧社会的要求。但由于所处条件和思想倾向不同，少数人参加到农民反封建革命的行列里去；属于幕府和亲藩、内藩的武士，除水户等藩外，多数仍企图不触动幕藩领主的统治而进行一些局部改革。在西南强藩中，除一部分倾向公武全体外，大部分则具有较激进的思想，他们在藩内外的斗争中锻炼成长，逐步由藩的改革派中分化出来，代表豪农商人的利益，并和后者结成了政治同盟，走向全面改革和建立民族国家的道路，成为明治维新的领导者。

以上只是幕末国内阶级斗争的几个主要方面，这些斗争如何转化并集中为明治维新这一全国性的革命运动，则必须对安政开国后日本国内外形势的变化和革命与反革命双方阶级力量对比的变化作进一步的分析。

从安政期改革到维新政权的建立

19 世纪上半叶，幕藩进行的天保期改革，是幕藩领主在封建危机下企图挽救其垂危统治的一次重大改革。在改革中，西南几个藩适应萌芽期资本主义发展的一些政策，取得了成就，形成了所谓“强藩”，这就为以后封建统治阶级指出了新的政治方向，也为他们培养出一批重要的领导骨干。幕府和诸藩在开港后进行的安政期改革（1854—1859 年）是吸取天保改革的经验教训，为应付开港后的危机而实施的。幕府天保改革失败后，到美国侵日的 1853 年，老中阿部正弘开始采取较开明的政策①，但继任者井伊直弼又推翻阿部的一切改革，使政治更反动化②，进一步促进幕藩体制的危机。西南诸藩在外国侵略势力压迫下，认清幕府的衰弱无能，继续亟谋自强。长藩改革派通过扶植豪农村吏层，掌握农民的商品生产，征募农民，改革军制，在和藩内上层武士斗争胜利，掌握了藩政的同时，破除身份限制，选拔人才，取消特权商业行会，保护农民商业，将豪农的献纳用到本地治水及救贫事业，以缓和领内阶级斗争，由此渡过了危机，在“举藩一致”的口号下，加强了藩的实力。③萨藩以军事工业为中心，积极发展了领内一系列的藩营企业和对外贸易④，农业上虽仍以农奴主的上级乡士为中心，剥削农民，维持落后的生产方式，但由于它位置在日本的最南端，经营外贸和接触外国资本主义势力最早，所以也容易在发展工商业方面实行改革。土佐藩也是在外力压迫下开始改革的，政策上接近长藩，如奖励农民商品生产，改特权商人专卖为征税，实行重商主义，由藩统制藩内外贸易，排除门阀，提拔人才，建立民兵，改革军备，设铸炮场、造船所等，力谋富强。⑤肥前藩的改革接近萨藩，军事性和农奴制性格较强。⑥安政年间幕府和西南强藩改革的

---

① 阿部正弘(1819—1857 年)于天保十四年（1843 年）任老中（幕府执政），1853 年，美海军司令贝理率舰侵日，幕府苦于应付，阿部开始将国家大事征询诸侯或奏请朝廷决定，并提拔人材、吸收强藩藩主及改革派武士参政，积极采用西学，奖励企业，改革幕政。（参看维新史料编纂事务局：《维新史》第二卷，1940 年，第 117—120 页。）

② 石井孝：《围绕幕藩关系变动的嘉永安政年间之政局》，《日本史研究》，第八、九号，1948 年 6 月。

③ 关顺也：《藩政改革与明治维新》，第 126—127、136—137 页。

④ 《鹿儿岛县史》，第三卷，第一编。

⑤ 池田敬正：《藩政改革和明治维新（高知藩）》，《社会经济史学》，22 卷，第 5、6 号。

⑥ 藤野保：《佐贺藩的封建领地存在形态》，《历史学研究》，第 198 号，1956 年 8 月。

特点是为应付国内封建危机和外压，继续在自己领内巩固领主土地所有制，进行军事改革，并采取了一些重商主义政策，自上而下地适应商品经济发展的趋势。这样，处在后进中间地带的西南诸藩，不待领内条件的成熟，就通过改革，加强了政治经济力量，建立了新的军队，在维新前形成强大的政治势力。藩政改革本来限于藩内，但开国后形势变化了，外国资本主义势力的进攻，是以日本全国为对象的。因此任何一种改革，已不可能局限于一藩，要抵抗外力，应付政治上、经济上早已成为全国性的问题，归根到底，没有一个强大的统一国家的权力是不行的。当时日本没有发展到具备建立近代中央集权国家的前提，在新兴的强藩中，最普遍的改组政府的愿望是以改革派诸藩联合参加政府的形式来代替幕府独裁。[①]但 1858 年（安政五年），幕府保守派老中井伊直弼因屈辱签订日美通商条约，受到攻击，发动了镇压改革派的"安政大狱"，这一改组幕府的企图被根本否定，第二年日本被迫开港，改革派领导人物吉田松阴、梅田云滨及桥本左内等被幕府处死，打破了上层武士中"雄藩合议，改革幕政"的幻想。开港后人民和下级武士生活更恶化，城乡起义暴动骤增，危机下"尊王攘夷"思想开始带上反幕府反侵略的革命倾向，成为支配改革派志士的思想，"改革派"变成"尊攘派"，斗争的主流便由藩政改革转向全国性的尊王攘夷的运动。这是斗争形势的第一次转变。

如上所述，幕末日本已存在着资本主义萌芽，开港后商品经济更迅速发展，但幕藩领主制度严重地阻碍资本的原始积累和市民阶级的壮大，当时城市的工商业大部分从属于领主武士阶级的利益。和三十年战争后的德意志诸邦一样，享保以来幕藩专制主义的改革，不但没有促进民族统一的发展，反因幕府改革失败及其对外的无能加深了国家的分裂割据状态，阻碍民族市场的形成，推迟了民族资产阶级的产生。

在这样的条件下，日本直至明治维新前，还没有西欧资产阶级革命时期新兴市民阶级所具有的启蒙思想是可以理解的。安藤昌益的学说，贯彻了消灭一切剥削压迫的革命精神，他的自然法的思想，也多少包含了近代资产阶级的政治原理，但因为脱离当时日本的现实条件，所以这一乌托邦思想也就没有得到传播。[②]司马江汉、

① 越前藩主松平定信的谋臣兰学者桥本左内根据他有关欧洲国家的政治知识，提出了这一"雄藩合议制"方案，大体是以强藩藩主若干人为大臣，辅以一批有能力的官僚，实行幕府内部的改组。参看奈良本辰也：《桥本左内》，《改订近世封建社会史论》，1952 年。

② 加拿大人 E・H.诺曼著有《安藤昌益及日本封建主义的解剖》（1949）一书可参考。

林子平、本多利明、佐藤信渊及高野长英等反对身份制和封建割据、要求统一的思想，具有进步的意义，但都无力摆脱封建阶级的局限性，不能看到德川时代日本国内外矛盾的实质，他们的见解只限于改良封建制度的范围。[①]近代西方资产阶级民主思想直至50年代后才有零星的介绍，这也反映了当时日本资产阶级的不成熟。作为改革派武士指导思想的，开始还只是一些排外复古的"尊王攘夷"思想，德川三家之一的水户藩所提出的这种思想，本来是儒家作为对内对外巩固封建秩序的武器（从朱子大义名分论出发的尊王论或攘夷论，目的本在巩固幕权），德川幕府衰微，便用它来加强封建幕藩体制。但这时它成为幕末尊攘派武士进行斗争的思想武器，却已不是原来的东西，更不是因水户学研究而产生的偶然结果，而是国内外矛盾的发展、幕府的反动和下级武士的觉醒，促使这一忠君排外的封建思想与包括富农、商人、新兴地主在内的各阶层人民反封建、反外国侵略的迫切要求相结合，具有新的时代内容和策略意义（树立以天皇为中心的民族统一国家和迫使幕府在外交内政上处于绝境）。这一思想为尊攘派所掌握，唤醒了民族自觉，才变成物质的力量。

由藩政改革向尊王攘夷的转变，显示日本在国内阶级斗争和列强侵略危机下，民族统一运动的开始。开港后的经济混乱，打击广大人民的生活，尊王攘夷论由理论变成武士浪人的实际行动。1860年井伊直弼被水户藩浪人刺杀，接着各地发生了反对殖民主义者的攘夷事件。

尊王攘夷运动的主导力量，是近年来日本史学上一个有争论的问题，有的学者认为主导力量是豪农村吏层[②]，有的主张是地方商人[③]，更有认为是代表下级领主土地所有制的乡士阶层。[④]从幕末西南沿海一些商人的贸易活动和维新运动的关系上看，这一时期萨、长、土、肥等藩尊攘派武士得到豪农商人支持的例子确是不少。[⑤]这些地方商人代表领内农民商品经济的利益，同幕府的领主商品经济以及它保护下特权商人的垄断贸易（特别是开港后发达起来的外贸）形成尖锐的对立。他们期待

① 井上清：前揭书，第二章，第2—3节。

② 池田敬正：《土佐藩的安政改革及其反对派》，《历史学研究》205号，1957年3月。主张这一说的还有堀江英一、田中彰等。

③ 关顺也：《由长州藩方面看到的萨长交易的意义》，《山口经济学杂志》，7卷9号，第56页。

④ 大江志乃夫：《关于明治维新史的一些试论》，《历史学研究》第235号，1959年11月。

⑤ 如上述下关豪商白石正一郎据说就因与幕府保护的特权商人争夺西南地方的贸易而成为长藩尊攘派的支持者，当时萨长等藩尊攘派都热中于藩际贸易，这些贸易与地方商人有密切关系，以后奔走西南强藩间经营海运业的坂本龙马也是一个酿酒商兼乡士。

摆脱幕藩领主制，自由支配土地，发展自由贸易。乡士虽也参加了尊攘倒幕运动，但代表没落的领主所有制的那一部分人，正如维新后他们自己所证明的，是终于要被历史否定的阶层。唯独下级武士是列强资本主义侵入后，封建经济解体下深受打击，社会地位最不稳定的人，他们对腐朽的幕藩体制深怀不满，要求有利于自己的变革。因此，尊攘运动的主导力量比之藩政改革时期，应该更鲜明地是下级武士领导下的武士和豪农商的同盟。但尊王攘夷运动的性质跟藩政改革已大不相同，它网罗了广泛的反幕各阶层势力，开始否定幕藩领主制的合理性，反对列强侵略，具有民族统一的方向。它通过藩的割据富强，发动组织全国性的尊攘运动，这一运动开始虽不包含推翻幕府的直接目的，但运动所具性质的逻辑发展，必然与对外妥协，对内独裁的幕府不能两立，而走向倒幕。

随着国内外形势的严重化，幕府和萨摩等诸侯中，出现了调和朝廷与幕府间关系的所谓“公武合体论”的改良主义路线，尊攘派在反抗侵略、组织农民武装和反对公武合体派的斗争中突出地表现出它的进步性。尊攘派对付公武合体派的战术是攘夷。从 1861 年美国使馆翻译休斯根(H・Heusken)被浪人刺杀事件起始，各地陆续发生尊攘派武士杀伤外人、袭击英使馆、驱逐俄舰的事件，使幕府日益恐慌。1862 年尊攘派一方面用恐怖手段打击公武合体派，同时以长、土两藩急进武士为中心，越过藩主的权力，联合急进派少壮公卿怂恿天皇下令幕府攘夷，幕府在群情激昂下，不得不表示接受。1863 年 5 月 10 日实行攘夷期限届临，长藩尊攘派首先炮轰下关的列强舰队，显示了日本人民坚决反抗殖民主义者的英勇气概，但也受到外舰的回击。美国立刻联合英、法、荷三国胁迫幕府处分长藩。7 月，英舰队同萨藩交涉尊攘派在生麦杀伤英商事件决裂，炮击鹿儿岛，萨藩受了严重损害也不屈服。站在斗争最前列的长藩尊攘派，从中国太平天国运动被列强镇压的活生生的事实中，认清殖民主义者的面目，估计到列强的报复，特别是藩内保守派与幕府及列强间相互勾结的可能，在下关外舰回击受创后，随即建立起由豪农商出资、农民市民志愿者组成、步卒与下级武士志愿者领导的新军——以“奇兵队”为首的“诸队”。它破除了封建门阀身份制，使用近代武器，以后在战胜藩内保守派上层及攘夷倒幕等战争中，起了重大的作用。其他各藩也纷纷组织类似的农兵队，这些农民武装虽没有具备近代资产阶级革命时期民兵的思想意识，一直没有脱出封建藩厅的掌握，官兵必须“不乱尊卑，各守其分”[①]。但由于它是人民组成的武装，所以具有一定程度的民主性，

① 诸队领袖颁发队中的谕示第一条，见《防长回天史》第四编下。

发挥了封建武士团所不能企及的力量。也正因此，倒幕胜利后就为维新政权所解散。[①]

尊攘派的行动愈向前发展，促使幕府和诸侯愈恐惧“权力下移，终将颠覆治国之根础”[②]，连表面赞成攘夷的孝明天皇也动摇起来，终于串通幕府和公武合体派藩士，发动了“八月十八日政变”（1863 年），尊攘派武士、浪人、公卿逃出了京都，各地武士豪农纷纷起义，先后被镇压。幕府决定征讨长州，英殖民主义者不放过这一机会，联合英、法、荷三国舰队，于 1864 年 8 月攻陷下关各炮台，迫使长藩保守派接受和议，幕府的征长军也不费一兵，就使长藩“恭顺谢罪”。“八月十八日政变”和以后一系列事件的教训使尊攘派认识到，依赖庸愚保守的天皇攘夷是不行的，尤其在同殖民主义者直接交锋后，了解到不根本推翻幕藩体制，建立近代化的统一国家，决不能克服民族危机。与此同时，英国看清腐朽的幕府统治，难免为强藩支持的皇室所代替，鉴于印度、中国人民革命的猛烈，它又不敢立即变日本为自己的殖民地。特别是“巨大的社会革命在日本进行中”，必须改变从来支持幕府的政策[③]，为独占日本作为英国的市场，既要压制日本人民革命，更须扫除它在日本的劲敌法国（当时支持幕府）的势力。这时发现利用尊攘派夺取政权，进行自上而下的改革，最有利于它在远东的霸权，便不断与萨长接近，尊攘派也以中国为前车之鉴，决定奋起自强，改盲目排外为积极的开国策，为加强军事财政，要求扩大本藩的对外贸易。支持尊攘派的西南地方豪农商在开港后更企图发展自由的工商业，因而攘夷论被放弃，举国讨幕的局面开始形成。

1863 年末长藩尊攘派领导者之一的高杉晋作亡命归藩，指挥了伊藤博文等所率的诸队，在豪农商支持下击败保守派，庆应元年（1865 年）确立了领导权，转入藩内军政的大改革，同时扩大藩营企业和对外贸易，准备全国性的改革运动。长藩庆应改革的政策，形式上仍像过去的藩政改革，实际上已包含了根本否定幕藩体制的原则，和以后明治政府的政策几乎是同一方向。这时人民反封建反侵略的起义已遍及全国，而幕府却由强硬派小栗忠顺掌权，在法国公使罗休(Leon Roches)支持下一意孤行，对萨摩藩主岛津久光等公武合体派的强藩联合政策也置之不理，因此

① 井上清：《日本的军国主义》，1954 年，中译本，第一册，第 90—101 页。

② 《岩仓公实纪》。

③ 1865 年 8 月 23 日英外务大臣拉萨尔致新任驻日公使巴克斯的训令。见石井孝：《明治维新的国际环境》第三章第三节。

萨摩藩内大久保、西乡的倒幕路线占了上风，土佐藩本公武合体派掌权，看到这种形势，不得不另做准备。这样萨、长、土等藩为迎接政局的变化，都积极输入武器，实行“割据富强国策”，战略上由尊攘论转为倒幕论。倒幕论派下级武士在包括豪农、豪商、地主等各阶层的革新势力中树立了更坚实的领导权。这是斗争形势的第二次转变。

萨长两藩到幕府征伐长州时期，彼此还是敌对的，现在对内对外都走到同一条道路上来了。特别由于土佐藩乡士兼豪商坂本龙马（海运商人集团领袖）等的活动，两藩终于在 1866 年 1 月缔结了勤王倒幕建立统一国家的军事同盟。田中彰指出，萨长两藩以萨摩、长崎、下关为中心（可扩大到大阪）的西南日本贸易圈，有切断幕府支配的国内商业网，形成全国性市场的企图[①]，这可能就是萨长同盟的经济因素之一。

1866—1867 年的革命形势在日本出现了。

日本的革命形势以上层的危机为标志。幕府经过历次改革，不能挽救其日益困难的内政和外交处境。长州倒幕派夺取藩权后，幕府得到他们由海上输入军火的情报，决计再征长藩，将军德川家茂亲自到京，但天皇不予批准，只得退居大阪。1865 年 9 月英国公使巴克斯(H · S · Parkes)率领英、美、法、荷四国舰队到大阪直接要求天皇“敕许”改订税率，否认幕府的对外主权。1866 年 5 月幕府终于获得敕许签订丧权的改税协定，事实上将日本关税权置于列强管理下。幕府在外交上威信扫地，日本进一步陷入半殖民地的地位。[②]六月幕府勉强发动征长战争，但萨藩不仅拒绝出兵，反而接济长藩军火，尾张、越前等强藩也不参加，幕军士气消沉，在长藩抗击下节节失败。

由于幕府发动战争，增加军事赋役，各藩及商人又囤积粮食，米价暴涨，城乡贫民对饥饿和奴役不能再忍受下去，将军坐镇的大阪 35 千米周围，首先发生市民抢米捣毁运动，斗争迅速蔓延各地，成为全国性起义。江户的市政署被贴上“政治已经卖完”的揭帖。西宫起义袭击武士的群众说：“从前怕当官的，今天怕什么武士，要杀就杀！”大阪暴动中被捕群众答复官方的审问时，毅然指出：“引起暴动的就在大阪城里（指将军)!”武藏国（今东京府及琦玉县）起义，有外乡人参加和指

① 田中彰：《幕末萨长交易的研究》，《史学杂志》69 编，4 号。

② 根据这一协定，日本进口关税率一律由安政条约规定的平均 20%降低到 5%，不但使税收大减，并且严重危害民族工业的发展，日本从此失去关税自主权。

导，自称天下“义士”，打着“为救日本穷民”的旗帜。[①]起义的主体已由中农移到贫农层。除反抗领主、代官外，还袭击村吏、地主、商业高利贷资本家的住宅，横滨经营外贸的幕府机关及商店也成为攻打的目标[②]，农民捣毁了衙门、监狱，释放囚犯，烧毁账簿、借据、当票及村公所的文件。他们不但反对领主制，连地主制也一起反对。正如远山茂树说，这一年的起义“显然达到了走向土地革命的农民战争阶段的前夜，对幕府的崩溃，起了决定性打击的客观作用”。[③]庆应三年（1867 年）农民起义次数稍减，但就在政变前夕的十月间，政局中心的京都、大阪一带再一次发生了席卷全国的人民运动——“可好啦”骚动。暴动群众疯狂似地当街歌舞，闯进地主富商宅院，迫使摆出酒席，有的抛出衣物散给群众，群众把这种不愁衣食的日子称作“神代”，是“弥勒之世”[④]，表示了要根本变革社会的愿望。暴动一直蔓延到全国各大城市，使幕府的权力完全麻痹。

农民和城市贫民起义不仅震撼了德川封建统治，它的锋芒还指向外国侵略者。1866 年江户上野山下贫民袭击了美国公使，群众高呼，“我们这样困难，就是因为洋人来了，百物都涨了价！”江户群众在捣毁米店当铺的同时，还捣毁了洋货店。1867 年，江户郊外德丸原的农民为反对幕府勾结法国，征用土地，扩建新军的练兵场，发动起义，打退了幕军，痛击前来闹事的法国教官，并俘虏了外国人和幕兵各一人做人质，一直扣押到法国公使道歉时为止。[⑤]

列宁在《第二国际的破产》中指出革命形势的三个标志[⑥]，在这时的日本不仅已经成熟，而且革命阶级采取革命群众行动，具有摧毁旧政权的充分力量，这种主观变化也产生了。新将军德川庆喜的“大政奉还”，说明统治阶级尽管自觉到不能照旧统治国家了，但仍不放弃最后的挣扎，阴谋变相保存自己的地位，他根据法国公使罗休的策划[⑦]，命令洋学者西周准备了一个欺骗性的宪章，企图用改变政体外貌（将军自任元首兼上院议长，握解散下院的实权，任诸侯为阁员，天皇仅是形式

① 森山雄一编:《武藏捣毁运动史料》，武藏国农民起义史料调查会，1957 年，第 41 页。

② 横滨市史编纂委员会:《横滨市史》，第二卷，有邻堂，1959 年，第 471 页。

③ 远山茂树:《明治维新》，岩波书店，1955 年，第 181—182 页。

④ 庄司吉之助:《改革世间起义的研究》，1956 年，第 56 页。

⑤ 井上清等:《日本农民运动史》，第 15—16 页。

⑥ 《列宁全集》，第 21 卷，第 189 页。

⑦ 1867 年 2 月，罗休向庆喜建议全面改革幕政，采用西欧国家政治组织，加强幕权。两人谈话笔记见《德川庆喜公传》附录七。罗休历次提示庆喜一些政治知识，见罗休书简（收录在《淀稻叶家文书》中）。

上的君主）的手段来保留幕藩封建领主的统治。[①]但这种企图早被倒幕派识破，倒幕派利用革命形势和革命的群众行动，安排好1867年12月9日的政变，迫使庆喜“辞官纳地”，同一天在“王政复古”的口号下，宣布维新政权成立，粉碎了德川的阴谋。统治阶级是不会自行下台的，跟着便爆发了内战。在一年多的战争中，到处是农民起义，豪农、豪商组织的农兵袭击幕军，使它腹背受敌。西乡隆盛在1868年给木户孝允的信上说，“比起人数来，贼军虽多我五倍，但这样胜利还是前所未闻的。（幕府）在京阪间太失人心，到今天伏见方面虽被兵燹，但萨长军队每次过境，男女老少都到路上合掌礼拜，连声称谢，战场上也到处拿出酒食，慰劳战士，比藩内人民还好”[②]。这些事实生动地说明了人民在维新运动中的态度和巨大的力量，只有人民的革命力量，才使幕府政权归于覆灭。

总结安政开国到明治维新（1854—1868）这段时期，是日本封建危机和民族危机空前严重，也是日本人民反封建反侵略斗争空前高涨的时期。这时随着新旧阶级力量对比的消长，从统治阶级阵营里分化出许多政治派别来，最引人注意的，是天保以来从藩政改革中强大起来的西南诸藩，他们代表日本初期的民族主义倾向，渐渐干预中央的政局。继而从这些藩的内部又分化出一批以中下级武士为中心的改革派，他们在取得藩政支配权后，进一步企图进行全国范围的改革，但遭受幕府疯狂的镇压，促使改革派放弃在幕藩体制内进行改革的幻想，转向尊王攘夷运动。此后尊攘派武士与地方豪农村吏层结成政治同盟，在农民和城市贫民起义的浪潮下，巧妙地利用人民的力量，继续和幕府及列强斗争，同时更与公武合体派的上层武士展开尖锐的斗争，经过1863年8月18日政变和列强联合舰队的反扑，尊攘派终于走上开国倒幕的道路。这是改革派由改良走向革命的两次飞跃，而两次飞跃都是在国内外反动暴力和人民革命斗争的高压下实现的。

维新初期的政权形态

1866—1867 年革命形势达到高潮时发生的明治维新，是日本历史的一个转折点。在广大人民起义的打击下，在一年多的内战中，将近一千年的幕府封建领主统治崩溃了，新的地主资产阶级取得了政权，日本出现了统一的民族国家。列宁指出：

---

① 中濑寿一：《天皇机关说的源流》（一），《历史评论》，138号，1962年2月，第64页。

② 下中弥三郎：《大西乡正传》，第2卷，平凡社，1940年，第162页，（正月初十日函）。

“改良主义的变革，就是不破坏统治阶级的政权基础，只要统治阶级在保持其统治的条件下作一些让步。革命的变革却要破坏政权基础。”[①]倒幕派代表豪农商新地主的利益，坚决反对公武合体派妥协让步以保留幕府统治的改良主义路线，粉碎了德川庆喜的政治阴谋，破坏了旧政权的基础——幕藩领主制，建立了地主阶级的新政权，这不能不说是一次革命。

但是随着新政权的建立，人民和政府间以及政府领导层内的矛盾就展开了。这种矛盾反映为维新后各阶级间不同利害的斗争，斗争的结局，必然影响到革命和新政权。

如上所述，明治维新的领导力量是从尊攘派中分化出来的倒幕派，尊攘派是改革派下级武士领导的武士和豪农、豪商的同盟，倒幕派的阶级基础比尊攘派扩大了，同时下级武士的领导权也更加强了。维新前夕，倒幕派武士利用了人民的革命力量，联合了以岩仓具视为首的下级公卿，取得一致行动，压制了幕府和公武合体派诸侯的反抗，迫使德川庆喜“奉还大政”。这一时期，维新运动的领导层中开始形成了三派力量：

一是倒幕派中以萨长下级武士为主的武力倒幕派。他们是在藩政改革中强大起来的，长藩更坚决反幕，他们凭借自己的武力，从来就自信“一藩能抗数藩，两藩联合能抗天下”[②]，反对和幕府合作的“公议正体论”，坚持彻底用武力推翻幕府，建立以萨长为领导的专制主义统一政权。德川还政后，这一派的势力日益占了上风。

二是以岩仓具视为中心的下级公卿勤王倒幕派。他们长期屈服于幕府高压下，生活贫困、政治上受迫害，急于消灭武家专政，恢复古代王室的权位[③]，更反对西方资产阶级的民主政治，主张君权至上，“王政复古”就是这一派的口号。

三是倒幕派中以土佐藩为中心的地主资产阶级自由派。这一派的思想最早表现在土佐乡士兼豪商坂本龙马的《藩论》[④]中，以后在坂本和土佐另一藩士后藤象次

① 《列宁全集》，第22卷，第338页。

② 渡边几治郎：《明治史研究》，乐浪书院，1934年，第194页。

③ 《岩仓公实纪》上，第69—70页，岩仓具视在他给萨藩倒幕派小松带刀、大久保利通的意见书，《丛里鸣虫》中也吐露了他们这方面的“郁积”和愿望，见《勤王志士遗文集》第3卷，第33—40页。

④ 这是一册维新前坂本对他领导的“海援队”（由各藩浪人组成，以提供土、萨两藩武器为主要任务的海运贸易组织）队士的讲演录。其中有“夫天下国家之事，于治，民可执其柄，于乱，虽至尊为之亦不可。故治天下理国家之权，惟当归诸人心之所向”等语，具有当时日本还不可多见的民主倾向，并提出各藩改革的三条基本要求：①废旧规，定新制；应以誓约之礼式行之。②废门阀世禄之制，盖藩混和平等，视同人民之大会。各藩按领地大小，陪臣多寡，提出名单，以公选德望所归之人物。③藩主采用复选法，任用人才。也就是用资产阶级议会制和选举制来取代封建的专制政治和身份制度（参看《近世社会经济学说大系：坂本龙马、由利公正集》，尾佐竹猛解题）。

郎商定的所谓“船中八策”[①]里具体化，成为土佐藩的政治纲领，由藩主山内丰信根据这些原则向德川庆喜提出《大政奉还建议书》。[②]作为这一派中心思想的“公议正体论”，是一种模仿西方君主国家两院制议会政治的主张。这种想法，在幕末统治阶级中就已产生，实质上是专制政权在封建危机下被迫采取的一种缓和统治阶级间对立的手段，目的仍在维持封建统治[③]，但土佐藩这时已主张议事官（议员）中包括“庶民”，到藩士板垣退助等参加维新倒幕运动后，逐渐使土佐藩带上自由派的色彩。

三派力量有矛盾也有斗争，由于人民还未认清倒幕派的面目，斗争锋芒没有完全转向新政权，萨长武士和公卿政治上比较接近，土佐藩士则软弱动摇，因而维新运动始终在倒幕派武士和公卿的影响下进行，萨长武士如五代友厚、高杉晋作等都到过上海，震惊于太平天国运动。他们决心倒幕，却只打算将革命进行到推翻幕藩领主制为止。他们恐惧人民继续反封建起义会危害到自己，所以新政权建立之初，就带上专制主义的性质。

维新政府是采取“王政复古”的形式成立的。倒幕派为达到自己政治目的，不得不利用支配当时武士思想的水户学（尊王论和神学），政变当天发表的《王政复古谕告》[④]中，宣布“诸事当本神武创业之始”，这里当然看不出近代国家的气息。

但也要指出新政府成立有一个过程，当时幕府的一切权力还照旧存在，倒幕派军队不但数量很少，而且没有集中。大多数诸侯在观望形势，佐幕派和一部分中立派诸侯还有指责萨长是“劫持幼天子以逞私谋”的，幕府方面更宣传“草莽不逞之徒阳唱尊王，实不仅废将军，且将及天皇”[⑤]，内战危机一触即发。因此，倒幕派在政权问题上采取以下的策略：①在保证倒幕派五强藩领导权的基础上，广泛吸取统治阶级中各派势力，组成过渡性的联合政权；②标榜尊重“公议舆论”，缓和各

① 1867年夏，坂本、后藤为应付萨长武力倒幕运动，企图向幕府建议“奉还大政”，赴京船中商定本藩的对时局方案（藩论），其八条主要内容都包括在下述土佐藩主《大政奉还建议书》中。

② 1876年9月山内丰信向幕府提出。其中指出为使朝廷、幕府、公卿、诸侯四方面协调，须交出政权，附件列有具体建议八条，包括设立上下议政所、议事官由公卿以迄陪臣庶民中选举、设学校、订条约、整顿军备、革旧弊、定新制、端正吏风、使国家独立强盛八项内容（参看《维新史》第四卷，第734页以下）。

③ 远山茂树：《明治维新》，第183—184页。

④ 《王政复古谕告》的主要内容是：①批准德川庆喜交还政权和辞去将军职；②废除皇室中的摄政、关白及将军幕府等旧制；③新政府首脑部设“三职”；④表示新政府要实现一定程度的民主措施（《法令全书》，庆应三年，第6页以下）。

⑤ 远山茂树：《明治维新》，第225—226页。

阶层（首先是统治阶级内部）的矛盾；③继续利用人民的革命力量，树立新政府的威信，在攻击幕府统治腐败的同时，用一些貌似开明的政策来粉饰新政府。[①]最后实现倒幕派的专政。

根据这一策略组织起来的新政府，设“三职”——总裁 1 人（由皇族担任）、议定 10 人（内亲王 2 人、贵族公卿 3 人、参加维新有功当时在京的藩主 5 人）、参与 20 人（内贵族公卿 5 人、上述五藩指派的藩士各 3 人）。下设七科（相当于政府各部），每科由议定若干人总督政务，参与若干人分掌事务。

为标榜尊重公议舆论，政府设上下两“议事所”。上所由皇族、贵族及诸侯组成，下所由各藩的征士、贡士[②]及“都鄙有才者”组成，这里体现了自由派政治纲领的原则。

新政府采取这一较开明的“列藩会议”形式，目的就在麻痹敌对的封建势力，使诸侯倾向政府方面，至少使他们保持中立。

新政府成立不久，1868 年 1 月，内战爆发，为加强政府的力量，继续扩大议定和参与的名额：议定达 32 人（内皇族 5 人，公卿 12 人，藩主 15 人），参与共达 100 人（内公卿 49 人、藩士 51 人）。尽管这样，新政府本身的基础仍然非常狭隘，不但看不到农民和商人的代表，连封建势力内部的力量都网罗得很少。担任议定和参与的，在 260 多个藩中，只包括了 11 个藩，而且以西南诸藩占最多数。[③]

但这不等于说，明治政权的构成只限于少数的封建上层统治阶级。新政府虽由一部分皇室、贵族、朝臣、诸侯和他们的家老（藩的重臣）、藩士等组成，实际起领导作用的则是以萨、长两藩为主的倒幕派，他们在政治上和诸侯、上层武士等封建领主，已有本质的不同。他们代表“草莽”即豪农、豪商（包括开港后发达起来

① 如《王政复古谕告》中，特别强调王政复古是因为“癸丑以来未曾有之国难”（指 1853 年美国侵日），促使新政府决心“挽回国威”。其次，揭露幕府统治下“物价飞涨，无法制止，富者愈富，贫者愈贫，皆政令不正所致”，宣传新政府“不分缙绅武弁，堂上、地下，将竭至当之公议，与天下同休戚”，“一洗旧弊，广开言路，征用人才，不问贵贱”，还表示“民为王者之大宝，当百事一新之际，有知谋远识救弊之策者，均可献计”。又在东山道镇抚总督“告庶民书”中，也有“号称天领之德川家领地以至各藩领内，年来到处苛政，其民之不胜痛疾者，可径至本京上诉，评议后，当秉公处理”的话。

② 征士和贡士都是根据明治元年初新政府规定从各藩选派到中央任职的藩士。征士由政府向各藩征拔，担任参与以下官吏，贡士由藩主推荐（大藩 3 人、中藩 2 人、小藩 1 人），代表本藩意见，两者都以议事员身份参加下议事所。

③ W·G.比兹列：《1868—1869 年明治早期政府中武士出身的参与》，《伦敦大学东方与非洲学院院刊》，第 21 卷，1957 年，第 90 页。

的工场手工业主、和外贸有关的藩际或超藩的商业资本家)和新兴地主阶级的利益，同公武合体派诸侯及其特权商业资本家合作，使新政权具有倒幕派领导的列藩同盟的形式。

1868年3月14日明治天皇用神前宣誓形式发布的所谓《五条誓文》是新政府成立期的基本政纲，具有号召当时对幕府还抱幻想的诸侯、藩士们归向政府的作用。这一天正是总攻江户的前夕，企图消灭幕藩体制，又害怕人民革命的倒幕派，为要取得藩主藩士们支持，在五条誓文中不得不进一步确定列藩同盟和公议政治的体制（前两条）；为保证财政收入，就表示使“庶民”（以豪农豪商为主的地主资本家阶级）也“各遂其志”（第三条），对外表明“破除旧来陋习”（第四条）即放弃攘夷，而开国“求知识于世界”的企图，却包含着“大振皇基”（第五条）的军国主义目的。宣布政纲用这种对神而不对人民负责的形式，已显示新政权反民主的神权政治性格。

誓文发表的同一天，在各地街道上竖起牌告，要人民“正五伦之道”，严禁结党暴动及集体逃亡等，这是和幕府时代没有区别的封建法令。

5月发表了使五条誓文在政治制度上具体化的《政体书》，中央政府恢复了古王朝时代“太政官”的名称，采用了模仿西方资产阶级国家三权分立的形式和议会制，但所谓立法机关的“议政官”，从开始就是一个有名无实的组织，不久就变成行政官的咨询机关。三权分立，本来是资产阶级国家用来掩盖其专政实质的欺骗性制度，在维新政府中实施的也不是这样一种制度[1]，当时的政权形态只是披上了资产阶级国家外衣的列藩同盟政权。服部之总认为这一政权是“封建的联邦王政”[2]，按照这种政体，各邦（在日本为藩）都应有代表出席联邦议会，而维新政权中代表列藩权利的议政所下局毫无实权，仅备咨询，且不久就被撤销，连作为列藩同盟都只是一种形式而已。

《政体书》发表时，政府军已占领了江户，德川家族被封为骏河70万石的诸侯。新政府只在幕府直辖领及皇室、寺院神社的领地上设置了府县，在这些土地上照旧向农民征收贡赋，其余土地仍由诸侯统治，地方领主制没有废除。地方割据局

---

① 太政官下分议政官（立法）、行政官及司法官三个部门。议政官多由行政官兼任，根本不体现彼此独立的精神。议政官分上下两局，上局由皇族、公卿、诸侯及藩士中任议定及参与者组成，下局由藩主任命的藩士代表组成。两局是不平等的，下局仅为上局的咨询机关，成立一月后就改为“贡士对策所”，实际是使列藩会议从属于内阁会议。且一部分议长、议员由行政官兼任，所以立法行政的分立开始就不明确，以后不断改变名称和职能，事实上没有发生过资产阶级国会的作用。

② 服部之总：《明治维新史》，大凤阁，1932年，第54页。

面依然存在[①]，所以当时有人认为王政复古只是由几个强藩代替了幕府的专政。

倒幕派原来有废藩的思想，如萨摩藩士松土弘安就曾提出这种主张。[②]长州藩士伊藤博文在德川退出江户后也曾向英人萨道(E·M·Satow)表示："我和木户认为长州一家的经营实没有必要，希望能将领地和人民奉还天皇，如全国大名能这样做，就能建立有力的中央政府。而目前情形，诸侯各自拥兵，恣意不前，日本自不能强大。"[③]但领主阶级是不可能把土地自动交出来的。倒幕派凭当时新政府的力量，显然不能将一千年来的封建领主制轻易除掉。

就在明治元年开始时，随着新政权的建立和内战的发展，人民的革命运动以新的姿态和更大的规模爆发了。内战中幕府和领主的加重课役以及地方封建秩序的混乱，使关东和东北地带的起义更猛烈，大部分农民举行"均世""改革世间"的暴动，攻击充当领主爪牙的乡村吏役，进行村政机构和土地制度的改革，他们剥夺乡长特权，改选村吏，实行农民自治。有的烧毁各种土地账册，否认领主土地所有权，没收土地典押契据，同时还否认了地主土地所有权，他们反对高利贷，要求减免贡赋，反对领主专卖农产品。这些起义的目的总的是要求农村自治，保证农民土地所有，废除封建地租。[④]

维新后农民起义一直向前发展，它的性质和幕末一样，但具有更明显的土地革命性质，由于没有先进阶级的领导，缺乏全国性的革命组织，因而在德川统治崩溃后没有建立起自己的政权，但它从根本上震撼了领主制的基础，倒幕派利用农民斗争的声势，逐步推动新政府中央集权的工作。

明治元年十一月，东北方面各藩投降，政府随即颁布了《藩治职制》[⑤]，掌握了各藩的统治机构。领主们在全国性的封建危机下，看到藩内不但债台高筑，财政

① 明治二年二月木户孝允致岩仓具视、三条实美信中提到"诸藩亦较旧幕时骄气大增……长此以往，即成四方小幕府相持之局，决不能树立兴国之基"(《木户孝允文书》，三)。

② 松木（即寺岛宗则，明治时任外相）在萨英战时被俘后曾赴英，1867 年 11 月建议"封建诸侯被废，王道即可建立"，主张当时的幕藩就应按一定比例向朝廷交还领地（载《岛津家史料》，转引自石井孝《学说批判明治维新论》，1962 年，第 205 页）。

③ E·M. 萨道：《一个外交官在日本》，伦敦，1921 年，第 326 页。

④ 参看庄司吉之助：《改革世间之近代的意义》，《历史评论》，1947 年 10 月，小西四郎：《明治元年东北、北陆战争和平民》，《日本历史》，第 15 号，1948 年 4 月。田村荣太郎：《近代日本农民运动史论》。

⑤ 新政府根据这一规定，对藩政进行重大改革，划分藩政和藩主家政，废止各藩门阀世袭的家宰制，新设执政、参政等职，从藩内下级武士中选拔同中央有联系的领导人物担任，使他们"体认朝政，辅佐藩主"，为统一工作做好准备。

无法维持，且领地秩序混乱，藩权已面临瓦解。所以萨、长、土、肥四藩主在四藩出身的倒幕派官僚一致决议的压力下，上表奉还版籍。这时内战已结束，其余各藩领主在人民起义的威胁中，怕违抗新政权就会丧失自己的一切，也被迫陆续奉还版籍。明治二年六月，政府任命藩主为藩知事，藩政府服从中央领导，同时通过藩政改革，开始废除封建身份等级制。大名（诸侯）和公卿的名称被取消改为华族，一般武士只保留士族、卒族两级，士族的禄米被大量削减。

奉还版籍就是诸侯领主将自己统治的版图（领地）和户籍（人口）交还政府。这意味着土地和人民从封建领主制度中解放出来，由政府直接统治，完成了中央集权的第一步。

政府在占领江户后不久就按照《政体书》的规定进行第一次政府制度改革，倒幕派新官僚的地位得到进一步加强。[①]明治二年七月，政府进行第二次政制改革，肃清了《政体书》上体现的外来影响，全面恢复古代中央集权的天皇制，采祭政一致形式，恢复大宝令以来的古官名。将“神祇官”置于总揽政务的“太政官”之上。明治三年一月，下“大教宣布”诏，以神道教为国教，使天皇神圣化，要人民信仰神道，标榜立法权的政议所上局会议也被撤销，改为集议院，成为咨询机关，各部长官几乎由四强藩出身的新官僚独占，事实上政府已变成以萨、长为主的四藩阀的联合政权。这次改革说明藩阀官僚利用人民起义的力量巩固了政权后，就暴露出它反人民的面目来。

版籍奉还后，政府为摧毁领主割据势力，进行了两年准备，通过内部改组，加强了政府的力量。[②]明治四年（1871 年）二月，萨、长、土三藩出兵1万人，集中东京作为亲兵，建立了新政府自己最初的临时常备军。当一切安排就绪，天皇于七月十四日宣布“废藩置县”。八月，政府进行了第三次政制改革，这一次由于政府实现了中央集权后，已没有披挂复古和宗教外衣的必要，因而撤销神祇官，改为一个部，不久连这个部也取消了。明治六年（1873 年）由参议组成内阁，政府要职全由萨、长两藩出身的官僚担任，神权政治或资产阶级民主形式都已无用，日本由此建立了中央集权的天皇制统一国家。

---

① 明治元年六月政府第一次改组，新任参与（掌握实权的官职）22 人中四强藩的藩士占 15 人之多，列藩同盟和公卿渐不被重视。

② 以西乡隆盛（萨）、木户孝允（长）、板垣退助（土）、大隈重信（肥）为参政，平衡四藩的势力，公卿诸侯除三条实美和岩仓具视外，都陆续退出重要职位。

以上是维新政权（明治初期政权）从产生到基本确立的过程。这一政权产生在农民革命大风暴中，由于缺乏先进阶级的领导，政权为倒幕派下级武士所夺取，他们在利用人民起义摧毁幕藩领主制后，就阻止革命向前发展，逐步加强自己力量，排斥诸侯公卿及上层武士的势力，组成以萨长藩阀官僚为核心的内阁，确立了统一的专制主义天皇制政权。①

维新初期，日本的政权究竟属于什么形态？这也是一个有争论的问题。日本学者曾将 1867 年王政复古到 1869 年版籍奉还时期规定为“身份等级制君主国”，即具有等级代表会议(etats generaux)制的君主国②，这是“由纯封建国家向绝对主义国家的过渡形态”③，而将版籍奉还到第一届议会开会(1890 年）时期的政府规定为绝对主义国家，实现议会政治以后的明治政权就被认为是恩格斯所谓“伪装的宪政国家”了。④

我认为将维新后的日本，这样地按照西欧国家历史发展的图式，规定为几个不同发展阶段的政权形态是很牵强的。因为明治维新前后，大商人和诸侯的权力都有限，不论幕府和维新政府，都只以直接征自农民的年贡和地税作为它们的主要财源，而不依靠市民阶级的纳税，所以二者都具有专制性质，维新推翻了封建领主制后，更没有采取等级代表会议制来应付市民阶级和诸侯的必要，维新政府的所谓“列藩同盟”“公议舆论”只是在内战时期倒幕派为团结诸侯倒幕的一种临时手段，议政所、下局的会议，只是一种咨询机关，根本没有町人阶级参加，所以和等级制君主国完全不同。

维新政权在版籍奉还后，是不是一种绝对主义政权（君主专制）呢？马克思主义者指出，“君主专制发生在一个过渡时期，那时旧的封建等级趋于衰亡，中世市民等级在形成现代资产阶级，斗争的任何一方还没有压倒另一方”⑤，“那时，彼此斗争的阶级达到这样势均力敌的状态，使国家权力暂时得到对于这两个阶级的相当

① 参见本庄荣治郎：《近世的日本》，有斐阁，1954 年，第 185 页。

② 服部之总：《明治维新史》，第 99 页。

③ 远山茂树：《明治维新》，第 231 页。远山还指出日本与欧洲封建末期情况不同，日本因“武士和大商人对抗君主的权力尚未成长”，所以“维新政权比身份等级制君主政体纯封建性更强……”

④ 服部之总：《明治维新史》，第 123 页。这是服部借用恩格斯在《论住宅问题》一文中加于俾斯麦的新德意志帝国的称呼。

⑤ 《马克思恩格斯全集》，第 4 卷，第 350 页。

独立性，成为仿佛是这两个阶级之间的中介人”[①]，这是马克思和恩格斯根据封建末期欧洲国家的分析对君主专制主义作出的定义，恩格斯认为，专制君主的意义在于“保护贵族反对资产阶级进攻”[②]。前文已指出，幕末维新时期日本没有欧洲封建末期那样有力的市民阶级，明治维新是在农民反封建起义和半殖民地危机的威胁下进行的，版籍奉还后，接着实行了废止身份制、废藩置县及地租改正等，也就是剥夺了封建贵族领主特权及其物质基础。因此，根本没有贵族和资产阶级势均力敌或需要保护贵族阶级的问题。维新政权的阶级实质将在下文讨论，就形式说，新政府确实空前扩大加强了封建时代的专制主义国家机器，成为一个名副其实的君主专制政体。这是革命后新的统治阶级为制止农民继续革命和消灭旧领主武士割据叛乱所必需的。正如马克思所说：“以建立民族统一（创立民族国家）为任务的第一次法国革命，必须消除一切地方的、疆域的、城市的、省份的独立性。因此，这次革命不得不继续发展君主专制制度已经开始的工作，即使国家政权更集中，更有组织，并扩大这一政权的辖制范围和职能，增加它的机构、它的独立性和它控制现实社会的超自然威势，这种威势实际上取代了中世纪的超自然的天堂及其圣徒的作用。”[③]尽管维新政权已是个近代国家，但它比过去任何时期还需要这种专制政体。

服部之总是将明治维新研究置于科学基础上的一人。但他在“绝对主义”理论的运用上，由于混淆了政权形态（政体）和政权实质（国体），即忽略国家的管理形式和国家的阶级实质之间的区别，以致将维新后的君主专制政体和马克思主义所指出的 17、18 世纪欧洲国家的专制君主制（作为“封建政权最后形态的君主专制”[④]）这一政权性质等同起来，把君主专制这一政体问题和社会经济发展阶段（封建末期）问题纠缠在一起，根据维新政权的君主专制形式就规定这一政权的阶级实质为封建政权，这是不符合马克思主义的。因为国家形式总是由政权的阶级实质决定的，列宁指出“国家……这个机器有各种不同的形式。在奴隶占有制国家内，有君主制，贵族共和制，甚至有民主共和制。其实，虽然政体极不相同，但本质只是一个：奴隶没有任何权利，始终是被压迫阶级，不算是人”[⑤]。革命问题基本上是革命阶级

① 《马克思恩格斯文选》（两卷集），苏联外国文书籍出版局，第二卷，第 318 页。

② 恩格斯：《德国农民战争》第二版序书后，中译本，新中国书局，1949 年，第 183 页。

③ 《马克思恩格斯全集》，第 17 卷，第 584 页。

④ 服部之总：《马克思主义关于绝对主义的概念》，《服部之总著作集》第 4 卷，理论社，1955 年，第 219 页。

⑤ 《列宁全集》第 29 卷，第 437 页。

夺取政权即变更国体问题而不是改变政体问题。虽然政体有时也多少要适应国体的性质。维新政权已不是一个纯封建政权（详见下文），新的统治阶级为摧毁领主割据势力，创建独立统一的民族国家，需要某些资产阶级的假民主，但由于发展了半封建的地主制，它必须镇压农民起义、士族叛乱及自由民权运动，所以更需要一个专制君主政体。到 1889 年模仿普鲁士宪法，实行议会政治后，才成为所谓立宪君主国。而这些政体上的变化，不能改变维新政府已是一个不同于德川封建政权的国家实质。

维新政权的实质

决定一个政权实质的因素，大体可以有两方面：一是政权的阶级构成即它的阶级基础是什么？二是它的政策代表什么阶级的利益，即它为谁服务？

首先从维新政权的阶级基础即它的阶级构成看：

幕末日本反封建和反侵略斗争的主力是农民和城市贫民，他们是倒幕派实现明治维新所依靠的主要力量。他们反对一切的封建剥削，包括农奴主的领主制和半封建的地主制。但倒幕派在推翻幕藩体制后，不但不跟封建地主制进行斗争，反而和地主富农一道镇压农民起义。在维新政权中，当然没有一个农民和城市贫民的代言人。

豪农、豪商即富农、新兴地主、农村中的商业高利贷资本家是倒幕派（下级武士和豪农商的同盟）的主要阶级基础，开港后由于对外贸易发展，他们之中一部分成为藩际贸易和超藩贸易的大商人。尽管幕藩领主多方压抑，又受外国输入品的打击，农村行庄制家庭手工业仍有发展。这种商人控制的手工业常常和地主经营结合，剥削贫农[①]，因此不断受到农民起义的攻击，维新后他们得到政府保护，逐步上升为半封建的寄生地主、商业高利贷资本家、工场手工业及近代企业的资本家[②]，成为新政府的阶级基础。如上文所说，这一阶层的两面性，曾在很大程度上影响到新政府的政策上来。

大商业资本家在旧社会依靠幕藩领主。直至幕府崩溃前夕，新政府掌握了全国经济中心的京都、大阪时，当地的大商家才倒向新政府方面。三井家的转变过程就

① 守屋典郎：《日本经济史》，中译本，1963 年，第 30 页。
② 藤村通：《近代日本经济史》，第 205 页。

是这样。[①]他们参加讨幕战争，也没有脱离商业高利贷资本的立场，借给政府的军费是附有高额的利息，并约定以租税收入作抵的。新政府初成立，财政经济工作诸如发行纸币、募集公债、掌握全国商业金融机构等，都必须依靠这些大商人，特别由于他们在封建社会中积累了一定的资本，对发展资本主义有一定的作用[②]，因此新政府还在成立前就和他们结合，如三井组在德川“还政”后就参加了政府，在财政金融事业方面担负重要的任务。[③]明治初期许多大商人参加政府商法司（管理工商业交通运输的机关，1869 年改为通商司）为建立民族资本和抵制外国经济侵略而创办的一些商业机构。[④]据当时住友财阀的广濑宰平说，参加后“社员允许带刀”（当时官吏的特权）。[⑤]随着政府扶植产业资本政策的进展，他们很快成为“政商”、财阀，许多官僚如大隈重信，井上馨、后藤象二郎等都以这些大资本家作背景，相互勾结，影响了新政府的政策，大资产阶级在以后日本的政治中，占有日益重要的地位，并起着反动的作用。

旧武士阶级。明治初年士族在总人口 3000 万人中，占 488000 余户，约 190 万人，即总人口的 1/16[⑥]，维新后他们在资本主义浪潮的震撼下，地位处在更大的不安定和变动中，废藩后，武士的封建身份特权基本上被取消。新政府处理秩禄时，诸侯得到相当禄额百分之十的金禄公债，他们用来投资到企业和购买廉价土地，多数变成资本家和大地主。下级武士则所得有限，旧社会中他们是寄生的统治阶级，“士族的商法”是明治初年嘲笑武士既不懂生产又不能经商的一个流行词[⑦]，他们大部分很快就没落，以 1877 年西乡隆盛领导的西南战役为代表的最后一次武士大叛乱，反映了这部分所谓“不平士族”的复辟意识。武士中的知识分子较幕末更多地成为自由职业者及城市贫民，一部分当职业军人、警察、职员，只有少数人补充

① 中井信彦：《商人地主的诸问题》，历史学研究会编：《明治维新和地主制》，岩波书店，1957 年，第 241—244 页。

② 堀江保藏：《日本资本主义的成立》，大同书院，1939 年，第 204 页。

③ 三井组于庆应三年担任朝廷汇兑处御用商，被任命为政府“会计官付御用”，明治二年由东京会计官任命为汇兑处总理；三年由财政部任命为神户汇兑御用。贫民授产事业及开垦公司合并后，任总经理；四年后负责发行财政部兑换证券（所谓“三井纸币”）及北海道开拓使兑换证券等（仪我壮一郎：《现代日本的垄断企业》，1963 年，密乃尔瓦书房，第 55—56 页）。

④ 中村尚美：《明治初期的经济政策——通商汇兑两公司的任务》，《史学杂志》，1959 年，第 1 号。

⑤ 广濑宰平：《中世物语》，1895 年，第 41—42 页。

⑥ 羽仁五郎：《幕末的社会经济状态、阶级关系和阶级斗争》，岩波书店，第 73 页。

⑦ 福地重孝：《士族与士族意识》，春秋社，1956 年，第 272—273 页。

到近代企业资本家、大地主和新政府的官僚群里，成为新政权的领导阶层。

维新政府的官僚，一小部分是在19世纪40年代藩政改革中成长起来的，大部分则是在尊王攘夷和倒幕运动、“王政复古”政变及内战中逐步登上政治舞台的。但他们人数有限，维新初期政府中上层保守派诸侯还居优势，为此政府利用征士和贡士的制度集中各藩有才能的藩士到中央来，培养出一批新的官僚[①]，加强了政府的力量。由下表可看出士族在新政府官吏中所占的比重。下级武士出身的官僚，一方面有旧幕藩体制统治阶级的属性，另一方面因维新前后这一阶层分化迅速，他们同豪农、豪商间的联系逐渐密切，特别是通过“洋学”的介绍或留学访问欧美诸国，增加了资本主义的思想意识，他们的两面性更能反映在新政府的政策方针上。

明治初期政府重要官员的族籍表

出 身	皇 族	华 族	士 族	平 民	不 明	合 计
人 数	8	83	399	3	5	489
比 率%	1.6	16.7	80.1	0.6	1.0	100.0

（据“百官履历目录”）

由此可见，新政权的阶级基础是从豪农、豪商、高利贷商业资本家以及贵族领主武士转化的地主和资产阶级。随着新政府各项政策的实施而逐步成长的这两个阶级，由于经济上都欠成熟需要互相依赖和政治上畏惧人民革命，使他们在统治上结成联盟成为可能。当然，资产阶级取得优势，是19世纪80年代以后的事。

其次，从维新政府的政策看：

维新政府从成立起，除废除封建领主的幕藩体制外，实行了不少重大改革。这些改革，大部分是具有资产阶级性的，体现了明治维新的革命的方面。但也要指出，几乎每一项改革，都是自上而下地通过妥协的方式实现的，改革本身同时代表了封建地主和资本家两个阶级的利益。现在试就新政府的几项主要改革进行一些分析。

第一，废除了封建身份制，为资产阶级寄生地主及劳动者的解放创造了条件。这比幕府时代整个社会在封建割据和等级制严格约束下，阻碍了一切发展，不能不是一种进步。但所谓“四民平等”实际是很有问题的。其一，对封建领主和武士身

① 征士和贡士本来都是藩主选派到中央的下级武士，藩主利用他们为自己服务，使探听朝廷的机密，“宛如一身仕于二君”（鸟羽小弥太：《国势因果论》），政局变化后，不待废藩，他们就脱离了本藩的主从关系，成为新政府官僚群的来源之一。

份特权的取消，不是剥夺，而是采取赎买的办法，发给巨额的金禄公债，政府这种负担，完全转嫁到人民身上；其二，不但保留了华族、士族、平民的身份等级和皇室、华族、士族的特权，建立巨大的皇室财产，并且大大加强了天皇的统治权力，增加了恩赐有功藩阀、财阀以爵位、列入华族、敕任华族为贵族院议员等新的封建性制度；其三，人民毫无政治权利，对贱民的歧视也直到今天还没有停止[①]，这就证明封建身份制的废除绝不是彻底的。

第二，征兵制的施行。新政权为巩固倒幕的胜利果实，明治六年(1873)实行征兵制。在"国民皆兵"的口号下，建立近代的军队，这对摧毁诸侯割据的主要工具——封建武士团和保障国家的独立发展是一个有力的步骤。当时太政官布告指出，废藩后"世袭坐食之士，减其禄，许其脱刀剑，使四民得自由之权，此平等上下，齐一人权之道，即兵农合一之基，于是士非从前之士，民非从前之民，报国之道，固无其别"[②]。这几句话诚然可以说明维新后社会的新变化，正如马克思所说："中世纪贵族的……领主特权都转变为一个统一的国家政权的从属物；这个统一的国家政权以领薪的国家官吏代替封建显贵，把中世纪地主的门客仆从……手中的武器转交给一支常备军队。"[③]但新政权在近代国家平等、自由、人权的美名下，却掩盖了政府害怕人民革命力量，将维新前后参加倒幕的人民武装（包括各藩的"民兵诸队"和农兵）全部解散的事实，同时也隐蔽了强征千百万青年充当地主资产阶级国家镇压人民、侵略邻国的军国主义工具，并引起军民多次暴动的事实。至于兵役法上专为贵族官僚富豪地主设定许多免役条件[④]，军队中封建藩阀势力的根深蒂固和武士道精神的强迫灌输，就更能说明"平等""自由"的阶级意义了。

第三，土地制度的改革。明治维新中带有根本性的变革之一是消灭了农奴主的封建领主土地所有制。明治元年政府就宣布土地归农民所有，并准许买卖。[⑤]经版籍奉还、废藩置县后，逐步废除纯封建的土地所有制，农民被解放出来，虽然还有许多佃农和贫雇农没有得到丝毫土地，但已被解放的占地农民变成了小土地所有

① 贱民仅被废止了"秽多" "非人"等封建时代侮辱性的称呼，但他们在职业、生活乃至婚姻等方面直到现在还受着歧视，他们大部分过着部落居住生活，目前约三百万人，失业、失学、贫困等问题都不得不解决，他们的斗争（部落民解放运动）最近还进行着。

② 《征兵告谕》，明治五年《法令全书》太政官布告中，第432页。

③ 《马克思恩格斯全集》，第17卷，第584页。

④ 大石慎三郎：《征兵令与家》（《史学研究》，1954年4月）。

⑤ 野吕荣太郎：《日本资本主义发展史》，中译本，生活、读书、新知三联书店，1955年，第122页。

者。"自耕农民的自由的小土地所有制形态，当作支配的通常的形态，……在近代各国，我们又发现它是由封建土地所有制解体所引起的各种形态中的一种。"[①]这说明领主制废除后日本土地制度走向近代化。维新政府为解决财政困难和建立资本主义企业，除了剥削农民外，别无他路，但在农民猛烈斗争下，旧的剥削方法显然已难收效。为此，只有在不触动地主富农利益的范围内，进行一些适应资本主义发展的土地改革[②]，明治六年颁布《地税改革条例》。[③]这些改革措施实行后，保证了国家税收的安定（不再受丰歉的影响），确立了新政权的物质基础，进一步促进了资本主义的原始积累，提供了初期发展工业的资金。地税在交付地券（土地所有证）、按地价征税和货币纳税等方面，有近代租税的性质，它承认土地私有权和同时期实行的秩禄处分（封建家禄的赎还），在解放农奴瓦解领主制方面有一定作用。农民获得自由后，租佃关系也渐接近资本主义的契约关系。但地租高到平均占农民收获的 34%，且地价由官府强定，实际是继承了幕藩的旧贡租。地主从佃农剥削的地租比旧时代多了 10%，比佃农所得量多达一倍。[④]这样重的地租，自然促进地主制的发展（直至 1946 年佃租地占全耕地面积之半），但农民的地位则毫无改善，反被从实物经济投入货币经济，生活更加恶化。明治初年地税占国家收入 90%以上，因此政府完全站在地主立场，贫苦农民因交不起地税，土地就被没收拍卖[⑤]，加剧了农村阶级的分化。佃农仍交实物年贡，受不同程度的超经济强制，剥削重于幕末。因此，农民不断起义暴动，从维新后到明治十七年（1884），17 年间就达 380 次。[⑥]这种半封建的寄生地主制严重阻碍工农业的生产力，在农业资本主义发展上走普鲁士的道路，以致农民生活极端贫困，国内市场狭窄，迅速成为侵略成性的军国主义国家。维新后日本资产阶级民主革命就以这种半封建地主制为主要对象之一。

第四，扶植资本主义发展。明治维新正是在世界资本主义"迫使一切民族都在

① 马克思：《资本论》第三卷，人民出版社，第 1053 页。

② 明治元年后就陆续实行农作物种植自由、土地自由买卖、发地契给土地所有者等政策。

③ 主要内容为：改实物年贡为货币地税，地税按地价 3%，及附加税 1/3 向土地所有者征收（据《太政官布告》第 272 号，见《地租关系书类汇编》，第 47 页）。

④ 山田盛太郎主编：土地改革记录委员会《土地改革颠末概要》，1951 年，第 14—15 页。

⑤ 从地税改正后的明治十六年到二十三年，7 年间土地被强制处分者达 367744 件，其中 77%都是因贫无力纳税，平均每人欠税额仅 31 钱，而因此被迫卖没收的土地价值平均每人达 8 元 31 钱，相当于未纳税金额的 27 倍之多（见守屋典郎：《日本经济史》，中译本，第 83 页）。

⑥ 参考土屋乔雄、小野道雄：《明治初年农民骚扰录》，劲草书房，1953 年，自由党领导的农民暴动事件未列入。

灭亡的恐怖下采用资产阶级生产方式"的形势下进行的。新政府成立后，就确定实行废除工商业方面各种封建性限制[①]，在发展资本主义企业上，最初是继承藩政改革时期"富国强兵"的政策，在微弱的藩营近代工业的基础上，在外力压迫下，通过公债、货币、租税等制度和保护政策，输入资本主义先进生产方式，以军事工业为中心，积极发展了一系列的国营工业，以后逐步扶植私人资本主义，使国家迅速工业化。就当时日本所处的国内外条件看，只有采用这种温室般地加速封建生产方式向资本主义生产方式转变的政策，才能摆脱封建危机和民族危机。和中国洋务派十足的封建性和买办性相反，维新政府在工业化政策上，注意到独立自主地发展资本主义，不受外国操纵，不使买办资本有活动余地，且坚决排斥英美在日的垄断事业[②]；在扶植民营企业中，为使贵族及武士资产阶级化，不惜用低价甚至补贴将国营企业拨让政商经营，使藩阀及商业资产阶级转化为工业资产阶级，而不是使资产阶级走上适应封建主义的道路。这比起封建末期欧洲各国专制主义单纯为保护贵族利益、加强封建统治的重商主义政策，也应该认为是进步的。但另一方面，这些改革最初就走着藩政改革的路线，工业具有军事性质，一些半官半民的金融、贸易、运输等事业，由三井、岛田、小野等特权商人经营，又都具有封建商业的性格，他们在这些企业中，只是"袖手安坐，以待利息"。三菱财阀创办人土佐藩士出身的岩崎，受政府中土佐派藩阀扶植，很早就独占了全国航运。[③]由这样一些旧社会来的政商所形成的早期垄断形态，显然不是工业资本发展的结果，而是通过商业资本使工业从属于自己而实现的[④]，虽然这种倾向在以后逐渐改变了。此外，由于农业中半封建关系的存在，国内市场狭小，造成工业畸形的发展，在政府保护的大企业之旁，存在着大批落后分散的中小工业。以明治十七年的工业构成为例，1981个工厂中，生丝工厂占了52%，近代五金工厂只占5%。工厂所在地方面，散在农村的家庭手工业多达60%以上（丝业最多）；原动力方面，依靠人力、水力的最多；工厂规模方面，工人在20人以下的多至70%，许多工厂实际上只是工场手工业[⑤]，工厂中大量使用女工、童工，工人受着中世纪式的剥削（把头、牢房等制度），工资低到所

---

① 明治元年发表的《商法大意》上，就确定废除特权行会及贸易自由的政策，以后陆续撤销关卡，发展交通，整理币制，统一汇兑业务，扫除资本主义发展道路上的障碍。

② 藤村通：《近代日本经济史》，第148—149页。

③ 仪我壮一郎：《现代日本的垄断企业》，密乃尔瓦书房，1963年，第63—68页。

④ 守屋典郎：《日本经济史》，中译本，第116页。

⑤ 参看水口和雄：《明治十年代的工厂生产》，《经济学研究》。

谓“印度以下的”水平。[①]这一切严重阻碍日本资本主义的正常发展，使它很快走向野蛮的侵略道路。

第五，对外政策。与发展资本主义同时，新政府另一个主要任务是摆脱半殖民地危机，实现民族的独立。维新前后倒幕派即使在英法等列强勾结双方、争夺日本霸权的斗争中，也坚持了自主原则，不接受任何不利于日本的政治条件，新政权成立后就开始收回国家主权，如幕府给予美国的筑路权、采矿权及俄国人在北海道的租地权等。早在明治八年（1875 年）以前就偿清了幕藩所欠的全部外债及赔款；同一时期迫使幕末以来英法在横滨的驻军撤出，放弃居留地警察权，使各外人居留地没有发展为当时中国上海、天津那样的外国租界。[②]明治四年（1871 年），政府就派出以岩仓、大久保为首的使节团到欧美各国进行修改不平等条约的交涉，尽管在殖民主义者继续压迫和歧视下，政府还是以积极态度争取，直到 1894 年和英国改订条约后，各国才陆续同日本改订了平等的新约，比起清末以来中国统治阶级的媚外卖国投降政策，维新政权这种独立自主的精神是应该肯定的。但就在对外政策上面，新政府也绝不是依靠人民的斗争，而是一面利用列强在远东的矛盾，同时则采取了侵略弱小民族、扩张领土和发展军事实力，以达到与列强取得对等地位的军国主义道路来实现民族独立的。新政府一成立，就积极策划改革军制，建立武装，明治五年便侵占琉球，接着侵略中国台湾和朝鲜，通过不断的掠夺性战争，使日本获得帝国主义在远东的宪兵地位后，废除了不平等条约。就在这时，日本也成为军事封建的帝国主义国家，自掘坟墓，走向了和民族独立相反的道路。

举出维新政府上面这几项改革，不难看出这一政权的性质。列宁指出：“重要的是这些观点，这些提议，这些措施对谁有利？”[③]一种政策必然是为一定的阶级服务的。由于倒幕派（新政府的藩阀官僚）的阶级性，决定了他们在推翻幕府领主制革命斗争中的坚决态度，尽管在没收领地及对待领主阶级个人方面，采取了不同程度的妥协方式，但封建领主制度还是从根本上被废除了。这从明治九年（1876 年）神风连暴动开始，直至第二年西南战争的一系列代表旧农奴主利益的武士叛乱可得到说明。但是当革命形势进一步发展后，代表豪农地主及高利贷商业资本家利益的新政府官僚就不再前进，甚至反对革命了。在封建危机和民族危机继续存在的威胁

① 山田盛太郎：《日本资本主义分析》，岩波书店，1934 年，第 58—61 页。

② 井上清：《日本现代史 · 明治维新》，第 13 页。

③ 《列宁全集》，第 19 卷，第 33 页。

下，他们为巩固自己政权，不得不发展资本主义，建立近代化的常备军，谋求民族的独立，做出后进国家中新兴资产阶级所能做出的努力。而在这些任务的执行上，则又维护地主富农的利益，保留而且进一步发展了半封建的地主土地所有制，在推翻幕府统治后，用“复古”“维新”的名义，扩大加强了封建时代的专制主义国家机器。

总起来看，由于明治维新包括了革命和改革两个发展阶段，因此，维新政权成立后实行的主要政策，几乎都带有资本主义的和封建的两面性。也就是具有革命的和改革的两个方面：首先由于它实行了推翻农奴主的领主制的革命，这就为资本主义生产关系的发展创造了条件，日本由此走上了列宁称为资产阶级国家[①]的道路，但同时在农村中确立起来半封建的地主制，却大大阻碍了资本主义的正常发展，造成日本经济上恶劣的后果；其次，维新结束了长期封建割据的局面，形成了统一的民族国家，但同时在政治上则确立了天皇制专制主义和封建藩阀的反动统治；最后，维新坚决贯彻了反对殖民主义、争取民族独立的政策，并自主地赶上先进资本主义国家的发展水平，但同时在国内则实行军国主义和封建主义的教育，加紧压迫榨取人民，对外疯狂进行侵略战争，说明这个政权完全是为地主资产阶级的利益服务的。

这个政权不同于资产阶级革命后的英国资产阶级国家。英国在1832年以前虽然也是土地贵族与资产阶级分享政权，但当时英国的资产阶级力量强大，贵族基本上已资产阶级化；日本的资产阶级还不成熟，力量很弱，地主阶级则具有浓厚的封建性。

这个政权也不同于1871年成立的新德意志帝国，它虽然也是地主资产阶级的国家，但由于资产阶级的卑怯，容克还是拥有庞大封建地产和掌握政权的官僚贵族，日本的武士则早已失去土地，新政权中藩阀官僚代表成长中的地主资本家两个阶级的利益。德国在1848年革命后，工业资本主义已有较高发展，因此1871年以后帝国除土地贵族和资产阶级间的均势外，还存在有资产阶级和无产阶级间的均势，“专制君主国在急剧地过渡到波拿巴主义君主国”[②]，维新政权则还没有出现这种局面。

这个政权也不同于1861年农奴制改革后的俄国，当时俄国虽出现革命形势，但没有发生革命，改革是由沙皇旧政权进行的，改革虽然是俄国“封建君主制向资产阶级君主制转变的道路上的一步”[③]，但农奴制残余的存在，仍使俄国十分落后。维新政权则在革命中产生，它推翻了旧政权，废除了农奴主的领主制，排除了外国

① 《列宁全集》（第20卷），第399—400页。
② 《马克思恩格斯文选》（两卷集·第1卷），苏联外国文书籍出版局，第582—583页。
③ 《列宁全集》（第10卷），第96页。

侵略。所以明治维新比俄国农奴制改革所引起的变化远为巨大。[①]

维新政权是一个地主资产阶级政权。维新后的日本，是一个半封建的资本主义国家。

小 结

1868 年日本的明治维新将近一百年了，这一运动不仅在日本历史上是一件大事，在世界史上作为近代亚洲唯一摆脱了半殖民地命运，走上资本主义道路并迅速发展为帝国主义的国家，明治维新所起的作用也是不容忽视的。

19 世纪后半期，是世界资本主义走向帝国主义阶段的时期，亚洲绝大部分国家已沦为殖民地或半殖民地，作为一个后进国的日本，在外力压迫下，从封建主义转向资本主义的变革运动，不得不带有一定的特点。正因为如此，所以明治维新史在许多问题上存在着不同的理解，而展开了长期的争论。解决这些问题，应该如列宁所说的“必须牢牢把握住社会阶级划分的事实，阶级统治形式改变的事实，把它作为基本的指导线索”[②]，即从维新前后的阶级斗争和政权改变的事实出发，来求得问题的解决。

根据上面的分析，概括起来，维新前的日本在典型的封建领主制中间已出现了从本百姓（半自由的领民或农奴）分化出来的豪农和寄生地主的土地所有制，作为资本主义萌芽的商品生产，行庄（初期资本家）的家庭手工业和工场手工业，也在先进地带成长起来。商品货币经济侵入农村，不可避免地瓦解以自然经济为基础的领主和本百姓间的封建关系。随着农民生活的日益贫困，封建领主和武士的生活也日益恶化，幕府和诸藩在 18、19 世纪人民起义中进行的改革，只是为挽救没落的封建统治的一种努力。19 世纪 50 年代欧美资本主义国家入侵后，封建危机和民族危机造成了空前高涨的革命形势。

这样，摆在日本人民面前的任务，就是推翻封建制度和争取民族独立，这不能不是一次资产阶级性质的革命。在一般的情形下，这一革命客观上只有两种基本的路线和结局：或者是废除领主所有制后将正在开始发展的半封建的地主经济保存下

① 列宁曾多次指出，资本主义在日本比在俄国发展远为迅速，直至十月革命前，他还认为俄国是一个“经济上最落后的国家”。见《列宁全集》第 22 卷，第 251、288 页。

② 《列宁全集》，第 29 卷，第 434 页。

来，慢慢地变成资本主义经济，这是地主经济的内部改革，国家的整个土地制度成为长期保持着封建制特点的资本主义制度，像革命前的德俄一样；或者是在废除领主农奴制后，革命摧毁半封建地主经济，使小农经济和资本主义得到自由发展，以完成资产阶级革命的任务。

当时日本农民和城市贫民的革命斗争客观上是走着后一条路，这是一条彻底解放生产力、保证日本民族真正独立、社会更向前发展的道路。日本农民"改革世间"起义，带有土地革命的性质，城市贫民捣毁运动不断高涨，使幕藩领主不能统治下去，外国殖民者为之震恐。农民不代表新的生产力，而它的斗争却是资产阶级革命的主要内容。

但当时日本并不能按照一般的情形进行资产阶级革命，因为维新前支配着日本的还是农奴主的封建领主经济，资本主义和民族资产阶级都没有形成，在民族灭亡的威胁下又必须立刻采取资本主义生产方式，因而革命的领导权落到以下级武士为领导的"武士和豪农豪商（资产阶级前身）的同盟"改革派（以后的倒幕派）身上，这一同盟的阶级性决定他们在革命中的两面性。当斗争的锋芒指向德川幕府统治时，他们最初还只企图用藩政改革的经验，要求在幕藩领主制的范围内，进行一些全国性的改革。但即使是一种改革，只要触动了统治阶级的根本利益，也决不能实现。果然，幕府对改革派实行了血腥镇压，使改革派不得不抛弃原来的路线，转向尊王攘夷运动。以后他们发现依赖天皇攘夷也不可靠，在幕府大军征讨和外患日亟的形势下，终于走上倒幕的道路，领导农民革命和倒幕战争，在全国人民起义的浪潮中，经过一年半内战，推翻了幕府，建立维新政权。倒幕派凭借人民起义和国家机器的力量，废除封建领主制，解放了农奴。列宁指出："革命究竟是什么呢？这就是用暴力打破陈旧的政治上层建筑，即打破那由于和新的生产关系发生矛盾而到一定的时机就要瓦解的上层建筑。"①维新政权和代表纯封建的领主制的德川幕府已有本质的不同，它是一个地主资产阶级的政权。革命的根本问题是政权问题，倒幕派利用农民和城市贫民起义，领导讨幕军用武力夺取政权，改变了政权的性质，这不能不是一次革命，革命的胜利果实，则为倒幕派所篡夺。明治维新这一阶段的革命既不是资产阶级所领导，作为资产阶级性的革命是很不成熟的，它自然不能完成资产阶级革命的历史任务，也就不能称为"资产阶级没有完成的革命"②，但由于

① 《列宁全集》（第9卷），第113页。

② E.茹科夫：《日本历史讲话》，中译本，耕耘出版社，1939年，第155页。

农奴的解放，客观上为资本主义的发展开辟了道路。

当然，明治维新运动到这里并没有结束。因为封建领主制的推翻和农奴的解放并不意味着农民土地问题的根本解决。农村中随着幕藩体制的崩溃和新政府土地政策的实施，半封建的寄生地主制确立了，它继续对农民剥削，阻碍资本主义发展。农民和城市贫民的基本要求是分配土地，发展生产力，要求彻底消灭封建剥削。正如列宁所说，“几百年来农奴制的压迫……积下了无数的仇恨和拼命战斗的决心。要求……消灭一切旧的土地占有形式和占有土地制度，扫清土地，建立一种自由平等的小农的社会生活来代替警察式的阶级国家”[①]。因此，农民和城市贫民在打倒幕府后继续进行革命斗争，起义更为频繁而猛烈。他们的锋芒针对豪农、豪商、村吏、地主，也就是反对以这些阶层为基础的政府。如果维新政权建立后农民和城市贫民的起义直至自由民权运动属于第二阶段革命，那么倒幕派这次就不再跟着前进了，特别是在废藩置县后，全国的主要矛盾已由农奴对领主的矛盾，变为农民对地主豪农商的矛盾。在新的农民起义的浪潮面前，倒幕派不但恐惧地放弃革命的领导，并且站在富农和寄生地主的立场上来反对革命，他们解散了人民在倒幕中建立的武装，镇压农民起义和城市贫民暴动，保护地主土地所有制和资本主义的工商业，在此基础上发展起来的年青的地主和资产阶级本来就有相互联系，在革命的人民斗争面前更加强了政治结合，逐步形成了地主资产阶级联盟的专政。

明治维新后成为藩阀官僚的倒幕派获得豪农商、地主、高利贷商业资本家的支持，他们在殖民主义侵略和人民斗争的威胁下，进行了一系列资产阶级的改革。由于当时日本十分落后，又必须抵抗侵略，他们不得不采用资本主义生产方式，通过专制政府加强掠夺劳动人民、进行原始积累以及保护新工业的方法，自上而下地发展资本主义，同时废除封建身份制，输入西方科学文化，建立常备军，废除不平等条约，摆脱殖民地危机，使日本成为独立的民族国家。明治维新由此得到当时亚洲各国资产阶级的重视。[②]

另一方面由于新政府官僚代表半封建的地主富农和高利贷大商人的利益，这些改革都带着浓厚的改良主义色彩，以致在社会经济中长期保留了封建的残余，阻碍工农业生产力，使人民深深地陷于痛苦和贫困中，并助长了日本的军国主义和对外侵略战争的发展。因此，明治维新后一阶段进行的主要是一种地主资产阶级的改革

① 《列宁全集》，第 15 卷，第 180 页。

② 例如 19 世纪末期朝鲜的开化党、中国的维新派、20 世纪初越南维新会的勤王家等。

（其中也有一部分属于前一阶段革命所遗留下来的任务）。这种改革尽管因资本主义得到发展而延缓了革命，但不能改变日本发展的方向，维新后日本人民仍为完成资产阶级民主革命而积极斗争。

在西欧资本主义国家里，农奴制远在资产阶级革命前几个世纪就被消灭，这就为资本主义的发展造成有利的条件，在新兴市民阶级领导下，资产阶级革命的进行是成熟的，因而也较彻底。日本由于封建领主制的长期存在，资本主义迟迟没有形成，在封建危机和民族危机的双重压力下进行的明治维新运动，由于没有新兴资产阶级的领导，被分为两步：它的第一阶段革命以倒幕派领导农民和城市贫民起义推翻封建领主制、解放农奴，建立了地主资产阶级政权而告结束。第二阶段革命因倒幕派的背弃革命而变成了地主资产阶级的改革。日本史学上传统地将这两个不同阶段不同性质的变革合并称为“明治维新”，因而使这个问题长期陷于混乱。我们用两点论澄清这一问题的性质。

列宁正确地指出了明治维新是“革命和改革”[①]。

明治维新在日本通过以农民为主力的革命，推倒幕府，废除了封建领主的农奴制，发展了资本主义，这就使维新政府向资产阶级政权迈进了一大步，但半封建的地主阶级，并没有脱离这一政权，它和资本家的共同利益表现在互相依赖，对人民残酷压榨和对外野蛮侵略的政策上。维新后的日本历史证明，这是一个地主资产阶级的政权。

明治维新政府在政体上是一个专制主义的君主国，直到帝国宪法颁布后，这个国家才成为一个外表上的立宪君主国家。

（作者：南开大学历史系教授。
原载《南开大学学报》哲学社会科学版1964年7月号）

① 《列宁全集》（第39卷），第779页。

巴黎和会与五四运动

俞辛焞

巴黎和会与五四运动

中国在第一次世界大战结束后召开的巴黎和会上遭到的屈辱和失败，是五四运动的直接导火线。这个事实，鲜明地揭示了这个伟大运动的反帝反封建性质。有关这些问题，许多学者已做过深入的论述，有了明确的答案，无须赘述。本节只是根据近几年日本等国公布的外交文书和档案材料，对巴黎和会的内幕，帝国主义列强相互勾结、相互争夺以及中国北洋政府的外交等问题进行一些揭露。这对于进一步了解五四运动爆发的历史必然性不是没有益处的。

一

第一次世界大战是帝国主义国家瓜分殖民地和重新划分势力范围的战争。大战爆发伊始，日本便侵占德国所霸占的中国胶州湾和胶济铁路，它夺取了德国人在山东的权益。但这并不等于日本就把山东牢牢地窃取到手。日本要想牢牢地占据山东，就必须在战后的和会中重新同列强争夺并得到它们的最后承认。于是，日本政府于1915 年 8 月成立以币原喜重郎为主席的和会准备调查委员会。1917 年 1 月 12 日，日本政府又通过了本野外相所提出的《帝国政府在战争中应执行的外交方针》。为了达到最后攫取山东的目的，日本政府决定事先同英国、法国和俄国进行秘密交易，以保证实现它在和会中的目标。

当时，英国在欧洲战场上顾此失彼，力不从心。早在 1914 年欧战爆发伊始，英国外交大臣和海军大臣借日英同盟条约，曾多次请求日本派军舰赴欧参战。可是日本拒绝了这一请求。当日本占领山东后，目睹英、法、俄等国瓜分君士坦丁堡和达达尼尔海峡的协议成交，感到在战后和会角逐中需要英国的支持，于是 1917 年1 月答应英国的请求，并趁机要英国在战后和会中支持日本攫取山东。1 月 26 日，本野外相召见驻日英国大使，说“帝国政府就帝国政府具有最大利害关系的山东中省及现在占领中的赤道以北德国诸岛向敌国政府提出要求时，期待英国政府的支持。希望英国政府现在予以保证”[①]。对此，英国外交大臣格雷于 2 月 14 日正式复函日本：“对于在和会之际日本提出对德国在山东省的诸权利和德属赤道以北诸岛屿的要求时希望得到（英国）支持的保证，英国政府在此表示欣然应诺之意”；同时，“英国政府要求日本政府在和会召开时，也以同样精神欢迎英国对赤道以南德

① 日本外务省编：《日本外交文书》，大正六年，第 3 册，第 639 页。

属岛屿的要求”。[1]对此，日本政府于 21 日便向英国政府表示：“贵国政府在和会中就德属赤道以南诸岛屿提出要求时，帝国政府也欣然以同样的精神，慨然予以支持。”[2]

接着，日本和法国、俄国及意大利也进行了同样的秘密交易。2 月 19 日，本野外相召见法、俄驻日大使，要求两国政府效法英国，在战后和会上支持日本对山东的要求。[3]对此，法国政府于 3 月 1 日、俄国政府于 3 月 5 日分别复函保证支持日本。意大利政府也在 3 月 28 日表示了同样的态度。

同年 9 月，日本政府又派前外相石井东渡赴美，就中国问题和美国国务卿蓝辛进行交易。在双方谈判时，石井一再强调日本在中国的特殊利益；而蓝辛则强调对中国的门户开放和机会均等。经两个月的舌战，双方达成妥协。11 月 2 日以换文的形式发表了“蓝辛—石井协定”。协定规定：“合众国承认日本国于中国有特殊之利益”；“两国政府声明，在中国支持所谓的门户开放和对工商业的机会均等主义”。[4]这就是说，日本承认了美国在中国的机会均等的原则。协定虽然没有具体涉及山东问题，但美国以日本承认美国在华的机会均等为交换条件，默认了日本在山东的既得权益。

这样，大战尚未结束、和会尚未召开之时，日本和欧美列强就瓜分山东问题已达成了肮脏的秘密交易。

1919 年 1 月 18 日，巴黎和会在法国外交部会议厅正式开幕。帝国主义列强都野心勃勃地力图按照自己的贪欲来瓜分战后的世界。它们在争夺和勾结中，血淋淋地宰割了约有 1300 万居民和 300 万平方千米的殖民地和战败国的领土。最后，它们竟悍然践踏国际法，瓜分战胜国中国的领土山东。

巴黎和会关于山东问题，除在 1 月 27、28 日两日的第十、十一次的“十人会议”上进行讨论之外，主要是在 4 月 22、29、30 日的三次“四人会议”上决定的。“四人会议”由美国总统威尔逊、英国首相劳合·乔治、法国总理克里孟梭和意大利总理奥尔朗多组成。日本全权代表列席会议，而主权国家中国的代表却被拒之于会议大门之外，连会议记录也无权参阅。

① 日本外务省编：《日本外交文书》，大正六年，第 3 册，第 644—660 页。

② 日本外务省编：《日本外交文书》，大正六年，第 3 册，第 655 页。

③ 日本外务省编：《日本外交文书》，大正六年，第 3 册，第 653 页。

④ 日本外务省编：《日本外交文书》，大正六年，第 3 册，第 813—817 页。

在会议上，英国和法国按照战时诺言，支持日本对山东的要求，反对将山东归还中国。4 月 22 日，英国首相劳合·乔治在会议上公然表示："关于本问题，英国政府有支持日本的公约"，并提醒在座的法国总理克里孟梭，"记得法国、意大利也订了同样的公约"。[①]他私下也对日本全权代表牧野斩钉截铁地表示："约定终究是约定，英国是遵守约定的。"[②]在会议上当日本和美国唇枪舌剑争夺山东时，他不是貌似公正居中调解，就是公然偏袒日本。英国的这种态度是日本在和会上胜过美国，攫取山东的重要因素。1 月 29 日，法国总理克里孟梭对日本全权代表松井表示，关于山东问题"政府间已有约定，因此当然照此履行"[③]。3 月 4 日，克里孟梭和日本首席全权代表西园寺密谈山东问题，克里孟梭再次表示，他作为日本的老朋友，当尽力帮助日本攫取山东。

美国是唯一在一战中获万利而无一损的国家，它通过战争获得了巨大的利润，从债务国变成拥有达一百多亿美元的债权国。美国凭借膨胀的经济势力，到处伸手，妄图实现争霸世界的野心。在中国问题上，美国企图继承德国在山东的殖民权益，从而削弱远东的竞争者日本而加强自己的力量。甚而连"蓝辛—石井协定"也不顾，反过来又和日本争夺山东。4 月 15 日举行五国外长会议时，美国国务卿蓝辛提议，德国的一切殖民地应先归属于即将成立的国际联盟，然后由它处理，山东也包括在其内。4 月 21 日，美国总统威尔逊再次对日本全权代表牧野和珍田重申："对德国所放弃的领土，按着蓝辛的方案，先把它让渡给即将成立的国际联盟，然后由国际联盟商议决定其所属。"[④]

日本当然不甘心吐出山东，甚至以不参加国际联盟相威胁。4 月 21 日，日本外相内田训令日本全权代表："若不彻底贯彻我方上述主张，则拒签国际联盟章程。"[⑤]这也就意味着拒签和约。在翌日的会议上，日本全权代表的态度异常强硬，宣称"鉴于本国训令，对于不包括满意地解决（山东）问题内容的条约草案，不能签字"[⑥]，同时提出了草拟写入和约的两条山东条款。

---

① 日本外务省编：《日本外交文书——巴黎和会经过概要》，1971 年，第 723 页。鹿岛守之助著：《日本外交史——巴黎和会》，第 12 卷，鹿岛研究所出版会，1971 年，第 141 页。

② 日本外务省编：《日本外交文书》，大正八年，第 3 册上卷，第 804 页。

③ 日本外务省编：《日本外交文书》，大正六年，第 3 册，第 116 页。

④ 日本外务省编：《日本外交文书——巴黎和会经过概要》，1971 年，第 721 页。

⑤ 日本外务省编：《日本外交文书》，大正八年，第 3 册上卷，第 242 页。

⑥ 日本外务省编：《日本外交文书——巴黎和会经过概要》，1971 年，第 726 页。

威尔逊在日本全权代表的讹诈下，立即表示退让，态度变得更加温和。从此他不再提国际联盟对山东的委任统治，而把斗争目标限制于日本在山东的权益不得超过德国的权益上。德国霸占胶济铁路时，未明文规定聘用德国人当铁路警察的教官。但 1918 年 9 月 24 日订立的《关于山东问题换文》却规定："巡察本部及枢要驿并巡警养成所内，应聘用日本国人。"[①]警察掌握在日人手里，就是确认日本垄断胶济铁路。因此，威尔逊力图限制日本的警察权，表示对于"承认日本超越德国既得权益的要求"[②]有困难。弦外之音是可以承认日本攫取山东，但其权益不得超过德国的既得权益。

威尔逊态度的转变，事实上是接受了劳合·乔治和克里孟梭的意见。4 月 22 日，三国首脑召见中国全权代表时，英国首相劳合·乔治曾问道："拟将胶州问题分两层办法：一、添中日协定凭据；二、使日本继承德国权利。中国于两法中何者为愿？"克里孟梭也同意劳合·乔治的意见，并说"此层固可虑。"[③]中国全权代表对于有损于中国主权的两项办法均拒绝接受。威尔逊倾向于英、法的意见，指令顾问专家们去研究。顾问专家们于 4 月 29 日第二次山东问题会议前就呈报其意见："与其履行 1915 年中日'二十一条'内有条件交还中国之约文，毋宁将山东移交日本，以酬劳之为有利。"于是在 4 月 29 日会议上三国首脑决定日本继承德国在山东的一切权益，同意把日本提出的山东问题条款写入和约。但是作为交换条件，日本必须发表由威尔逊起草的一则声明："日本的政策是将山东半岛归还中国主权之下，仅保留许以德国的经济特权和一般所实行的条件下设置青岛居留地的权利""铁路所有者仅为保障运输安全使用特别警察，不得为除此之外的目的而使用""警察队以中国人组成，中国政府任命铁路公司董事所选的日本教官"。[④]

日本政府自从占领山东以来，从未表示愿将山东归还给中国。这时日本表面上同意发表此声明，不过是敷衍美国。早在 1914 年 8 月，即日本占领山东前夕，加藤外相致小幡驻华代理公使的电文中就曾明确指出："鉴于各种关系，帝国政府不

① 日本外务省编：《日本外交年表及主要文书》，上卷，第 464 页。

② 日本外务省编：《日本外交文书——巴黎和会经过概要》，1971 年，第 747 页。

③ 王芸生辑：《六十年来中国与日本》，第 7 卷，大公报社，1934 年，第 315 页。

④ 美国国会图书馆复制：《日本外务省档案（1868—1945）》（Checklist of Archives in the Japanese Ministry of Foreign Affairs, Tokyo, Japan, 1868—1945，microfilmed for the Library of Congress），第 50 卷，PVM16，第 413—414 页。

能做将胶州同意归还给中国之保证。”[①]这就是说，日本要永远霸占山东。至于警察，名为由中国人组成，实为日人掌管。劳合·乔治也说，胶济铁路的董事，华人无力承管，只能由日人担任。由日人董事选日人教官，其结果“实质上日本掌管铁路警察，而中国的地位也没有毁损”[②]。由此可见，美国和日本以伪善的外交辞令，牺牲中国，达到了妥协。

美国和日本何以妥协？

日本当时属于第二流的帝国主义国家，仰承欧美列强的鼻息，况且和会大权由英、法、美首脑掌管。日本深恐三国首脑最后否决日本的要求，因此不得不同意发表口是心非的上述声明。[③]

美国屈从日本的主要原因是：首先，它怕日本退出和会，拒绝加入国际联盟。当时意大利由于瓜分殖民地的贪欲未得满足，业已退出和会。如果日本再行退出，国际联盟便要夭折，美国通过国际联盟争霸世界的希望也会变成泡影。4 月 29 日晚，威尔逊彻夜未眠。第二天，他对其新闻秘书巴克尔说，“唯一的希望在于把世界集合在一起，让日本加入国际联盟”[④]，倘若“日本退出会议，不仅会议破裂，而且会毁掉国际联盟”[⑤]。美国舆论也承认：“总统过于想成立国际联盟，因此屈服于日本的强硬态度。”[⑥]牧野对天皇的奏文中也认为，威尔逊之所以同意日本的要求，原因在于“把此事（指国际联盟——笔者注）放在考虑之中”[⑦]。

其次，美国希望与英、法、日等帝国主义国家结成一条共同对付世界无产阶级革命的联合战线，这是其在山东问题上的又一个重要考虑。这时德国、法国、英国、意大利、匈牙利等国在十月革命的影响下先后爆发了革命和罢工。这使“威尔逊对欧洲局势感到忧虑。弥漫全欧的工人运动可能推翻法国和意大利，布尔什维克主义在全欧洲的影响更使威尔逊伤脑筋，而威尔逊要盟国在这个威胁面前保持坚强的团结一致”[⑧]。为了保证日美共同出兵西伯利亚干涉苏俄，也有必要满足日本的要求。

①日本外务省编：《日本外交文书》，大正三年，第 3 册，第 174 页。
②日本外务省编：《日本外交文书》，大正八年，第 3 册上卷，第 277 页。
③日本外务省编：《日本外交文书》，大正八年，第 3 册上卷，第 806 页。
④ R.S.巴克尔：《伍罗德·威尔逊与世界的和解》，纽约，1922 年，第 266 页。
⑤ R.S.巴克尔：《伍罗德·威尔逊与世界的和解》，第 262 页。
⑥日本外务省编：《日本外交文书》，大正八年，第 3 册上卷，第 298 页。
⑦日本外务省编：《日本外交文书》，大正八年，第 3 册上卷，第 807 页。
⑧ R.S.巴克尔：《威尔逊在巴黎做了什么？》，纽约，1920 年，第 102—103 页。

最后，美国在中国的利益也从这种妥协中得到了保证。威尔逊迫使日本发表的声明中有“一般实行的条件下设置青岛居留地”的内容，而“一般实行的条件”一词究竟是什么意思？他在4月29日起草的声明草案中曾写道：日本拥有“在青岛设置不垄断的居留地的特权”[①]。所谓“不垄断”者，即美国也在胶州湾同日本机会均等之意。

在决定山东问题后，三国首脑和日本以威逼利诱的手段迫使中国代表签字。5月1日，英国外交大臣白尔福对中国全权代表说：“政治权交还中国，经济权给予日本，谅中国必可满意”[②]，要中国代表无条件签字。但中国代表在国内人民的压力下，不敢冒天下之大不韪，对山东条款持保留态度。中国代表“最初主张（把保留意见）注入约内，不允；改附约后，又不允；改在约外，又不允；改为仅用声明不用保留字，又不允；不得已改为临时分函声明，不能因签字而有妨将来之提请重议云云，又完全被拒”[③]。6月28日上午，中国代表终于决定不签字，并派代表将拒签的文件送给三国首脑。对此，号称“老虎”总理的克里孟梭怒气冲冲地斥责道，“在首相会议决定不许保留签字的今天，没有考虑的余地”[④]，不仅拒绝会见中国代表，而且连中国代表交付的文件也不屑一顾。下午，和约签字后，克里孟梭还对西园寺说，“中国人终于没签字，但我却感觉不到何等的痛痒”[⑤]，一语道破了把中国作为分赃会议上的牺牲品的嘴脸。

列宁曾经指出，帝国主义战争只能导致帝国主义和约，也就是说，“只能巩固、扩大和加重财政资本对弱小民族和国家的压迫”[⑥]。中国虽然以战胜国的名义参加了和会，但是和约不仅没有把山东的权益归还中国，反而更加扩大和加重了帝国主义列强对中国的欺压。

二

中国北洋政府是封建阶级的政府。1916年袁世凯死后，北洋政权落到皖系军

① 日本外务省编：《日本外交文书——巴黎和会经过概要》，1971年，第748—749页。

②《陆专使参与欧和会经过概要》，见张一志编：《山东问题汇刊》，上海欧美同学会，1921年，第212页。

③ 北洋政府编：《巴黎和会关于胶澳问题交涉纪要》，第3部分，北洋政府档案。

④《日本外务省档案（1868—1945）》，第50卷，PVM16，第1709—1710页。

⑤《日本外务省档案（1868—1945）》，第1709—1710页。

⑥《列宁全集》，第22卷，第163页。

阀段祺瑞手里。段祺瑞的统治，和袁世凯一脉相传。此时，欧战方酣，西方列强无暇东顾，日本对华影响独盛。日本看中段祺瑞，以重金和武器全力扶植他，以便达到独霸中国的目的。段祺瑞完全投靠在日本的怀里，公开拍卖国家主权，换取日本对他"武力统一"中国的支持，步袁世凯的后尘，把山东的权益继续奉送给日本。

日本懂得，如果中国参战，它在山东的权益在法律上就要处于被动不利的地位。所以日本一直阻止中国对德宣战。后来在美国的压力下，才不得不同意中国参战。北洋政府1917年8月对德正式宣战。宣战书宣布："所有以前我国与德奥两国订立之条约、合同、协约及其他国际条款、国际协定属于中德、中奥间之关系者，悉依据国际公法及惯例一律废止。"[①]据此，1898年3月德国与中国订立的《胶澳租借条约》也随即废止；1915年5月日本基于该条约和袁世凯政府签订的《关于山东省之条约》及其换文，也自然失其效用。这正如中国代表在山东问题的说帖中所说："德国人所享之租借权利，按法理言之，即业已回复于领土之主权国。易言之，即德国人业已丧失其租借地等各项权利，故已不复享有所谓关于山东省之权利可以让与他国者（指日本——笔者注）也。"[②]这是中国收回山东的最有利的法理根据，是日本词穷理亏之所在。日本的全权代表也不得不承认，日本在山东问题上"从国际公法的观点来说，多少有弱点"[③]。因此在和会中，日本最怕中国和列强提及此事。

可是北洋政府于对德宣战一年后的1918年9月24日，又与日本订立了济[南]顺[德]、高[密]徐[州]两条铁路借款2000万日元的协定。这一借款是西原借款的组成部分，是日本收买段祺瑞的一步棋。据统计，从1917年以来，日本和段祺瑞政府先后订立了各种名目的借款达5亿日元的协定。段祺瑞为了捞取"武力统一"中国的政治和军事资本，在订立这一铁路借款的同时，又和日本订立了关于山东问题的新协定，再次出卖了胶州湾和胶济铁路。这是日本为弥补在山东问题上的理亏而设置的圈套。这一协定不仅为日本攫取山东提供了口实，而且使中国重新认可了因对德宣战而废止的1915年5月订立的"二十一条"中有关山东的条约及其换文。日本在和会上抓住这一点不放。日本全权代表说，"该宣战在任何情况下，对于1918年9月24日的协定即宣战后缔结的协定之效果，不能产生影响""中国缔结1918

① 王芸生辑：《六十年来中国与日本》，第7卷，大公报社，1934年，第91页。
② 王芸生辑：《六十年来中国与日本》，第7卷，第263页。
③ 日本外务省编：《日本外交文书》，大正八年，第3册上卷，第805页。

年9月24日协定这一事实本身，就承认了1915年5月25日条约的无可争辩性”。[①]

而且公然扬言“中国现在根据上述协定已经接受了两千万元的预支金”[②]。克里孟梭也为虎作伥地说：“这一事实对日本颇为有利。”[③]威尔逊也挖苦中国代表说：“1918年9月，当时，协约气势甚张，停战在即，日本决不能再强迫中国，何以又欣然同意与之订约？”[④]这样，1918年的两个协定便成为日本在和会上攫取山东的把柄。

北洋政府尚不止此。在和会进行期间，外交次长曹汝霖竟数次对驻华公使小幡交底说，政府对和会代表的训令中未提及山东问题，只涉及废除治外法权、撤出外国军队、关税自主等问题。[⑤]这就表明北洋政府不打算把山东问题提交和会。据《巴黎和会中国代表团会议记录》记载，中国代表团对山东问题事前确实毫无准备，在2月21日举行的中国代表团第十四次会议上才讨论了山东问题，并起草提交和会的文件。中国代表团在和会期间的七十余次会议中，讨论山东问题仅有八九次。而且，中国首席全权代表陆征祥赴法路经东京时，还登门拜会日本外相内田和牧野。据牧野说：“会见时约定在和会中协力和衷，并在1月25日的预备会议上再次确认其态度不变。”[⑥]此事当时在巴黎闹得满城风雨，在中国代表团内部也引起轩然大波。陆征祥身居首席全权代表，经常不出席事关大局的重要会议，却去瑞士“治病”，甚至扬言要辞去外交总长和首席全权代表之职。

在和会上，中国全权代表王正廷和顾维钧在中国人民的压力下，有一个阶段确为山东问题进行了力争。在1月28日的会议上，他们首次舌战日本，据理阐明胶州租借地和胶济铁路以及其他一切权益应直接交还中国之理由。对此，日本政府深感震惊。驻华公使小幡惊讶地说，这“使日本委员狼狈不堪”[⑦]。小幡遂于2月2日奉日本政府之命向北洋政府施加压力，扬言“顾氏欲假外国之势力以抑压日本，殊与日本以不快之感”[⑧]。外交次长曹汝霖卑躬屈膝地答道：“本部所得电报，亦知28日会议上顾、王两氏与贵国珍田、松井两氏颇有辩论，当呈明大总统。大总统

①《日本外务省档案（1868—1945）》，第29卷，12528，第56—57页。

② 日本外务省编：《日本外交文书——巴黎和会经过概要》，1971年，第734页。

③《日本外务省档案（1868—1945）》，第29卷，12528，第71页。

④ 王芸生辑：《六十年来中国与日本》，第7卷，大公报社，1934年，第314页。

⑤日本外务省编：《日本外交文书》，大正八年，第3册上卷，第200页。

⑥日本外务省编：《日本外交文书》，大正八年，第3册上卷，第799页。

⑦《日本外务省档案（1868—1945）》，第51卷，PVM16，第1368页。

⑧ 王芸生辑：《六十年来中国与日本》，第7卷，大公报社，1934年，第246页。

注重两国邦交，已嘱外交部电令该代表等勿得过于激烈。今日贵使既来提及此事，本国政府应更注意。”[①]对此，小幡“极为满意”，“希望贵国政府以本国政府训令之意，电达贵国代表”。[②]小幡这种态度，激起了中国人民的强烈愤慨。但北洋政府却于 2 月 10 日发表声明，隐瞒日本对中国施加压力的真相，说什么“此系不明真相之误传”“中日两国现在谋亲善之实现，更不应有何误解，盼望两国代表在巴黎会议场中，勿再生何等之误会”。[③]这就是说，不许中国代表在和会上同日本代表争辩山东问题。日本对此颇为满意。小幡公使立即电告内田外相说：“该声明缓和北京各报的反日论锋的积极作用是十分明显的。”[④]

中国代表团向和会提交关于山东问题之说帖，理直气壮地摆出中国要求归还山东的七条理由及应该直接归还中国的五条理由，曾一度压下了日本的气焰。日本不得不请国内外的所谓专家来研究说帖，忙得不可开交。可是曹汝霖却跑到日本使馆去，诽谤中国代表，竟说“将青岛问题及山东的德国权利直接收回问题最先提交会议，并未与北府商量，纯属顾、王二人擅自行动”；并向小幡公使转达大总统对日的诚意，助长日人的气焰。[⑤]顾维钧、王正廷等和会代表和北洋政府对山东问题的不同态度，一方面反映了广大人民群众的爱国和北洋政府的卖国之间的矛盾与斗争；另一方面，又反映了美国和日本在山东问题上的争夺。中国代表团的主将顾维钧等是亲美派，他们在 4 月 24 日向和会提了一个新方案，要求把德国在山东的权益先移交五大国，将来由五大国交还中国。[⑥]这实质上迎合了美国的国际联盟委任统治的需要，反映了美国的利益。

签署和约的日期日益逼近。中国人民纷纷打电报给中国全权代表，要他们拒签和约。可是北洋政府却背着全国广大民众，于 5 月 21 日密电中国代表无条件签字，不得保留。

6 月 5 日，日人西田登临总统徐世昌的大门，劝他无条件签字。徐世昌俯首帖耳，当即表示“我最初的主张即是如此，全然同意”[⑦]。6 月 11 日、12 日，陆宗舆连续两天跑到日本使馆，对小幡公使大献殷勤，密告徐世昌的意图。他说：“大总

① 王芸生辑：《六十年来中国与日本》，第 7 卷，第 245 页。
② 王芸生辑：《六十年来中国与日本》，第 7 卷，第 247 页。
③ 王芸生辑：《六十年来中国与日本》，第 7 卷，第 249—250 页。
④ 日本外省编：《日本外交文书》，大正八年，第 3 册上卷，第 167—176 页。
⑤ 日本外省编：《日本外交文书》，大正八年，第 3 册上卷，第 200 页。
⑥ 张一志编：《陆专使等参与欧和会报告》，第 210—211 页。
⑦《日本外务省档案（1868—1945）》，第 52 卷，PVM16，第 1642—1644 页。

统决心依然无保留签字，对其决定毫无动摇，并已将其意电训巴黎。”[①]他又说，假若中国国内各省督军发生异议，大总统也坚持原意，表示“除辞职之外，别无他法”[②]。小幡对陆的密告十分满意。上述种种表演，一笔勾销了中国代表为力争山东而做的一切努力。

在这种形势下，中国代表团内部逐渐分化。王正廷[③]等主张拒签。他在5月28日的代表团会议上表示：“就英、法、美方而言，如果欲分划中国，此次虽签和，也无可挽回。”[④]顾维钧则开始踌躇，说：“不签字则全国注意日本，民气一振，签字则国内将自相纷扰。”[⑤]胡惟德等主张签和，说：“签字一层，苟利于国家，毅然为之，不必为个人毁誉计。”[⑥]这一分化，实际上是反映了帝国主义之间的争夺与妥协。亲日派主张签和；亲美的顾维钧等人开始力争山东，但随着美、日的妥协，随即改变态度，表示妥协。日本全权代表看出顾维钧的态度有变化，便设宴招待他。顾在席间对日本全权代表伊集院说，通过会谈很好地理解了日本的诚意，对相互间所引起的误会深表遗憾。[⑦]

这时，北洋政府一面电令在巴黎的代表签约，一面派陆宗舆去日本使馆告密，告诉日本人说若王正廷等拒签，则叫施肇基签和[⑧]，并嘱小幡公使保守机密。

日本政府得到上述保证后，更加有恃无恐。当28日下午中国代表拒签和约时，早已洞悉中国内情的日本全权代表毫不在意，电告内田外相说，拒签全然是当地中国代表的擅自行动，非该国政府之意。[⑨]徐世昌惊悉拒签消息后，马上和段祺瑞策划对策。他怒气冲冲地说，这次拒签对列国似乎造成中国政府命令之误解，事关政府威信，不可等闲视之，速免和会专使，以便列国周知此次拒签并非政府之意。[⑩]同时，他派徐树铮把此意通知日方。迄于7月初，段祺瑞还准备任命主签派的胡惟德、王广祈为全权代表，补签和约，并希望日本全权代表帮忙。[⑪]但此时和会已结束，

---

①《日本外务省档案（1868—1945）》，第52卷，PVM16，第1642—1644页。

②《日本外务省档案（1868—1945）》，第52卷，PVM16，第1642—1644页。

③ 王正廷是南方政府的外交次长。

④ 张一志编：《巴黎和会中国代表团会议记录》，《山东问题汇刊》，第200页。

⑤ 张一志编：《巴黎和会中国代表团会议记录》，《山东问题汇刊》，第203页。

⑥ 张一志编：《巴黎和会中国代表团会议记录》，第203页。

⑦《日本外务省档案（1868—1945）》，第52卷，PVM16，第1810页。

⑧《日本外务省档案（1868—1945）》，第52卷，PVM16，第1627—1628页。

⑨ 日本外务省编：《日本外交文书》，大正八年，第3册上卷，第355页。

⑩《日本外务省档案（1868—1945）》，第52卷，PVM16，第1752页。

⑪《日本外务省档案（1868—1945）》，第52卷，PVM16，第1728页。

此事也就不了了之。在巴黎和会期间，中国南北和会于2月20日在上海召开。段祺瑞一方面派代表参加和会，另一方面利用他参战督办的职权，依靠日本提供的军火和教官，火速建立了参战军三个师和西北边防军四个混成旅，准备推翻南北和会，再走“武力统一”中国的老路。所以段祺瑞是以奉送山东来换取日本对他的军事援助的。这是段祺瑞和北洋政府在巴黎和会期间，投靠日本、出卖山东的国内原因。

三

和会外交的失败，置中国于战败国的地位。消息传来，全国群情激奋，学界情绪尤为激昂。5月4日下午，北京13所学校的三千多名学生在天安门前集会，举行了声势浩大的示威游行。学生们手持旗帜，上书“争回青岛方罢休”“拒绝和约签字”“头可断，青岛不可失”“外争国权，内惩国贼”。游行队伍冲向赵家楼，火烧卖国贼的巢穴，痛殴章宗祥。这就是中国近代革命历史上伟大的五四运动的开端。它以中国在巴黎和会外交的失败为导火线，揭开了中国人民彻底反帝反封建的新民主主义革命的序幕。

天安门前的星星之火，迅猛形成燎原之势，席卷了大江南北、长城内外。5月7日，天津、上海、南京、武汉、长沙、广州、重庆等地的学生分别举行集会和示威游行，全国二十多个省的几十万学生相继投入了“五四”革命风暴之中。6月3日，中国工人阶级也投入了斗争，作为一支独立的政治力量登上了政治舞台。

中国在巴黎和会上的外交失败与五四运动的爆发，两者具有深刻的内在联系。五四运动是1911年辛亥革命失败以来中国社会阶级矛盾和民族矛盾日益激化的必然产物。五四运动爆发的历史必然性中包含着和会外交失败的原因，因此，和会外交的失败能在较短的时间内迅猛地点燃新的反帝反封建运动的革命烈火，并且使它具有彻底的反帝反封建的历史意义。

和会外交的失败打破了部分国人对和会和威尔逊的幻想，极大地提高了中华民族反对帝国主义的民族觉悟。当巴黎和会开幕时，中国有一些资产阶级和小资产阶级知识分子在帝国主义的宣传和“威尔逊十四条”的迷惑下，为巴黎和会的召开庆幸，对英、美等国抱有不切实际的幻想。代表资产阶级改良派的上海《时事新报》，在一篇社论中写道：“欧战结束，和会开始，凡为弱小之国，莫不思借威尔逊之宣言，力求国际之平等，如民族自决，外交公开，国际弭兵等项，尤为着者也。”[①]陈独秀和他主编的《每周评论》也曾对和会和威尔逊抱有很大的幻想，要求和会通过取消中国和外国订立的丧权辱国条约，承认中国收回山东的权利。他还主张，亚洲各国联合起来，向和会提出“人类平等一概不得歧视”的意见，如这一意见能通过，那“他种欧美各国对亚洲人不平等的待遇，和各种不平等的条约，便自然从根消灭”[②]。他甚至把威尔逊捧为“现在世界上第一个大好人”[③]。巴黎和会上帝国主义分割弱小民族的丑恶嘴脸以及和会对山东问题的无理决定，这些严酷的事实，彻底打破了某些中国人对和会和威尔逊所抱有的幻想。陈独秀说：“巴黎的和会，各国都重在本国的权利，什么公理，什么永久和平，什么威尔逊总统十四条宣言，都成了一文不值的空话。”[④]由此他进一步认识到，和会是分赃会议，“分赃会议，与世界永久和平、人类真正幸福，隔得不止十万八千里，非全世界的人民都站起来直接解决不可”[⑤]。李大钊也愤怒地揭露：“巴黎会议所议决的事，哪一件有一丝一毫人道、正义、平和、光明的影子，哪一件不是拿着弱小民族的自由、权利，作几大强盗国家的牺牲！”[⑥]而且质问威尔逊道：“威尔逊！你不是反对秘密外交吗？为什么他们解决山东问题，还是根据某年月日的伦敦密约，还是根据某年月日的某某军阀间的秘密协定？”[⑦]对和会和威尔逊的这种新认识，激发了中国人民反对帝国主义的民族觉悟，点燃了熊熊的“五四”革命烈火。

这时，以李大钊为代表的初步具有共产主义思想的知识分子，在十月革命和马列主义的指引下，用无产阶级宇宙观观察帝国主义世界，从巴黎和会失败的教训中得出帝国主义世界是强盗世界的结论。“五四”前，人们认为“抱侵略主义的日本人，是我们莫大的仇敌”[⑧]，李大钊于和会外交失败不久的5月18日，在《秘密外交与强盗世界》一文中明确地指出：“日本所以还能拿他那侵略主义在世界上横行的缘故，全因为现在的世界，还是强盗世界。那么不止夺取山东的是我们的仇敌，

①《时事新报》，1919年2月11日。
②《每周评论》，第20号。
③《每周评论》，第20号。
④《每周评论》，第20号。
⑤《每周评论》，第20号。
⑥《李大钊选集》，第212页。
⑦《每周评论》创刊号。
⑧《李大钊选集》，第213页。

这强盗世界中的一切强盗团体，秘密外交这一类的一切强盗行为，都是我们的仇敌。”[①]这强盗集团就是包括欧美列强在内的一切帝国主义国家，中国人民要反对日本的侵略，就要反对在其幕后支持它的一切帝国主义。李大钊根据对于帝国主义强盗世界的新认识，进一步提出了“把这强盗世界推翻”“改造强盗世界”的彻底反帝的革命口号，这就使得中国人民对帝国主义本性的认识从感性认识上升到理性认识，完成了一次具有重大历史意义的飞跃，给五四运动赋予了彻底反帝的革命性质，推动了五四运动的发展。

中国和会外交失败，不仅剖示了帝国主义侵略、瓜分中国的本质，而且也把北洋军阀政府在山东问题上出卖民族主权的行径，赤裸裸地暴露在光天化日之下，使中国人民进一步认清了封建军阀政府的本性。《每周评论》严词斥责北洋军阀“引狼入室”“有意卖国”，卖国不仅是曹、章、陆三人，而且是整个反动军阀。通过 1914 年日本侵占山东到 1919 年中国和会外交失败的全过程，中国人民认清了帝国主义勾结中国封建买办阶级侵略中国的实质，同时也认清：要彻底反帝就必须彻底反封建，要彻底反封建就必须彻底反帝的道理。

不仅如此，李大钊等从帝国主义强盗世界这一认识出发，进一步揭露和批判了封建阶级的所谓“以夷制夷”的本质。袁世凯 1914 年让日本占领山东时曾辩解说是为了以东洋的黄种人驱逐西方的白人，结果引狼入室，日本不费吹灰之力占领了胶州湾和胶济铁路。李大钊指出：“这回青岛问题，发生在群‘夷’相争，一‘夷’得手的时候。”[②]在“群‘夷’相争”的时代，“以夷制夷”“是根本的大错”“在那‘以夷制夷’四个大字下讨一种偷安苟且的生活，这真是民族的莫大耻辱”。[③]这是对封建阶级的投降主义的新认识，它提高了人民群众反帝必反封建的觉悟。中国人民从和会外交失败这一莫大的刺激中总结出了新思想、新认识。五四运动就是在这一新认识、新思想的指引下，以历史上不曾有的彻底的、不妥协的姿态，猛烈地冲击了帝国主义和封建主义，为中国人民的大革命开辟了一个新的时代。

（作者：南开大学日本研究院教授。
原文载于《历史研究》1979 年第 5 期）

①《李大钊选集》，第 214 页。
②《李大钊选集》，第 213—214 页。
③《李大钊选集》，第 213—214 页。

日本近代经济史研究焦点问题论争*

杨栋梁

内容摘要　在日本近代经济史研究中，明治维新前的社会生产力发展水平及原始积累程度、以土地制度为基础的近代农业经济转型、工业革命进程及其特征、私人资本垄断与国家垄断、经济体制的建构与解构等，无疑是值得重点关注的焦点问题。日本学界由此出现了“严密意义工厂手工业论争”“近代寄生地主制论争”“工业革命性质与分期论争”“垄断的形成与特征论争”以及战时经济体制与战后经济体制关系论争等。通过对这些论争的分析研究，有助于我们认识近代日本经济的发展轨迹特征以及与战后日本经济的深厚关系。

关键词　严密意义工厂手工业论争　近代寄生地主制论争　工业革命性质与分期论争　垄断的形成与特征论争

*本文为国家社科基金重大招标项目（13＆ZD106）阶段性成果。

日本近代经济史研究焦点问题论争

日本近代经济史研究中，明治维新前的社会生产力发展水平及原始积累程度、以土地制度为基础的近代农业经济转型、工业革命进程及其特征、私人资本垄断与国家垄断、经济体制的建构与解构等，无疑是值得重点关注的焦点问题。鉴此，本文拟对日本学界的主要观点及其争论点进行简要评述。

一、"严密意义工厂手工业"论争

在明治维新研究中，构成其起点的德川幕府末期经济发展处于什么水平，资本主义经济萌芽的生成及其发展形态如何，始终是中外学界热衷探讨的课题。

20世纪30年代，日本学术界发生著名的"讲座派"与"劳农派"之间的日本资本主义大论战，论战的焦点之一便是幕末日本资本主义经济发展的水平问题。

1933年，被公认为"讲座派"学者且本人也承认属于"讲座派"的服部之总率先提出幕末资本主义经济发展已进入"严密意义工厂手工业"阶段的观点，由此引发学界乃至"讲座派"内部的一场激烈争论。此后，围绕相同主题的争论一直继续，并在50年代和70年代出现两次高潮。

服部的基本观点是，在资本主义的世界性扩张中，印度沦为殖民地，中国沦为半殖民地，唯有日本建立了民族统一国家并走上了资本主义发展道路，其根本原因不在于国际影响，而在于国内因素，即不应该到停滞的封建日本与欧美资本主义的矛盾中寻找，而应在幕藩体制与该体制下新生的生产力即资本主义生产方式间的矛盾中探寻。服部认为，日本于幕末开国前已进入马克思所说的"严密意义的工厂手工业"阶段，那是个"工厂手工业在资本主义生产方式中已经占据统治地位的时代"。他还进一步指出：在"严密意义的工厂手工业时代"，随着资产阶级的发展，封建社会所固有的封建土地所有者与实际耕作者农民之间的基本矛盾，已经激化到不可调和的程度，结果作为"根源性矛盾"表现的阶级对立，已变成封建土地占有者与资产阶级的对立。①

有趣的现象在于，当时以野吕荣太郎、山田盛太郎和平野义太郎为代表的"讲座派"主流观点是，明治维新是封建统治阶级内部政变的"王政复古"，由此建立的是"绝对王权"（君主专制），资本主义是以明治维新为起点发生的。从这一点看，

① 参见《服部之总著作集》第1卷"维新史方法论上的诸问题"和"明治维新的革命与反革命"章节，理论社，1955年。

服部的观点与主流观点不无抵触。

同样有趣的现象是，首先站出来与服部论辩的是来自“劳农派”的土屋乔雄。土屋认为，幕末日本工厂手工业还不占统治地位，而是处于工厂手工业之前的“批发商制家庭手工业阶段”。对此，服部进行了反驳，他引用列宁的观点，认为不应把“批发商制家庭手工业”和“工厂手工业”作为划分经济发展阶段的指标，并指出“家庭内部劳动”属于工厂手工业的外延部分。一时间论战双方舌枪唇剑，但谁都不具压倒对方的说服力。当时，服部的观点还存在实证不足的弱点，为此，他曾与信夫清三郎一起，专程赴秋田和西阵做了一番实证调查。

进入战后的20世纪50年代，围绕“严密意义工厂手工业”的论战升温，有关实证研究也取得显著进展。大塚久雄和高桥幸八郎运用西欧经济史学方法，论证了服部理论的合理性，堀江英一等提出“分散的工厂手工业”说，藤田五郎提出“豪农工厂手工业阶段论”，矢木明夫则提出“一定意义的工厂手工业论”。然而这些观点同样遭到猛烈批判，堀江和藤田甚至先后收回了自己的见解。[①]

70 年代后有关争论的再燃源于两个背景。一是日本成为经济大国后，其经济成功原因的探讨成为国际学术研究的热点，于是幕末经济基础和发展水平再次引起关注；二是“原生型工业化理论”的出现，刺激了日本学界的理论思考。

1972 年，美国学者门德尔斯在其著述中运用佛兰德尔模型，首次提出“原生型工业化理论”，明确了构成该理论的三要素，即一是面向区域外的生产而不是域内消费；二是与传统工商业者生产活动不同的农村兼业、农闲时的生产活动；三是与商业性农业的展开同时进行。门德尔斯认为，“原生型工业化”处于近代工业化的初期阶段，是作为与“真正意义上的工业化”相区别的概念使用的，它是产业革命即真正的工业化的前提。[②]在这一理论影响下，日本学界又出现了一批有影响的研究成果，其中被称作“数量经济史学”的论著格外引人注目，其倾向性立场是进一步提高了对幕末经济发展水平的评价。

资本主义生产方式的建立和发展，一般要经过家庭手工业的简单协作、工厂手工业和机器大工业三个阶段，从幕末日本的情况看，家庭手工业在近畿、东海及关

① 大石嘉一郎：《工厂手工业论战与寄生地主制论战》。见盐泽君夫、后藤靖编：《日本经济史》，有斐阁，1977 年，第 194—197 页。

② 谷本雅之：《严密意义的工厂手工业论战与原生工业化论》。见石井宽治、原朗、武田晴人编：《日本经济史》第 1 卷，东京大学出版社，2000 年，第 207—214 页。

东等经济发达地区已相当普遍，充分显示了佛兰德尔命名的“原生型工业化”的初级形态；而实证上足以说明的所谓“严密意义的”工厂手工业虽然不乏例证，毕竟还不具普遍性；机器大工业则是从幕末开国幕藩引进西方技术兴建兵器、造船等工厂起步的。总体上说，幕末资本主义生产关系确已出现，但尚处在以家庭手工业为主同时向工厂手工业转换的历史进程中。

二、近代寄生地主制论争

明治维新之前，日本是传统的农业社会，农业经济在国民经济中占居绝对主导地位。明治维新后，随着工业化和市场化的急速展开，农业经济成为资本主义经济的有机组成部分。

农业经济的基础是土地制度，明治初期通过地税改革，建立了地主土地所有制，然而进入明治后期，这一土地制度演变成寄生地主制形态。因此，明治时期的土地所有制度属于什么性质，这一制度建立后对资本主义经济发展起了进步还是阻碍作用，便成为日本学术界自20世纪30年代以来长期争论的问题。1954年，福岛大学经济学会《商学论集》出版寄生地主制研究特集号后，掀起了战后论战的新高潮。

这场论战的焦点是，一派学者认为，地税改革后建立了基本适应资本主义发展的近代土地及其租税制度；另一派则认为，地税改革后建立的是一种半封建的土地制度，明治后期寄生地主制的发展，就是这种半封建性的集中体现，而半封建的土地制度，正是天皇制绝对主义统治的基础。

“近代性”论者的主要根据是，地税改革承认了土地私有和自由买卖，实行了按地价收取货币地税的近代征税方式，解除了佃农的人身依附关系，使地主和佃农之间的土地租借成为一种资本主义制度下的契约关系，寄生地主虽然不再直接经营土地，也未把土地收益直接用于土地投资而使自己成为农业资本家，但却通过银行存款及购买股票等方式，直接或间接地进行了工业投资。

“半封建”论者的主要理由是，地税改革时由专制政府强行核定的地价过高，因此农民按地价比率被迫缴纳的地税负担，甚至比幕府时期的地租还重。地税改革后佃农在土地耕作权上的“从属性”与近代土地所有权的基本原则不符。地税改革后缴纳实物地租的现象依然普遍。“人数众多的地主层与其说与资本的创造有关，不如说对剩余的使用一般都具有非生产性和奢侈性。[①]

"半封建"论与讲座派学者强调的明治维新建立了地主和资产阶级联合专政的天皇制专制（绝对）政权的主体观点是一致的，天皇制本身具有浓厚的封建性，而"半封建"的寄生地主制则构成了天皇制的部分基础。从这一点看，该论点击中了战前日本资本主义结构的要害而具有革命性。

寄生地主制论战的理论启示意义在于，从后起资本主义的特点出发，近代日本的土地制度的确保留了许多封建因素，但整体上被纳入商品经济下由资本主导的资本主义体系也是毋庸置疑的事实。地税改革与其他领域的制度改革一样，阶段性推进是较为稳妥的办法，毕其功为一役的决绝措施，往往会引起社会剧烈震荡，效果适得其反。明治初期地税改革导致的寄生地主制，表明了其改革的不彻底，但也不应由此否认改革具有的时代进步意义，而应采取既然改革不能一蹴而就，那就应该继续改革的思路。然而，自以为是、日趋专制化的战前日本政府已无法承担这一历史使命。

三、工业革命性质与分期论争

在日本学界，工业革命通称产业革命，泛指工业资本取得社会统治地位的过程。由于日本工业革命的后起性和移植性，学术界在以何为标准确定工业资本取得社会统治地位、何时完成了工业革命的问题上，始终存在争论，其中最具影响的观点是讲座派学者山田盛太郎提出的"两部类定置说"和劳农派学者大内力提出的"棉纺工业中心说"。

山田在《日本资本主义分析》中是如是阐述"两部类定置"[②]说的。"总之，产业资本的确立，一般是通过生产手段生产部门和消费资料生产部门所综合反映的社会总资本本身真正走上再生产轨道的定置来体现，特殊情况下则是通过以衣料生产的量和质的发展为前提的劳动手段生产预测的确立来体现。根据这一规定，日本产业资本的确立是由以下指标把握的。可以推断日本产业资本的确立时期大体在明治30年乃至40年前后，其根据是，第一，……衣料生产的生产循环即重组在明治30

① 石井宽治：《日本经济史》，东京大学出版会，1993年。

② "定置"一词汉语中不使用，应该是确立基础或定位之意，本书暂且直接使用了原话，也是考虑该词在日本学界已成为学术术语的缘故。

年前后已经大体展开。第二，劳动手段生产预测的确立，其前提是保证其素材铁并掌握其制造技术，而铁的确保是通过甲午战争后确保大冶铁并成立八幡制铁所、通过日俄战争确保'满洲'铁并建立鞍山制铁所实现的。技术的掌握一般是通过这两次战争而达到世界水平的综合工业即造船和造舰技术解决的。如果从更加严密的意义上说，它是通过制造机械的机械即车床这一生产指标于明治三十八年（1905）实现旋盘完全国产解决的。"[①]

山田的论述语言比较晦涩难懂，但要点还是清楚的，即工业资本在生活资料的生产领域确立统治地位，同时在生产资料的生产领域也获得预期统治地位，便意味着工业革命的完成。这一观点在日本学界获得多数支持，当代学者石井宽治、三和良一等也基本持这种看法。

但是以大内力、楫西光速、高村直助为代表的一批学者不同意"两部类定置"说。高村直助提出的质疑是，其一，山田在生产手段生产部门和消费资料生产部门的所谓"一般"规定中，又推导出了劳动手段生产部门和衣料生产部门的所谓"特殊"规定，然而却没有论述两者之间是一种怎样的逻辑关系。第二，山田所说的劳动手段生产的"预测的确立"语意不清，也未对为何不直接使用"确立"一词做出说明。[②]

与山田的观点相抵触，以大内力为代表的"棉纺工业中心"说在日本学界同样拥有众多支持者。

大内力是从劳动力商品化的视角出发进入工业革命分析的，其结论性观点是"以衣料生产为中心的产业革命确立了资本主义"。大内力指出："衣料生产的工厂制工业化，从根本上破坏了以往与农业相结合的自给自足的家庭手工业，使商品经济在全社会扩散，由此建立了使劳动力成为商品的资本统治基础。"[③]

楫西光速支持大内力的观点，认为"完成以衣料为中心的机械化具有产业革命的本质性意义"，"1900 年前后完成了产业革命并确立了产业资本"。[④]高村直助则对工业资本的确立标准作了如下补充。即"在最具大众性的衣料生产部门的轴心部分，确立了资本家机械大工业并确定了其顺畅生产的诸条件"[⑤]。

① 山田盛太郎著：《日本资本主义分析》，岩波书店，1977 年，第 7、31—32 页。
② 高村直助著：《日本资本主义史论》，密涅发书房，1980 年，第 26 页。
③ 大内力著：《"经济学"批判》，日本评论社，1967 年，第 154—156 页。
④ 永原庆二编：《日本经济史》，有斐阁，1970 年，第 252 页。
⑤ 高村直助著：《日本资本主义史论》，第 29 页。

然而，"棉纺工业中心"说同样遭到强有力的挑战。石井宽治结合英国资本主义发展的实例，认为该观点"终究不能支持"，因为发端于纤维工业的机械化与其他部门有连锁性影响，劳动力商品化的全社会扩散是由此产生的，"棉纺工业中心说忽视了这些影响，因此无法把握产业革命的整体社会意义"。[①]

在日本学界关于工业革命性质及界定其完成标准的争论中，似乎对下述情况重视不够。日本作为后起的资本主义国家开展工业革命时，先进的欧美资本主义国家已经开始了重工业的进程，因此日本产业革命的路径不可能、也没有必要沿着欧美的老路走，实践过程中尽管棉纺工业率先实现了工业化的目标，但也是轻重工业技术几乎同时移植的。从这一意义上说，"两部类定置"说或许更能反映日本工业革命的特点。

四、垄断的形成与特征论争

从世界史的角度看，资本主义的发展一般经历原始积累、自由资本主义、垄断资本主义、国家垄断资本主义等阶段，然而日本作为一个后发型资本主义国家，在具体把握其发展的阶段性时却存在许多难点。与工业革命的结点及其性质的争论一样，日本学界在垄断资本主义何时形成并确立其统治地位的问题上，一直存在严重分歧。

早期论述垄断问题的代表人物依然是山田盛太郎。山田在《日本资本主义分析》中指出，把握"半农奴制的军事的金融资本"的形成和确立过程[②]，应以1906年实施铁路国有化和1918年颁布军需工业动员法分别作为上下限指标。山田说实际上只是把国家垄断作为分析的主要内容，对私人垄断既缺少深入的实证考察，也没有展开有说服力的理论阐述。

井上晴丸、宇佐美诚次郎总体上同意山田的观点，认为金融资本体制的确立是在第一次世界大战结束前后，但在分析方法上是把私人垄断作为考察的重要内容。安藤良雄虽然同意山田的观点，但却认为财阀金融资本统治的最后确立是以1927年的金融危机为标志，从而把垄断资本确立的终期大大向后推延。

与山田的观点相区别，楫西光速、加藤俊彦、大岛清、大内力、柴垣和夫、高

---

① 石井宽治:《日本经济史》，第177—178页。

② 山田盛太郎:《日本资本主义分析》，岩波书店，1934年，第161页。

村直助等是从私人垄断的角度展开分析的，其结论是垄断资本主义的统治地位确立于20年代以后。高村认为，在一战结束后的20年代，海运、造船、铜、煤炭、银行、棉纺和电力七大产业部门确立了私人垄断体制，其中，前5个部门的垄断是处在财阀垄断体的控制之下，后2个部门的垄断则具有相对独立或依赖外债的特点，财阀的影响较弱。对此，石井宽治评论说，高村所论的财阀垄断体和棉纺垄断体，实际上在20世纪初期的10年中已经确立了地位，其研究中没有使用金融资本概念及正面回避国家垄断的分析，也是不小的问题。[①]

在笔者看来，套用欧洲原生型先发资本主义的发展阶段论，来为日本资本主义找出一个比较纯粹的私人垄断阶段是困难的，因为日本资本主义发展的路径本非如此。日本资本主义的发展确实同样经历了垄断阶段，但这种垄断并非是沿着相对单一的私人垄断形式到国家垄断形式演变的，而是从一开始划分了私人垄断领域和国家垄断领域，两种垄断形式是并行发展的。当然，两者垄断的领域和内容并非一成不变，而是随着时代的发展调整、换位，经历1929年经济危机后，日本急速进入了高度国家资本垄断阶段，其国家垄断的思想和方式对战后经济体制的形成和经济政策运作也产生了深刻影响。

基于这一视角同时对私人垄断资本和国家垄断资本进行分析时，工业资本集中度、金融资本支配度以及大资本的组织化等关于垄断的一般理论同样适用，这样一来，不仅会发现山田刻意强调的国家垄断说而相对忽视私人垄断分析的缺陷，而且会发现高村的试图以七大产业部门实现私人资本垄断来印证日本资本主义确立垄断体制说中存在的论证体系过于单纯的不足。因为与高村极力论证的七大部门相比，没有被高村纳入分析重点的铁路运输业、钢铁制造业、电讯通讯业以及军工制造业等，无疑也是资本和技术更加密集的大产业，而绝对垄断这些工业领域的恰恰是国家资本。因此，回避这些问题而展开的垄断研究，不可能构成完整的垄断研究。进一步说，即使在高村进行的七大产业部门私人垄断研究中，完全避开或淡化国家资本因素的分析也是不全面的。例如，在强调五大银行的金融垄断时，不应忘记强大的政府金融的存在，吸收存款上的大藏省存款部和发放贷款上的兴业、劝业银行等，都称得上是令其他民间金融机构望我项背的最大金融机构。

由此看来，日本学术界的垄断研究，在视角和视野的开阔上还存在不小的空间。

① 石井宽治:《日本经济史》，第285页。

五、战时经济研究的视角与成果

战时经济是日本资本主义发展史上具有承前启后意义的重要阶段，其运行形态和实施效果如何，导致战前经济体制和实体经济发生了哪些改变，给战后经济留下了哪些遗产等等，都是值得重视的研究课题。

日本战败已经过去了 60 年，此间日本国内外关于战时经济的研究从未间断，并且出现了几次高潮，积累了丰富的研究成果。

战后美国占领时期是战时经济研究的起步阶段。1946 年，美国战略轰炸调查团发表调查报告《日本战争经济的崩溃》，书中以大量数据证实了太平洋战争时期日本经济的脆弱性，得出战时无论美国还是日本自身都曾过高估计了日本经济实力的结论。以此为基础，J.B.克恩撰写的《战时战后的日本经济》于 1948 年出版，从而揭开了战时经济研究的序幕。随后，在资料搜集相当困难的情况下，日本学界的战时经济研究蹒跚起步，其先驱性代表人物之一是安藤良雄。安藤不但参考了美国战略轰炸调查团的有关调查材料，而且收集到 1942 年前日本侵华战争时期的经济资料，进而从实证的角度考察了战时日本各年度物资动员计划的实施效果，验证了战时经济在贸易依赖和运力不足等方面存在着难以克服的致命弱点。[①] 1949 年，井上晴丸、宇佐美诚次郎在《国家垄断资本主义论》一书中，把战时经济作为走向国家垄断资本主义的阶段来把握，指出了走向国家垄断的资本主义的特征和本质是“侵占与掠夺”，而这种“侵占与掠夺”又是从国内和殖民地两个侧面进行的，从而扩展了战时经济研究的视野，拉开了战时日本殖民地、占领地经济统制研究的序幕。

20 世纪 50 年代中期，日本完成战后经济复兴并走上经济高速增长的道路，学术界在有关战后经济迅速恢复并出现高速增长原因的讨论中，开始重视战时经济与战后经济的内在联系性，其代表人物是东京大学的大内力教授。大内在《日本经济论》等著述中特别强调了战时与战后经济的连续性，指出战时日本经济结构发生了巨大变化，这种变化意味着国家垄断资本主义的强化，意味着由此左右了战后日本的经济结构，因为它给战后经济留下了如下三点遗产：一是产业结构和就业结构的

① 安藤良雄的有关论文收集在其论文集《太平洋战争的经济史研究》中，东京大学出版社，1987 年。

变化，特别是重化学工业化；二是垄断资本（财阀）的变化和中小企业的重组（承包制）；三是农业、农家经济的变化（尤其是农民工的增加）和地主土地所有制的根本性衰退。大内还指出，战后改革消除了国家垄断资本主义发展的阻碍因素并使之走向成熟，因此在始自 1931 年的国家垄断资本主义变革和战后改革之间存在着“连续性飞跃”关系。[①]

进入 70 年代后，战时经济研究全面展开，领军人物是东京大学教授中村隆英和原朗。该阶段战时经济研究的特点，一是全领域研究的铺开，二是实证研究的深入。其中，中村、原关于战时生产计划、经济统制、资本集中、财阀组织变动的实证研究，山崎广明关于战时政府金融、财阀金融及其融资形态变化的实证研究，都取得了突破性的成果。

以 80 年代末期苏东社会主义体制的崩溃、90 年代初日本泡沫经济的破灭为契机，日本学界的战时经济研究再掀高潮，主流观点强调战时经济体制与战后经济体制的连续性，代表人物有冈崎哲二、奥野正宽和野口悠纪雄。

1993 年，冈崎哲二、奥野正宽编的《现代日本经济体制的源流》出版，该书开宗明义地写道：终身雇佣、年功工资、企业内工会等反映的“日本式劳使关系”，轻股东重职工的“日本式经营”，以主银行为核心的“银行系列”及相互持股，承包等“企业系列”，没有明确依据但却深入到经营细节的政府对民间的“行政指导”等，这些经济制度和经济习惯构成了“现代日本经济体制”。而“构成这一体制的许多重要部分，是在 20 世纪 30 至 40 年代前期日本经济的重工业化和战时经济化的过程中诞生的”。[②]“现代日本的经济体制，是战时期创造的体制，是通过官僚制定的经济计划并以企业及企业集团为实行组织来实现的体制。”[③]这部以东京大学和一桥大学学者为主体合作完成的著述，不仅观点刺激，其比较制度分析和计量经济史学的研究方法也颇具特点，因此在学界反响强烈。

两年后的 1995 年 5 月，一桥大学教授野口悠纪雄著《1940 年体制——兼论“战时经济”》一书出版。该书序言写道：“构成现在日本经济的主要因素是战争时期产

① 引自大石嘉一郎编：《日本帝国主义史 3　第二次世界大战期》，东京大学出版会，1994 年，第 7 页。详见大内力著《日本经济论》上卷，东京大学出版会，1962 年；楫西光速、大岛清、加藤俊彦、大内力编：《日本资本主义的没落》第 4 卷第 7 节，东京大学出版会，1964 年；大内力著：《国家垄断资本主义》，东京大学出版会，1970 年。

② 冈崎哲二、奥野正宽编：《现代日本经济体制的源流》，日本经济新闻社，1993 年，第 2 页。

③ 冈崎哲二、奥野正宽编：《现代日本经济体制的源流》，第 4 页。

生的，”“我认为日本经济体制依然是战时体制，并为之命名为1940年体制。”接着，野口阐述了以下两条立论依据，一是“这一时期日本产生了与以往不同的制度，日本型企业、间接金融为主的金融体系、直接税为主的税收体系、中央集权的财政制度等日本经济的特点，在日本原本并不存在，而是根据战时经济的要求被人为导入的”；二是经济体制的连续性，与战前、战后不连续的正统观点相反，战后的“人事和工作方法全部是连续的”，“不仅制度上的连续性令人吃惊，更重要的还在于官僚及企业家意识的连续性”。野口进一步指出，“这一体制的基本观念是生产优先主义和否定竞争，并且这一观念直至现在仍发挥着巨大影响”。[①]在实证研究方面，野口以1940年为分界线，列举了经济体制若干子体系的变化，即企业经营方面，股东权利的削弱，终身雇佣制及年功序列工资体系在全国范围的制度性扩大，劳使双方参加的企业内工会的普及，制造业中的承包制；金融体制方面，由直接金融为主向间接金融为主转变；官僚体制方面，出现了行业统制会、营团、公社、公库等组织，以及官僚思想的变化；财政制度方面，发生了以直接税为中心及中央集权主义的变化；土地制度方面，颁布《粮食管理法》《借地法》《借宅法》，地主的权利被大大削弱。

与冈崎等人的研究相比，野口的视野更宽、提出的问题更尖锐、社会影响更大，但从学术性及严谨度讲，后者不具可比性。两者的最大共同点，在于其思想深处隐含着为推进经济改革提供理论依据的强烈意图，即战后经济体制是陈腐的战时体制的延续，因此应该尽快地与之诀别，适应世界潮流，对现行政治经济体制进行一场全面的继明治维新、战后改革之后的“第三次改革”。

“战时源流说”和“40年体制论”强调的战时经济体制与战后经济体制相联系观点是有一定史实依据的。由于“总体战”需要，战时国家经济统制骤然加强，在一切为了战争的口号下，增加生产成为企业经营的首要目标，由此一批经营者开始登上管理者舞台。大批青年应征入伍，导致劳动力供给紧张，企业为稳定企业员工，采取了终身雇用、年功工资等措施。战时经济的动荡，迫使国民将金融资产更多地选择了相对保险的国家邮政储蓄，而金融统制又使国家控制资金流向成为可能，间接金融及为企业指定融资机构的主银行制度得以发展。与此同时，战时官僚机构及官僚的权力膨胀到极点。战时统制经济体制下出现的诸种新事态没有因为战

① 野口悠纪雄：《1940年体制——兼论战时经济》序言，东洋经济新报社，1995年。

败而“断绝”当是事实。

然而“战时源流说”和“40 年体制论”的缺陷也是明显的。首先，战前日本经济统制体制的形成，并不是在 1937 年全面侵华后一蹴而就的，考察其统制子体系的生成过程时不难发现，其萌芽至少可以追溯到第一次世界大战结束后的 20 年代。促使日本经济走向国家垄断的外生变量，是人类社会首次上演的“总体战”、战后苏联实行的计划经济、欧洲各国以国家权力为背景推行的产业合理化运动；内生变量则来自一战后接二连三的经济危机、日益激化的社会矛盾，以 1927 年金融危机中修改日本银行法引起的制度变化和 1931 年颁布《重要产业统制法》为典型，经济体制的变化已在进行。其次，无视或低估战后改革对经济体制的作用和影响，是持“战时源流”和“40 年体制”论者所犯的具有主观故意性质的致命错误。农地改革、解散财阀和劳动改革，是触动战前、战时经济制度根基的制度改革，回避这些改革或做淡化处理，显然不是科学的态度。

战时经济体制与战后经济体制是一种既有连续、又有断绝的关系，构成战后日本经济体制基本因子的传统与变革，应是相关研究始终秉持的方针。

（作者：南开大学世界近现代史研究中心、
日本研究院教授）

近代日本华族制度的确立

李 卓

内容摘要 在明治维新过程中，最重要的社会改革任务本应是废除封建身份等级制度，建立新型人际关系。但是倒幕运动是由改革派公卿及中下级武士联合发动的，他们后来成为明治政权的核心。在贵族传统久远，身份意识根深蒂固的背景下，不可能由他们来完成对贵族的剥夺，并废弃封建身份制度，只是对身份关系进行了重组。这种重组的结果就是，以皇族、华族、士族、平民这样的新“四民”身份取代了旧有的士农工商“四民”身份制度，其中仅次于皇族的华族就是把前近代的贵族改头换面之后继续存在的新贵阶层。

关键词 华族制度 公卿华族 诸侯华族 勋功华族 华族特权

"华族"是明治维新以后在"四民平等"招牌下形成的新的社会阶层，其实质是在前近代身份制度基础上形成的近代新贵族。"华族"这一称呼本是前近代公卿中"清华家"的别称，其地位仅次于皇族，并作为"皇室的藩屏"而存在，享有一系列特权。华族制度的产生既反映出明治维新改革的不彻底，也说明日本社会身份等级制度的传统根深蒂固。华族主要由三部分人组成：旧公卿贵族构成的公家华族、江户时代的大名藩主转化而来的诸侯华族、明治维新之后因各种功绩而获得荣耀的勋功华族。

一、华族制度的初创

华族是个仅次于皇族的新贵阶层。从1869年诞生，到1947年新宪法颁布时被废除，先后对1017家授予华族爵位。[①]华族制度的建立是逐步完成的。

表1 华族人口数字表[②]（单位：人）

年代	数字			
	总数	男	女	户平均
1875（明治七年）	2891	1405	1486	6.4
1882（明治十五年）	3304	1524	1780	6.7
1936（昭和十一年）	5200	——	——	5.3

（一）华族的成立——"版籍奉还"后安置诸侯的应急措施

推翻幕府统治，实行"王政复古"，是中下级武士联合部分公卿共同完成的，此后建立的明治政权，也是以岩仓具视、三条实美为中心的宫廷复古派及以大久保利通、后藤象二郎为中心的西南强藩讨幕派的联合体。新政府建立后，当务之急是废除幕藩体制，实行以天皇为中心的中央集权统治。早在"王政复古"后不久的1868年2月，作为新政府参与[③]的藩阀巨头、长州藩士木户孝允就提出建议书：为了行"王

①森岡清美：《华族社会的"家"战略》，吉川弘文馆，2002，第29页

②浅见雅男：《华族们的近代》，NTT出版株式会社，1999年，第16页。

③参与："王政复古"后、太政官制确立之前（1868年6月11日）"三职"之一，在此之上有总裁、议定。

政复古"之实，要改变近七百多年来之积弊，令三百多诸侯将土地与人民归还朝廷。在这个问题上，岩仓具视等公卿与大久保利通等藩阀的态度是一致的，由此，实施"奉还版籍"被提上日程。但是如何处置旧藩主大名，是新政权面临的至关重要的问题。如果处置不利，很有可能会出现诸藩大名、藩士的动乱，导致新政失败，因此必须谨慎对待。在1869年5月16日召开的作为明治新政府最高决策机关的"三职"会议上，对"奉还版籍"后的地方体制、旧藩主的待遇等事宜进行了讨论，并以岩仓具视意见书的名义上奏天皇，其中提到对旧藩主的处置措施。包括：任列藩藩主为州知事，令其管辖从前之领地，寓封建之姿以郡县之意；择列藩藩主一门及家老以下有学识才能者任判州事辅佐州知事参判政事；各州于州知事所在之处设本厅；以各州岁入十分之一充朝贡，将其余九份三分，一份充州知事家禄，一份充士族之家禄，一份充政厅经费；依官武一途之旨，废停公卿诸侯之名称，普遍授予贵族之名称；等等。[①]此时已经明确提出废除公卿诸侯之称，只是还没有确定授予其何种称呼。此次会议一个月后的6月17日（距德川幕府末代将军德川庆喜"大政奉还"一年半时间），明治新政府向诸藩发布"奉还版籍"的命令，即把领地（版图）领民（户籍）归还给天皇，同时发布行政官"达"（布告）第543号："出于官武一途，上下协同之考虑，自今起废除公卿诸侯之称，改称华族。"[②]根据这份行政官"达"，过去的"公卿""大名"等称呼被废除，将其统称为华族，共有142家公卿、285家诸侯，计427家被列为华族。从此，公卿与诸侯这曾经形同水火的两大贵族终于在东京互相面对，成为近代新贵族。

华族——这个由前近代的公卿与诸侯合并而成的近代新贵族，在明治初年分别从过去不同时期历史舞台的主角转换成新的角色。但是将公卿与诸侯合并成一个共同的新的社会阶层，在当时只不过是由于"奉还版籍"政策的实施，为了安置诸侯的一个应急措施。武士是近七百年日本社会的实际统治者，诸侯及其家臣也是江户时代政治舞台的核心。随着"王政复古"与"奉还版籍"的实施，他们已经被剥夺了政治上的权利，如果一举废除其社会组织，对其实施彻底的经济上的剥夺，将使诸侯、武士失去生活出路，可能会酿成严重的社会问题，这个仍保有战斗力的人群将是威胁新政权的最大的潜在敌人。另一方面，推翻幕府的主要力量及明治新政权

①岩仓具视：《列藩版籍奉还之处分付具视意见上奏事》，多田好问：《岩仓公实记》中，原书房，1968年，第728—729页。

②远山茂树：《天皇与华族》，岩波书店，1988年，第321页。

的主要领导人都是旧武士出身，他们对昔日的同属怀有深深的同情，不希望对他们采取急激的革命方式。为了避免大规模的动乱，尽量缓和矛盾，便采取渐进的方式推行改革政策——让他们拥有与公卿贵族平起平坐的荣誉，使其心理上得到安慰。同时，任命各藩主为各自藩的知事，在经济上，允许“现石高收入十分之一充当家禄”[①]。这样，在体现了新政府改革措施——接收藩政府权力的同时，又保证了旧藩主的身份，实际上是新政府对旧藩势力的一种妥协。

“王政复古”后百废待兴，很多措施来不及周密安排，便匆匆付诸实施，华族的产生就是其中之一。在前述1869年5月16日召开的“三职”会议上，对废除公卿诸侯的称呼后，如何称呼他们都没有想好，就在一个月后宣布“奉还版籍”的同时将旧公卿与诸侯合并为华族。实际上新政府对此项制度的设立尚无全面、长远的考虑，丝毫没有对华族的具体规定，甚至连华族的性质是什么也未必清楚。可以说，“华族”的建立只是“版籍奉还”后安置诸侯的一项临时措施，权宜之计而已。在确立华族制度后，大部分公卿华族仍居住在远离首都的京都，诸侯华族作为州知事，还是旧领地的实际统治者。两大已经成为“同族”的人群毫无相通之处。如同《华族制度的创设》一书的作者大久保利谦所说，“华族设置当初是没有实体的空名”，“创设华族这一新的特权阶层并没有积极的意图”。[②]

（二）“废藩置县”后华族的同族化

事实上，对华族的处置、华族作用的发挥，正是在实践中逐步加深认识的。1870年，新政府下令诸侯华族全部移居东京。1871年2月，又发布太政官布告，“先般华族原武家之辈居住东京，皆可为东京府贯属”[③]，意即将原来各藩藩主、后来的藩知事迁居东京，成为东京府府民，此举意在彻底割断诸侯与旧藩的联系。此后，公卿华族也逐渐迁居东京。1871年7月14日，新政府召集在东京的旧藩主，宣布“废藩置县诏书”，将全国的藩合并成3府302县（同年底合并为3府72县），所有藩知事被剥夺了官职，这就意味着旧藩主彻底丧失了领主身份，藩知事之职务也被政府

①明治二年6月17日行政官达。转引自大久保利谦：《华族制度的创设》，吉川弘文馆，1993年，第574页。

②大久保利谦：《华族制度的创设》，第83页。

③大久保利谦：《华族制度的创设》，第575页。

派遣的县令所取代。从此，西南强藩出身的中下级武士掌握了新政府的主导权，同时，在政府中占据要职的公卿华族除了三条实美、岩仓具视外，全部从政权第一线退出。"废藩置县"使日本政体从封建体制一变为天皇制中央集权，是明治维新中最重要的改革。此项政策的实施，使公卿、大名的封建特权被剥夺殆尽，其政治与权力欲望被彻底粉碎，仅存名义上的荣誉而已，原有的"公卿华族""诸侯华族"除了家禄不同外已无任何区别。昔日公卿诸侯顷刻间变成失业者，无疑招致这部分人的不满。如下总国的藩知事代理人市原正义在接受《废藩置县诏书》和免官辞令时，无可奈何的表示："今日之事实在恐怖，唯以血泪洗面！"①"废藩置县"的实施，犹如晴天霹雳，这场政治大变动不啻一次政治地震，带来社会秩序的巨大混乱。如何消除这些被革了命的人对新政权的负面影响，利用他们的特殊地位及影响，让其在稳定政局、建设近代国家中发挥"众人标的"作用，是明治政府的重要课题。

为了安抚这些落魄的公卿与诸侯，1871年10月8日，明治天皇对华族中的藩知事发布敕旨："方今宇内开化之时，培养实用之才最为急务，华族立于四民之上，应为众人之标的"，"应广闻见，研智识，为国家之御用而奋发勉励"。②10月10日，又令太政大臣三条实美向居住在东京的公卿华族传达了上述敕旨。从10月22起，天皇连续3天在皇居召见全体公武华族的户主，并发布鼓励华族去海外游学的敕谕：③

宇内列国称开化富强者，皆由其国民勤勉之力。而国民能开智研才致勤勉之力者，本为尽其国民之本分也。今我国更革旧制，欲与列国并驰，非国民尽一致勤勉之力，何以致之。华族居于国民中贵重之位，为众庶所瞩目，其履行固然成为标准，更需致勤勉之力，率先鼓舞之。其责亦重。是为今日朕召汝等亲告朕之期望之意所在。夫致勤勉之力，不外开智研才。开智研才则须着眼宇内开化之形势，修有用之业，或去外国留学，谋求实地之学。即使已过壮年难于留学者，一度海外周游以广闻见，亦增益知识足矣。且我邦女学之制未立，妇女多不解事理，母氏之教导之于幼童之成立实为切紧之事。今赴海外者，可携妻女或姐妹同行，晓外国所在女教之状，知育儿之法。倘人人注意于此，致勤勉之力，则不难进开化之域，立富强之基，与列国并驰。汝等能体斯意，各尽其本分，乃朕之所期。

①松尾正人：《废藩置县的研究》，吉川弘文馆，2001年，第342页。

②宫内厅：《明治天皇纪》第二卷，吉川弘文馆，1969年，第559页。

③宫内厅：《明治天皇纪》第二卷，第565—566页。

这份天皇敕谕对于华族制度有两个意义：第一，这是作为明治国家元首的天皇首次对全体华族发布敕谕，显示出华族彻底告别旧公卿与旧诸侯身份，成为“天皇的华族”。此后，华族作为“皇室的藩屏”的提法开始流行。在这份敕谕中称“华族在国民中居贵重之地位”，这一表述第一次对华族做出明确的、正式的定义，即承认华族是国民中的最上层，开始把华族作为近代国家建设中的新贵族来对待。第二，这个敕谕是对全体公武华族颁布的，改变了此前区别对待的做法，意味着明治政府对华族不再分公武之别，而是视其为一体，使“奉还版籍”后初创的、没有多少实际意义的华族实体化。这对于近七百年来在立场、观念、习惯等各方面都势不两立的公武两家来说都是难以想象的，他们必须放弃各自的“公家风”或“武家风”，从在东京见面开始，形成新的“同族”，并创造共同的“华族风”，这是在时代潮流面前的唯一选择。

二、明治政府对华族的措施

“废藩置县”后，明治政府开始重视华族事宜，针对华族实施了一系列具体措施。

第一，建立华族会馆。1871年10月，明治天皇发布鼓励华族去海外游学的敕谕后，不少华族响应天皇的号召，带头去实践“实学精神”“海外留学”及“女子教育”。华族河鳍实文（公卿华族、太政官三条实美之弟）、秋月种树（诸侯华族）于1872年在英国留学期间，注意到英国贵族的议政作用，归国后向明治政府建议设立华族的学习设施，以培养华族的议事议政能力，将来堪任议会的上院议员。同时，模仿欧美国家集会结社习惯发起成立了旨在“切磋学问”和“教育子弟”的团体——通款社。通款社的活动得到了麝香间祗侯会议[①]上层华族的支持，两家发起人遂于1874年2月4日共同拟定了“华族大会馆临时规则”，华族会馆由此成立，并于1876年1月5日正式开馆。华族会馆不仅是对华族进行西洋法律、各国政治沿革及风俗、华族的权利义务等方面的教育机构，也是华族的社交机关，并通过这个机构对华族进行监督。1878年，在岩仓具视的要求下，在华族会馆内设立了部长局职务，

①麝香间祗侯会议：麝香间是京都御所的中一个房间，维新前用于摄关家与将军停留。麝香间祗侯为天皇亲任官，是给与华族与官吏中有功人员在宫中的最高席次及荣誉称号。麝香间祗侯会议的参加者多为原朝廷重臣，也有部分旧藩主。

将全体华族分成6个部，各部置部长，在部长之上设华族督部长，由岩仓具视担任。华族督部长、部长将政府命令传达给华族，再将华族的意见书送达宫内省及东京府。设立部局长之职的目的是加强对华族的监督与控制。由于部长局基本上为以岩仓具视为首的公卿华族所控制，引起诸侯华族的强烈不满，遂于1882年废除，改由宫内省直辖的华族局负责华族事务。

第二，建立学习院。华族会馆成立后，为了进一步实现“切磋学问”和“教育子弟”的目的，1876年，在华族会馆内勉学局的基础上，成立了华族子弟教育机关——华族学校。明治天皇下赐东京都神田锦町的八千坪土地建立校舍，每年下拨经费2.4万日元。1877年10月，明治天皇亲临开校典礼，并将校名改为学习院。为培养华族子弟，学习院的教师不限于华族，也有士族和平民中的优秀者。学习院建立的目的是培养下一代“皇室的藩屏”，因此，让子女进学习院学习是华族的义务，如果要进其他学校学习，必须经过宫内大臣批准。[①]学习院尤其注重学生的军事教育与军事训练，要学习游泳、武术、马术等课程。从1879年开始，男学生始着海军士官型制服，这是日本最早的校服，1885年，学习院学生使用双肩背书包，也是模仿军人的背囊样式而做，是为当今日本小学生统一使用的双肩背书包的起源。从1890年起，海军兵学校在学习院设置了海军预科。1881年，宫内卿德大寺实则发布“奖励华族从事陆海军的朝旨”。1883年，岩仓具视向宫内省提出“养成华族武官的请愿书”，此后，学习院更加强调军事教育。据统计，到1927年，学习院毕业生中共有陆军军官97人，海军军官235人，[②]成为名副其实的“皇室的藩屏”。

第三，建立“宗族”制度。即利用传统家族制度原理，对华族进行统制。首先，为了强化华族意识，实现华族关系融合与团结，于1876年建立了“宗族”制度。这里所说的“宗族”，不是自然发生的由血缘关系扩大而成的家族，而是为了推动公卿华族与诸侯华族同族化而人为制造的族制。对所有华族，不分公卿华族与诸侯华族，皆按家系与血缘，共分76类，同类建立一个宗族会，设置宗族长，开展祭祀祖先等活动，监督处理族内婚姻、继承等事宜。1882年，由于华族改由直接受宫内省管辖，宗族制被废止，但从中反映出族制传统在日本根深蒂固。

第四，制作《华族类别录》。“版籍奉还”与“废藩置县”后，从理论上来说，

①学习院 1884 年成为官立学校，同时由宫内省管辖。

②前坂俊之：《学习院：华族的子弟教育》，别册历史读本《华族历史大辞典》，新人物往来社，2007 年，第 112 页。

旧公卿诸侯被剥夺了昔日的特权，对于华族来说，成为与士族、平民相等的国民，这是难以接受的现实。为了说明华族与士族、平民具有不同的祖先、不同的源流，在被明治维新切断了的旧公卿、诸侯的身份基础上重新建成与天皇关系密切的特别一族，政府着力编撰"华族类别录"。1876年3月，为了编撰《华族类别录》，政府发出太政官命令，要求各家华族呈报自家系谱及履历等。在同年8月宫内卿给岩仓具视（时任华族督部长）的指示中，强调了编撰《华族类别录》的目的：

> 今般暂定编制华族类别录，正其家系，溯本源，以皇神外三别为序，别中又画流派，以类定众华族。依此书不忘其故旧，同姓相亲，同族相助，定各自之前途方向，可致远不坠祖先之遗业，近赞成更始之鸿业。[①]

文中提到的"皇神外三别"，是指平安时代初期编写的记录贵族家系的《新撰姓氏录》中对贵族身份的三种划分。皇别是指历代天皇的后代，神别是所谓神代各种神的后代，外别是指外国归化人的后代（《新撰姓氏录》中实际称"蕃别"，这里有意避开了"蕃"字）。在编撰《华族类别录》时，将全体华族按三种"别"区分，三别之下再分类，类即指各族，共将华族分皇别36类，神别34类，外别6类，各家分别配列于各类之下。每一类建一个宗族会，并在各类的宗族誓约书上签名按印，这样就完全抹杀了过去的公卿、诸侯之别，推动公武同族化、强调华族非普通国民之意图尽在其中。1878年，《华族类别录》刊行。这显然是与时代发展相悖的做法，在1884年"华族令"颁布后，由于勋功华族的出现而失去了实际意义。

第五，制定制约措施。1876年（明治九年），岩仓具视就华族的纲纪问题上疏天皇，其中力陈当下华族中存在的不良现象："履行贱污，不修内廷者有之，争商卖之小利，荡尽家财者有之。即使不然者，亦苟且偷间，徒费重禄。"岩仓具视提出为"使同族振起更革"，要"洗除纨绔之习弊，同族叶谐，以纪律警游惰，以约束救灾厄，以议事鼓志气，以劝学研究才智，渐次振兴，面目一新"[②]。为了维护华族"在国民中居贵重之地位"的形象，明治政府对华族制定了一些约束措施。1876年5月，政府以太政官达的形式，发布了"华族惩戒令"，规定"华族居国民中之贵重地位，故对有过失或有污体面者即使未触犯法律仍惩戒之"。其惩戒手段分三种：谴责（由宫内卿发出谴责书）、谨慎（禁止外出）、蛰居（归还位记、令其隐

①大久保利谦：《华族制度的创设》，第262页。

②岩仓具视：《关于华族纲纪之上疏案》，转引自远山茂树：《天皇与华族》，第330页。

居、禁止外出）。[①]

三、天皇制华族制度的确立

如前所述，1869 年设立华族的时候，明治政府对华族究竟应该是什么样子，还没有明确的想法，即当初只有华族的名称，还谈不上制度的存在。“废藩置县”后，政府对华族开始重视起来，针对华族做了一些具体的事情。但是民间对华族一直有批判的声音，认为华族存在于天皇与臣民之间，违背了“一君万民”的原则，还有的指出华族是无为座食之徒，应当废除。围绕华族问题，1880 年 9 月 11 日起，《朝野新闻》在 3 天之内连载了该社著名记者、自由党党员高桥基一的评论文章《贵族应废》，文中驳斥当时社会上支持贵族继续存在的观点，指出平等均一是文明社会的趋势，而日本不平等均因为一因素犹存，这就是贵族制度。文中强调“社会之要在于平等均一，然我国贵族存遗，则是不平等均一之元素，将来必害文明进步，或妨君民之一致，故今日必须废之”[②]。这表明华族也是自由民权运动中饱受批判的目标。

面对社会上对华族的批评，尤其是西南战争之后，主张打倒“有司专制”（社会对藩阀垄断政权的批判）、开设民选议会的自由民权运动蓬勃发展，当时政府首脑也认识到对华族进行改革的重要性，开始认真对待华族的存在。其改革的第一个重点是在华族内部制定上下尊卑的等级制度。1869 年设立华族时，并未立即确立爵位，虽然当时有区别华族内部等级的意见，但由于程序复杂，在短时间内根本来不及实施。“废藩置县”后，诸侯华族被解除藩知事之职，这件事不仅对当事人本身，对原有各藩的藩士都是巨大冲击，也让几百年来生活在相对稳定中的普通百姓感到不安。新政府在实施征兵制的同时，不得不考虑确立华族的身份秩序，也包括对这一新的身份制度进行荣誉性粉饰。另一重点是通过对华族制度进行改良，将士族中的优秀者纳入华族，以此扩大天皇制的统治基础。

明治十四年（1881）政变后，政府在自由民权运动压力下承诺于 9 年后的 1890 年开设国会，制定宪法。为保障将来开设议会后天皇大权不落到民权派手中，巩固

---

①远山茂树：《明治维新与天皇》，岩波书店，1992 年，第 205 页。位记：天皇授予位阶时的公文书。

②高桥基一：《贵族应废》，远山茂树：《天皇与华族》，第 389 页。

藩阀官僚的统治地位，明治政府高官更感到确立华族制度、建立以华族为主的贵族院的必要。向来主张以华族作为皇室的藩屏，但反对华族参与政治的维新元老、右大臣岩仓具视此时也感到有必要对华族进行改良，遂于1882年2月与太政大臣三条实美等就开设国会的准备情况上奏天皇，认为整顿华族制度是开设国会的前提，"将来以华族组成上院，肩负着环卫皇室、维护宪章的责任，为使华族能尽此责任，应改良其旧制，去其腐朽，以换清新元素，振作其精神志气"[①]。1882年3月，为制定宪法，伊藤博文率队去欧洲考察，其间尤其关注欧洲各君主国家的贵族制度。8月份回国后，伊藤博文在宫中设制度取调局，为实施立宪政治做准备，同时着手整顿华族制度。1884年7月7日，明治天皇发布"授荣爵之诏"："华族勋胄乃国之瞻望也。宜授予荣爵，以示宠光。文武诸臣，翼赞中兴之伟业，于国有大劳者宜均升优列，以昭殊典。兹叙五爵，其此为秩。望卿等忠贞益笃，尔等子孙世济其美。"[②]

与此同时，宫内卿伊藤博文以"奉敕"的形式，颁布了"华族令"：

第一条，凡授爵，按敕旨由宫内卿奉行之；

第二条，爵位分为公侯伯子男五等；

第三条，爵位按男子嫡长之顺序袭之。女子不得袭爵，但现在女户主之华族将来定男继承人时，须经亲戚中同族者连署之后，经由宫内卿申请授爵；

第四条，今后有爵者或户主死亡后，无男子继承者时，即失去华族之荣典；

第五条，有爵者之妇享有与其夫相等的礼遇及名称；

第六条，属于华族户主之户籍之祖父母、父母及妻及嫡长子孙及妻俱享华族之礼遇；

第七条，本人生存中，继承人不得袭爵，但由于刑法或惩戒之处分则夺爵，并削族籍，以特旨授继承人者不在此例；

第八条，华族户籍及身份由宫内卿掌管之；

第九条，华族及华族子弟的婚姻及做养子，须先经宫内卿许可；

第十条，华族负有让其子弟接受相当之教育的义务。[③]

以上"华族令"十条内容中，有几点值得注意之处：首先，公侯伯子男五等爵位系模仿中国古代爵位，《礼记》之王制篇云："王者之制禄爵，公侯伯子男，凡五

---

①宫内厅：《明治天皇纪》第六卷，吉川弘文馆，1971年，第222页。

②远山茂树：《天皇与华族》，第397页。

③远山茂树：《天皇与华族》，第397—398页。

等”。虽然明治政府法制权威井上毅以“公侯伯子男五爵乃清国三千年前之遗物，非我国之古典及习惯”[①]的理由加以反对，但对当时熟悉中国古代典籍的人并不陌生；其次，爵位由嫡长子世袭，女子不得袭爵，本人生存中，继承人不得袭爵，即户主不得让位等规定，都与近代家族制度相吻合；再次，根据 1871 年的户籍法，对华族、士族、平民一律平等对待，但“华族令”规定华族户籍及身份要由宫内卿掌管，华族及其子弟的婚姻及做养子，须先经宫内卿许可，显示出明治政府从此将华族作为与皇室具有特殊渊源的贵族来对待。

根据天皇的“授荣爵之诏”及，1884 年 7 月 7、8 两日，共有 509 家被授予爵位，其中公爵 11 家、侯爵 24 家、伯爵 76 家、子爵 324 四家、男爵 74 家。[②]

在颁布“华族令”同时，也颁布了“叙爵内规”，对公侯伯子男五爵授予对象及依据做出具体规定。

表 2 叙爵内规[③]

爵位	授予对象
公爵	亲王诸王中列于臣位者、旧摄家、德川宗家、对国家有伟勋者
侯爵	旧清华家、德川旧三家、旧大藩知事（即现米 15 万石以上）、旧琉球藩王、对国家有功勋者
伯爵	升任大纳言较多的旧堂上家、德川旧三卿、旧中藩知事（即现米 5 万石以上）、对国家有功勋者
子爵	一新前起家的旧堂上家、旧小藩知事（即现米 5 万石以下及一新前旧诸侯家，对国家有功勋者
男爵	一新后列华族者、对国家有功勋者

首先是公卿华族。在 1884 年 7 月的授爵中，对旧公卿贵族是按过去家格授予爵位的。家格最高的五摄家被授公爵；九家清华家被授侯爵；大臣家、羽林家、名家中的一部分（担任大纳言较多的家族）被授伯爵，其余被授子爵。明治维新后从寺院还俗的贵族子弟（亦称奈良华族）及大神社的世袭神官等被授男爵。总体来说，对旧公卿的授爵高于大名，颇有为幕府时代受武家压制的公卿贵族恢复名誉的味道。此后又陆续有原公卿的分家被叙爵位，基本上是男爵。至战后华族制度被废除时，先后共有公卿贵族出身的华族 210 家，加上僧家、神官等在内共有 231 家[④]，

①井上毅：《华族叙爵意见书》（1881 年 11 月），远山茂树：《天皇与华族》，第 392 页。
②宫内厅：《明治天皇纪》第六卷，第 225—262 页。
③酒卷芳男：《华族制度的研究》，霞会馆，1987 年，第 127—128 页。
④森冈清美：《华族社会的“家”战略》，第 29 页。

占华族总数的23%。

其次是诸侯华族。在1884年受爵的旧大名即诸侯华族中，仅有作为德川宗家的德川家达及因倒幕之功而“对国家有伟勋”的长州藩主毛利元德、萨摩藩主岛津久光、岛津忠义被授公爵；旧御三家及至戊辰战争时家领在15万石以上的旧大名被授侯爵；包括德川御三卿在内的15万石以下5万石以上者被授伯爵；5万石未满的旧大名被授子爵。至战后华族被废时，先后有旧大名出身的诸侯华族395家①，占华族总数的39%，远远多于公卿华族。

从1869年华族诞生起，到最终确立天皇制华族制度，经历了15年时间。这一贵族重组的过程，反映出明治政权在近代政权建设上的道路选择。在日本近代史上，一般以“华族令”的颁布为界，称之前位列华族的人为“旧华族”，在此之后位列华族的人为“新华族”。

四、勋功华族——新贵中的新贵

在华族中，还有391家勋功华族，即《叙爵内规》规定的“一新后列华族者，对国家有功勋者”被授男爵爵位，占华族总数的38%，基本与诸侯华族持平②，这部分人是近代新贵中的新贵。

本来，华族是具有公卿及诸侯身份的人。最初，华族这个近代新贵族将倒幕维新的主要力量士族——尤其是萨摩、长州、土佐、肥前四藩的士族排斥在外，这是有功的士族们难以接受的。明治新政权是由下级武士与有革新意识的公卿贵族建立的联合政权，在“版籍奉还”及“废藩置县”后，明治中央政府与地方政府中的公卿华族及诸侯华族皆退出权力中心，政府的实际政务由萨、长、土、肥四雄藩藩阀独占，他们自然愿意跻身新贵的行列。19世纪70年代后期，面对社会舆论对华族的批评，同时，由于自由民权运动对天皇制权力的冲击，以藩阀为主的政府首脑深感将来开设议会势在必行。为了与以政党为主的国会相抗衡，有必要建立以华族为主的贵族院，以作为天皇制统治的基础与藩屏，藩阀们终于提出要将士族列入贵族的要求。针对旧公卿、大名构成的华族中缺乏适应新时代需要之人才的现状，长州藩士出身、时任内务卿的伊藤博文提出选拔士族出身的维新功臣加入华族，并授予

①森冈清美：《华族社会的“家”战略》，第28页。

②森冈清美：《华族社会的“家”战略》，第28页。

爵位的主张。1880 年，伊藤博文就制定宪法问题提出意见时，第一条就是“请求更张元老院，选择华士族任元老议官”，明确提出“士族的位置本来就应该是贵族的一部分”[①]。伊藤博文认为，“今士族平民之有功者立于愚笨华族之下风，只望任国会（下院）议员，此种做法现在与今后都难得有功者之人心”[②]。1881 年 10 月 11 日，政府召开御前会议，以伊藤博文为首的 7 名参议联名发表了“关于立宪政体之奏议”，提出建立立宪君主国家的主张，即把以“贵族老成之士”组成元老院与帝王亲自统御的陆海军作为维护立宪君治的基础，元老院应该是“防止急变激进之弊，永远堡障宪法，辅翼王室”的机构。关于元老院之设，伊藤博文主张制定华族爵位，使其作为有爵位的贵族，同时，鉴于“封建武门之世，士族位于平民之上，教育有素，气节有为之人多出其间，应作为贵族之一部，拔其中之人与华族俱列元老，以收其报效”[③]。

伊藤博文的主张受到维新元老、公卿出身的岩仓具视的强烈反对，岩仓具视注重家格门第，认为士族与公卿完全是别种别族，一旦授其爵位不仅会让华族不满，也会引起士族大众的不平，因此加以阻挠。直到 1883 年岩仓具视因患胃癌病逝，伊藤博文提出的主张才得以实施。太政大臣三条实美也对伊藤博文予以支持，1883 年 1 月，三条实美担任华族会馆馆长后，进一步强调华族的作用，指出“华族之于王室，犹如家有屏墙”，同时深感华族的现状堪忧：[④]

> 借累叶之高贵，狃奕世之荣宠，成因袭之弊及游逸之习，其间虽有拔群之才，亦往往陷于文弱之流，难成振而有为之人，由此之势，清华门叶例不让步寒微之士。疗此弊之道，唯举有功有勋之人置新华族之列，而其贱污破廉者，虽有旧家，唯有斥之除其列。

三条实美还为明治元勋抱屈：

> 维新以来元勋之臣职位不谓不隆，恩赏不谓不厚，但华族独超然位于云霄之际，与士族以下遥不相交涉，中兴之元老虽宠光俱极优渥者，亦不得升与其列。而华族者徒居高列，勋德名望其途有二，渐至有名无实之势。伏愿陛下以断圣裁，录叙维新元功，不拘其本来出自寒微，特下优旨，升列华族，以开厚

①大久保利谦：《华族制度的创设》，第 335 页。

②佐佐木高行日记：《保古飞吕比》，转引自大久保利谦：《华族制度的创设》，第 368 页。

③春亩公追颂会：《伊藤博文传》中，统正社，1940 年，第 230—231 页。

④宫内厅：《明治天皇纪》第六卷，第 223—224 页。

贤重劳之道。是以激励华族观感之所在，将来可无愧国家环卫之责。

三条实美对华族“叹其萎靡不振，思其振作”，主张将明治维新的功臣列于华族之列。①

在政府高层取得一致意见的基础上，1884年7月七、八两日，依据“华族令”及“叙爵内规”，向“对国家有伟勋者”及“对国家有功勋者”39家授予爵位，旧公卿中本属于清华家的三条实美、属于羽林家的岩仓具视依“伟勋”被特授公爵（如依家格，此二人该授侯爵、伯爵）。旧萨摩主岛津忠义及其父岛津久光、旧长州藩主毛利元德也因“伟勋”被授公爵。属于羽林家家格的东久世通禧、明治天皇的外祖父中山忠能因尊王攘夷有功被授伯爵。下级武士出身大久保利通、木户孝允作为“维新三杰”（另一人西乡隆盛发动士族叛乱于1877年在西南战争中兵败自杀），在授爵时已经去世，其子大久保利和、木户正二郎“依父勋功特授侯爵”，是士族出身者获得的最高爵位。

表3　1884年7月叙爵勋功华族名单②

姓名	出身	爵位	叙爵时职务及此前主要职历
伊地知正治*	萨摩	伯爵	宫内省御用挂
大山岩	萨摩	伯爵	参议、陆军卿，陆军中将
川村纯义	萨摩	伯爵	参议、海军卿，海军中将
黑田清隆	萨摩	伯爵	参议、北海道开拓官、陆军中将
西乡从道	萨摩	伯爵	参议、农商务卿、陆军中将
寺岛宗则	萨摩	伯爵	宫内省制度取调局御用挂、参议、外务卿
松方正义	萨摩	伯爵	参议、大藏卿
吉井友实*	萨摩	伯爵	宫内大辅（一等侍讲）
伊东佑麿	萨摩	子爵	海军中将、海军兵学校校长
桦山资纪	萨摩	子爵	海军少将、海军大辅
高岛鞆之助	萨摩	子爵	陆军中将、西部监军部长
仁礼景范	萨摩	子爵	海军少将、海军军事部长
野津道贯	萨摩	子爵	陆军少将、东京镇台司令官
伊藤博文	长州	伯爵	参议、宫内卿
井上馨	长州	伯爵	参议、外务卿
山县有朋	长州	伯爵	参议、内务卿、陆军中将

①宫内厅：《明治天皇纪》第六卷，第224—225页。

②浅见雅男：《华族们的近代》，第69页。

续表

山田显义	长州	伯爵	参议、司法卿、陆军中将
鸟尾小弥太	长州	子爵	陆军中将、统计院院长
三浦梧楼	长州	子爵	陆军中将、陆军士官学校校长
三好重臣	长州	子爵	陆军中将、东部监军部长
品川弥二郎*	长州	子爵	农商务大辅
佐佐木高行	土佐	伯爵	参议、工部卿、一等侍补
谷干城	土佐	子爵	陆军中将、学习院院长
土方久元*	土佐	子爵	内务大辅、宫内省御用挂、一等侍补
福冈孝弟	土佐	子爵	参议、参事院议长
大木乔任	肥前	伯爵	参议、文部卿
副岛种臣*	肥前	伯爵	宫内省御用挂兼一等侍补、参议、侍讲
中牟田仓之助	肥前	子爵	海军中将、东海镇守府长官
曾我佑准	柳河	子爵	陆军中将、参谋本部次长

注：*为1884年7月17日叙爵，其他为7月7日叙爵。

在授爵位中，对旧公卿与旧诸侯的授爵是有明确的家格依据的，一般不会引起争议。而对于勋功华族的授爵则不同，“叙爵内规”中对勋功华族的规定是“对国家有伟勋者”“对国家有功勋者”，但“伟勋”与“功勋”是并无明确家格依据和量化标准的暧昧表达，实际操作起来完全根据人为的判断与评价。依据“华族令”规定的“凡授爵，按敕旨由宫内卿奉行之”，授爵事务实际上掌握在藩阀伊藤博文等人手中，故授爵的取向没有任何悬念，即“华族令”公布时勋功华族授爵的最大特征是以藩阀为中心，完全是藩阀们自导自演而已。如表4所示，1884年7月“华族令”颁布并授予爵位时，长州藩士出身、掌握授爵实权的宫内卿伊藤博文力主对30名士族出身者作为勋功华族授予爵位，有29名出身于萨摩、长州、土佐、肥前四藩[①]，明治政府的重要人物、长州藩出身的伊藤博文、山县有朋、井上馨等人，萨摩藩出身的黑田清隆、西乡从道、寺岛宗则、松方正义等人都被授予伯爵。而对与政府政见相左、同样是藩阀出身，且在明治维新中有贡献的大限重信（肥前藩出身）、板垣退助（土佐藩出身）却拒不授爵。如此露骨地注重藩阀，且只对高官者授爵的做法受到舆论的批评。1888年5月9日，鉴于人们讥讽新华族“偏于在朝者”，遂“授爵之议再起”，[②]不得不对包括大限重信（伯爵）、板垣退助（伯爵）、后

①大久保利谦：《华族制度的创设》，第452—455页。
②宫内厅：《明治天皇纪》第六卷，第745页。

藤象二郎（伯爵）、胜海舟（伯爵）、森有礼（子爵）等在内的17人授予爵位。此次授爵虽增加了4位其他藩的人和旧幕臣胜海舟，但仍以萨、长、土、肥藩阀占绝大多数。这次叙爵影响颇大，使很多人看到了跻身贵族的希望，纷纷毛遂自荐希望成为华族一员，作为藩阀代表的伊藤博文最大限度地满足了昔日盟友的愿望，1888年5月24日，对“以前有功未授爵或未得诠考之文武功臣略略网罗，叙五爵，以普圣恩于朝野”①，再次对34人授予爵号，因接连对多人授爵而被批评为“圣恩大贱卖”②。总之，从1884年到1888年授爵的勋功华族中，有士族出身者82人，其中68人是萨、长、土、肥四藩藩士，占83%，进而萨摩、长州两藩的藩士51人，占62%③，此举将明治政府的藩阀专制特色暴露无遗。

进入19世纪90年代，勋功华族进入大量叙爵时期，尤其是甲午战争结束后的1895年，对41人授予爵位，其中30人是与甲午战争有关的军人，同时叙爵的9名官僚也都是因在甲午战争的功绩。④日俄战争后的1907年，再次大规模对在战争中的有功者叙爵，在同年9月21日授爵的75人中，有69人是军功人员，因日俄战争之功授男爵的文武官员前后总计96。⑤尤其引人注目的是海军大将东乡平八郎，因在日俄战争中率联合舰队打败俄罗斯波罗的海舰队之功，被破格授予伯爵。在两次战争中，还有不少人因功升爵。如甲午战争后，原为伯爵的伊藤博文、大山岩（陆军）、西乡从道（陆军后海军）、山县有朋（陆军）升爵为侯爵，原为子爵的桦山资纪（海军）、野津道贯（陆军）等人也因甲午战争之功升为伯爵。日俄战争后，伊藤博文又从侯爵升为公爵。这个昔日的下级武士经过中日与日俄战争，便与其旧主——长州藩主毛利元德平起平坐了。1931年，日本发动九一八事变，侵占中国东北，关东军司令官武藤信义、本庄繁、陆军大将荒木贞夫、海军大将大角岑生等均因“满洲事变”之功被授予男爵。可见勋功华族的叙爵始终与战争有着不解之缘。

由于华族的定位是“在国民中居贵重地位”，所以甲午战争以前的勋功华族或者是军功人员，或者是官僚，官尊民卑显而易见。随着社会的变化与时代的发展，民间人士成为社会发展的主要力量，贡献突出者屡屡涌现，对此亦不可视而不见，于是华族队伍中终于出现了“民”的身影。由于建立近代新兴企业的实业家不断涌

①宫内厅：《明治天皇纪》第六卷，第752页。

②浅见雅男：《华族们的近代》，第72页。

③大久保利谦：《华族制度的创设》，第452—454页。

④小田部雄次：《华族 近代日本贵族的虚像与实像》，中央公论社，2006年，第132页

⑤学习院大学史料馆编：《男爵家的成立及足迹的研究》，昭和会馆，2007年，第284页。

现，对日本的近代工业化贡献巨大。1896年6月9日，日本财阀的两大巨头三井总家长三井八郎右卫门高栋及三菱财阀总家长岩崎弥之助、岩崎久弥因“以资财贡献于国家”之功被授予男爵。被誉为“日本资本主义之父”的涩泽荣一本来是大藏省官员，1873年辞官进入实业界，亲自发起、创建了第一国立银行，在造纸、纺织、运输、保险、铁道等多个行业参与设立企业，成为实业家的楷模，因此于1900年被授男爵，1920年升为子爵，成为实业家中爵位最高者。1928年，三井合名会社理事长、日本经济联盟会会长团琢磨被授男爵。在此后不久发生的经济危机中，财阀受到人们的批判，1932年3月，团琢磨被右翼团体血盟团暗杀。九一八事变后，日本进入战争状态，实业界人士进入华族的大门从此关闭。总之，战前华族中只有实业家18人，科技文化界人士15人。[①]

五、华族的特权

华族是在前近代贵族制度与等级制度基础上形成的近代新贵族。虽然经过明治维新，旧的贵族特权被废除，但是在近代国家政权的刻意保护下，又产生了一系列新特权。

曾经在宫内省工作17年、其间任过总管华族事务的宗秩寮爵位课长的酒卷芳男曾对华族的特权归纳：

表4 华族的特权及法律依据[②]

特权	法令依据
爵位世袭	华族令第9条
制定家范	华族令第8条
叙位	叙位条例、华族叙位内则
穿着爵服	宫内省达
财产世袭	华族世袭财产法
贵族院成员	大日本帝国宪法、贵族院令
特权审议	贵族院令第8条
审议贵族院令的修改	贵族院令第13条

①森冈清美:《华族社会的“家”战略》，第 28 页。
②酒卷芳男:《华族制度的研究》，第 302 页。

续表

立后、皇族婚嫁的选择对象	《皇室典范》《皇室亲族令》
皇族服丧的对象	皇室服丧令
进入学习院学习	华族就学规则
保有宫中席次	宫中席次令、皇室仪制令
设旧堂上华族保护资金	旧堂上华族保护资金令

这些特权中，除了一些属于荣誉性的（如穿爵服、保有宫中席次、可以与皇族通婚）特权外，具有以下实质性的内容：

第一，身份上的特权。

其中一是爵位世袭特权。在当时，华族的爵位与其他荣誉不同，是“荣誉中的荣誉”[①]，依据1907年颁布的“改正华族令”第9条，“爵位以男性家督继承人袭之”，体现了前近代以来的家督继承制原则。另一个是叙位特权，位阶由国家授给官吏个人，以表示其地位的序列与等级，也是国家授予功勋者的荣誉称号。位阶制度始自603年圣德太子颁布的“冠位十二阶”，根据“官位令”确定的亲王4品、诸王15阶、诸臣30阶的制度直到明治维新也没有变化。1887年5月，政府公布了新的“叙位条例”，“凡位叙与华族、勅奏任官及对国家有勋功或有值得表彰的有勋绩者”，公爵叙从一位，侯爵授正二位，伯爵授从二位，子爵授正从三位，男爵授正从四位。对于大多数华族来说，仅凭一个旧有的公卿及大名的身份，就可获得与高等官僚及有功勋者一样的叙位荣誉。

第二，政治上的特权。

明治维新后，伴随着“版籍奉还”与“废藩置县”“秩禄处分”，旧公卿华族在领地、官职、身份等方面的特权被剥夺。但作为昔日的贵族，荣誉和部分特权仍然存在。如在法律上，1870年颁布的《新律纲领》[②]规定，除去个别例外，对华族不予论罪。1873年6月的《改定律例》允许华族可以赎罪。[③]在政治上，华族可优先就任元老院议官。1884年通过颁布“华族令”确立的华族制度，从根本上来说是为了建立作为天皇制政权藩屏的贵族制度，进而成立与以政党为主的国会抗衡的贵族

①酒卷芳男：《华族制度的研究》，第 302 页。

②《新律纲领》：明治以后公布、实施的刑法典。其内容以中国明清律令刑法为范本，并参考了江户幕府的刑法。1873 年，作为《新律纲领》的补充，又公布了《改定律例》，至 1882 年近代《刑法》颁布一直使用。

③《元老院华族会议笔记》第八卷，第 64 页。转引自铃木正幸：《近代天皇制的支配秩序》，校仓书房，1986 年，第 13 页。

院。明治藩阀政府对华族的期待，实质上就是对贵族院的期待。

根据1890实施的《大日本帝国宪法》的规定，“帝国议会由贵族院众议院两院组成，贵族院依据贵族院令决定之皇族、华族及敕任议员构成，众议院由依选举法所定之公选议员构成（第33—35条）”。帝国宪法下的众议院与贵族院在资格与选举方法上有着很大不同。众议院议员是30岁以上的男子，在1900年以前还有直接缴纳国税15日元以上的限制，必须经过选举。而根据宪法与贵族院令，贵族院由华族与皇族和敕选议员共同组成，成为凌驾于全体国民之上的政治特权阶层。1889年的“贵族院令”规定，公爵与侯爵年满25岁（1925年改为30岁）即自动成为贵族院的终身议员。伯爵、子爵、男爵由同爵之间互选的方式各选出1/5，任职期限为7年，大大超过众议院议员的4年任期。在贵族院中，议员数量、议长、副议长的人选等皆以华族优先。由于华族在贵族院中占半数（有时超过半数），历代贵族院议长也由华族中的要员担任。在政府要人中，到战败为止，担任42届内阁首相的31人（有1人多次出任首相的情况，如伊藤博文先后四次组阁）中，有21人是华族出身。从某种意义上说，在日本近代史的大部分时间里，贵族院的决议就是华族的决议，华族在左右着日本近代史的发展。《大日本帝国宪法》赋予贵族院与众议院具有同等权限，贵族院的任务就是在国会牵制以政党为核心的众议院。如1900年伊藤内阁时众议院通过的增税法案被贵族院否决，1931年在滨口内阁时期第59次帝国议会上，“妇女公民权法案”和“承认工会合法化”的法案都获得了通过，但却遭到以华族势力为核心的贵族院的否决。依据“贵族院令”的规定，如果涉及改变华族待遇等事宜，必须经过贵族院讨论通过，因此，华族在贵族院中的特权始终无法被削弱。当年伊藤博文提出的设立元老院以“堡障宪法，辅翼皇室”的目的得到真正实现。

表5 贵族院构成的变化①

分类	1900年	1910年	1938年
皇族	10	14	17
敕选议员	60	119	124
多额纳税人	45	45	65
学士院	——	——	4
华族议员	135	186	201
其中公爵	10	13	17
侯爵	21	30	36

①小田部雄次：《华族 近代日本贵族的虚像与实像》，第184页。

续表

伯爵	14	17	18
子爵	70	70	66
男爵	20	56	64
总数	250	364	411
华族议员比例	54%	51%	48.9%

表6　历代贵族院议长

	姓名	爵位	任期
1	伊藤博文	伯爵	1890—1891
2	峰须贺茂昭	侯爵	1891—1896
3	近卫笃麿	公爵	1896—1903
4	德川家达	公爵	1903—1933
5	近卫文麿	公爵	1933—1937
6	松平赖寿	伯爵	1937—1944
7	德川国顺	公爵	1944—1946
8	德川家正	公爵	1946—1947

第三，不经考试直接进入高等学校的特权。

前述华族子女进入学习院学习是典型的特权，还可以不经考试直接读到高中（旧制高中7年制），如果帝国大学学生不足，还可以直接升入帝国大学，故华族可以轻易得到帝国大学的学位。

第四，经济上的特权。

华族在经济上也受到政府的保护。明治维新后，以西南强藩士族为中心的新政府为避免社会动乱，并出于对往日的幕藩体制的温存，对旧公卿大名的特权实施了渐进的、温和的剥夺方式。如前所述，在1869年6月17日的"版籍奉还"同时，明治政府废除了旧公卿与诸侯的称号，统称其为华族，同时保留了这部分人的部分俸禄：以各藩收入的1/10充当被废大名的俸禄。1869年12月10日，又对公家华族的俸禄进行改革，只保留其原有俸禄的1/4。尽管这一改革对旧公卿大名的俸禄做了大幅度削减，但这些俸禄仍具有封建特权的性质，加上明治初期，享受政府颁布的"赏典禄"①的主要是大名、公卿，这部分人由过去的食禄特权阶层，变成了享受"国

①对维新中的有功者颁赐,于1868年6月2日、9月14日、9月26日分三次颁布，分无限期支付、可以世袭的永世禄809070石、只限一代的终身禄7050石、一定期限内的年限禄85500石。深谷博志：《华士族秩禄处分研究》，高山书院，1941年，第248页。

家特别养老金”的新贵族[①]，由此给国家财政带来巨大负担。据大藏省编《秩禄处分参考书》的记载，当时由国库支付的家禄与赏典禄总额几乎占国家财政支出的1/3至1/4，不仅是国库的巨额支出，其支出方法也沿袭封建旧制，以米价为标准计算，随着米价涨落，换算和调整的手续非常麻烦。[②]为此，经过1873年起实施的“家禄奉还”这一过渡性政策，1876年8月5日，以第108号太政官布告的形式，颁布了“金禄公债证书发行条例”，宣布废除旧有家禄、赏典禄，从1877年开始，由政府发行公债的形式，对过去的家禄进行赎买，这项政策彻底废除了作为封建特权经济基础的家禄制度。

明治政府的秩禄处分政策并不是对华族、士族的经济剥夺，而是对旧家禄进行赎买。过去的藩主大名依靠旧有的身份与权势从政府领取了巨额公债（如表8所示），顷刻间变身大资本家。这里举一个参考数字：1868年，一碗荞麦面条的价格是5厘钱（1厘为1日元的1‰），当时一个警察的月工资仅4日元，1886年，总理大臣的月薪也就是800日元。[③]如表9所示，在1898年全国前20名高额收入者中，有12位是诸侯华族出身。他们能成为近代巨富，完全是拜封建特权之赐。

表7　1876年诸侯华族与公家华族金禄公债受领表[④]

顺序	姓名	旧领地	爵位	家禄（石）	赏典禄（石）	金禄公债（日元）
1	岛津忠家	鹿儿岛	公爵	31400	12500	1322845
2	前田利嗣	金泽	侯爵	63688	3750	1194077
3	毛利元德	山口	公爵	23376	25000	1107755
4	细川护久	熊本	侯爵	32968	—	780280
5	德川庆胜	名古屋	侯爵	26907	3750	738326
6	德川茂承	和歌山	侯爵	27495	—	706110
7	山内丰范	高知	侯爵	19301	10000	668220
8	浅野长勋	广岛	侯爵	25837	3750	635443
9	锅岛直大	佐贺	侯爵	21373	5000	603598
10	德川家达	静冈	公爵	21021	—	564429

①大久保利谦：《华族制度的创设》，第119页。

②大藏省编：《明治前期财政经济史料集成》第八卷，明治文献资料刊行会，1963年，第391页。

③小田部雄次：《家藏珍宝的下落 从美术品看名家的明治、大正、昭和》，小学馆，2004年，第214页。

④石井宽治：《日本经济史》，东京大学出版会，1991年，第150页。

续表

11	黑田长知	福冈	侯爵	23425	——	510015
12	峰须贺茂韶	德岛	侯爵	19317	2500	508952
13	三条实美	京都	公爵	375	1250	65000
14	岩仓具视	京都	公爵	278	1250	62298
15	九条道孝	京都	公爵	1289	——	61071
16	近卫笃麿	京都	侯爵	1470	——	59913

注：○内为公卿华族。

表8 高额收入者一览表[①]（单位：日元）

姓名	所在	1898年
岩崎久弥	东京	1213935
三井高栋	东京	657038
前田利嗣	石川	266442
住友吉左卫门	大阪	220758
岛津忠重	鹿儿岛	217504
安田善次郎	东京	185756
毛利元昭	东京	(185069)
大仓喜八郎	东京	143152
德川茂承	和歌山	132043
松平赖聪	香川	125856
浅野长勋	广岛	120072
德川义礼	爱知	116323
雨宫敬次郎	东京	110196
松元重太郎	大阪	110076
锅岛直大	佐贺	109093
细川护成	熊本	104712
山内丰景	高知	99804
涩泽荣一	东京	93460
阿部彦太郎	大阪	90453
原善三郎	横滨	87358

注：黑体字表示为华族，( ) 内为1897年数字。

①石井宽治：《日本经济史》，第147页。

根据1876年颁布的《金禄公债证书发行条例》，公卿华族与诸侯华族的俸禄全部变成公债证书。这些昔日的权贵，不论是贵族公卿，还是武士大名，都鄙视商卖，拙于理财，政府对此甚为担忧。为防止华族资产流失，并充分利用华族所持的公债获得金融收益，根据时任大藏大辅的松方正义的建议，1877年5月21日，在岩仓具视的倡导下，成立了以旧长州藩主毛利元德为头取（行长）、旧尾张藩主德川庆胜为副头取的第十五国立银行，世称华族银行。当时的银行资本为17826100日元，股东总数484人，成为日本第一大银行，是居第二位的第一国立银行150万日元资本的近12倍。[①]第十五国立银行在一定程度上保护了华族财产的完整，同时，由于参与铁道和其他事业的建设，获利巨大，从而产生了许多近代新富豪。

“华族令”颁布以后，为了从经济上维护华族的利益，从而在政治上保证华族家格的延续，以实现天皇制统治基础的稳定，明治政府于1886年又颁布了“华族世袭财产法”。按这项法律规定，可以世袭的财产分两类，第一类包括水田、旱田、宅地、盐田、牧场池沼等不动产，第二类是政府发行的公债证书、属于政府保证或特别监督的企业的股份、第十五银行的股票。该法律还规定，世袭财产及附属物不得买卖、转让及做抵押；不得作为负债抵偿而扣押。华族财产世袭本是华族的一项特权，为维护华族的利益而设定的，但该法规定世袭财产应该是每年产生纯收益500日元以上的财产，而在当时，持有能够产生500日元以上纯收益财产的华族很少（1890年在全部562家华族中符合此标准的50家，1909年在919家华族中有241家）。[②]所以一旦华族因生活贫困而出现借贷时，受此法律的限制而不能用世袭财产偿还。更有无良华族滥用此特权，即使有钱也故意借贷不还，使债权者陷入被动，从而引起抗议。1916年，对“华族世袭财产法”进行了修改，使华族在因经济困难情况下变卖家产成为可能。

由此引出关于华族经济状况的话题。在华族中，有经济实力的只是一部分旧大名华族而已。而旧公卿本来在江户时代就寒酸不堪，收入甚微，“版籍奉还”后的家禄是按照江户时代收入1/4的标准来设定的，秩禄处分时将此全部变成公债。如表所示，像三条实美、岩仓具视这样的维新元老级公卿若与诸侯相比，因其旧俸禄甚低，其所得金禄公债与大名华族有着天壤之别，更何况其他公卿。很多公卿华族徒有贵族荣誉，实际上经济上并不富裕。如曾担任昭和天皇东宫侍从的伯爵甘露寺

①小田部雄次：《华族 近代日本贵族的虚像与实像》，第95页。

②小田部雄次：《家藏珍宝的下落 从美术品看名家的明治、大正、昭和》，第222页。

庆长曾回忆他们这些公卿华族的生活说，“俸禄很低，相当于大名的足轻而已，简直难以想象，所以一直过着简朴的生活，与大名不同。换句话说，就是当今的普通家庭而已”[①]。正因如此，贵族院议员800日元的年薪（此为1889年的规定，1899年增加到2000日元，1920年增加至3000日元）。[②]对那些子爵、男爵们是有相当吸引力的。为了帮助解决公卿华族的生活困难，明治政府于1912年专门颁布“旧堂上华族保护资金令”，设专门资金以保障旧公卿华族的生活，但实际上并不能解决根本问题。很多人不得不依靠借债度日，连公爵级的近卫家和鹰司家也未能幸免，近卫家还有因借钱还不上便以家藏挂抽抵债的事情发生。大名华族也有的经济状况不佳，以至于出卖家产。如御三卿田安家（伯爵）的后代到20世纪30年代初迫于生活，不得不卖掉自己的房产。至于那些获男爵爵位的勋功华族，本来就没有什么家产，经济负担就更重一些。在经济困难的时候，不少人家不得不出卖家中世代收藏的字画、茶道器皿等艺术品以接济家用。据有人对战前拍卖品目录的调查，有1/6的华族参与过家藏品的拍卖。[③]若不是生活所迫也不会如此。

综上所述，近代华族是将旧公卿、大名两大不同贵族统合而成，带有浓厚的身份制度色彩。出于巩固近代天皇制政权及日清、日俄战争的需要，官僚、军人等也因其“勋功”被列入华族行列，在前近代家格门第基础上，注入近代实力主义，从而产生近代新贵族。在贵族重组的过程中，近二百万武士被剥夺所有特权，在历史舞台上叱咤风云近七百年的武士阶级归于解体，武家贵族只有昔日大名被保留贵族身份，公卿贵族重得荣誉。华族制度的产生，实际上是明治维新后新政权对旧势力的妥协。随着时代的发展，身份色彩强烈、经济基础薄弱、徒有荣誉外表的华族日益走向没落。据1919年的统计数字（见表10），华族中有超过一半的人无业或依靠财产收入及恩给为生，成为寄生阶层。第二次世界大战后，战败的日本由以美国为首的同盟国实施军事占领，并实行民主化改革。1947年5月实施的《日本国宪法》规定，“全体国民在法律面前一律平等。在政治、经济以及社会的关系中，都不得以人种、信仰、性别、社会身份以及门第的不同而有所差别”，“对华族以及其他贵族制度，一概不予承认”，据此，华族制度连同其大本营——贵族院被废除。承载着一千多年历史的旧贵族与78年近代史的新贵族——华族彻底退出历史舞台。

---

①金泽诚等编：《明治百年的侧面史：华族》所收“与甘露寺受长的对话”，讲谈社，1968 年，第 71 页。

②关于议员的年薪，参见古屋哲夫：《帝国议会的成立——成立过程与制度的概要》，http://www.furuyatetuo.com/bunken/b/65_gikai_seiritugaiyo/03_.htm。

③小田部雄次：《家藏珍宝的下落 从美术品看名家的明治、大正、昭和》，第 62 页。

表9 1919年华族职业一览表[①]

职业	公爵	侯爵	伯爵	子爵	男爵	合计
农渔业			1	12	7	20
矿业				2	5	7
工业			2	6	13	21
交通业				2	8	10
商业		3	7	24	38	72
公务及自由业	7	13	29	85	93	227
无职业等	10	21	61	246	231	569
总计	17	37	100	377	395	926

（作者：南开大学日本研究院教授）

①柳泽统计研究所：《华族静态调查》，1919 年。转引自小田部雄次：《华族 近代日本贵族的虚像与实像》，第 141 页。

"江户三学"中所见中国认识辨析

赵德宇

内容摘要 在江户时代(1603—1867),日本三大学问体系都对"中华崇拜"意识提出了质疑。由于诸学派的学问目标各异,各自的中国认识也显示出不同的特征:儒学在崇尚先秦孔孟思想的同时对中国宋学进行了批判和扬弃,表现为厚古薄今的修正主义;国学为宣扬日本中心主义和神国史观而"逢华必反",表现为非理性的民族主义;兰学以对日本社会的实用价值为标尺,对中国思想文化进行了相对客观的评判,表现为经世致用的功利主义。各种中国认识也有交叉重叠之处,以至于衍生出兼通三学而提出侵吞中国的计划和理论。上述中国认识都以不同的话语形式延续到近代日本,影响着近代日本人的对华认识。

关键词 江户时代 华夷变态 兰学 日本中心主义 中国认识

日本历史上曾长期以中国为师，江户时代初期朱子学也曾左右着德川幕府的社会文化政策以及日本知识人的道德规范和价值观念。然而，由于中国的明清交替、日本民族主义的抬头、摄取西洋文化的兰学的兴起等历史原因，日本人的中国观出现了明显的变化。这些变化集中反映在“江户三学”，即日本儒学、日本国学（文中为叙述方便，在不会发生歧义的情况下，皆省略作为定语的“日本”二字）和兰学三大学问板块之中。

近年来，国内关于近代以来日本人对华认识的研究急剧升温。诸如杨栋梁主编的《近代以来日本的中国观》六卷本（江苏人民出版社，2012 年）、刘家鑫著《日本近代知识分子的中国观—中国通代表人物的思想轨迹》(南开大学出版社 2007 年)，钱婉约:《从汉学到中国学》(中华书局，2007 年）也设有《近代日本的中国观》的专章。然而，与上述研究成果相比，对江户时期日本人中国认识的研究成果显然不成比例。笔者所见仅有刘岳兵所撰论文《近代以来中国认识的原型及其变化机制》(《历史研究》，2010 年第 6 期）一文与本文有所关联，该文认为：“早在鸦片战争之前日本就已经存在了强烈的蔑视中国的认识这一事实”，并从“对象化中国”和“类型化中国”两条线索追溯了近代之前日本人中国认识的变化机制。上述研究使笔者颇受启发，并促成了本文新的思考路径。

本文将着重追溯因“江户三学”各自学统机理差异而形成的不同中国认识的思想滥觞，在了解江户时代日本人多元中国认识的同时，清晰地识别它们不同的特征和思想演化机理。通过本文的研究，或可为深刻而清晰地把握近代以来日本人的对华认识，提供些许史鉴和研究思路，甚或可作为了解当今日本人的诸多中国认识和对华态度的重要线索。文中管见或有谬误，谨请赐正。

一、儒学中厚古薄今的中国认识

江户时代初期，开始了新一轮引进摄取中华文化的风潮，其中朱子学开始在日本兴盛。江户时代日本朱子学鼻祖藤原惺窝（1561—1619）重新把中国作为憧憬的对象，承认了“大中华”与“小日本”的现实：“本朝者小国，大明者大国也，其势似不可敌……大明者昔日圣贤所出国也。”[①]藤原惺窝以至于感叹：“呜呼，不生

①藤原惺窝：《质疑明国讲和使草稿》,《藤原惺窝集·卷下》，思文阁，1978 年，第 367 页。

于中国，亦不生于本邦古代，而生于当世（日本），可谓生不逢时。"[①] 藤原惺窝于1607年举荐其弟子日本巨儒林罗山（1583—1657）出任幕府的政治顾问，在德川幕府建立初期发挥了重要作用。林罗山不仅是幕府制定文教政策的指导者，而且还深度参与幕府政治，他所崇尚且符合幕府诉求的朱子学的诸多理念几乎成为幕府的意识形态，诸如上下有序、各安其位以保证社会稳定等思想。

随着德川幕府统治趋于稳定，统治策略也逐渐转向"文治"，于是朱子学如日中天，迅即成为由幕府支持的显学，以至于诸如忠孝节义等诸多人伦道德观念也被植入武士阶层的头脑。甚至有日本学者说："德川幕府将儒教作为官学，诸藩的教学仿效幕府。因而，这个时代的武士基本教养是儒教，这意味着在国学和兰学出现之前，对他们来说儒教不是多元文化之一，而是文化就等于儒教。"[②]

如第一章所述，恰值此时被梁启超称为两畸儒之一的朱舜水（1600—1682）眼见复明无望而于1659年留居日本。日本众儒者"如七十子之服孔子"[③]。朱舜水在向日本知识层传授儒家思想的同时，也展现了中国文人固守中华大义的风骨，从而树立了现实中国文人的君子形象。由此，对中国儒学和儒者的尊重几乎成为江户时代初期日本知识界对华认识的共识。

然而，随着中国的明清交替，以及日本知识界对儒学研究的深化，到17世纪中后期，儒家阵营内部出现了若干质疑朱子学的思想派别。日本儒家各派对中国儒家思想做了多角度的生发，其中朱子学的"理气之论"成为修正的焦点。在这场"修正论争"中，古学派提倡回归到孔孟原始经典，颇夺人耳目。古义学派创始人伊藤仁斋（1627—1705）认为："包含天下之理而无缺，荟萃百家之典而不遗……观语孟二书足矣。"[④] 古学派虽然尊崇孔孟，但却对朱熹"理在气先"的本体论思想提出了针锋相对的批判。伊藤仁斋认为："天地之间只是此一元气而已矣。非有理而后生斯气，所谓理者，反是气中之条理而已。"[⑤] 他又说："圣人曰天道、曰人道，而未尝以理字命之。"[⑥] 古文辞学派的荻生徂徕（1666—1728）也提出："盖先王之

---

① 《惺窝答问》,《日本思想大系·28》，岩波书店，1975年，第198页。

② 小岛晋治：《日本人中国观的变化：以幕末维新为中心》，神奈川大学人文学研究所编：《日中文化论集》，劲草书房，2002年，第87页。

③ 梁启超：《中国近三百年学术史》，东方出版社，1996年，第102页。

④ 伊藤仁斋：《童子问·卷上》,《日本古典文学大系·97》，岩波书店，1978年，第203页。

⑤ 伊藤仁斋：《孟子字义·卷上》,《日本思想大系·33》，岩波书店，1980年，第116页。

⑥ 伊藤仁斋：《孟子字义·卷上》,《日本思想大系·33》，第124页。

教，以物不以理……物者众理所聚也。”[①]由此可知，朱学主张的客观唯心主义的“理”已然变异为“事物之理”。

对理学之“理”的重新定义，是江户时代日本儒学界对中国哲学思想提出正面质疑的开端。但是古学派对儒家的质疑是扬弃修正，而非全盘抛弃，毋宁说是更加崇尚先秦儒家思想和中国事物，荻生徂徕甚至为显示对中国的倾慕之情，分别将京都、东海道称为洛阳、长安道，又把相模川叫作湘水。[②]

中国的明清交替给日本知识界的中国认识带来的另一个变化是对传统“华夷之辨”的“修正”，而“华夷变态”之说是这种修正的起始点，所谓：“崇祯殡天，弘光陷掳，唐鲁才保南隅，而鞑虏横行中原，是华变于夷之态也。”[③]对此，日本不但开始重新审视中国在东亚秩序中的位置，而且也要重新确定日本自身的位置，由此便对原来以中国为“华”的华夷秩序做出重新设计。由于“华变于夷”，故生成了以日本替代原来的中国而为“华”、将清朝统治的中国降为夷狄之国的日本型华夷秩序观念，同时也毫不隐晦对朝鲜的蔑视态度。[④]由此，日本儒学家们要挑起“中华”的旗号，将日本称为中华、中国。在论证中日两国易位的过程中，古学派的山鹿素行（1622—1685）表述得至为明确：“愚生中华（指日本）文明之土……中国（指日本）之水土，卓尔于万邦，而人物精秀于八纮，故神明之洋洋，圣治之绵绵，焕乎文物，赫乎武德，以可比天壤也。”[⑤]不过，山鹿素行由日本取代中华位置的主要论据，是强调与日本“水土卓尔于万邦”相比，中国处于不利的地理位置，从而造成“五失”，即：“封疆太广”“迫近四夷”“守戍通狄”“北虏劫夺”，而“大失其五”则是“易其姓而天下左衽”。[⑥]

由于在华夷秩序中，日本与中国的易位，不仅使现实中国的形象一落千丈，而且使诸多日本儒者以“华夷变态”的思维方式重新审视中国事物甚至中国人。山鹿素行就说：“我等以前喜读异朝书籍……因之，不觉间以为异朝诸事好，本朝系小国，万事均不及异朝……近来始以此为错误。信耳而不信目，舍近而求远，不及是

① 荻生徂徕：《辨道》，《日本思想大系·36》，岩波书店，1980年，第205页。

② 小岛晋治：《日本人中国观的变化：以幕末维新为中心》，神奈川大学人文学研究所编：《日中文化论集》，第88页。

③ 林春胜、林信笃编：《华夷变态》上，东洋文库，1958年，第1页。

④ 参阅荒野泰典：《近世日本与东亚》，东京大学出版会，1988年，第56—60页。

⑤ 山鹿素行：《中朝事实》，《山鹿素行全集》第13卷，岩波书店，1940，第226页。

⑥ 山鹿素行：《中朝事实》，《山鹿素行全集》第13卷，第236—237页。

非，实学者之大病也。"[①] 雨森芳洲（1668—1755）曾对所见清人流露出惋惜之情："余曾在长崎见清国人，悉皆剃头，毫无中华体态，当一叹矣"[②]，并认为：中国"政刑风俗日趋于僿，使天下之民悴悴焉，无所措手足，一变而为是非火坑，再变而为犬羊战区"[③]。与中国政刑日衰相对，雨森芳洲提出："惟我国……以清浮之心行和煦之政……养成一国万世仁寿忠质之俗……深远超三代，蔑视汉唐，实非天壤间万国之所能仿佛者。"[④] 显而易见，由于中国被"夷狄之满清"所统治，因而在日本儒者们头脑中美好的中华形象坍塌了。其实，这种认识忽略了一个重要的事实，即虽然中国被清所统治，但是中华文化的传统根基并没有因明清交替而丧失，反而是清政权同化于中华文化。

日本儒者们虽然对中国文明不再顶礼膜拜，但并不妨碍他们对中国文化传统的认同。诸如林罗山、中江藤树、熊泽蕃山、木下顺庵等儒者仍然承认天皇始祖太伯说[⑤]，实际上是承认了日本东夷的地位，以及中国在日本建国过程中的作用。[⑥]荻生徂徕的弟子太宰春台（1680—1747）判断华夷的标准是中华之礼仪："中华贱称四夷为狄，无礼仪故也。即使中华之人，若无礼仪亦同夷狄；即使四夷之人，如有礼仪亦与中华之人无异。"[⑦] 可见，日本儒者们对中国的态度是基于中华礼乐制度的厚古薄今，或可称"褒古贬今"。熊泽蕃山（1619—1691）就提出："愚不取朱子……只取于古之圣人耳。"[⑧] 后期水户学杂糅神道和儒家思想于一体，一方面主张皇国史观，另一方面崇尚儒家大义名分等思想，从而在渲染皇国史观的同时，对中国也保留了一定程度尊重。会泽安（1782—1863）提出："神州（这里指日本）与汉土（中国）位于东方，受朝阳之正气，风土宜人，人民正直，其五典（五经）之教适于人情，符合天祖（天照大神）忠敬之教。"[⑨] 藤田东湖（1806—1855）认为："皇朝之风俗虽贵而胜于万国，然以文学初开万事，则汉土优胜，取其优胜之处以助皇

① 山鹿素行：《配所残笔》，《日本思想大系 · 32》，岩波书店，1970 年，第 333 页。

② 雨森芳洲：《续缟纻风雅集》，《雨森芳洲全书》一，关西大学出版部，1979 年，第 259 页。

③ 雨森东（芳洲）：《橘窗文集 · 卷一 · 大宝说》，珍书同好会，1916 年，第 5—6 页。

④ 雨森东（芳洲）：《橘窗文集 · 卷一 · 大宝说》，第 5 页。

⑤ 吴太伯本应即周王位，但让国奔荆蛮之地为吴国始祖，日本僧人中岩圆月（1300—1375）认为吴太伯既是日本天皇的始祖。

⑥ 参见渡边浩：《宋学与近世日本社会》，东京大学出版会，1987 年，第 57 页。

⑦ 太宰春台：《经济录》，《日本经济丛书》卷六，日本经济丛书刊行会，1914 年，第 48 页。

⑧ 熊泽蕃山：《集义和书》，《日本思想大系 · 30》，岩波书店，1971 年，第 141 页。

⑨ 会泽安述：《迪彝篇》，时雍馆，天保十四年(1843)，早稻田大学图书馆藏。

朝，何耻之有。”[①] 藤田东湖虽然博通西洋事物，但他认为与中国相比，“夷狄之人虽智巧优越，然其教乃禽兽之道，不可用于人……惟汉土之地相近（于日本），风气相似，因之其道亦可通用。汉土言忠孝，用于皇国则应尽忠孝于我君我父母。其他彼邦（中国）有先王，于我称神皇；彼国云昊天上帝，正如我尊奉天照大御神。”[②]如果说藤田东湖是通过与中国类比而尊崇日本神皇的话，那么幕末著名政治思想家和社会活动家横井小楠（1809—1869）则是以儒家思想诠释西洋社会原理的典型代表。横井小楠言：“美利坚大总统之权柄让贤不传子，废君臣之义，尽以公共和平为务……于英吉利政体一秉民情，官吏之所行，无论大小，必悉议于民……其他如俄罗斯及其他各国政教悉依伦理，急生民所急，符合三代之治教。”[③] “符合三代之治教”可谓点睛之笔。可见，横井小楠之所以认同西方社会原理是因为其符合 “天下为公”“民为邦本” 的三代治教（即尧舜禹三代之治）。

从上述日本儒者之论可知，中华崇拜意识虽然日趋淡漠，但中国思想文化仍然潜藏在他们思想意识之中。有日本学者认为，这种意识“是以朴素的形式，表明了对支撑自己并作为律己的五伦的信赖，以及对作为五伦背景的‘中国文化’以至于‘东洋’的信赖感”[④]。江户时代的儒者们，非但不反“华”，反而要延续中华文化，他们轻视的是变华为夷的满族政权。其实，这也是中华文化圈诸国多数知识人共同的文化认同，在当时的朝鲜，以“思明攘夷”为理念的“小中华意识”亦属正统观念。[⑤]当然，“日本型华夷秩序”与“小中华意识”也有本质上的区别，前者是以日本为华，而后者则是要守卫“大明旗号”。

总之，古学派等儒学各派对朱子学的批评质疑和“华夷变态”意识的影响，在很大程度上损坏了中国在日本人心目中的先生形象，传统的“中华崇拜”意识也渐趋减弱。但是，守护中华文化以及作为中华文化根基的儒家思想的情感，依然是江户时代日本儒者们的共识。由于儒家在江户时代居于主流学问的地位，儒学各派门生遍及日本，因而儒学家们的中国认识，对日本社会的影响也最广。

---

① 藤田东湖：《常陆带·卷之三》，庆应丙寅（1866 年）改正，光霁楼珍藏，早稻田大学图书馆藏。

② 藤田东湖：《常陆带·卷之三》。

③ 横井小楠：《国是三论》，《日本思想大系·55》，岩波书店，1971 年，第 448 页。

④ 荒野泰典：《近世日本的东亚发现》，荒野泰典等编：《东亚的时代性》，溪水社，2005 年，第 42 页。

⑤ 参阅孙卫国：《大明旗号与小中华意识——朝鲜王朝尊周思明问题研究》，商务印书馆，2006 年。

二、国学中非理性的中国认识

日本国学是18世纪前后兴起、以《古事记》《日本书纪》(合称"记纪")和《万叶集》等日本古文献为根据,研究上古日本固有文化的学问,其研究目标是要勾勒出一个美妙而理想的日本古代社会,以期建立供全世界效法的"日本之道"。国学在当时被称作:古道、古学、本学、和学[①],已经明确显现出强烈的与汉学及中华文化相对抗的意识。如果说儒家古学派是要回归中国的先秦孔孟之道,那么国学家们则要为"净化日本文化"而彻底剔除一切外来文化的影响。为建立日本人的主体自立意识和民族认同,国学家们辈辈相传,凭空创造出毫无事实根据的神国和万世一系的皇国史观,从而形成了"复古神道"理论。[②]复古神道也称"纯神道、古道神道、国学神道、神道复古派"[③],其目标在于编织天下独一无二的神皇一体的神国日本优于万国的话语网络,这个网络的中心结点是复古神道思想的"想象结局",即得出神国日本统治全世界的结论。如此一来,摆在国学家们面前的首要问题,是要彻底否定日本历史上仰慕中国、尊崇中华文化的传统,为此就必须贬损在日本历史上颇受尊崇的中国形象,并彻底清除中华文化的影响。国学家们的复古神道理论的核心内容之一,就是要论证必须摒弃"唐心",而复归信奉儒教之前的"大和心"。

起初,国学先驱契冲(1640—1701)虽然傲称日本为神国,但尚能将神儒佛三教之说融合于和歌之中,尤其是在"注释、论证日本古籍、古语、古诗时,却采用中国的典籍"[④]。但后继者荷田春满(1668—1736)则认为当时神道理论中的儒佛思想都是糟粕。其实,荷田春满之论确有合理之处,然而剔除儒佛思想之后的神道,其学问思想一片空白,因而为编织自身学问的话语系统,不得不随意附会,变得更加神秘以至于迷信,这就注定了复古神道理论先天性伪学问的宿命。

---

① 国学院大学日本文化研究所编集:《神道事典》,弘文堂,2007年,第397页。

② 有关国学与复古神道的关系,可参见牛建科:《复古神道哲学思想研究》,齐鲁书社,2005年,第5—16页。

③ 国学院大学日本文化研究所编集:《神道事典》,第442—443页。此前的神道曾不断吸纳儒释道等外来思想,逐渐丰富自身的内涵。笔者以为可以从神道与外来思想文化关系的角度,将神道史分作三个阶段:即原发的"土著神道";吸纳儒释道的"融合神道";排斥外来思想的"民族主义神道",而复古神道即属于后者。

④ 王金林:《日本神道研究》,上海辞书出版社,2007年,第262—263页。

国学大家、荷田春满的弟子贺茂真渊（1697—1769）继承乃师衣钵，志在彰显日本上古神造皇国代代相传之古道，即“神皇之道”。因为贺茂真渊认为，佛儒传入后破坏了神皇传统，因而要通过排除外来影响以复归“日本之古道”。贺茂真渊极力诋毁儒家文化说：“（儒教）传入我国，说在唐国以此理治世，皆属无稽之谈……儒道不仅乱了其国（指中国，或采用儒教之国），甚至祸及日本。”[①]贺茂真渊还把壬申之乱[②]与儒家思想传播联系在一起：“此儒传布，天武之时大乱兴起，此后，奈良朝宫廷之中，衣冠用具等趋向唐风，万般事物外表日趋风雅，邪恶之心也日盛。”[③]可见，贺茂真渊似乎也发觉作为天照大神后裔、日本神国象征的日本皇室并非都是道德高尚的君子。然而贺茂真渊不但不反省古代天皇制的弊病和复古神道理论体系的荒唐，反而将此类皇室内部的相互残杀归罪与儒家思想的传播，并对儒家思想进行非理性的攻击，足见其论证之荒谬。

被称为国学集大成者的本居宣长（1730—1801）提出神国日本乃宇宙之源，如果没有天照大神，全世界任何国家都无法生存，因为：“高天原者，乃万国同戴之高天原；天照大神者，乃治天之神，宇宙间无与伦比……其德光普照四海万国，无论何国，即使须臾间脱离天照大神的庇荫亦无法生存。”[④]此处本居所言“无论何国须臾不可脱离天照大神之庇护”，在时空两个维度上，锁定了日本君临世界的永恒性。与此相对，中国的“圣人之道为治国而作，却反成为乱国之因”，“释迦孔子虽亦为神，然其道仅为广义神道之末梢支脉”。[⑤]本居宣长还对“神道之道”和“中国之道”进行正反极端的褒贬：“有日本之神道乃真实之道，高于万国所有之道”，而“中国等国亦有道之说，然并非道，本为子虚乌有，因而累世紊乱，终至国家被邻国（清）所夺”[⑥]。本居宣长就是通过如此“坐而论道”，而使“日本神皇之道”具有了取代“中国之道”的“必然合理性”。正如日本学者所说：“宣长将彻底排除

① 贺茂真渊：《国意考》，《日本思想大系·39》，岩波书店，1972年，第376—377页。

② 公元672年大海人皇子与大友皇子叔侄为争夺皇位而兵戎相见的事件，造成社会动乱，结果大友皇子兵败自杀，大海人武装政变成功，是为天武天皇。历史上日本皇室内部曾多次发生皇位之争，另如公元782年桓武天皇治天武天皇之孙以谋反罪，彻底断绝了天武天皇系的血统，后又逼迫早良亲王绝食而亡。此外，又有两个朝廷并立对峙的南北朝时代。

③ 贺茂真渊：《国意考》，《日本思想大系·39》，第377页。

④ 本居宣长：《玉匣》，《（增补）本居宣长全集》第六，吉川弘文馆，1926年，第5页。

⑤ 本居宣长：《玉矛百首》，《（增补）本居宣长全集》第十，吉川弘文馆，1927年，第113页。

⑥ 本居宣长：《直毗灵》，石川淳编辑：《日本的名著·21》，中央公论社，1986年，第177页。

中华文明为重点目标……打造出非中华文明的'皇国'。"[①]

"神国皇统"论的集大成者平田笃胤（1776—1843）自命为本居宣长的弟子，继续论证脱胎于神话想象、子虚乌有的日本神国史观，并使复古神道理论更深陷于随意比附的诡辩迷信之中。平田笃胤不仅据"记纪神话"等"原典"编造出神创日本万世一系的历史，而且为贬低中国文明竟然把神话中中国人的祖先全部变成了日本人："如汉土盘古氏之后有三皇五帝，三皇者，天皇氏即天皇大帝或天皇上帝，即日本神典之伊邪那岐神；地皇氏即伊邪那美神；人皇即速须佐之男命（前二神以兄妹为夫妻，后者乃天照大神之胞弟，为前二神所生）。又以伏羲氏为东王父，当神典之大国主命（速须佐之男的后裔）；女娲氏为西王母，当须势理毗卖神（速须佐之男命的女儿）。"又："以汉土为例，古称盘古氏、燧人氏，盘古氏实即皇产灵大神，燧人氏实即大国主命大神。"[②]观此，不难得出结论：平田的"派对"实属牵强附会的无稽之谈。

以上江户时代的一流国学家们为树立神国日本至高无上的地位，对中国及其思想文化做了彻底的否定。极端民族主义的偏执排外情结，遮蔽了上述国学家们的双眼，中国和中国文化成为鼓吹复古神道理论的国学家们心目中抹不掉的心结。其结果使得原本通过摄取外来文化而丰富多彩的神道文化和民间信仰，龟缩成偏狭的"日本固有之道"了。而且这种无视史实而纯粹"发乎于情"的"研究"，也只能是形同儿戏的理论骗术。正如有日本学者指出的："复古绝对化和排他性显然和神道传统，本质上是不同的。"[③] 其实，国学家们的"论证"体系即使在当时的日本知识界看来，也是非常荒谬的，曾遭到严厉批判："近时所谓国学者流，其言奇僻而其内狭隘。每每罔道诬圣，无所忌惮矣。"[④]

如果说前述国学家们的"论说"还处于文化民族主义阶段的话，那么江户时代后期的另一位学者佐藤信渊（1769—1850）则将其前辈们的文化论说，发展成为具体的侵华论证方案。佐藤信渊所撰《混同秘策》开篇即云："皇大御国乃最初形成

---

① 桂岛宣弘：《洋学思想史的一个考察——从自他认识的视点》，《日本思想史研究会会报》第 20 号，2003 年 1 月，第 145 页。

② 平田笃胤：《悟道辨》，《新修平田笃胤全集》第 10 卷，名著出版，1977 年，第 563 页。

③ 村上重良：《国家神道》，聂长振译，商务印书馆，1990 年，第 61 页。

④ 小松原：《国意考辨妄序》，鹫尾顺敬编纂：《日本思想斗争史料》第七卷，东方书院，1930 年，第 30 页。

大地之国，为世界万国之根本……全世界悉应为郡县，万国之君长皆应为臣仆。”[①] 佐藤信渊要把中国作为日本的第一个“郡县”，并以此威慑世界而“混同万国”：“当今之世如于万国之中选出土地最广大、物产最丰富、兵威最强盛者，无有如支那国者……如若皇国征伐支那，只要调度得法，不过五七年，必可使彼国土崩瓦解……故而皇国开拓他邦，必由吞并支那始。”[②] 关于佐藤信渊《混同秘策》中的侵华方案，国内已有学者关注，恕不赘述。[③]

佐藤信渊不仅兼通传统儒、佛之学和兰学，还分别“随吉川源十郎和平田笃胤学习神道和国学”[④]。佐藤信渊可谓学贯古今东西，然而却将国学家的复古神道定为其学问的根基，致使其思想变得诡异离奇。通过佐藤信渊所作《天柱记》，可以追索其“混同万国”的思想渊源或称精神依托。

佐藤信渊的侵华思想之根源，原原本本地反映在其所述《天柱记》中：“熟推究天地运动，星月循环，所以化生万物养育人类之理……怎奈天造草味事实未详，而无以言明……因之欲穷其理。搜索支那印度诸子百家载籍……而其所记悉皆荒唐虚诞，无足取者也……及近来读皇国神代诸纪，始知旋转天地发育万物而为造化之首者，皆系于我皇祖产灵神搅回之神机[⑤]……而为天文历数之基，万物化育之原也。”[⑥]

此段议论表明，对佐藤信渊来说，中国等各国的诸子学问都无法“解惑”，于是在迷茫无解中发现“我皇祖产灵神搅回之神机”，并将其作为“万物化育之原”，亦即宇宙生成之本体，从而完成了他用科学论证迷信的宇宙起源的思考。

在“皇祖天神本体论”支撑下，日本中心主义就顺理成章了：“皇国乃伊奘诺、伊奘冉二神（即伊耶那岐命和伊耶那美命在《日本书纪》中的称呼，笔者注）受皇祖天神之诏而修造之所，大地之成就最初，天孙之天降以来，皇祚连绵无穷，与天地共悠久，实万国之基本。”[⑦]

① 佐藤信渊：《混同秘策》，《日本思想大系·45》，岩波书店，1977年，第426页。

② 佐藤信渊：《混同秘策》，《日本思想大系·45》，第427—428页。

③ 参阅王向远：《日本对中国的文化侵略》，昆仑出版社，2005年，第25—37页等。

④ 上杉允彦：《江戸时代日本人的中国观》，《高千穗论丛》1977年第2号，第92页。

⑤ 日本开辟神话云：伊耶那岐命和伊耶那美命兄妹二神受天神之命，用天之琼矛搅动海水，然后提起，琼矛滴落之海水积为岛屿（安万侣：《古事记》，周作人译，中国对外翻译出版公司，2000年，第4页）。

⑥ 佐藤信渊：《天柱记》，《日本思想大系·45》，第364—365页。

⑦ 佐藤信渊：《天柱记》，《日本思想大系·45》，第366页。

佐藤信渊"超越"了其前辈凭空杜撰的尴尬，试图用绑架科学来论证神国日本至高无上的诡辩，以使其统驭中国和世界之梦"合理化"，中国不仅不再是"日本文明的母国"，而且成为日本必须征服的"臣仆"。

佐藤信渊所作侵华扩张的逻辑论证，几乎就是日本近代以后对外侵略扩张理论的精神核心和行动指南，尤其是对照九一八事变爆发至战败为止的日本对外侵略的历史步骤也与佐藤信渊的侵华"蓝图"脉脉同符，这不能不令人惊异。佐藤信渊的上述极端民族主义的国学复古神道史观及其侵华方案，完全抵消了其在汉学和兰学领域的学识，其思想大挪移的结局在诉说着作为学者的悲剧，它在警示后人，极端民族主义思想的毒副作用是怎样障蔽学者的正常思维，并将一位博学之士变成焦躁的蔑华、侵华主义者的。

国学家们排斥中国之论对日本社会产生了长时间的负面影响，他们广收门徒，影响日甚："加（贺）茂真渊、本居宣长等先唱，而庸愚之徒从和之，不啻举之其口，又笔之于书，其学日炽月多。"[①] 国学家们基于复古神道理论而"抹黑中国""矮化中国""混同中国"的言论，是日本对华认识史上的重要桥段。及至近代，"复古神道成为国家神道直接的思想理论来源和指导思想"[②]，也是蔑视中国的主要思想根源之一，而且一直延续到昭和战败，甚而至今仍然没有绝迹。

三、兰学中经世致用的中国认识

江户时代中后期，日本兴起了以荷兰人和荷兰语为媒介，摄取西方科学以及社会思想为主要内容的兰学运动。杉田玄白等兰学家们在研习西方自然科学的过程中，继承了日本古学派把程朱理学中观念形态的"理"看作客观世界"物之理"的思想，并将其转义为西洋近代实验科学的方法论。杉田玄白提出的"实测穷理"的认识论，显示了兰学研究客观实用性的特征，这种由朱熹理学之"理"转化而来的实学思想，成为兰学家们的理论工具之一。

兰学始于引进西洋医学，亦即"兰医"，因而搜寻兰学始祖杉田玄白从否定儒医到主张兰汉折中的思想转变过程，应该是了解兰学家们中国认识的重要线索，这

① 小松原：《国意考辨妄序》，鹫尾顺敬编：《日本思想斗争史料》第七卷，第 30 页。

② 牛建科：《试论国家神道思想理论之渊源》，王宝平主编：《神道与日本文化》，北京图书馆出版社，2003 年，第 25 页。

条线索清晰地反映在其《狂医之言》(1775)和《形影夜话》(1809)等著述中。壮年时代的杉田玄白对荷兰的科学技术等推崇备至:“阿兰之国精于技术也。大凡人之殚心力、尽智巧而所为者,宇宙无出其右者也。故上自天文医术,下至器械衣服,其精妙工致,无不使观者爽然生奇想焉。”[①] 杉田玄白据此否认传统的中华崇拜意识,认为:“地为一大球,万国居之……支那亦仅东海一隅之小国。”[②] 寥寥数语就将中国降为“东海一隅之小国”。显而易见,这里显示了以崇拜西洋而反衬出轻视中国的思考线索。

杉田玄白在医学领域的论述同样贯穿了上述思考线索,他依据对照《解体新书》所做人体解剖的验证,指出了传统中医对人体腑脏描述有错误的同时,认为中医诊治处方依赖于经验,缺乏科学的医学理论:“支那之书有方无法也。非无法,所以为法者不明也……故十书十说未一定焉……幸治者,医以为我能知病也,病者亦以为幸遇良医也。若不幸而不治,则医者茫然不知其因何死焉……是其本不明,其法不正也。”[③] 由上述不难发现,杉田玄白在自命“狂医”的壮年时代,通过对中西医学的对照,做出了“重兰轻汉”的选择。

但是杉田玄白在时隔三十余年后的晚年,表达了复归中国传统医学的意愿,并对自己壮年时代的偏颇进行了真诚的反省:“老朽壮年时代初读阿兰陀书,于稍解其意时……以为汉土古今无外科,对本业(兰医)也颇为自负……其后与少年辈会读《外科正宗》(明代陈实功编著),多有扎实之实验……因知两种方法不同,治疗之理相同。由此可见,先前之自负乃年轻气盛之误,颇感惭愧。”[④] 杉田玄白虽然也指出张仲景所著《伤寒论》之疏误,但还是对该书做了极高的评价:“其书中所说,其论、其方,多在实处,乃无与伦比之正宗名作。”[⑤] 由此,原本试图通过摒弃汉方医学而建立以兰医为基础的“日本一流外科”的杉田玄白,结果却将西洋基础理论和汉医施治经验熔于一炉,形成了其“外治和内治兼备……外治根据荷兰流外科技术,内治根据唐流医学书籍”[⑥]的“兰汉折中”医学。

① 杉田玄白等:《解体新书》,《日本思想大系·65》,岩波书店,1972年,第319页。

② 杉田玄白:《狂医之言》,《日本思想大系·64》,岩波书店,1976年,第229—230页。

③ 杉田玄白:《狂医之言》,《日本思想大系·64》,第241页。

④ 杉田玄白:《形影夜话》,《日本思想大系·64》,第267页。

⑤ 杉田玄白:《形影夜话》,《日本思想大系·64》,第268页。

⑥ 山崎彰:《兰学形成的思想前提及其历史意义》,有坂隆道编:《日本洋学史的研究·6》,创元社,1982年,第69页。

可见，杉田玄白的学养与日本儒学家和国学家们完全不同，其特征是科学实用主义，他的中国认识不是一种文化论，而是基于科学和实用主义的思考，从而最终保证了他对中国医学评价的客观性。其实从《狂医之言》和《形影夜话》的标题中，已经反映出杉田玄白从壮年气盛到逐渐沉淀的认知变化过程。杉田玄白于 1815 年 83 岁高龄成稿的《兰学事始》中仍在纠结汉学与兰学的关系问题："今日回顾起来，汉学为修饰文章之记载，因而开蒙慢。兰学将事实直接记入辞书，因而接受较快，开蒙也快。或许正是通过汉学打开了人们的知识见闻，才有了兰学进展之快。不得而知。"[①] 可见杉田玄白对兰汉两学取舍之重视。

其实，兰学家们不仅仅是坚守承袭中国医学的精华，还提出了在自然哲学层面上中西并举的主张："或问，支那与西洋究理之法不同，应以谁为是？曰，支那通气、西洋达物。凡制天文观测之器、解剖人体探寻疾病之由……西洋之能。设太极两仪之论、究象数、作易经……支那之能。因而，柳圃（志筑忠雄）先生究第谷、哥白尼之肯綮，入牛顿、凯尔（Tohn keill，牛顿的学生，笔者注）之心理，及至著《历象新书》，曰'若非学易经，岂能究造化之妙'，岂浅学之徒可轻易臧否之。"[②] 可以说，详参中西、取长补短的原则正是兰学发达的至关重要的思想基础，其间也反映出兰学家们将中国哲学转化为科学研究方法论的思考路径。

兰学家中还有一派关注社会现实的经世致用型学者，他们是在观照西洋社会中重新审视中国的，其中本多利明（1744—1821）颇具代表性。

本多利明十分羡慕西洋之优越："长器（指船舶、器械等）之创制，皆始于欧罗巴。天文、历数、算法（指西洋数学）乃国王之功课，通晓天地之义理，以教导庶民。故而，可以说天下万国之国产、宝货皆群集于欧罗巴。"[③] 本多利明还追究了西洋"天下无敌"背后的软实力："尽诸道之善美，究治道之根本，讲求能使自然和国家富饶之道理，以建立制度。"[④] 显然，要实现这个目标，仅靠中国传统学问和"圣人之法"是无补于事的，此即本多利明"弃华从洋"思想形成的主线。本多利明主张的重商主义思想，彻底颠覆了来自中国传统的重农抑商的理念，有日本学者认为本多利明"在发现基于近代科学的西洋'教化'国家范型的同时，伴随着

① 杉田玄白著：《兰学事始》，绪方富雄校注，岩波书店，1992 年，第 54—55 页。
② 吉雄南皋：《地动或问》，《日本思想大系 · 65》，第 161—162 页。
③ 本多利明：《经世秘策》，《日本思想大系 · 44》，岩波书店，1970 年，第 30 页。
④ 本多利明：《经世秘策》，《日本思想大系 · 44》，第 31 页。

对中国的国家、历史的否定”[①]。

本多利明因崇拜西洋社会而要效法西洋的社会原理、研习西洋的实学体系。为此，似乎不可避免地要重新审视千百年来已融入日本知识人头脑中的中国学统：“国初以来，支那书籍之外别无书籍，熟读支那之书并会得其意味，便可开发智识。因此国风，即使支那之外另有国，也皆为蛮夷而无圣人之道，圣人道之外有道，也非人之道。缘于此惯性思维之风俗，之外虽有大美之事也鲜有人认可。”[②] 显然，本多利明对这种状况不以为然，他甚至提出：“以支那之风俗为龟鉴乃愚蠢之举。”[③] 从而否定了中国文化和学统在日本无可替代的地位。

与杉田玄白等科学型兰学家相比，本多利明似乎在衡量中西优势的天平上完全倒向西洋一方。但是另一方面还应该看到本多利明的上述言说反映的是经世家功利主义的思维方式，他评判“支那书籍”“圣人之道”的标准在于是否对日本社会发展有实际应用价值。由于这种思考路径与国学家不同，自然也不会像国学家们那样为贬低中国而全盘否定中国文化。本多利明的中国认识并非基于文化论，而是认为遵从“圣人之道”的中国社会模式不能适用于日本。他从中日两国不同的自然环境入手分析，提出日本不应固守源于中国的传统社会原理：“支那乃与欧罗巴、阿非利加地势相连之山国，仅南面临海，乃不便于渡海运送之国。”[④] 而“日本乃海国”，因而“派遣船舶去万国，购取国用必须之物产及金银铜运回日本增强国力，此乃海国必然之法”。[⑤] 上述中日两国自然地理环境的差异，是本多利明得出不能以“支那风俗教训为龟鉴”结论的主要依据。

本多利明以经世致用为规矩，认为儒、佛、神道都与他的重商主义主张无缘：“圣人虽有经，但不为其用。佛者虽读经，但只为诵读之风俗，不知所读为何，闻如蛙鸣。神道神秘有定则，然不见有助于愚民。”[⑥] 这里几乎是否定了当时日本的所有学问体系，而剩下来的就只有西洋学问之兰学了。可见，在本多利明看来，西洋经世致用的实学才是评判学问的标准，当然也是评判中国及其“圣人之法”

---

① 桂岛宣弘：《洋学思想史的一个考察——从自他认识的视点》，《日本思想史研究会会报》第 20 号，2003 年 1 月，第 144 页。

② 本多利明：《西域物语》，《日本思想大系・44》，岩波书店，1970 年，第 89 页。

③ 本多利明：《西域物语》，《日本思想大系・44》，第 149 页。

④ 本多利明：《经世秘策》，《日本思想大系・44》，第 31 页。

⑤ 本多利明：《经世秘策》，《日本思想大系・44》，第 32 页。

⑥ 本多利明：《西域物语》，《日本思想大系・44》，第 98 页。

的标准。

本多利明批评中国学统的最终目的，是要在日、中、欧对照中，选择更有利于日本社会发展的模式，因而很少如国学家那样针对中国的非理性的民族情绪。本多利明只是认为中国传统社会模式已经不再适用于日本社会的发展，而且这种不适应并非中国传统的谬误，而是中日两国自然环境和国情的不同。本多利明承认中国的"圣人之法"仍为"善道"，但是因为此"善道"是在大陆国家地理条件下形成的，所以并不那么关心海国所需要的天文地理、航海等学问，并且视船长为"贱业"。但是本多利明对华评价不乏客观公正之处，他坦然地承认："大清以来修天文书，推究历法数路之起源，自然明了。"[①] 他之所以选择西洋方式，是因为大清的天文历法体系中缺少为航海贸易所用的知识。总之，本多利明认为，作为国家指导层的武士阶层"读支那山国之书籍，仅只打开见识，大多不考虑对海国大有助益之事"[②]。即中国学问可用于知识启蒙，而西洋人所擅长的天文地理航海贸易则是对海国日本大有助益。这种"汉学启蒙、兰学实用"的认识与杉田玄白晚年的告白不谋而合。

从杉田玄白到本多利明，兰学家们一方面依据大航海之后新的世界地理知识，把原来被尊崇为中华之地的中国降到世界万国中之一国的地位，并以西洋社会原理为参照系，对中国传统思想以至于科学技术的绝对权威提出了诸多质疑。但另一方面，兰学家们并没有完全摒弃中国传统，即使是西洋崇拜者本多利明，也并非像国学家们那样一味地诋毁中华文化。可见兰学家们对中国传统的评判是比较谨慎的。

兰学家们的学问特征是实用主义，他们在通过对照西洋而批判当时日本社会现状的过程中，虽然对作为日本文化重要组成部分的中国传统提出了诸多质疑，但这种批判既不同于儒学家，更不同于国学家。兰学家们各自对中国文化评判的结论虽然不尽相同，但他们判断中华文化优劣的标准基本一致：其一，是否符合西洋合理主义，其二，是否能够跟随世界潮流而促进日本社会的进步。因而兰学家们的中国认识并不拘于文化论，而是基于实用主义的考量。总之，兰学家们对中国传统学问知识体系的批判取舍或反思，与国学家以及部分儒学家们站在文化民族主义立场上看待中国的思考方式大相径庭。由于兰学家们的功利主义原则，使他们的中国认识相对客观，从而也相对淡化了民族主义的色彩，这便使得兰学家们可以从容地对中

① 本多利明：《西域物语》，《日本思想大系·44》，第104页。
② 本多利明：《西域物语》，《日本思想大系·44》，第152页。

西学问和社会文化做出比较，或取或舍，或兼而取之。正因兰学家们相对客观公允的态度，使他们最有资格对中西文化做出公正的评判，这与前述儒者或者国学家的中国认识不可同日而语。

余 论

到江户时代初期为止，中国思想文化以及崇尚中华的意识已经渗入日本知识人的思想深处，然而当日本民族意识开始萌发之际，为建立民族认同，自然不能再延续历史上"月是中国的圆"的中华崇拜传统，因此势必要对中华思想以至于中国重新定位。换言之，日本知识界的中国认识之目的，在于提高日本民族的地位，为日本在东亚地区甚至世界中的角色重新定位。于是就出现了江户三学都在自家学问话语体系内，完成了摒弃"中华崇拜意识"这个不约而同的"共识"。

但是由于"三学"的学统以及叙事语境不同，对华认识的差异也是显而易见的。儒家中朱子学以外各派在批判朱子学的同时，还形成了"华夷变态"之论。然而，儒学家们的言说虽然在一定程度上遮盖了中国和中国思想文化在日本知识人心目中的光彩，但是他们仍然守护着孔孟之学，并没有丢弃对中国上古政治道德的怀恋之情，在思想深层依旧潜藏着与中国"古学"的同根意识。国学家们的中国认识则完全是基于极端民族主义，他们急于扫清日本在民族认同过程中思想文化上的障碍，不惜矫枉过正，明确地把中国和中国文化作为敌手，并予以近乎病态的非理性地诋毁。国学家们不仅与中华彻底决裂，甚而将中国置于神国日本麾下。兰学家的情况稍显复杂，由于兰学的研究对象是近代西洋科学技术及其社会思想，从而决定了兰学家们经世致用和尊崇理性的学风。兰学家们是将西洋作为新的膜拜对象，在相对客观的中西对比中质疑中国思想文化的，因而他们虽然主张舍弃已经"不合时宜"的中华传统价值观念，但同时也承袭着中华文化中的合理部分。相对而言，兰学家们的中国之论是实用理性的，也是相对公允的。总之，三学的学统差异决定了它们学问目标的差异，而不同的目标又形成了各自中国认识理路明显不同的特征，即：儒学的修正主义、国学的民族主义、兰学的功利主义。

因学统不同而形成的中国认识的差异是显而易见的，但是另一方面也必须留意诸学之间相互影响而产生的在中国认识上的重合，以避免形成江户三学中国认识各自孤立存在的简单化认识。实际上，三学之间并非泾渭分明，因为无论哪一学派的学者，都程度不同地兼通其他学问体系，至少学者们的开蒙教育时期都无法脱离儒家思想。即便是兰学家，在接触兰学之前也多为儒者，正如杉田玄白所言：或许正是因为先有汉学打开见识，才有兰学进展之速。儒学家们也并非不知国学为何物，即使如林罗山之巨儒，也推崇神国日本的特殊性：“夫本朝者神国也，神武帝继天建极以来，相续相承，皇绪不绝，王道惟弘，是我天神之所授道也。”[①] 国学家们的知识启蒙也多自儒学，甚至兼及兰学：贺茂真渊不仅随古学派荻生徂徕弟子太宰春台修习汉学[②]，还曾与兰学先驱青木昆阳交往，并从青木处学得荷兰语知识[③]；本居宣长幼时也曾学习《四书》[④]；平田笃胤兼通兰学更是众所周知。也正因为如此，各派学者的中国认识既有明显的差异，也有间或重合之处。诸如：无论是儒学家们提出的“日本型华夷秩序”，还是国学家们宣扬的神国思想，其目的都在于以日本取代中国的“中华地位”；而佐藤信渊杂糅诸学更是对精神上的文化民族主义的“超越”，为实现国学家们的“宏愿”制成了实行扩张的具体方案。

如上所述，虽然各派学者都旨在摒弃中华崇拜的观念，然而江户时代的日本知识界尚无能力建立彻底脱离中华学统的日本思想文化体系。各派学者在提出脱离、甚至贬损中国的言说中，不自觉地沿用着中国思想中的重要概念。儒家各派将“理学之理”重新阐释为“事物之理”，并以“物理”激烈抨击宋儒的“天理”，这种经过变异的“格物穷理”观被兰学家们作为研习兰学的方法论。而由“华夷变态”之论引发的“日本型华夷秩序”，不用说是援用了中国传统的华夷观念。国学家们用来攻击中国的日本古道之“道”，则是取自中国思想中无处不在的“道”的概念，这种左右互搏式的自相矛盾，有力地证明了国学家们不可能使神国思想体系完全国产化。对此，日本学者也曾指出：“神道家们早就讲‘道’的存在，讲作为古帝王之道、皇祖之道的大神之道，这些不用说都是拿中国思想来套用日本的事情。”[⑤] 有日本学者甚至认为：“其日本中心主义，只不过是心理上对中国情结的逆反，在他

---

① 林罗山：《神社考序》，京都史迹会编：《罗山林先生文集》卷第四十八，平安考古学会，1918 年，第 118 页。

② 参见茂木诚：《国学与儒学的论争》，今井淳、小泽富夫编：《日本思想论争史》，鹈鹕社，1979 年，第 216 页。

③ 参见佐野正巳：《国学与兰学》，雄山阁，1973 年，第 3—8 页。

④ 参见村冈典嗣：《本居宣长》，岩波书店，1942 年，第 12 页。

⑤ 津田左右吉：《日本的神道》，邓红译，商务印书馆，2011 年，第 212 页。

们内心，对中国文物的尊敬仍然是根深蒂固的存在。”[①] 其实，日本人对中国文化，尤其是对儒家思想的依赖，即使是在西化兴盛的明治时代也没能根本改变。连极力主张皇国史观，提倡忠君爱国思想的御用文人井上哲次郎，也不能无视儒家思想对明治以后日本人的精神支撑作用：“此时西邦学术盛传兹土……然儒教绝不消灭……今之教育于伦理之说……皆合于儒教之旨意……故儒教已失其形骸，而其精神为今世德育之一大要素，将永无灭期。”[②] 只可惜明治时代忠君爱国教育被恶用于对外侵略扩张，淹没了儒家思想中仁爱等更多弘扬人性美德的合理内核。总之，日本儒者自不待言，即使是兰学家以至于国学家，都无法摆脱他们潜意识中的中华崇拜观念。

综观本文不难发现，无论是儒家的“华夷变态”之论，还是国学家为宣扬神国史观而对中国的贬损，抑或是兰学家提出的中国文化不合时宜论，都有程度不同的的偏差，甚至是恶意中伤。之所以出现诸多并不真实的议论，除江户时代日本文化民族主义兴起和明清交替的历史大背景之外，另一个重要原因是缺乏中日两国人与人之间的直接沟通。虽有长崎中日贸易这个人员交流的唯一窗口，但是“由于赴长崎的中国人大多是商船的乘员，虽有博学之才的商人，但并没有完全让日本人满足”[③]。虽有朱舜水留居日本，但毋宁说是特例，“我故无意于此，乃安东省庵苦苦恳留，辗转央人，故留驻在此，是特为我一人开此厉禁也”[④]；“留住唐人既数十年未有之典……欲留一人，比之登龙虎之榜，占甲乙之科，其难十倍”[⑤]。在缺乏真正了解的“隔海议论”中所得出的中国认识，被陈舜臣称之为“理念而非现实的”[⑥]。

虽然日本知识界的中国认识与中国社会的现实多有出入，但是由于“江户三学”各有延绵不断的传承，因而它们所描述的不尽真切的“中国意象”流布甚广，不仅对当时日本社会具有一定的影响，而且各学统机理的相互渗透，使近代以来日本人各路中国认识变得更加扑朔迷离。但无论这些中国认识如何变化多端，如若细考其

① 植手通有：《日本近代思想的形成》，岩波书店，1974 年，第 241 页。

② 井上哲次郎：《儒教》，大隈重信：《日本开国五十年史》，上海社会科学院出版社，2007 年，第 714—715 页。

③ 松浦章：《明清时代东亚海域的文化交流》，郑洁西等译，江苏人民出版社，2009 年，第 316 页。

④ 朱舜水：《与孙男毓仁书》，《朱舜水集》上册，中华书局，1981 年，第 48 页。

⑤ 朱舜水：《答魏九使书》，《朱舜水集》上册，第 49 页。

⑥ 参见陈舜臣：《日本人与中国人》，刘玮译，广西师范大学出版社，2009 年，第 4 页。

源，便可发现它们大多不外是“江户三学”中国认识的延续或相互杂糅的变种，而且其余脉在今天的日本仍留有“余味”。

（作者：南开大学日本研究院教授。
本文原载《世界历史》2015年第4期）

东北亚一体化：政治成本与演进路径

莽景石

内容摘要　本文从组织经济学的视角，指出了区域经济一体化出现的约束条件是一体化成本小于利用区域内国际市场所产生的交易成本；进而通过对欧盟和东北亚在一体化方面的比较分析，探讨了一体化成本中的政治成本约束的重要性及其对东北亚一体化进程的影响；论述了东北亚一体化面临的政治成本壁垒以及突破这种政治成本壁垒的可能路径。

关键词　东北亚一体化　政治成本　演进路径

引　言

我们似乎可以观察到，新一轮的国际化浪潮从20世纪90年代开始兴起。世界经济发展的数量特征是，出口额以超过国内生产总值的速度增加，对外直接投资额以高于出口额的速度增加，而资金流动则以高于外国直接投资额的增长速度增加。与世界经济发展的数量特征相比，也许更为重要的是金融全球化的出现和全球标准的建立。没有人会怀疑，各国政府在制定国内政策时正越来越多地考虑并接受来自全球化的影响。

但是完善的全球经济体系的建立并非指日可待；在完善的全球经济体系下促进世界经济的增长，并使全球居民的福利水平获得更大程度上的均等的提高，距离我们更是遥远。实际上，我们正在面对的并对我们的战略选择产生决定性影响的，不是全球化，而是地区化。除非我们拥有完善的全球经济体系，否则我们永远不能说地区化不是必须的，这就是为什么我们在全球化的视野中直接观察到的是欧盟、北美自由贸易区等区域经济一体化组织的原因，也是为什么我们孜孜不倦地探讨东北亚区域经济合作和东北亚经济亦体化的可能性的原因。

当问题涉及东北亚，在给定的有关经济、一体化的讨论范围内，也许我们脑海里会浮现出两点印象：其一是它的重要性，东北亚与美国、欧洲共同构成了世界经济的三极，而后两者已经实现了形式不同的经济一体化，在这种局面下，东北亚经济进一步发展的需要，决定了东北亚经济一体化的动力机制；其二是它的复杂性，东北亚各国政治制度和意识形态的对立、经济发展阶段的不同、利益取向的差异，与地区安全问题、历史遗留问题交织在一起，导致地缘政治的冲突和互信机制的缺位，所有这些都制约了东北亚经济一体化的实现。

尽管存在着上述类似于悖论的关于一体化的两种力量，但现实是东北亚尚没有出现实体意义上的一体化。到目前为止，东北亚经济一体化的进展，不仅比北美、欧洲大为落后，甚至与同属亚洲的东南亚相比也有很大反差。本文将提供一个政治经济学的分析框架，对此给出一个可能的理论解释，并试图回答诸如一体化出现的约束条件、东北亚一体化难以出现的原因以及如何才能推进东北亚一体化等问题。

一、组织经济学的洞见：为什么会出现一体化?

这里所使用的“组织”一词是比较狭义的，大体上相当于企业组织。关于组织经济学的故事，则始于美国学者罗纳德·科斯。[①]众所周知，市场是一种资源配置机制，或者说是一种协调经济活动的方式，在市场完全和私人产权的假定下，任何私有权利都可以在市场上直接交易。既然如此，为什么还会产生企业这种一体化组织呢？或者如张五常提问的：“为什么一个私有产权所有者会自愿地让出他的权利而听从‘看得见的手’的指挥呢？”[②]

科斯对这一问题的回答是，利用市场价格机制不是免费的而是有成本的，这种成本首先是发现价格的成本，其次还包括签约和履约的成本。这就是现在已经广为人知的交易成本。科斯认为，正是由于交易成本的存在，才导致了企业这一经济组织的出现，只要在企业内组织经济活动的成本低于在市场上进行交易的成本，利用企业的必要性就是不言自明的了，因为企业和市场是两种可以相互替代的资源配置机制和协调经济活动的方式。利用企业可以降低交易成本，但同时却产生组织成本，如管理成本、决策成本、监督成本等，只有在组织成本低于交易成本时企业才会存在和扩张，当组织成本与交易成本在边际上相等时就确定了企业与市场的边界。

以上科斯关于企业性质的讨论具有革命性的意义。作为西方主流的新古典经济学，假设通过市场价格机制能实现最优资源配置，在信息完全和零交易成本的情况下，企业被视为生产函数，即以利润最大化为目标，在给定资源水平、技术水平等条件下的一种单纯的投入—产出关系。在这种分析框架下，企业的内部结构特征和内部组织形式在经济学家的视野中消失了。在科斯以后历经了相当长时间的沉寂之后，大致从20世纪70年代开始，众多的经济学家在科斯的基础上进行了有效的工作，使企业理论获得了长足发展，构成了微观经济学发展的前沿，形成了蔚为大观的组织经济学。

企业理论或者说组织经济学本身是一个复杂的理论体系，正处在不断发展的过

---

① 参见罗纳德·科斯：《企业的性质》，载路易斯·普特曼等编：《企业的经济性质》，孙经玮译,上海财经大学出版社，2000年，第75—98页。

② 参见张五常：《企业的合约性质》，载张五常著：《经济解释》，易宪容译，商务印书馆，2001年，第354页。

程中，而且充满争议，但上述科斯的洞见已经足以为我们研究区域经济一体化的出现和发展提供睿智。在我们利用这一洞见展开具体论述之前，首先面临一个必须解决的问题：我们的研究对象是“组织”吗？它显然不同于我们通常看到的国内企业、跨国企业这些完全具备组织要素的经济组织，但它的确具备了组织的特征，是一个放大了的、稀释了的组织，在相对的意义上我们把它理解为“准组织”。这里，仅限于特定的研究范围，我们对“组织”和“准组织”的一些重大差别做一比较。

第一，企业是为组织经济活动所必须投入的要素的所有者之间的契约集合，而区域经济一体化组织则是拥有国家主权的经济实体之间的契约集合。

第二，企业的扩张空间是非常大的，它可以发展成规模巨大的、甚至超越国家界限的经济组织，这种扩张空间取决于边际组织成本与边际交易成本的关系，而区域经济一体化组织的发展空间是给定的，就是该区域本身，边际成本分析可能意义不大。

第三，企业是一个利用“权威”的方式进行资源配置的特殊装置，而区域经济一体化组织很难产生被公认的、有关成员愿对之服从、受其指挥的权威，尽管一体化形成过程中通常由一些大国充当实际上的主导国家，但政治主导权不妨让渡给小国，如欧洲的荷兰那样，这反而容易让各方所接受。

第四，企业的一个显著特征是，其内部组织形式通常是层级制的，即拥有一个层级管理结构，而在区域经济一体化组织中，各成员国是平等的，不存在层级制的上下级关系，尽管各成员国依其产业结构，处于区域内国际分工的不同层次，但这不是行政划分意义上的层级制，其平等地位不应受此影响。

第五，企业作为便于进行团队生产的经济组织，能创造出比纯粹的市场交易所获得的收益更大的准租金，准租金按照一定的公司治理原则进行分配，而区域经济一体化组织的形成，会使区域内贸易、投资以及其他经济合作的水平高于一体化之前，从而使区域内各国居民福利水平获得提高，这里并不存在一种准租金的分配机制，有的应该是各国的共赢互利机制。

以上比较所得出的“组织”和“准组织”的差别，当然不是全部，但它们是最重要的一些。这些比较显示了一种合作原则和政策含义：我们推进区域经济一体化需要平等、互利、协商，它不同于组建企业。就我们研究的直接目的而言，更有意义的是这些比较揭示了“组织”和“准组织”的组织特征，可以方便我们利用组织经济学的洞见，对区域经济一体化的形成进行分析。现在我们可以回答前面提出的问题了：之所以会出现区域经济一体化，是因为它可以降低区域内国际市场上的交易成本。

亚当·斯密特别强调分工和专业化对经济发展的作用，他认为分工是经济增长的源泉。分工会提高生产效率，导致生产品增加，市场容量扩大，最后跨越民族国家边界，形成国际分工。但分工以及国际分工的发展会带来专业化经济与交易成本之间的两难冲突，当经济活动跨越民族国家边界进行的时候，我们还会面临各国政治制度、文化背景、交易惯例的差别，等待我们的还有关税、签证、通关检查以及其他种种手续等，比起国内市场来这些都要增加额外的交易成本。[①]正因为利用国际市场要付出额外的交易成本，才产生了对区域经济一体化的需求，但能否实现一体化取决于建立、运行一体化组织的成本大小，我们这里称它为"一体化成本"，对应于我们前面提到的"组织成本"。

一体化具有二维性：其一是指作为发展过程的一体化，比如我们通常说的"东北亚的一体化"；其二是指作为既成状态的一体化，比如我们通常说的"欧洲的一体化（欧盟）"。与此相对应，我们将一体化成本区分为"事前一体化成本"和"事后一体化成本"。我们定义前者为实现一体化的成本，定义后者为一体化实现后的治理成本。设 C_{ante} 为事前一体化成本，C_{post} 为事后一体化成本，C_t 为利用区域内国际市场所付出的交易成本，我们有 $C_{ante} + C_{post} < C_t$。

以上即为区域经济一体化出现的约束条件。只有在一体化成本小于交易成本的情况下，才会出现一体化组织。东北亚经济一体化虽然引起了广泛关注，近年来似有进展，但迄今仍处于构想阶段，其原因就在于一体化成本高于利用本地区国际市场所付出的交易成本。

二、昂贵的政治成本：东北亚一体化为什么难以出现？

我们前面指出了一体化的二维性：作为过程的一体化和作为状态的一体化。从这一视角展开分析，可以观察到的东北亚经济一体化，目前还仅仅处于前一种含义的阶段，因此我们主要以事前一体化成本为研究对象，事后一体化成本将以预期的形式对事前一体化成本产生影响；同样从这一视角展开分析，我们可以把事前一体

①参见杨小凯、张永生：《新兴古典经济学和超边际分析》，中国人民大学出版社，2000 年，第 77—79 页。

化成本理解为最终实现后一种含义的一体化而进行的各方讨价还价的成本，其中最重要的就是政治成本。

事实上，无论是一体化成本（组织成本）还是交易成本，从广义上都可以理解为制度运行的成本，政治成本在其中从来都是举足轻重的。张五常曾指出，在实行计划经济体制的国家中，几乎不存在交易，但政治成本高得惊人。[①]在实行市场经济体制的国家中，政治成本尽管低于计划经济国家，但同样不可忽视，如政治制度设计的相互制衡成本、国家政策形成过程中与各种利益集团的妥协成本，等等。具体到地区一体化问题，由于涉及的对象远比国内问题复杂，不难想象政治成本会进一步攀高。

地区一体化，会降低交易成本，从而使区域内的国际经济活动水平高于一体化之前，因此每个国家都有推进一体化的经济动机，特别是在具备某些经济条件的时候。但是仅仅有经济上的理由是不够的。比如一个广为流传的说法是，东北亚地区的代表性国家之间具有资金、资源、技术、劳动力、市场等经济结构上的互补性，应该加强互补性合作，似乎是为了使这种说法更具说服力和可行性，一个同样广泛流传的补充说法是，这些国家的经济合作互补性大于竞争性、合作领域多于竞争领域。但这种说法是似是而非的，甚至是具有误导性的。首先，区域内的民间企业早就开始这种“互补性合作”了，但至今仍处于低层次上，如果相当程度上的地区一体化尚付阙如，是做不到深度融合的互补性合作的；其次，如果把“技术—丰富的资源”或“资本—廉价的劳动力”静态化，在此基础上进行“互补性合作”，谁会永远高兴？谁又不会永远高兴？再次，在现代科学技术和交通技术的条件下，地理位置的重要性程度大大下降，为什么一定要在区域内进行“互补性合作”？中国的汽车产业、手机产业及其市场展现出来的景象已经说明了这一点。因此，类似经济结构上的互补性等经济上的理由，可能不构成经济一体化的必要条件，更不可能是充分条件。事实上，东北亚经济一体化至今离人们的期待还是那么遥不可及，正是昂贵的政治成本造成的后果；突破昂贵的政治成本壁垒，才是实现东北亚经济一体化的充分必要条件。

我们之所以特别强调对东北亚经济一体化实现的政治成本约束，是因为世界各地区一体化的历史和经验表明，一体化是一种政治现象，而不仅仅是一种经济现象；

①参见张五常：《论新制度经济学》，载张五常著：《经济解释》，易宪容译，商务印书馆，2001年，第438—439页。

一体化的过程是一种政治过程，而不仅仅是一种经济过程。“区域一体化协议常常受到外交政策和国家安全方面的考虑的驱使。这些考虑的确可能会起主宰作用，而任何经济代价都会被认为是达到非经济目标所应该付出的代价。”[①]实际上，世界各地区的一体化组织，固然有其经济基础和经济动因，但几乎没有例外都是从政治发端的，其中欧盟的案例最为典型地说明了这一点。下面我们就欧盟和东北亚的一体化进行一个简约的比较分析，目的是提供欧盟的经验，同时解释为什么制约东北亚一体化实现的政治成本格外昂贵？

第一，一个区域内强有力的谋求地区统一的政治意识对一体化来说是至关重要的。战后欧洲迅速达成和解，德国、法国、意大利、西班牙等国都有一个共同的政治目标，就是欧洲人之间再也不要进行战争，由此产生了“欧洲大家庭”这样一个被广泛接受的观念。丘吉尔在 1946 年发表的一篇后来被人一再引述的讲演中，曾呼吁建立一个欧洲合众国，他说：“我现在要说的会令你们吃惊。使欧洲大家庭康复的第一步必须是法国和德国建立一种伙伴关系。……第一步就是成立一个欧洲委员会。”[②]1949 年欧洲委员会成立了，这是欧洲一体化过程中的第一个政治组织，其目的在于促进欧洲的统一与合作。相比之下，战后东北亚一开始就是分裂的，源于战争的历史遗留问题至今犹存，从来没有出现过类似欧洲的那样的强有力的谋求地区统一的政治意识。

第二，经济自由主义作为政治行动背后的支持性思想意识促使相关各国做出一体化的选择。经济自由主义相信利益的增长来源于自由贸易和市场竞争，在涉及政策选择和行动选择时往往成为一种政治信念，出于政治信念和意愿的合作将会促进一体化的实现。经济自由主义的传统本来源自欧洲，在历经了工业革命、世界市场形成之后，经济自由主义逐渐克服和战胜了重商主义、李斯特主义，成为西方有关政治经济的主流意识，对人们形成有关欧洲一体化的共识起到了至关重要的作用。而在东方由于从未出现过类似西方那样的市民社会，从而未能产生出经济自由主义思潮，当 19 世纪晚期源自西方的工业化浪潮开始波及东北亚之后，人们思想中更多的是对政府领导作用和民族工业崛起的热切期望。实际上，战后日本实行的以保

① 参见伯纳德·霍克曼等著：《世界贸易体制的政治经济学》，刘平等译，法律出版社，2000 年，第 218 页。

② 参见贝亚特·科勒—科赫等著：《欧洲一体化与欧盟治理》，顾俊礼等译，中国社会科学出版社，2004 年，第 19 页。

护和扶植为核心的产业政策，以其也许是实际的、也许是想象的巨大成功，深刻地影响了东北亚各国政策制定的价值取向和手段选择。但是，所有这些对政府干预、民族工业、产业政策的潜意识认同，肯定不会成为对东北亚一体化采取政治行动的支持性思想意识，很可能反而具有负面影响。

第三，从初始阶段就注重制度设计和法律秩序的构建，有助于一体化成本的降低。任何地区的一体化，无论处在一体化二维性的哪个阶段，几乎都不可避免地存在国内利益和区域内整体利益发生冲突的问题。面对这样的问题，欧洲在一体化的初期就开始逐步进行制度的设计。比如说，当贸易摩擦引起了欧洲范围内的诉讼纠纷，促使欧洲各国认识到在欧洲范围内建立统一的法律体系并使之条文化的必要性，由此建立了欧洲范围内的法律体系，确立了统一的仲裁管理权。如果当今在东北亚地区的某两国之间发生了贸易摩擦，似乎还很难指望通过规范性的、制度性的协调机制来帮助解决问题，更多的大概要靠双方反复的讨价还价，最后才能达成暂时的或一次性的妥协，而类似的问题却不会是一次性的，这样会使一体化成本始终高居不下。

以上欧盟的经验表明，地区一体化首先是一个政治过程，因此在进行一体化选择时首先会面临政治成本壁垒，而一体化政治行动需要相应的政治意识、思想意识和制度设计的支持，它们在降低政治成本方面往往会起到关键的作用。如果不首先突破政治成本壁垒，我们很难想象会出现组织意义上的地区一体化，东北亚的案例正是如此。

三、自下而上的演进路径：如何推进东北亚一体化?

以上论述了东北亚一体化面临着昂贵的政治成本壁垒，下面我们将首先对这种政治成本的变化趋势进行某种推理性的、甚至是猜测性的而不是实证性的分析。尽管做了这些限制，我们还是面临分析可能不确定甚至失败的风险，但这是我们讨论如何推进东北亚一体化时不能不做的工作。

东北亚地区一体化的政治成本，除了所有地区一体化都会遇到的常规性的政治成本之外，还多出一个因本地区不同国家的政治制度对立和历史遗留问题而叠加的部分，这就使东北亚一体化的政治成本格外昂贵。在给定的政治制度和历史遗留问题不变的条件下，我们不太有可能指望昂贵的政治成本会降低。源于同样的原因，一些由潜在冲突所导致的突发事态，比如当前的朝鲜核问题，还会使政治成本骤然上升。但是我们有理由相信，通过目前类似“六方会谈”的方式，朝鲜核问题有可能得到解决，因此相对来说这是一个短期问题。最令我们担忧的是，从长期来看，东北亚地区本来已经够昂贵的政治成本还有可能进一步上升。因为随着中国工业化的迅速进展和各产业部门国际竞争能力的日益提高，中国和日本、韩国之间的贸易摩擦将会有增无减，这已经是为各方所默认的事实。同时，日本和韩国有相当的舆论担心本国的资金和设备将大量流入中国，从而造成本国的“产业空洞化”甚至“贫穷化”。在政治制度对立而又缺乏多边协调机制的情况下，解决这些问题不仅是非常令人头疼的事情，而且往往还会引起政治上的猜疑，比如产生“中国威胁论” 这种无端的说法，结果导致政治成本上升，从而加大总体上的一体化成本。东北亚的特征是，一体化成本中的政治成本比重过高，结果使一体化成本的其他技术性部分受制于政治成本，从而难以有效地降低一体化成本。

欧盟的经验也许会给我们提供某些降低一体化成本的借鉴。但是在讨论这种可能性之前，必须指出的是，我们在前面对欧盟与东北亚进行的比较以及从中观察到的两者之间的差异，在更大程度上是受制于历史条件的结果，并非如果东北亚采取了与欧盟同样的做法，就会获得与欧盟同样的一体化成功这样简单。历史拒绝这种主观性的、随意性的判断。之所以会形成上述欧盟与东北亚在一体化方面今天的差异，其原因可以上溯到战后东西方对立的冷战在两个地区的形式和影响的不同。冷战都造成了欧洲和东北亚的分裂，但这种分裂的不同是显而易见的。欧洲分裂为政治意义上的西欧和东欧，但西欧仍然可以在区域的意义上实现一体化，而东北亚的分裂使一体化失去了起码的地理依托，因为东北亚已经是最小的区域单位了，甚至朝鲜还由一个国家进而分裂为敌对的两个国家。同样的冷战背景，其影响在西欧是使区域内各国收敛于合作，从 1948 年的布鲁塞尔条约到 1949 年的北大西洋公约组织的转换典型地体现出这一点，作为政治过程的西欧一体化由此迈出了关键的一步；而在东北亚则是使区域内各国发散为对立，这种对立到今天也没有完全消除，甚至在朝鲜半岛还完整地保留着冷战时期的格局。我们看到的是两种完全不同的历史后果，在历史面前我们往往是没有多少选择余地的。

但是毕竟冷战结束已经有年，合作比对立会带来更多的利益和福祉至少已经成为一种普遍的理性共识，作为迄今为止一体化最为成功的欧盟的经验，的确会为我们思考东北亚一体化的路径提供有益的借鉴。比如，我们未尝不可以考虑成立一个特定意义上的东北亚委员会，由此建立一个哪怕程度还很低但在给定程度和范围内能扎实有效发挥作用的多边协调机制，在这一多边框架下，从事有效的制度设计，逐渐形成某些各方共同接受并遵守的规则，奠定一个一体化初期的制度基础，这对降低东北亚一体化昂贵的政治成本肯定大有益处。

仅仅是提出上述设想，我们就马上面临一个悖论：建立多边协调机制需要各国政府合作，而政府的存在恰恰是政治成本产生的根源。我们对加强东北亚区域内政府合作仍然抱有最大的期望，这意味着我们承认在推进一体化方面自上而下的演进路径的重要性，但重要性并不意味着唯一性，我们还会发现另一支东北亚一体化的推动力量，那就是各国民间企业的跨越国界的自由交易，这是自下而上的演进路径，它在推进一体化方面具有同样的重要性。在推进东北亚一体化方面，我们希望自上而下的演进路径与自下而上的演进路径形成互动，但在昂贵的政治成本壁垒面前，自下而上的演进路径在当前也许更值得我们重视。

在存在政治成本的条件下，单一的自上而下的演进路径往往难以取得预期的效果。迪克西特曾指出，在国际贸易中，最主要的政治冲突是一组国家为许诺建立一个更为自由的贸易体制而面临的囚徒困境。每一个国家都想控制本国的贸易，其目的或是想进行国家垄断，或是为实施战略性产业政策，或是认为贸易壁垒能解决国内市场失灵问题，更多的则是国内政治中强有力的利益集团要求避免竞争的保护。如果所有国家都屈服于这种压力，则所有国家都会受到损失。因此每一个国家都有进行合作以保持自由贸易体制的动机，同时每一个国家也都有违反协议并试图阻止其他国家违反协议的动机。[①]实际上，关贸总协定就是在这种情况下结束它的历史使命的。在国际化、信息化的条件下，当代国际分工与协作空前发展，使整个世界经济形成了一个甚至具有某种意义上的组织结构特征的网络，在很大程度上我们认为这是包括跨国公司在内的民间企业自由交易的后果。实际上，作为世界经济网络的一个重要联结板块的地区一体化，其背后的经济力量正是来自于区域内民间企业的自由交易。区域内民间企业自由交易的制度需求，对突破政治成本壁垒具有政府所不能替代的作用，自下而上的演进路径的开辟，为实现一体化提供了更大的可能性空间，对东北亚一体化来说也是如此。

第一，常识似乎经常告诫我们政治和经济是分不开的，但政治和经济确实往往

① 参见阿维纳什·K.迪克西特著：《经济政策的制定：交易成本政治学的视角》，刘元春译，中国人民大学出版社，2004年，第91页。

是以不同的逻辑运行的。政治家和企业家在都是理性的这一点上是共同的，但政治家追求的是包括再次当选、维护其统治等在内的政治租金最大化，企业家追求的则是利润最大化。资本的趋利性往往是摆脱政治约束的最大力量。一个例证是，1996年以来中日政治关系不断出现波折而走向低谷，但中日之间的经济交流稳步发展，出现了所谓“政冷经热”这一耐人寻味的现象。只要我们相信资本的趋利性，类似的现象在区域内就具有普遍性。这未尝不可以理解成是为区域内各国之间将来缔结双边的、甚至多边的自由贸易协定以及最终突破政治成本壁垒、实现东北亚一体化累积性地奠定经济基础。

第二，区域内民间企业自由交易的重要性还在于，交易产生规则，规则衍生制度，于无形中降低一体化成本。大量的、重复的、持续的交易，一方面其本身会产生出规则，这些规则在一体化形成之后往往会演变为正式的制度安排；另一方面其发展要求这些规则的实施能得到保证，无论在一体化之前还是在一体化之后这都需要政府提供秩序。区域内民间企业自由交易产生的规则和对秩序的需求，都会对区域内各国政府产生某种意义和某种程度上的一体化压力。对东北亚地区来说，重要的是各国政府减少干预，尽量退出商业领域，为民间企业的自由交易提供更好的制度基础设施和更为开放的市场。

第三，区域内民间企业的自由交易，在区域内一体化有所进展的条件下，会促使国内特殊的利益集团转而支持自由贸易，改变目前政府受制于利益集团而难以进行一体化决策的局面。通常情况下，一国的贸易政策是由特殊利益集团来形成的，这些特殊利益集团可能包括出口商、进口商、农业部门等。一国政府在决定是否加入自由贸易协定时，需要在支持者和反对者之间进行平衡。如果作为一国的贸易伙伴的其他两个国家之间签订了自由贸易协定，该国的出口商会出于消除他们面临的贸易歧视的目的而支持加入自由贸易协定，形成更强大的推进一体化的政治力量。假定中韩（或中日、韩日也是一样）签订了自由贸易协定，将会产生一种跟进效应，导致中日、日韩相继签订同样的协定，在这里先后顺序是无关紧要的，关键是谁率先迈出关键的一步。

这里必须指出的是，地区一体化存在一个区域范围选择的问题，我们的研究对象是东北亚一体化，但并不意味着东北亚是最佳区域范围，实际上东亚更可能是最佳区域范围。东亚地区各国之间不仅在贸易、投资以及其他经济合作方面紧密相连，而且已经存在东盟这样的一体化组织。这里涉及的问题是，在一个存在着密切的经济联系的邻近地理空间内能否或有必要并存两个一体化组织？在欧洲一体化过程中曾有过联邦主义与政府间主义之争，其结果是持前者看法的国家于1958年成立了欧洲经济共同体（EEC），持后者看法的国家于1960年成立了欧洲自由贸易组织(EFTA)，由此导致了单一的西欧贸易协定的分裂。但是由于欧洲共同体具有更大的市场规模和更快的发展速度，开始出现了两个一体化组织之间的歧视，欧洲自由贸易组织成员国的企业遭受到来自贸易歧视的损失。欧洲自由贸易组织成员国为消除面临的贸易歧视，开始转变立场，陆续申请加入欧洲共同体，到1973年终于又重新归于单一的西欧一体化组织。欧洲一体化历史的经验事实似乎表明了，在邻近地理空间内难以并存两个一体化组织。当把视线转回到亚洲，我们承认东亚是区域经济一体化的最佳区域范围，甚至承认并存两个一体化组织的必要性很低，但我们强调仍然需要从东北亚一体化做起，因为突破高政治成本壁垒实现东北亚一体化，实际上也就意味着东亚一体化的启动。而东盟由于经济规模有限，不太有可能成为启动东亚一体化的决定性力量，即便是通过“10+3”的模式，仍然难以实现整个东亚的区域经济一体化。关于一个区域范围并存两个一体化组织以及两者之间关系演进的问题，超出了本文研究的范围，这里仅限于提出问题。

以上我们论述了一种可能性，即通过自下而上的演进路径，来达到推进东北亚一体化前进的目标。我们是在东北亚一体化面临着昂贵的政治成本壁垒的判断下，指出了区域内民间企业自由交易的重要性及其在推进一体化方面所能起到的作用。我们在前面已经指出，一体化过程首先是一个政治过程，因此自下而上的演进路径具有推进一体化的作用，但并不具有替代自上而下的演进路径的作用。实际上，对目前的东北亚一体化来说，最重要的是建立一个最低限度的多边协调制度。

小　结

就主题而言，本文是一篇研究东北亚一体化的论文，但我们给自己规定的任务不是对过程意义上的东北亚一体化的历史和现状给予精确的描述，尽管已有大量的这类文献表明这是非常重要的。我们尝试构建一个并非成熟的，而是探讨性的政治经济学的分析框架，对一体化以及东北亚一体化进行具有特定研究目标的分析。

本文从组织经济学的视角解释了一体化出现的约束条件，并通过对欧盟和东北亚在一体化方面的比较制度分析，指出了一体化的政治成本约束的重要性，论述了东北亚一体化面临的政治成本壁垒以及突破这种政治成本壁垒的可能路径。通过这些分析，我们得出以下结论，我们希望这些仅仅是初步的、甚至其中部分可能带有推测成分和假说性质的结论，能有助于对东北亚一体化问题的理论探讨。

第一，地区一体化可以降低交易成本，使区域内国际经济活动水平高于一体化之前，但地区一体化的出现不取决于人们的愿望、呼吁，而取决于地区一体化出现的约束条件，即一体化成本小于利用区域内国际市场所付出的交易成本。

第二，一体化成本是区域内拥有国家主权的经济实体之间为达成一体化目标进行讨价还价所付出的成本，其中最重要的是政治成本，因为一体化过程首先是一种政治过程。

第三，由于不同的历史条件和现实的地缘政治因素，不同地区的一体化成本中的政治成本比重不同，由此决定了一体化面临的政治成本壁垒不同，也决定了突破这种政治成本壁垒的难易不同。

第四，与欧盟相比较，东北亚地区由于政治制度的对立和历史遗留问题，导致缺乏一体化所必须的统一的政治意识、支持性的思想意识和最低限度的多边协调机制，因而一体化的政治成本昂贵，面临着难以突破的政治成本壁垒。

第五，突破东北亚一体化面临的高政治成本壁垒的理论路径有二，其一是政府主导的自上而下的演进路径，其二是民间企业主导的自下而上的演进路径，两者之间不是替代关系，而是互动关系。

第六，作为前一个路径，需要加强政府合作，可以借鉴欧盟的经验，考虑成立一个特定意义上的东北亚委员会，建立最低限度的多边协调机制，在给定的程度和范围内，从事有效的制度设计，奠定一体化启动的制度基础。

第七，作为后一个路径，区域内民间企业的自由交易，是另一支推进一体化的力量，在累积性地奠定经济基础、衍生出规则、形成新的政治力量等方面，对实现一体化具有重要作用。

(作者：南开大学日本研究院教授。
原刊于《世界经济与政治》2005 年第 9 期)

论东京审判

宋志勇

东京审判的正式名称是远东国际军事审判，是指 1946 年 5 月至 1948 年 11 月远东国际军事法庭在东京对日本战争罪犯进行的审判。

东京审判既是一场法律的审判，又是一场世界人民对日本法西斯的政治审判。它揭露了日本对外侵略战争的罪行，追究了战犯个人的战争责任，伸张了正义，惩治了邪恶。东京审判的实践，还为国际法特别是国际刑事法的发展做出了重要贡献。

然而在日本，甚至有相当多的政治家认为东京审判是“胜者对败者的审判”是“违法”的。日本右翼更是散布战后日本的历史观是东京审判强加给日本的，日本首相屡屡参拜供奉有甲级战犯的靖国神社、篡改历史教科书和政府高官发表否定日本对外侵略战争性质的言论等，都与对东京审判的认识相关。因此，有必要对东京审判进行深入的研究。

一、东京审判与国际法问题

东京审判不仅具有重大的政治和历史意义，还在国际法特别是在国际刑法处理战争犯罪的实践和发展上具有重大意义。东京审判及纽伦堡审判形成的一些审判原则，对当今和今后战争犯罪的处置及国际刑事法仍具有重要的指导和实践意义。

（一）法庭管辖权

法庭管辖权是指法庭的权力，特别是审理案件范围的权力。远东国际法庭的管辖权就是指法庭有权审理哪些范围内的战争罪行。远东国际法庭管辖权的规定来自法庭宪章第五条，它对法庭受理的被告身份、罪行种类及范围做出了具体规定，其主要内容有：

> 下列行为，或其中任何一项，均构成犯罪行为，本法庭有管辖之权，犯罪者个人并应单独负其责任：
>
> （甲）破坏和平罪　指策划、准备、发动或执行一种经宣战或不经宣战的战争，或违反国际法、条约、协定或保证之战争，或参与上述任何罪行之共同计划或阴谋。
>
> （乙）普通战争罪　指违反战争法规或战争惯例之犯罪行为。
>
> （丙）违反人道罪　指战争发生前或战争进行中对任何和平人民之杀害、

灭种、奴役、强迫迁徙以及其他不人道之行为，或基于政治上或种族上之理由而进行旨在实现或有关本法庭管辖范围内任何罪行的迫害行为。

也就是说，法庭宪章明确规定了远东国际法庭管辖权的范围，是审理破坏和平罪、普通战争罪和违反人道罪。日本1928年至1945年期间所犯下的上述罪行，当然应在远东国际法庭的管辖权之内。

但1946年5月13日，法庭刚刚宣读完检察方的起诉书，被告辩护人代表清濑一郎就对法庭的管辖权提出异议，提出：

（一）法庭不具有对“破坏和平罪”和“反人道罪”的管辖权。

（二）侵略战争本身并不能构成犯罪。

（三）战争是国家行为，个人在国际法上并无责任。

（四）法庭宪章的规定是“事后”（Ex post facto）法，所以是非法的。

（五）只有《波茨坦公告》发布时国际法所公认的普通战争犯罪，才可以成为被控的犯罪。①

对法庭的管辖权问题提出的上述异议，是对远东国际法庭的全面否定。它是日本辩护团在仔细研究了法庭宪章和检察方起诉书之后向法庭提出的最大挑战。如果按照辩护方的逻辑，那些从事策划、发动和施行对外侵略战争的上层最高责任人都会逃脱正义的审判。这也正是被告和辩护团提出法庭管辖权问题的目的所在。

远东国际法庭依据法庭宪章驳回了辩护方对法庭管辖权的异议，并援引以下纽伦堡国际军事法庭对纽伦堡法庭宪章及管辖权的见解来支持远东国际法庭的管辖权：

法庭宪章并非战胜国方面权力之武断行使，而是宪章颁布制订时现行国际法的表现。

1928年缔结的非战公约的签字国或参加国，“无条件的斥责将来以战争作为政策的工具。并明白地废弃了战争。在这个条约签字以后，任何国家凭借战争作为国家政策的工具，就是违反这个条约”。

“庄严地废弃以战争作为国家政策的工具，其中必然包括承认战争在国际法上是非法的原则”；凡是从事和策划、实行战争者，“都应该被视为从事犯罪行为”。

对于“法无规定者不为罪”的原则，判决书认为其并不限制国家的主权，而且

---

①《远东国际军事审判速记录》，雄松堂书店，1968年，第1卷4号，第11—12页。

被告都是知法犯罪，如不对其处罚有失公平。

关于被告个人承担国际法责任问题，判决书认为“保护国家代表者的国际法原则，是不能适用于那些在国际法上被视为非法行为的犯罪者的”。

纽伦堡法庭上述关于法庭管辖权的见解，既尊重了传统的国际法，又表明了发展国际法的正当性，有力地驳斥了辩护方对法庭管辖权的无理指责，其理由具有重要的国际法意义。对此，远东国际法庭表示，鉴于本法庭与纽伦堡国际法庭的宪章“在一切重要方面完全相同”，本法庭对纽伦堡国际法庭的见解中“与本案有关者表示无条件的支持”，①并将其作为驳回辩护方对法庭管辖权异议的理由。

远东国际法庭适用“破坏和平罪”和“违反人道罪”是国际法发展的需要。实际上，只要适用传统战争法，以“普通战争罪”也能够严厉处罚日本的战争罪犯。但是，法庭并没有这样做。因为第二次世界大战是人类历史上规模最大和最为残酷的战争，战后审判的目的已不仅仅是惩罚战犯，更重要的是通过审判揭露日本发动和进行对外侵略战争的罪行，让全世界牢记历史的经验教训，以重建和捍卫世界和平，防止历史悲剧重演。在此意义上，仅仅处罚处在战争前线的普通战犯已远远不够，通过设定“破坏和平罪”和“违反人道罪”处罚策划、发动侵略战争，造成人类莫大损失的国家级主犯，才有可能达到惩罚战争罪犯、警示战争犯罪、重建世界和平的目的。因此，“破坏和平罪”和“违反人道罪”适应了人类历史发展对国际法的要求，是完全成立的。它不仅是对传统国际法的继承，更是对国际法的发展所做出的贡献。

（二）个人的战争责任

实现追究个人的战争责任，是东京审判对国际法发展的一大贡献。本来，追究个人的战争责任不是东京审判（包括纽伦堡审判）的发明。早在第一次世界大战结束后，《凡尔赛和约》就曾规定设立特别法庭，审判德国皇帝及德国战犯，但因种种原因，审判最终没有实现。

围绕个人的战争责任问题，被告与原告在远东国际法庭上展开了激烈的争论。被告及辩护方激烈攻击法庭追究个人的战争责任是没有国际法根据的。他们的战略

①《远东国际军事法庭判决书》，张效林译，群众出版社，1986年，第13—14页。

是首先否定法庭对侵略战争的管辖权，然后否定个人的责任问题，以便使被告逃脱惩罚。被告及辩护方否定个人战争责任的主要理由是：

（一）战争是国家行为，属国家主权之行使，应由团体或国家负责；参与其事的个人只不过是服从或执行国家的政策命令，因此，他们是没有个人责任的。

（二）国际不法行为的受害国，可以要求追究加害国的责任。“但不经所在国同意就追究行为者个人的责任，是违反国际法的”。①

除从法理整体上否认个人的战争责任外，在被告个人的辩护中，他们也都寻找种种理由，企图掩盖或减轻自己的罪行，以期逃脱法律的惩处。

辩护方关于个人没有战争责任的观点显然是站不住脚的。首先，东京审判的大法是作为传统国际法延伸的法庭宪章。宪章明确规定了个人承担战争责任，这没有讨价还价的余地。其次，正如首席检察官基南在开头陈述中讲到的，东京审判不是一次普通的审判，而是一场文明对野蛮的审判。追究个人的战争责任，既有国际法的先例存在，又符合正义、公正的国际法原则，对国际法的发展和防止战争、维护世界和平也具有重要意义。为此，检察方和法庭对被告和辩护方的诡辩进行了坚决的驳斥。检察方一针见血地指出，辩护方提出的一系列否认个人责任的辩解，都是企图逃避责任和惩罚。②法庭则在判决书中引用纽伦堡国际法庭的判决指出：“在某种情形下，保护国家代表者的国际法原则，是不能适用于那些在国际法上被视为非法行为的犯罪者的。”③

关于侵略战争是国家行为，个人不负责任问题，国际法早有对国家和个人同时规定权利和义务的先例。纽伦堡国际法庭判决书指出：“对于破坏国际法的个人是可以处罚的。违反国际法的罪行是人做出来的，而不是抽象的集体（国家）做出来的；只有处罚犯有这样罪行的人，才能使国际法的规定有效实施。”④远东国际法庭也完全支持纽伦堡国际法庭的这一论断，并应用到了东京审判中。

关于处罚个人问题，涉及复杂的法律问题，特别是国际法的主体问题。一般讲来，国家是国际法的主体，但这并不排除个人作为国际法应承担的责任和受到处罚。具体来讲，国家作为战争犯罪的主体，应该受到处罚。但国家是抽象的，人则是国

---

①《远东国际军事审判速记录》（第9卷），第385号，370—373页。

②《远东国际军事审判速记录》（第10卷），第416号，第571—576页。

③《远东国际军事法庭判决书》，张效林译，第14页。

④《国际军事法庭审判德国首要战犯判决书》，汤宗舜等译，世界知识出版社，1955年，第68页。

家最重要的实在的构成要素，因此，个人应该为战争犯罪承担责任，其中罪大恶极的就应追究刑事责任。

东京审判及纽伦堡审判首次追究个人的战争责任，这对国际法的发展产生了重要和积极的影响，个人在国际法上的地位越来越受到重视。联合国国际法委员会1950年编纂的纽伦堡七原则中第一条规定："任何人犯有按照国际法构成的犯罪行为，应该对此负责并受到惩罚。"该会1954年通过的《危害人类和平与安全罪法典草案》中也规定犯有危害人类罪的负责人应受到惩罚。[①]权威的国际法著作《奥本海国际法》第九版（1992 年修订）在国际法的概念中指出：国际法主要是支配国家的关系，但"国家不是国际法的唯一主体。国际组织，以及在某种范围内的个人，可以是国际法所给予的权利和设定义务的主体"[②]。现今，关于个人承担战争责任问题，不仅在国际法理论上有了突破，而且在国际法的实践中也得到了应用。例如处理卢旺达问题的国际法庭，都以违反国际法，进行种族屠杀而追究了被告个人的战争责任，并进行了处罚。1998 年通过的《国际刑事法院规约》也明文规定对个人犯罪的管辖权。从总的趋势讲，国际法越来越注重以个人为法的对象。

（三）以发展的观点看东京审判

从人类发展的历史看，人类法的观念是发展变化的。近代国际法是源于 17 世纪欧洲近代主权国家的建立和近代国际秩序的形成。从近代国际法的形成到今天，已经经历了三百多年的历史，国际法适应时代的发展变化而变化。我们在考察东京审判与法的关系时也应该以发展的眼光来考察。

东京审判在法律的适用上有两大特点。一是援用传统的国际法，二是根据国际社会和国际法的发展和需要，创建并适用新的国际法。东京审判的否定论者指责东京审判违反国际法，其论调仅仅是囿于成文的国际法。而对东京审判在国际法发展上的贡献，则极少提及。其实，东京审判在国际法上的意义并非是如何援用了传统的国际法，而是在尊重传统国际法的基础上发展了国际法。从国际法的渊源看，国际法除了来自国际条约外，还来自于国际习惯。而一部分具有重要和普遍意义的国际习惯经过一定时期就会成为国际条约。而且随着社会的发展，国际习惯发展为国

① 林欣主编：《国际刑法问题研究》，中国人民大学出版社，2000 年，第 136 页。

②《奥本海国际法》第 1 卷第 1 分册，王铁崖等译，中国大百科全书出版社，1995 年，第 3 页。

际条约的时间大为缩短。东京审判只不过是将国际社会普遍认可的一些关于和平、人道的国际习惯加以总结，归纳成为破坏和平罪、违反人道罪而已。

东京审判是遵循、发展了国际法还是违背了国际法，这不仅要从审判当时的情况来看，更要从其后国际法的发展来看。从第二次世界大战后国际法发展的历史可以明显看出，东京审判（及纽伦堡审判）所确立的侵略战争罪和反人道罪概念，在战后五十多年中得到了确认并获得了进一步的发展。特别是《国际刑事法院规约》明确规定了对上述两项罪行的管辖，更进一步证明了东京审判所创设的侵略战争罪和反人道罪概念绝不是为对败者进行肆意报复而设立，乃是在遵循传统国际法的基础上对国际法发展的贡献。东京审判的审判原则奠定了现代国际刑法的基础，这是不争的历史事实。法律追求的目标是公平和正义，具体的法律条文和规定仅仅是达到这一目标的手段和措施。公正和正义是法律永恒的追求目标，为达到这一目标，人类就必须依照社会发展变化，制定相应的、具体的法律、法规。德、日法西斯国家所犯下的空前规模的战争罪行，促使国际法必须增加新内容和新概念来应对。如果只因循传统的国际法进行审判，那将是不公平的，亦会失去法律的真正意义。

二、中国与东京审判

中国是日本侵略战争的最大受害国和反法西斯盟国的重要一员，是《开罗宣言》《波斯坦公告》《日本投降书》等一系列制裁日本侵略的国际文件的签字国之一，是东京审判的当然参加者。中国积极、认真地参与了审判，在审判中发挥了重要的作用。

（一）审判的前期准备

1945 年 12 月，接到美国参加东京审判的邀请后，中国国民政府令外交部和司法行政部协商举荐人选。结果，知名法学家梅汝璈、向哲濬分别被推选为中国法官和中国检察官。梅、向两位都是中国最优秀的法学家、留美法学博士，了解西方的法学理论和审判程序，派他们参加东京审判是合适的。

根据中国政府的提名，1946 年 2 月，向哲濬和梅汝璈分别由盟军最高统帅麦克阿瑟任命为远东国际军事法庭检察官和法官。两人分别于 2 月、3 月赴东京就职。

中国是遭受日本侵略时间最长的国家，中国问题自然在东京审判中居于重要地位，国际检察局也拿出很大精力搜集证据，起诉有关战犯。检察局内设有中国检察组，由中、美检察官及其助手组成，协助基南首席检察官进行起诉书中国部分的起草、证据收集及确定战犯名单法庭举证、反诘等工作。

确定战犯名单是东京审判的重要一环，为中国政府所重视。对于侵华战争中的重要战犯，中国早就进行了调查并提出了名单。1946 年 2 月向哲濬抵日后，即向国际检察局提交了中国政府提出的第一批 12 人战犯名单。3 月，中国政府又通过美国向东京的盟军最高统帅部提出了第二批 21 人的战犯名单，两批共计 33 人，其中包括后来被法庭确定为甲级战犯的土肥原贤二、板垣征四郎、东条英机等人。[①]

另一方面，由于准备不足，又大大影响了东京法庭中中国法官、检察官的工作。据时任中国检察官首席顾问倪征 先生回忆，由于当时的国民政府对东京审判认识不够，以为日本侵略中国，“事实昭彰，审判不过是个形式，受害国无需提出确切证据，就可以对战犯定罪”，结果使中国处于被动局面。[②] 因为法庭法官和检察官绝大多数来自英美法系国家，法庭也就习惯性地采用英美法系的程序进行审判，特别重视、拘泥于技术性的证据。而中国是大陆法系国家，注重“自由心证主义”[③]，不太注重技术性的证据。结果，中国提出的战犯名单人数虽然不少，但大都只是空洞地列举罪行，缺乏有力的人证、物证及相关的技术性证据。如司法行政部和军令部拟订的日本政治战犯名单（表）中位居首位的原首相近卫文麿，其罪行栏里仅有“在第一次首相任内发动侵华战争”一句话。位居次席的现任首相铃木贯太郎，其罪行栏内也只有“领导日人侵战，加大战争损失”一语。[④]由于对证据重视不够，造成许多中国所控战犯和所提证据不被检察局和法庭接受。据统计，从 1946 年 5 月到 1947 年年底，远东国际法庭共接受检察方所提证据 2391 件，其中中国方面所提证据仅为 99 件。[⑤]在证人方面，中国方面的证人也缺乏必要的法律知识，不了解

① 粟屋宪太郎:《通向东京审判的道路》,《朝日杂志》1984 年 11 月 30 日。

② 梅汝璈:《远东国际军事法庭》, 序第 1 页。另一位参加东京审判工作的周锡卿也有同样的看法。见《远东国际军事法庭杂忆》，载《文史资料选编》第 29 辑，北京出版社，1986 年。

③ 自由心证主义，是大陆法系对证据判断的方式。法官在做出判决时，不仅依据法庭正式接受了的证据，还可以自由运用主观上认为适当的证据和对案情的理解、判断。法官拥有宽泛的自由斟酌权，是自由心证主义的最大特征。

④《日本主要战争罪犯名单案》，172—1—0884，台北有关部门档案。

⑤ 远东国际军事法庭中国检察官办事处呈外交部长王世杰密函，《远东军事法庭重要案件（一）》118，台北有关部门档案。

证据的重要性，在法庭上对辩护人的反诘不知所措。如中国证人秦德纯在法庭为日本侵华作证时，由于不熟悉法庭规则和证据，只强调日军在中国杀人放火，却拿不出证据，被辩护人紧追不放，弄得秦非常被动，以至于感叹道："这哪里是我们审判战犯，还不如说是战犯审判我们。"[①]由于证据不足，以至于在法庭辩论的紧张阶段，我们的检察官不得不跑到日本陆军省去查阅那些遭焚烧后残存的零碎档案和报纸，来证明被控战犯的罪行。由于缺乏足够的技术证据，最终造成中国提出的一些罪大恶极的侵华战犯逃脱了惩罚。

（二）举证控告侵华罪犯

远东国际法庭是由多国组成的，各国检察官、法官的行动都受到了本国政府的指导，代表着本国的利益。此外，由于日本对外侵略战争的规模大、地域广，没有一个国家的检察官能够掌握日本的所有犯罪事实。因此，各个国家的政府在提出战犯名单、提供证据等方面，都首先注重与自己国家有关的战犯。中国也不例外。法庭开庭后，中国政府即密电检察官向哲濬："对于日本侵华负有特殊显著责任者，如土肥原贤二、桥本欣五郎、板垣征四郎、畑俊六、东条英机、梅津美治郎、松井石根、岛田繁太郎及铃木贞一等九名，应……尽力检举，主张从严惩治。"[②]但实际上，由于美国主导检察工作和中方力量有限，中国并未分配到上述九名战犯的全部提证和反诘工作，甚至连南京大屠杀的提证及反诘任务也基本上是美国检察官等承担的。中方经过努力争取，才从菲律宾检察官手里得到了在被告个人辩护阶段对土肥原贤二和板垣征四郎的反诘任务。

1947年4月23日，倪征日奥首次出庭对被告辩护人提供的证人，进行法庭诘问。通过诘问，揭露了日本在九一八事变以后窥视华北，扶植冀东伪政权，进而挑起七七事变的侵略过程。[③]在其后进行的法庭辩论中，倪征日奥越战越勇，完全压倒了被告、被告证人及辩护律师的嚣张气焰，其中对日本侵华主犯板垣征四郎的诘问尤为精彩。1947年6月6—10日，倪征日奥连续出庭，对板垣征四郎的辩护律师、证人

① 倪征日奥：《淡泊从容莅海牙》，法律出版社，1999年，第108页。

② 外交部致驻日代表团及向哲濬检察官密电，东字第783号；《远东军事法庭重要案件（一）》183，台湾有关部门档案。

③《远东国际军事审判速记录》第5卷，第202号，第139—144页。

和板垣征四郎本人进行诘问。他运用熟练的法律技术手段，对辩护方提出的大量“证据”进行驳斥，并用大量证据事实揭露了板垣在关东军和陆军省任职期间对发动九一八事变、掩盖日军侵华罪行、参与政府制定分裂及侵略中国的国策、扶植伪政权等应负的重大责任，驳斥了辩护人和板垣本人对其罪行的种种推脱和抵赖，并借反诘板垣揭露了逃避出庭作证的土肥原的种种侵华罪行，对法庭最终判处板垣、土肥原极刑做出了贡献。[①]

由于法庭依照英美法系运作，确凿的人证物证便成为能否将被告定罪的关键。为此，中国不少战争受害者和经历者，不远千里，前往东京出庭作证，揭露了日本的侵华暴行。尤其是梁廷芳、伍长德等受害者及贝德士、马吉等数位外籍人士关于南京大屠杀的十几位中外证人，他们用自己的亲眼所见和亲身经历，揭露了日军制造南京大屠杀的罪行，加上国内为证明日军大屠杀提供的大量书证，对法庭最终判处大屠杀的主要责任者松井石根死刑起到了关键作用。另外，由于战时封锁消息，一般日本国民并不知道日军在南京的所作所为。证人的证言和受害者的血泪控诉，让日本国民第一次知道了“皇军”在南京犯下的令人发指的屠杀罪行，在日本社会引起了巨大震动，使广大国民更加痛恨军国主义。从而使东京审判除了法律意义外，同时也具有了政治审判和思想教育的重大意义。

法庭审理结束后，最后一项重要工作就是撰写判决书。各国法官和所属国政府都加强了联系，尽力在公正、国家利益和个人法律观点上找到一个结合点，使法庭的判决尽量公正合理。1947 年 4 月 19 日，中国外交部便电示中国法官梅汝璈，要求对土肥原贤二、板垣征四郎等 9 名侵华主犯“从严惩治”[②]。与此同时，国内舆论也纷纷致电、致信外交部或梅法官，要求严惩战犯。梅法官面临巨大压力。在致外交部的密电中，梅法官表明了自己的态度：对于追究侵华战犯的责任问题，“自当竭其绵薄，为我国在此次空前国际法律正义斗争中之胜利尽其最后之努力”[③]。经过积极争取，梅法官获得了领导起草判决书第四章“日本对华侵略”的工作。这是一项十分重要的工作。判决书写的如何，直接影响判决的结果。为此，梅法官竭尽全力投身于判决书的起草工作中，并于同年 5 月完成了长达二百多页的判决书第四章“日本对华侵略”，获得了法官会议的通过。

---

①《远东国际军事审判速记录》第 7 卷，第 286—290 号，第 21—94 页。

② 外交部致梅汝璈法官密电，东字第 1103 号；《远东军事法庭重要案件（一）》189。

③ 梅汝璈法官致外交部密电，第 4562 号；《远东军事法庭重要案件（一）》193。

判决书完成后，法官们即对被告量刑。这是审判阶段最为重要的时刻，社会上对于法庭的量刑也有种种猜疑，法官之间亦存在分歧。印度法官认为国家行为不应追究个人的责任，因而主张全体被告无罪；而澳大利亚、法国、苏联法官虽认为被告有罪，但因本国国内已废除了死刑，故不主张对被告处以死刑；中、美、英、加等 7 国法官则主张根据对罪大恶极的战犯应处极刑。“经长久讨论，热烈争辩”[①]，最后以投票方式进行判决，结果 25 名被告全部被判有罪，其中 7 名主犯被处绞刑。中国法官在法官会议上坚决主张严惩主犯，对法庭的最终判决结果起到了重要作用[②]。中国是遭受日本侵略最重的国家，数以千万计的人民惨死在日本侵略者的枪炮、屠刀下，数以千亿计的财产毁于日本侵略的战火中，严惩制造侵略战争的主犯、要犯，既是中国人民的强烈要求，也符合《远东国际军事法庭宪章》和国际法惩罚战争犯罪的精神，体现了人类正义和法律的公正。

三、天皇的战争责任与东京审判

昭和天皇的战争责任问题，是东京审判的焦点之一。参加东京审判的各盟国围绕天皇是否负有战争责任，是否应将天皇作为战犯加以起诉，追究其战争责任等问题，都进行了调查和研究。

（一）盟国对天皇及天皇制的政策

进入 1945 年后，在日本败局已定的情况下，盟国开始认真探讨日本投降问题，而天皇及天皇制问题成为日本投降问题的关键。根据美国与其他盟国达成的一系列协议，反法西斯战争要进行到底，其最终目标是日本无条件投降。但此时，美国政府内的部分高官希望在日本最看重的天皇及天皇制问题上网开一面，以促使日本早日投降。为此，5 月 8 日，美国副国务卿格鲁警告总统说：“日本是一个疯狂的民族，他们会战斗到最后一寸领土和最后一个人。如果他们这样做的话，美国将为此付出难以预料的生命代价。”“对于日本人来说，无条件投降的最大障碍是他们认为要摧毁或从根本上废除天皇和天皇制。”为此，他建议，“如果现在给他们一点暗示，

① 梅汝璈法官致外交部密电，第 10715 号；《远东军事法庭重要案件（二）》165。
② 洛林等著：《洛林法官的东京审判》，小菅信子译，新曜社，1996 年，第 104—105 页。

允许日本人在战后自行决定自己国家的政治体制，将能使日本人在极不情愿的情况下，在投降时保留一点面子”。[①]格鲁的主张得到了杜鲁门总统的赏识，但受到了军方和政府内部特别是舆论界的猛烈抨击。

7月26日，美中英发表《波茨坦公告》，要求日本立即“无条件投降”，并声明战后将严惩战争罪犯，但公告没有提及天皇及天皇制问题，日本拒绝了盟国的投降要求，8月9日，日本政府照会美国等主要盟国，确认无条件投降“并不包含改变天皇统治国家大权的要求”[②]，这实际上是在同盟国谈条件。12日，美国务卿贝尔纳斯代表盟国答复日本：“从投降之日起，天皇及日本政府统治国家之权力，须从属于盟军最高统帅”；“日本政府的最后形式，将依照日本人自由表达的意愿决定之”。[③]很明显，这个答复是暧昧的。它既可解释为天皇的统治权可以保留，也可解释为盟军最高统帅有权否定或停止天皇的统治权。这样既维护了《波茨坦公告》的精神，又暗示日本可以保留天皇制。对于美国的答复，虽然军部仍不满意，但天皇“理解到对方抱有相当的诚意”[④]，遂“圣断”接受《波茨坦公告》。8月15日，日本宣布向盟国投降。

日本投降后，美军进驻日本，实施军事占领。根据《波茨坦公告》等一系列盟国间达成的协议，占领当局负有在日本进行非军事化和民主化改革的重任，而惩罚战犯就是战后民主改革的重要内容之一。在惩罚战犯的问题上，最为引人注目的是要不要将天皇列入战犯名单。战争结束后，国际上要求审判天皇的呼声极为高涨,，澳大利亚政府和舆论一致要求将天皇列入战犯名单，起诉和审判天皇。美国舆论界也强烈要求审判天皇。受政府委托进行的“应怎样处置战后的天皇”的盖洛普民意测验表明，77%的人要求惩办天皇，其中36%的人要求处死天皇，没有一人提出豁免天皇。[⑤]深受日本侵略之苦的中国人民更是强烈要求追究天皇的战争责任，将其作为战犯进行审判。1945年7月17日，中国国民参政会通过了将裕仁天皇指定为战争罪犯的决议。决议还主张：“日本的皇室是封建思想及侵略思想的根源，中国应该主张废除日本的天皇制。”[⑥]正如盟军最高统帅麦克阿瑟后来对重光葵外相所说

---

① 美国国务院：《美国对外关系》1945年第6卷，美国政府印刷局，1976年，第545—546页。

② 外务省：《日本外交年表及主要文书（1840—1945）》下卷，原书房，1964年，第632页。

③ 外务省：《日本外交年表及主要文书（1840—1945）》下卷，第635页。

④ 弥津正志著：《天皇裕仁和他的时代》，李玉等译，世界知识出版社，1988年，第242页。

⑤ 秦郁彦：《天皇的五个决断》，讲谈社，1984年，第166页。

⑥ 山极晃等：《资料1日本占领·天皇制》，大月书店，1990年，第404页。

的："当时世界舆论中占上风的看法是，天皇是日本侵略战争的最高负责人，应该接受国际审判并处以绞刑。"[①]

虽然国际上要求废除天皇制、将天皇指定为战犯的呼声很高，但各盟国政府特别是美国政府却从怎样更有利于对日占领和战后改革的角度，反复探讨对待天皇和天皇制的问题。天皇是否被指定为战犯，很大程度上取决于盟国对天皇和天皇制的认识。《波茨坦公告》公开表明要战后要惩罚战争罪犯，但并未提及天皇的战争责任问题。美国政府内部在利用天皇及天皇制这一点上虽然基本达成了共识，但仍在观望战局和政局的变化，变数很大。尤其是占领统治形态是完全的军政即盟国直接统治，还是利用日本现有的天皇制政体进行统治迟迟未下决定，也影响到了政府对天皇及天皇制的政策。

英国作为盟国中的大国，在战后对日政策上也有很大发言权。1945 年 7 月，丘吉尔对美国方面起草的《波茨坦公告》提出了三点修改意见，其中明确战后民主改革的主体为"日本政府"[②]，表明了英国利用日本现存天皇制体制进行民主改革即实行间接统治的对日方针。英国政府既然决定要利用天皇制政府进行战后改革，自然要维持天皇的地位，尤其要避免使天皇被列入战犯而受审。1945 年 8 月 12 日，英国政府明确表示答复澳大利亚政府："我们认为，将天皇作为战犯加以控告，是一个重大的政治错误。为了统治日本的国民，我们希望节约人力及其他各种资源的投入。我们的意见是：现在控告天皇，是最不明智的。"[③]英国政府的这一答复清楚表明了英国为利用天皇将免究其战争责任的立场。战争结束后，英国政府仍旧认为："在统治日本方面，天皇是我们拥有的最大财产。让日本国民投降的不是原子弹，而是天皇向他们发出的诏令。否则，我们必将会在进攻日本时蒙受巨大损失，而且必须在占领之后为镇定这个国家做几乎是绝望的事。据我们所知，日本投降以来，盟军还没有一人在那里因敌对行为而失去生命。这完全来自于这样的事实：日本人——即使狂徒也会服从天皇的命令。"考虑到上述原因以及审判天皇会带来的严重后果，"我们不应成为提出控告天皇的一派"[④]。

虽然中国舆论界和部分政府高官要求废除天皇制、将天皇列入战犯予以审判，

① 弥津正志：《天皇裕仁和他的时代》，第 326 页。
② 五百旗头真：《美国的日本占领政策》下卷，中央公论社，1993 年，第 201 页。
③ 武田清子：《矛盾的天皇观—1945 年前后》，岩波书店，1978 年，第 70 页。
④ 武田清子：《矛盾的天皇观—1945 年前后》，第 71—73 页。

但国民政府特别是蒋介石却对这一问题采取了非常慎重的态度。1943 年 11 月，蒋介石与罗斯福总统在开罗会议期间谈到天皇制问题时，蒋介石表示：此次日本战争祸首，实只几个军阀，应先将军阀打倒。至于国体问题，宜由日本人民自己解决，以免构成民族间永久之错误。[①]蒋介石的这一表态，决定了中国政府的天皇及天皇制的政策。它一方面反映了蒋介石的日本观，更反映他对日政策的出发点即尽量避免民族间结下永久仇恨。蒋介石有过留日经历，他并不喜欢天皇制。但在他看来，天皇和天皇制对日本和日本国民来说，是日本的根基，是日本的精神支柱。如果中国及盟国从外部废除天皇制、惩处天皇，那就是挖日本的根基，就是彻底摧毁日本国民的精神支柱，容易造成日本与中国及其他盟国的民族世仇。由于蒋介石的对日观和他在政府中的专制地位，中国政府也就没有提出废除天皇制和追究天皇战争责任的要求。

（二）天皇逃脱审判

1945 年 9 月 22 日，美国政府宣布了《战后初期的对日政策》。关于统治形式，该文件规定："鉴于日本社会当前的性质以及美国希望使用最低限度的军队和资源达到占领目的，在能够达到满足美国目的的限度内，最高统帅将通过包括天皇在内的日本政府机关团体行使权力。"[②]这一文件表明，为实现初期占领目标，美国最终决定利用天皇及天皇制政府，对日实行间接统治。

虽然美国政府确定了利用天皇制政权实行间接统治的政策，但对天皇的地位及处置问题仍未明确。在美国政府内部，对如何处置天皇意见仍不统一。9 月 18 日，美国众议院议员拉舍尔在议会发表天皇战犯论的演说，并提出了将天皇作为战犯进行审判的决议案[③]；总统顾问拉铁摩尔也主张惩办天皇，提出将其流放到中国；国务卿贝尔纳斯则提出区别对待天皇和天皇制，审判天皇但保留天皇制，国务院战后设计委员会则主张软禁天皇。[④]可谓众说纷纭，莫衷一是。直到 1945 年 10 月底，

① 梁敬錞：《开罗会议》，台湾商务印书馆，1975 年，第 111 页。

② 日本外务省特别调查部编印：《日本占领及管理重要文件集》，第 1 卷，1949 年，第 92—108 页。

③ 山极晃：《资料 1 日本占领 · 天皇制》，第 414—416 页。

④ 罗伯特 · E.沃特：《战时对日占领计划》，坂本义和等：《日本占领研究》，东京大学出版会，1987 年，第 54 页；《天皇的五个决断》，第 165 页。

三部（陆军部、海军部、国务院）协调委员会才通过了关于天皇处置问题的SWNCC五五/六号文件。文件认为，天皇的战犯处置的问题，“不能与我们在日本的整体目的割裂开来”。在美国政府还没有就天皇与天皇制的关系问题做出最终决定之前，应秘密搜集天皇的罪证，并由盟军最高统帅提出审判的建议。①

11月29日，参谋长联席会议根据上述文件精神，向麦克阿瑟发出了如下秘密指令：“美国政府的态度是：不排除裕仁作为战犯受到逮捕、审判、处罚。等没有天皇也能圆满实施占领的时候，就可以考虑提出对天皇的审判问题”。指令还要求麦克阿瑟秘密搜集关于天皇战争罪行的证据，并就处理方针向参谋长联席会议提出建议。②SWNCC五五/六号文件及给麦克阿瑟的指令表明，美国政府对天皇的态度取决于对日占领政策是否能够顺利实施。美国政府虽然在舆论的压力下有意将天皇作为战犯加以逮捕、审判，但为了确保占领任务的圆满完成，将能否审判天皇的建议权授予了处在占领第一线的麦克阿瑟。能否审判天皇和何时审判天皇，很大程度上将取决于麦克阿瑟的建议。

麦克阿瑟是在毫无抵抗的情况下进驻日本本土的，在天皇和日本政府的协助下，占领计划的实施还是比较顺利。但麦克阿瑟面临的日本现实仍是严峻的：日军是有组织解散的，他们对美军的潜在威胁依然存在；国民虽获得了自由，但他们世世代代形成的对天皇的崇拜不会短时间内消失；国内民主力量微弱，无力指导日本政局。在这种形势下，麦克阿瑟认为不利用天皇的权威和日本政府的协助，占领任务就难以顺利完成。而此时的天皇，也一改过去至高无上的姿态，于9月27日首次拜见麦克阿瑟。拜见中，他一方面推卸战争责任，说发动战争并非自己本意。另一方面又以“宽大的胸怀”，表示愿为“臣民”犯下的战争罪行承担责任，博得了麦克阿瑟的好感。③在多重因素作用下，麦克阿瑟决定继续利用天皇推行占领政策。为此，他于1946年1月25日致电华盛顿，推托说没有发现任何有关天皇干预日本政治决定的“确凿证据”，然后警告说：“要审判天皇，就必须大幅度地修改占领计划。”而且“还会引起日本社会的极大混乱”，“日本就会瓦解”，“其重大影响怎么

① 山极晃：《资料1日本占领·天皇制》，第460—461页。

② 山极晃：《资料1日本占领·天皇制》，第454—455页。

③ 关于裕仁天皇第一次拜见麦克阿瑟的情况，因日美双方当场都未做记录，造成现在各种资料说法不一。参见《麦克阿瑟回忆录》和《奥村胜藏手记》（奥村系天皇与麦克阿瑟会见时的翻译。他在会见结束后补做了会见记录，记录详见儿岛襄：《天皇与战争责任》，文艺春秋，1988年，第59—66页）。

评价都不过分”。如要维持因审判天皇引起动荡的日本社会，至少需要增加“百万军队”和“数十万”美国行政官员无限期地驻扎日本，且所有民主化改革都将“落空”，日本有可能走向“共产主义路线”。[①]麦克阿瑟的这一判断和恐吓性的表态，对天皇逃脱审判起到了重要的作用。

根据麦克阿瑟的建议，美国政府游说各盟国，促使远东委员会（盟国对日政策决策机构）在远东国际军事法庭开庭前夕的 1946 年 4 月 3 日通过了《远东委员会关于远东战犯的逮捕、审判及处罚政策的决定》，规定，“如果没有特别的授权，对日本国天皇免于战犯起诉”。根据远东委员会的决定，4 月 23 日，美国国务院向麦克阿瑟传达了不起诉天皇的指令，终使天皇逃脱了这次历史性的审判。[②]

从总体上来说，东京审判是公正的，体现了国际法的正义原则，但在天皇问题上，却采取了政治优于法的做法，没有追究天皇的战争责任，这给后来的日本政治发展带来了不利影响。许多通过不同形式参与过对外侵略战争的人认为：天皇都没有战争责任，我们就更没有战争责任。使日本不可能从根本上反省自己的战争责任。其结果造成日本政治长期右倾化，造成日本政府和相当多的日本国民不愿承认对外侵略战争的性质，逃避战争责任。

没有追究天皇的战争责任，是东京审判的一大缺陷。对此，作为审判的主导国家，美国应承担主要责任。除此之外，其他盟国也负有一定的责任，特别是日本侵略的最大受害国中国，自始至终都没有提出起诉天皇的要求。其他盟国也没有一个将天皇列入战犯名单。如果参加东京审判的大多数国家要求审判天皇的话，美国未必敢冒天下之大不韪，独行其事。其结果也许会让天皇走上审判台。

但是我们还应看到事情的另一面。第二次世界大战具有国际反法西斯战争的特点。反法西斯盟国作为战胜国，不仅要惩罚侵略者，而且担负着从根本上铲除军国主义，帮助法西斯战败国建设和平民主国家的重大政治任务。由此，东京审判就不仅是法律的审判，也是政治的审判，是日本战后民主改革的重要内容。美国主张不起诉天皇，除有利用天皇，建立一个不能与美国为敌的新日本的帝国主义政策的一面外，还有有利于促使日本投降和完成战后民主改革的一面。从这一点上讲，又与其他盟国的对日及天皇政策有一致性，所以其他盟国都很容易接受了美国的这一主张。应该说，东京审判没有追究天皇，主要是盟国政治上的考虑。为此，我们在指

① 山极晃：《日本占领资料 1 天皇制》，第 463—464 页。

② 粟屋宪太郎・NHK 采访班：《东京审判之路》，日本放送出版协会，1994 年，第 142 页。

出东京审判没有审判天皇是一大缺陷的同时，还应考虑当时的历史背景。

但须强调指出，东京审判未起诉和审判天皇，并不意味着否定了他的战争责任。不追究天皇的战争责任和其没有战争责任，是性质不同的两回事。天皇的战争责任是不容推卸的，东京审判与天皇的战争责任之间的关系是不容混淆的。

四、东京审判的历史意义

东京审判给人类带来了什么？具有什么意义？这是审判过去了半个世纪后人们仍然在争论的问题。本文认为，东京审判具有以下几方面的意义。

第一，对国际法的发展特别是国际刑事法的发展做出了重大贡献。东京审判适用的“侵略战争罪”“反人道罪”“个人为战争罪行负责”等概念，无论在国际法的理论上还是在国际法的实践上都具有重大意义，在国际法特别是国际刑事法的发展史上具有重要地位。东京审判结束后国际法发展的历程，充分证明了这一点。1950 年联合国国际法委员会通过的“纽伦堡国际军事法庭及该法庭的判决所包含的各项国际法原则”、1968 年联合国大会通过的《战争罪和危害人类罪不适用法定时效公约》、1970 年联合国大会通过的《关于各国依联合国宪章建立友好关系的国际法原则宣言》、1998 年罗马外交大会通过的《国际刑事法院规约》等一系列国际法文件，以及前卢旺达国际法庭的审判实践，都明确肯定了东京国际军事法庭（纽伦堡法庭）适用的新的战争罪概念。尽管日本的右翼势力一直在否认东京审判的法律意义，特别是对国际法发展的重要贡献，但国际社会和国际法学界已经接受、认可并发展了东京审判（及纽伦堡审判）确认的战争犯罪概念和原则这一事实，有力地证明了东京审判对国际法所做出的贡献。

第二，重要的政治意义和历史意义。东京审判的政治意义和历史意义表现在两个方面：一是以惩罚战争犯罪震慑战争犯罪，二是揭露日本的侵略战争罪行。东京审判与一般审判的最大不同点，就在于它的重大政治意义。东京审判向全世界宣告，策划、发动和进行侵略战争是违反国际法的犯罪行为，参与上述战争犯罪的个人，要对侵略战争负责。它昭示世界，谁胆敢策划、发动和进行侵略战争，不管他地位多高，都会受到法律的制裁。东京审判的另一政治意义和历史意义在于它揭露出了大量日本政府和军部策划侵略战争，并在侵略战争中犯下的种种罪行。在法庭上，战时日本对各种传媒严密封锁的南京大屠杀等日军犯下的骇人听闻的战争罪行被揭露在大庭广众之下，极大地震撼了日本人民。这对战后初期日本以反战、和平为重要内容的民主运动起到了巨大的推动作用。

第三，为历史研究提供了一大笔宝贵财富。通过东京审判，澄清了以往日本政府掩盖的许多历史事实，如日本关东军自己是如何自炸铁路，然后诬陷中国，进而挑起九一八事变的；日本是如何密谋策划建立“三国同盟”和发动太平洋战争的等等。二是积累了大量的历史资料。为参加东京审判，检察方和被告及辩护方都准备了庞大的资料，仅法庭英文速记录就达 48412 页（日文为 10 卷千万字以上）；有关证据资料达 8000 件，其中检察方的证据资料为 21200 页，辩护方为 26800 页；出庭作证证人为 12 个国家的 419 人。上述审判资料基本概括了日本的近代历史，是一个庞大的历史资料库。它为日本近代史、中日关系史及远东国际关系史的研究提供了不可多得的珍贵资料。

事实证明，东京审判是严肃、公正的国际审判。它向全世界表明：正义必将战胜邪恶，犯罪必定受到惩罚。东京审判发展了国际法，对人类的和平发展事业做出了贡献，因而具有划时代的意义。

我们在看到东京审判的正面意义的同时，也应看到不足的方面。东京审判的最大不足是没有追究天皇裕仁的战争责任。天皇是日本宪法体制和战争责任体制中的最高责任者，不追究天皇的战争责任，就不可能彻底追究日本国家的战争责任。没有追究天皇的战争责任还给日后的日本政治带来了严重后果，造成日本政府和主流社会拒绝对侵略战争进行真心的反省和忏悔，政治上长期右倾化。当然，东京审判没有追究天皇的战争责任是美国及盟国基于顺利实施对日占领政策的需要。这在当时的历史环境下是可以理解的。但是从战后日本政治发展的结果来看，这一政策的代价太大。历史就是历史，我们不能假设如果当时东京审判对天皇进行审判的话，会造成何种结果。我们只能对东京审判的结果进行客观的评价。

虎头蛇尾是东京审判的另一不足之处。其后果，一方面是一部分战犯逃脱审判，甚至重登日本政治舞台（如岸信介）。他们仍然带着战前的错误思想来指导日本政治，这是日本政治长期处于右倾化的重要原因之一。另一方面，没有完全达到教育日本人民，彻底改变错误历史观的目的。旧金山和约签订以后，日本政府也没有认真反省侵略战争的根源，而是想方设法帮助战犯免受审判或减轻处罚。他们反省的主要是日本为什么会战败，而不是为什么要发动对外侵略战争和在战争中犯下那么多战争罪行。而且这种情况从日本投降至今都没有什么根本的改变。

从日本政府和日本社会对东京审判的态度，可以反映出日本的政治走向和历史观。从东京审判结束到20世纪70年代，日本虽然也有否定东京审判的言论，但并未形成气候。强大的民主主义运动始终对政府和保守势力保持着强大的压力和制约。但进入80年代以后，随着日本政府要对战后政治进行“总决算”，政治上更加右倾。与此相适应，否定东京审判的思潮逐渐抬头，并在社会上有了市场。90年代以后，日本拼命争做政治大国。日本政府及其部分政治家和右翼学者，认为东京审判的结果有损于日本做政治大国的形象，更变本加厉地否定东京审判，使否定东京审判的思潮充斥到了政治、学术、教育、文化等社会的各个角落。否定东京审判并不是单纯地否定一次审判，而是对日本战前侵略战争历史的否定。否定日本侵略战争的历史，必定会影响日本的政治走向，进而影响东亚及亚太地区的和平与稳定。因此，东京审判绝不是单纯的学术问题，它事关日本今后的发展方向和日本与亚洲各国之间关系的政治基础，不可等闲视之。

（作者：南开大学日本研究院教授。本文在2005年“纪念中国人民抗日战争暨世界反法西斯战争胜利60周年学术研讨会”大会上宣读，并被收录到该会论文集）

百年南开日本研究的传统与特色*

——写在“百年南开日本研究文库”出版之际

刘岳兵

* 本文2019年9月25日发表于《中华读书报》时有删节。

百年南开日本研究的传统与特色

在南开大学建校100周年之际，以日本研究院为中心、集全校日本研究者之力，由江苏人民出版社和南开大学出版社共同出版的“百年南开日本研究文库”（以下简称“文库”），第1辑19卷已经付梓刊行。以一校之力，一次性刊出如此大规模的日本研究丛书，这在出版界和日本研究界恐怕都不是一件小事。文库的出版，至少对于我们反思百年来南开日本研究的传统与特色，提供了系统的素材。

一、南开与日本的关系是百年中日关系的一个缩影

南开学校的创始人张伯苓，其教育救国的理念就始于中日甲午战争的战败，当时他从北洋水师学堂毕业到通济轮上实习，1898年目睹不日之间威海卫“国旗三易”，从日本到中国再到英国，由此痛感“自强之道，端在教育”，“终生从事教育之救国志愿，即肇始于此时”。后来南开中学、南开大学等南开系列学校的创立和发展，与严修、张伯苓对日本和西方办学经验和教育思想的学习考察有密切关系。仅就南开大学的发展与日本的关系而言，可以说这种关系正是近代以来中日关系的一个缩影。近代中日关系的重大历史事件不仅深刻影响了南开大学的发展，而且在南开大学都留下了深刻的印迹。

众所周知，南开大学就是在五四运动的声浪中酝酿诞生的，南开学生周恩来、于方舟是天津五四运动的领导者。张伯苓也极力支持这一爱国运动，这表现在他主张免除因为参加运动的学生所耽误的期末考试。他说：“此次学生奔走呼号，纯系爱国之确证，于假期内犹复勤劳不休，其心可见，其志可钦。至若期考一项，本属验明学生所读之书是否心会，现所做之事，非心会于平素可得乎？故余意，及期考一项准予免除。”（《南开日刊》第21号，1919年6月28日）南开学校虽然属私立，但其办学精神，如校训“允公允能”所示，乃以“公”字当头，强调立为公之志向，南开创建于国难之中，其目的在于“育才救国”。

如何为百年南开分期，当然见仁见智，祝晓风将南开一百年分为八代人（祝晓风:《南开，一百年，一座学校和八代人》，载《中华读书报》2019年7月17日），自有其道理。如果简单地从体制上区别，或许可以分为三个时期，即从南开大学创建到1937年抗日战争全面爆发，这是私立南开大学独立办学时期；1937年校舍被日军炸毁，与清华、北大联合办学，从长沙临时大学到西迁昆明成立西南联合大学时期；1945年抗日战争胜利，回天津复校，从1946年开始改为国立南开大学的时

期。这里仅列举私立南开大学独立办学时期与日本的关系几例，以见当时复杂而渐趋恶化的中日关系之一端。

1927 年 11 月，南开大学成立满蒙研究会，日本外务省十分关注。据日本国立公文书馆亚洲历史资料中心所藏资料显示，1928 年 4 月 7 日至 5 月 9 日张伯苓校长率领研究会成员考察东北三省，当时的天津总领事加藤外松，将其每天的详细日程于出发前一日都报告给外务大臣田中义一。在加藤看来，“南开无论是从沿革还是资金方面看，美国的色彩都相当浓厚，而且属于当地排日的急先锋”，由此怀疑“满蒙”研究会也接受了美国的资金支持，是为美国对“满蒙”各种问题进行调查的机构。但是鉴于张伯苓此行尽量避免于日本方面的联系，而最近在资金等方面也不断在接近日本，由此建议日本官宪对张伯苓一行不要采取监视的态度，“满铁”也最好在协商的基础上不要做得太醒目，还是为其提供各种方便为宜。而当时奉天日本总领事代理峰谷辉雄在 4 月 17 日给外务大臣和天津总领事对张伯苓此行的秘密报告中透露，说奉天日本总领事馆警察从“满铁”公所所长那里听说，张伯苓此行乃是美国驻华公使迈克莫瑞授意，被派遣去为美国将来的对满政策收集资料，为此接受了 1.5 万元的报酬，报告最后也说此情报真伪不详。继而在海龙、安东、长春、哈尔滨、牛庄的日本驻华领事机构对张伯苓一行都有报告，还保留了 4 月 22 日在长春自强学校的讲演记录和 29 日在哈尔滨的记者招待会讲话大要。

此次东北之行，除了偕天津“满铁”嘱托远山猛雄同行，一路都有日本人的眼线跟踪。长春领事永井清在 5 月 2 日的报告书中就提到，4 月 22 日张伯苓在自强学校的演讲，大概是因为注意到有日本人的新闻记者混入听众中，所以讲演没有什么过激言论。有意思的是，随此报告所附的讲演要旨中的记录中有这样的描述：“现在日本人的论调认为东三省为特别区域，说蒙古是蒙古、满洲是满洲、汉土是汉土，应该分开（此时自强学校校长给讲演者提示了一张什么纸条，讲演的口气稍微有些变化），但是我认为决不应该分开。”自强学校校长的提示也许是迫于某种形势，而讲演者也善解人意，讲演的口气使听众能够感觉到稍有变化，但是他讲的内容和主旨并未为形势所动，其接下来所言中日两国如果以诚相待或能实现东亚共存共荣，如果只是口头上的共存共荣，中日两国将来都难以存立。这自然也算不得什么“过激言论”。而 29 日在哈尔滨谈到组织“满蒙”研究会的原因，其中一点即为“须挽回满蒙利权，对满蒙产业进行实际的研究”，中文的文献里似乎也没有这样明确的提法。

当时南开大学属于私立，争取资金和外援当然是关系到学校发展的大事，日本也是争取的对象。1930 年张伯苓为南开的科学教室争取设备，日本外务省从本年度的“对支文化事业”项目中特别援助近三千元，以寄赠显微镜等相关理化仪器。后来进一步为充实科学馆（范孙楼）的科学仪器设备争取日方援助，日本政府又于次年提供了 450 磅用于电池使用的硫酸。资金方面，何廉在 1930 年通过日本著名经济学家福田德三等向日本政府为南开大学社会经济研究委员会申请 3 年的研究经费（每年 2 万元）资助，最后没有被批准。尽管有福田德三的推荐信（1930 年 4 月 15 日致对支文化事业部长坪上贞二函），但所言主要是从学术交流和合作的意义上谈，认为资助何廉研究团队有利于“促进中日两国学术合作”，最终坪上以此项目与日本的文化事业“稍异其趣”为由放弃了。在师生学术交流和调研方面，1928 年，南开大学学生赴日视察旅行的申请没有批准，但是南开大学傅恩龄教授的短期赴日研修项目（日本铁道运输交通事务视察研究）得到批准（经费 500 圆，铁路交通免费）。1929 年南开大学教授职员（黄钰生、翟桓、伉乃如、喻传鉴）日本视察申请也得到了日本政府的支持（经费 1600 圆。邱宗岳、傅恩龄同行，经费南开大学自理）。

日本政府之所以给南开以上述种种设备、资金上的援助，当然自有其目的在。最为显著的当属天津加藤总领事 1928 年 8 月 23 日给对支文化事业部长信函中所言资助傅恩龄的事，在介绍了傅恩龄为庆应义塾大学经济学学士，并在研究生阶段从事铁道会计研究之后，这样写道：“南开大学属当地美国系的学校，学生中排日风潮高涨，该校采用其为商科教授，着留日学生出身教授之先鞭。再看该校组织满蒙问题研究会，任其为主任主宰该会，值此之际，他是最合适的补助候选人。”日本政府也觉得此事于“对支文化事业有意义”，所以才资助的。

在当时的日本外务省文书中，多次提到南开学生“与排日运动一直关系密切”、南开大学为“当地排日之急先锋”，这与南开的爱国、救国传统是分不开的。“作为排日学校而有名的南开大学”自然成为日本军方的眼中钉。九一八事变之后，随即傅恩龄所编《东北地理教本》（上下册）印行，当时即有评者曰：“在客岁九一八惨变未发生以前，该校师生，已知危机日迫，急起作东北研究会之组织，寻即有傅君兹编之作述，以觉国人，不可谓非得风气之先。”特别强调：“最后一章之详列解决东北问题之消极及积极方面之政策等；语重心长，在今日疆土沦失，益当为读者所不容藐视者矣。”（《浙江省立图书馆月刊》第 1 卷第 2 期，1932 年 4 月）南开校舍于 1937 年 7 月 29 日毁于日军炮火（参见南开大学校长办公室编：《日军毁掠南开暴行录》，南开大学出版社 1995 年），被迫西迁，南开人所承受的痛苦与耻辱，正是那个时代苦难的中国人的代表。难能可贵的是，如张伯苓校长在得知南开被炸接受《中央日报》记者采访时所言："敌人此次轰炸南开，被毁者为南开之物质，而南开之精神，将因此挫折，而愈益奋励。"（《中央日报》1937 年 7 月 31 日）南开校歌中所反复吟唱的"渤海之滨，白河之津，巍巍我南开精神"也正是遍植广袤中华大地、扎根悠久华夏文化的民族精神的象征！正是在这种强大的精神鼓舞和指引下，一代代南开人与时俱进，和整个中华民族一起，从苦难走向了复兴。

二、南开的日本研究处于百年中国日本研究的前沿

百年来中国的日本研究，可以分为从五四运动到 1945 年抗日战争胜利、抗日战争胜利到 1978 年《中日和平友好条约》的签订（中国共产党第十一届三中全会正好也是这一年召开）及其此后三个大的历史时期。在每一个历史时期，南开的日本研究都处于时代的前沿。

从五四运动到抗战胜利这一时期南开的日本研究成果，从文库中的《南开日本研究（1919—1945）》这本史料集可以窥见一斑。这一时期南开日本研究的前沿性成果主要集中在国际关系（包括中日关系，特别是日本与东北的关系）和日本经济领域。这些前沿性成果的取得，与南开人对待日本的基本态度和研究思路有关。说到基本态度，我们可以再听听南开校董范源廉先生的话，他 1925 年来南开大学讲演，此次讲演稿《日本及其对于我国之经营》也被收到了上述史料集中，他说："我们对于日本不要恨她，嫉妒她。我们应该过细研究她。看她有何长处，我们有何短处。我们不可自馁，也不可自负。"（第 16 页）这里所说的不恨不嫉妒、不自馁不自负，就是不要感情用事，要冷静、客观地分析；所谓"过细研究"，就是要研究具体问题，不是泛泛而谈。为什么要研究日本呢？他说得也很干脆："我们所以要注重日本、研究日本，是以为要在现在世界立脚至少也要有日本那点能力，以日本作为我们中国一个最近最低的标准。我们要是日本也不能及，我们无丝毫的希望。"（第 22 页）这个"最近最低的标准"真的不简单啊！再看看张伯苓在《日本研究》第 2 号（1930 年 2 月）发表的《日本研究谈》，其中说道："稍为明白国际情势的，都知道今后中日两国间如无论感情是好是坏，但关系必较前更深，交涉必较前愈密；

而中日两国为求各自国家的生命能够在世界存续计，必须相互扶助，不能相互猜忌，若果是相互猜忌，便是相杀也就是自杀。所以想得到两者相互扶助的真精神，在日本首先要努力设法消融中国人对日本的嫌恶心理，进而使中国达到能谅解程度；在中国便要努力设法了解日本的全内容，欲求了解，惟有研究。”这是从国际关系，特别是中日关系来谈，其立意之真切明觉，不仅是日本研究者，即便在今天，两国的政治家、学者，乃至一般民众，仍当奉为圭臬。

《南开日本研究（1919—1945）》中的相关论著是否可以称得上处于当时中国日本研究的前沿，尚待学术史家论证。仅从收录的文章数量看，蔡维藩和傅恩龄两位教授持续关注和研究日本的国际关系或中日关系，可作为那个时代南开日本研究相关领域的重要代表。值得一提的还有南开的日本经济研究。当然，如上述史料集中所示，国际关系或中日关系中也包括经济关系的研究。南开日本经济研究的普及性成果主要发表在《大公报·经济周刊》，从1933年到1937年，相关文章15篇，傅勤先、丁洪范、丁佶、王海波等，他们不仅对日本的工业、输出贸易、财政政策等做了详细的梳理，而且对日本经济的总体发展趋势和中日经济关系的本质有精辟的论述。如傅勤先面对当时国内媒体“差不多千篇一律”地唱衰日本的“日本经济已陷危机”的论调，指出“无论我们如何嫉视日本，无论我们如何排斥日本，然而事实我们不可不认识清楚”。不应“戴着有色眼镜去观察，再抱幸灾乐祸的态度去批评”，强调“这种态度于日本无损，于我则徒然增加国人对日本的轻视及误解。我们应当抑制我们的情感，用客观的态度，从事实上去加以分析”。（《日本经济果濒危机？》，《大公报·经济周刊》1933年3月8日。见鲍志芳编《〈大公报·经济周刊〉南开学者经济学文选》，南开大学出版社，2017 年。）而面对当时甚嚣尘上的“中日经济提携”的呼声，丁洪范一针见血地指出“日本对华经济提携的主旨非独在攫取其必需的原料及军需品，并且还在霸占中国的商品市场”。“中日经济提携的基本理论就是以中国为日本经济集团的一分子，使中国完全地殖民地化以供给其工业及军事所需的材料并且推销其工业的生产品，而其驾驭中国的关键则在握住水陆空交通，使中国无论在军事上或经济上都动弹不得”。（《中日经济提携》，《大公报·经济周刊》1935 年 8 月 28 日。同上。）这样扎实的研究态度和精辟的分析，是无愧于那个时代南开大学经济研究所的声誉的。

从抗日战争胜利到中日恢复邦交、签订《中日和平友好条约》，这三十余年，国际国内形势都经历了翻天覆地的变化。日本经历了从战败到重新崛起，中国建立了中华人民共和国，但是内忧外患不断，国家政策一直处于调整之中。这个时期中国的日本研究，主要是翻译一些日本马克思主义者的研究成果和学习苏联的理论和成果。对南开大学而言，与国内其他高校和研究机构一样，也是新中国成立之后日本研究的奠基阶段。吴廷璆教授 1949 年从武汉大学调入南开大学，1964 年创建了南开大学日本史研究室。这个时代南开大学历史系所培养的俞辛焞、王金林、周启乾、米庆余、王家骅等，都成了后来中国日本史研究领域的代表性人物。1955 年和 1964 年吴廷璆发表的关于日本古代史上的大化改新和日本近代史上的明治维新的论文，是那个时代中国日本史研究领域的拓荒之作。从 1974 年开始筹备，由吴廷璆主编，集南开大学和辽宁大学两校日本研究者的力量，经过 20 年努力精心撰构出的《日本史》(南开大学出版社，1994 年)，是中国日本研究学术史上具有里程碑意义的巨著，其基本框架、叙述风格，我仍然认为是充分体现日本史研究“中国风格”的时代经典。吴廷璆关于日本史的论述，都收录在文库中《日本史通论》这一卷中，其详情，请参阅杨栋梁为本卷所写的导读《新中国日本史研究的奠基者吴廷璆》。

最近 40 年来，南开大学日本研究从组织机构看，1988 年俞辛焞以日本史研究室为核心联合全校日本研究者成立日本研究中心，2003 年日本研究院成立，杨栋梁任首届院长。从人才培养看，1978 年在全国首批获得硕士学位授予权，1982 年吴廷璆任国务院首批博士生导师，至 2018 年南开大学已经培养日本史专业方向的硕士生 145 名、博士生 146 名，成为名副其实的中国日本史研究和人才培养的重镇。这是一个接力赛的时代，俞辛焞教授接过吴廷璆先生手中的接力棒，凝聚南开日本研究的力量，组建日本研究中心，该中心继承了半个世纪前“满蒙”研究会(后来改为东北研究会)、社会经济研究委员会的传统，自筹经费、自订规划、自谋发展。在积极向上、和谐融洽的环境中，中心人员个个都自告奋勇，在日本外交、日本经济、日本思想文化、中日关系与文化交流等研究领域都取得了一定的成绩。文库作者中 14 位教授(吴廷璆、俞辛焞、武安隆、米庆余、王家骅、王振锁、杨栋梁、李卓、赵德宇、宋志勇、刘岳兵以及文学院的卢盛江、历史学院的李凡、外国语学院的刘雨珍)都是那个时代的亲历者和见证人。每一卷都是他们在各种领域耕耘所洒下辛勤汗水的凝结。2003 年成立的日本研究院，至今仍然是全国高校中唯一一家独立自主的院级日本研究和教学实体机构。这一年俞辛焞离休，杨栋梁接过接力棒，在新的体制下，带领南开团队在全国日本研究的前沿阵地继续奋斗。文库作者中的几位副教授（温娟、刘轩、张玉来、乔林生、臧佩红、尹晓亮）正是在此期间成长起来的新生力量。详情请参阅中国日本史学会 2019 年年会论文集中杨栋梁、周志国的《建国七十年来南开大学日本史研究的创新性实践》。

三、南开日本研究的特色在于重视基础和服务中国

全面总结百年南开日本研究的特色，不是三言两语可以做得到的，仅就给我感受最深的而言，至少有两点，一是重视基础研究，二是服务中国，解决中国自身的问题。两者其实是统一的，就是实事求是的科学精神和经世致用的家国情怀。

南开的历史上各种研究组织很多，与日本研究关系最深的，有 1927 年成立的“满蒙”研究会和社会经济研究委员会。“满蒙”研究会成立一年后改名东北研究会，《东北研究会之工作及计划》中所列两项“本会之目的”，一是教育方面的，为“调查，演讲，报告日俄两国国情，及在我东北各种经营概况。”一是学术方面的，为“搜集正确研究资料，研究彻底解决方法。”其创设的缘起，无非也是出自“天下兴亡匹夫有责”的家国情怀。曰：“即如今日，中俄问题甚嚣尘上，然而吾人对苏俄国内情形及中俄边疆状况，熟习或专门研究者，究有几人？日俄人之实力，久矣夫纵横深入于东北三省，夫岂条约或协定所能范围乎？且彼邦人士，对于东北山川道路物产风俗之调查，无孔不入，公私研究机关，设备之完善，经费之雄厚，曾往东北观察人士，当知吾言非谬。吾国方面，注意及此，相与立会作专门研究者而躬往考察，究有几何？两相对照，能不努力自奋乎！”（东北研究会编，《南开双周》第 4 卷第 1 期，1929 年 9 月。刘岳兵编：《南开日本研究（1919—1945）》，南开大学出版社，2019 年，第 504 页。）同年成立的社会经济研究会，其宗旨也“非徒明了经济学原理及外国之经济组织，即为已尽经济研究之能事；贵在能洞彻本国之经济历史，考察本国经济实况，融会贯通，互相比较，以为发展学术，解决经济问题之基础。本校社会经济研究委员会，自成立以来，即本实事求是之精神，努力于此。用实地调查之方法，搜集事实，以为研究之资料。”（《南开大学校史资料选（1919—1949）》，南开大学出版社，1989 年，第 350—351 页。）所谓没有调查研究就没有发言权，实地调查，可以说是这个时期南开日本研究重视基础研究的表现。

重视实地调查，这种学风是南开的优良传统。其实在“满蒙”研究会成立之前，

不，是在南开大学还没有建立之前，南开中学的学生就已经对东北进行实地调查了，还是南开中学学生的叶香芹，在《南开思潮》第 2 期（1918 年 6 月）和第 3 期（1918 年 12 月）的“调查”栏中发表了《奉天千金寨煤矿纪要》和《东三省十年来发达纪要之痛史》，义愤之情溢于言表。在前一篇的前言中说：“辽东大陆，已在倭人之掌握。地棘天荆，可痛矣夫！吾今驱车过辽东，不禁有故国悲矣。呜呼！岂仅一千金寨煤矿哉！然天下兴亡，匹夫有责。芹虽不文，敢不究其实，撮其要，恭告国人。”目的在于呼吁：“吾同胞若磨砺以须，奋发振起，国事尚有豸乎。”写第二篇报告的目的也是在于“愿爱国志士抉袂奋起，光我旧物，勿令卧榻之侧，犹容他人鼾睡也。”（详见刘岳兵：《关于日本，他们在〈南开思潮〉中说了些什么？——为总结早期南开日本研究的准备阶段所做的准备》，《人文》编辑部编：《人文》第一卷，中国社会科学出版社，2019 年。）将实地调查这种最基础的工作放在首位，作为发展学术之必备，并且与切实解决中国自身的问题结合起来，这是当时南开大学许多研究机构和组织的共同特征，这一特征作为南开大学的办学理念，1928 年写进了《南开大学发展方案》。

就是说南开办学，与近代中国教育发展一样，受时潮之激动，从学习日本到学习欧美，经过二十多年的摸索与跋涉，深感西方的经验只有“中国化”才能够在中国真正发挥作用。当时南开人用了“土货化”这个概念，说“中国自有其天然特别环境，与夫传统特别文明，适于彼者，未见适于此。外人之法制能资吾人之借镜，不能当吾人之模范。革新运动必须‘土货’化，而后能有充分之贡献。此中国革新运动应有之新精神，亦南开大学发展之根本方针也”。特别强调“中国大学教育，目前之要务即‘土货化’。吾人更可断定，土货化必须从学术之独立入手”。那么“土货化”究竟是什么呢？上述《方案》中明确指出“‘土货化’者，非所谓东方精神文化，乃关于中国问题之科学知识，乃至中国问题之科学人才。吾人为新南开所抱之志愿，不外‘知中国’、‘服务中国’二语。吾人所谓土货的南开，即以中国历史、中国社会为学术背景，以解决中国问题为教育目标的大学。”为了实现这一目标，校方为南开研究定了三项标准：“（一）各种研究，必以一具体的问题为主；（二）此问题必须为现实社会所急待解决者；（三）此问题必须适宜于南开之地位。”（募款委员会：《南开大学之方针与发展计划》，《南开大学周刊》第 60 期（投考向导专号），1928 年 5 月。《南开大学发展方案》，《张伯苓全集》第一卷，南开大学出版社 2015 年，第 280—282 页。）

这份 90 年前的"发展方案",对于我们今天的学术研究仍然具有普遍性的指导意义。首先,强调学术之独立,既不要依附或盲信国外的理论,也不要空泛地做表面文章,而是要研究"具体的问题",通过互相比较,做到融会贯通,这样才能有助有发展学术,才能实事求是地"知中国""认识中国"。而要真正认识中国,必须认清世界。尤其要先认清中国周边国家的国情。日本研究的重要性,如上所述,范源濂、张伯苓都说得很恳切了。如何研究日本,当然也要强调学术之独立,也要从研究具体问题出发,重视实地调查,要摘下有色眼镜,放平心态,冷静地细致地解剖,进行所谓"过细研究";同时,还要"努力设法了解日本的全内容",要对日本进行全方位的研究。"南开大学之志愿,在谋学术之独立,在整理事实,以为建设之根据,在用科学的方法,以解决中国之问题;简言之,在'认识中国',在'服务中国'"。(张伯苓:《南开之已往与南开之将来》《张伯苓全集》第 1 卷,第 277 页。)其次,"服务中国",就是学以致用,就是能够为中国现实社会中急待解决的问题出谋划策,南开的办学理念又被归纳为"文以治国,理以强国,商以富国",正是教育救国思想的集中体现。

1964 年年底,南开大学根据周恩来总理在高等院校中加强外国问题研究的指示,在历史研究所设立了以吴廷璆为领导的日本史研究室,新中国南开大学有组织的日本研究,由此拉开了序幕。此后,以吴廷璆、俞辛焞、杨栋梁为代表,在新中国成立后的 70 年间,率领三代南开日本研究者孜孜以求,如何保持和发扬南开先贤创立的优良传统?如何使南开日本研究的特色更加鲜明?这是我们一代一代南开日本研究者经常反思的问题。作为南开的后来者,我也知道"质梗之南开,只知以其朴实之成绩,献于社会,而不屑于为纸笔喉舌之宣传也。"(黄钰生语,募款委员会:《南开大学之方针与发展计划》,《南开大学周刊》第 60 期,1928 年 5 月。)但作为本文库的主编,我觉得有责任对百年南开日本研究的传统和特色做一些说明。我相信,南开日本研究的特色没有偏离过张伯苓、范源濂诸先贤的告诫,也充分体现了上述《南开大学发展方案》的基本精神。近年来我们的智库工作和"与史料肉搏""回归原典"的提倡逐渐得到了学界的认可(王金林:《提倡回归原典的学术意义》,《光明日报》2019 年 8 月 17 日)或许可以为一种印证。

"百年南开日本研究文库"第 1 辑已出版的 19 卷,只是南开日本研究成果的一个阶段性小结,衷心希望学界对我们的工作提出宝贵的批评意见。中国的日本研究,还任重而道远。

近代日本的对外扩张

日本“大东亚共荣圈”构想与“南方共荣圈”的幻灭*

毕世鸿

内容摘要 自明治维新以后，日本逐渐认识到东南亚对其在东亚地区建立排他性统治圈的重要性。在发动太平洋战争后，日本在东亚地区建立起了“大东亚共荣圈”，并在东南亚确立了以日本为塔顶的金字塔式统治秩序——“南方共荣圈”。日本建立“南方共荣圈”的目的在于实现东南亚的对日附属化和一体化，对东南亚国家要求独立的呼声采取模糊处理的态度。与“南方共荣圈”的“共存共荣”这一虚像相比，日本的军政统治这一实像更为残酷，对东南亚的统治行为呈现出“二元化”特征。而日本对东南亚的占领，促使“大东亚共荣圈”很快解体。由此证明，一个国家在崛起的过程中，试图以武力改变地区秩序的方式行不通，必须以和平、友好、合作为理念。

关键词 日本 东南亚 大东亚共荣圈 南方共荣圈

* 本文为 2017 年度教育部哲学社会科学研究重大课题攻关项目“‘一带一路’背景下中国特色周边外交理论与实践创新研究”（17JZD035）、2016 年度国家社科基金特别委托项目（16@ZH009）、“云南大学 2018 年度边疆治理与地缘政治学科（群）特区高端科研成果培育”项目（Z2018—04）、“云南大学一流大学建设周边外交研究理论创新高地”项目、“云南大学边疆治理与地缘政治”学科（群）特区高端成果培育”项目、“国家级高端智库与教育部新型智库培育建设（周边外交研究中心）”项目。

1941 年 12 月 8 日，日本发动了太平洋战争，并在不到半年的时间内相继占领东南亚各地，取代了美国、英国、法国和荷兰等欧美殖民地宗主国，将东南亚变为日本“大东亚共荣圈”之下的所谓“南方共荣圈”[①]。战争初期，日本自称“亚洲人的解放者”，鼓吹通过战争“赶走西方殖民统治者”，并与东南亚各地共建“南方共荣圈”。但日本很快就原形毕露，为维持其战争机器，日本对东南亚实行残暴的军政统治，并进行疯狂的经济掠夺，给东南亚各地的政治、经济、社会和文化造成无以复加的损害，并对战后东南亚各国的民族独立国家构建、经济和社会发展等带来了深远的影响。

关于日本对东南亚的统治，学界开展了一些研究。在日本，矢野畅概括了日本“南进”论的思想起源、发展和演变历程。清水元阐述了两次世界大战期间日本与东南亚各地及其殖民宗主国的关系。吉川利治对近代日本和东南亚的关系进行了论述。后藤乾一深入论述了东南亚在太平洋战争中的地位、日本军政统治所造成的冲击及其遗产。细谷千博对日本发动的太平洋战争全过程进行了回顾和反思。[②]在欧美国家，约翰·托兰从战争的角度描绘了太平洋战争的整个历程。琼斯论述了日军对东南亚各地的占领和军政统治等情况。[③]在中国，陈奉林对日本在战前对东南亚的认识及其殖民东南亚的政策安排等进行了论述。孙福生阐述了日本侵占东南亚的目的及其统治方式。刘冰对日本占领东南亚政策的目的和效果进行了研究。高芳英对日本在东南亚的军事侵略、政治奴役和经济掠夺进行了论述。李玉和骆静山论述了太平洋战争的进程、战争造成的损害及战后处理。毕世鸿则系统分析了日本对东

---

① “南方共荣圈”是自 1941 年日本占领东南亚各地之后开始频繁使用的政治口号，其地理范围大致包括法属印支、泰国、荷属东印度、马来亚、缅甸、菲律宾、新几内亚东部、所罗门群岛、东帝汶等地。日本的着眼点主要在于将上述地区的丰富物产与日本本土的需求结合起来，借此实现以日本为盟主的“东亚协同体”“大东亚共荣圈”等构想。

② 矢野暢:《日本の南洋史観》，中央公論社，1979 年。清水元编:《両大戦間期日本・東南アジア関係の諸相》，アジア経済研究所，1986 年。吉川利治編著:《近現代史のなかの日本と東南アジア》，東京書籍，1992 年。後藤乾一:《近代日本と東南アジア－南進の“衝擊”と“遺産”》，岩波書店，1986 年。細谷千博编:《太平洋戦争》，東京大学出版会，1993 年。

③ 约翰·托兰著:《日本帝国的衰亡：1936—1945》，郭伟强译，新星出版社，2008 年。F. C. Jones, *Japan’s New Order in East Asia: Its Rise and Fall, 1937—1945*, London: Oxford University Press.

南亚经济统制的演变历程。[①]

上述成果为本文的研究提供了有益的启发。本文试图通过研究日本自幕末至近代的东亚统治圈构想与东南亚的关联，论述日本在太平洋战争期间对单独统治东南亚的政策演变过程，继而阐明“南方共荣圈”的若干特点，并证明日本在政治、经济和文化上将本国意志强加于人、动辄使用武力来控制他国之路行不通。

一、日本海上东亚统治圈构想及其对东南亚的认识

在太平洋战争结束前，日本大多使用“南方”或“南洋”称呼东南亚。1914年，日本在第一次世界大战（一战）中趁火打劫，占领了原德属马里亚纳群岛（关岛除外）、马绍尔群岛、加罗林群岛。1922年，国联将上述群岛交由日本“托管”，日本在当地设置南洋厅实行殖民统治。此后，这一地区通常被日本称为“内南洋”，而其他东南亚地区则被日本称为“外南洋”。吉野作造1915年在《现代丛书》中对“南洋”作了如下定义：“南洋是指除澳洲、新西兰之外的荷属东印度、内南洋诸岛。”[②]一战爆发后，日本国内一般使用“南方”来表示日本以南的地区，其地理范围与“南洋”大致相同。太平洋战争爆发后，日本使用“南方共荣圈”来称呼东南亚，以区别于范围更广的“大东亚共荣圈”。

自18世纪末起，经世学派思想家开始为日本推行的对外扩张呐喊助威。本多利明在《西域物语》中鼓吹：“以虾夷为根据，经略满洲，征服南洋诸岛，国号移于堪察加，置郡县，命有司抚育附属土人。”[③]1823年，佐藤信渊在《宇内混同秘策》中妄言：“开发南洋无人岛，继而拓展至其南诸岛并以之为皇国郡县，采其物产并输入本邦，以供国家之用，……攻取吕宋、巴剌卧亚（现雅加达），以此为图

① 陈奉林、靳颖：《日本对东南亚政策的源流》，《日本学论坛》，1997年第2期；孙福生：《太平洋战争初期日本对东南亚政策》，《厦门大学学报》（哲学社会科学版），1985年第1期；刘冰：《试析第二次世界大战期间日本对东南亚的占领政策》，《历史教学》，1987年第8期；高芳英：《二战期间日本对东南亚的侵略、奴役和掠夺》，《苏州大学学报》（哲学社会科学版），1995年第3期；李玉、骆静山主编：《太平洋战争新论》，中国社会科学出版社，2000年；毕世鸿：《太平洋战争期间日本对东南亚的经济统制》，社会科学文献出版社，2012年。

② 矢野暢：《日本の南洋史観》，中央公論社，1979年，第88页。

③ 林庆元、杨齐富：《“大东亚共荣圈”源流》，社会科学文献出版社，2006年，第11页。

南之基，进而经营爪哇、渤泥（现加里曼丹岛）以南诸岛。”[①]佐藤信渊提出了日本对外扩张的路线图，完全是“大东亚共荣圈”的雏形，也是“南方共荣圈”的原案。吉田松阴继而主张“北割满洲，南取台湾、吕宋诸岛，……然后爱民养土，慎守边圉，则可谓善保国矣”。[②]

自 19 世纪末起，日本一些知名学者不断著书立说，为建设东亚统治圈制造舆论。1888 年，志贺重昂在《南洋时事》中大肆煽动：“何谓南洋，这是一个尚未引起民众丝毫注意的偏远之地，而吾辈却要将南洋二字首次摆在诸君面前，期盼诸君能重视此地。”[③]菅沼贞风在《新日本图南之梦》中鼓吹：“取荷兰陀所占爪哇和苏门答腊诸岛，支持暹罗抗击英国，复马六甲而握新加坡之峡门，后支持朝鲜与俄决战。……其后约束朝鲜、暹罗而钳制中国之头尾，……此为东亚霸国之上策。”[④]1910 年，竹越与三郎的《南国记》提出：“我之未来不在北方而在南方，不在大陆而在于海洋，应将太平洋变为自家湖沼之大业。”[⑤]

如前所述，早期南进论对江户时代的“图南”“南进”“南方经略”等概念进行了演绎和升华，继而发展成为“海防论”“开国攘夷论”等海外扩张思想，呼吁汲取西方的文明和技术，通过发展海运、增加贸易、加强海军、移民东南亚等各种措施，全面提升日本的海洋实力，建立独霸东亚的统治圈。早期南进论虽然内涵多元，但其所包含的鼓吹扩张与征服的内容，则成为日后军国主义和帝国主义扩张战略的理论基础，也是其后发动太平洋战争的思想支柱。[⑥]

1895 年，日本强迫中国签署《马关条约》，将中国台湾据为其殖民地，从而拉开了日本南进的序幕。日俄战争后，日本成为东亚唯一的帝国主义国家。一战爆发后，日本于 1914 年占领赤道以北的前述德属南洋群岛，并将其置于殖民统治之下，这是日本继中国台湾之后获得的又一个南进基地。这一阶段，可谓日本实施南进东南亚政策的初期准备阶段，其初步建立起了在东亚地区的统治圈。

一战使日本大获其利，但也促使美、英进一步压制日本的扩张空间。这使得日本走上了公开挑战华盛顿体系的道路，企图建立自己单独主导的东亚统治圈。1919

---

① 古川万太郎：《近代日本の大陸政策》，東京書籍株式会社，1991 年，第 41 页。
② 矢野暢：《“南進”の系譜》，中央公論社，1975 年，第 596—597 页。
③ 矢野暢：《“南進”の系譜》，第 57—59 页。
④ 吉田三郎：《興亜論》，旺文社，1944 年，第 36 页。
⑤ 竹越輿三郎：《南国記》，二酉社，1910 年，第 12 页。
⑥ 毕世鸿：《太平洋战争期间日本对东南亚的经济统制》，第 35 页。

年，北一辉发表《国家改造案原理大纲》，鼓吹日本以“解放亚洲”的名义割占满蒙、苏俄远东西伯利亚和东南亚等地，建立“世界联邦”。北一辉还提出对外扩张的三大国策，即“确保中国完整、取得南方领土、援助印度独立”，并纳入日本版图。[①]石原莞尔在《东亚联盟建设纲要》中鼓吹“东亚联盟”论，认为“南洋有重大战略价值”，主张要将东南亚的人力物力置于日本控制之下。[②]由此，“大东亚共荣圈”论调开始登台亮相，“解放亚洲”“打破盎格鲁—撒克逊人之霸权”等“南进论”层出不穷[③]，并同法西斯运动和军国主义势力汇合到一起。

1931 年，日本发动九一八事变并侵占中国东北，但遭到国际社会的谴责。日本遂主张“亚洲门罗主义”，并与德意结成法西斯轴心。1936 年 8 月，广田弘毅内阁出台《国策基准》，规定“对南方海洋特别是外南洋方面，……以渐进的和平手段谋求我国势力进入该地区”[④]。《国策基准》在确认明治以来日本对外政策的轴心即大陆政策（北进）的同时，首次将南进东南亚纳入官方政策。该基准首次表明了日本除完全占领中国以外，还想侵占东南亚的侵略计划。《国策基准》的出台，意味着“南进”方针成为日本的基本国策。

七七事变爆发后，欧美列强的对日绥靖政策宣告失败，华盛顿体系土崩瓦解，日本肆无忌惮地扩大侵华战争。1938 年 11 月，近卫内阁发表声明宣称：帝国要“建设确保东亚永久和平的新秩序。……这种新秩序的建设，应以日、满、华之国合作，在政治、经济、文化等各方面建立连环互助的关系为根本”[⑤]。这表明日本企图以“东亚新秩序”为幌子，试图建立以日本为金字塔顶的东亚统治圈，并为日后的“大东亚共荣圈”构想所继承。

1939 年 9 月 1 日二战爆发后，日本企图把对侵略中国与南进东南亚结合在一起。在“不要误了最后一班公交车”的叫嚣声中，日本遂与德意法西斯结盟，并最终确立了南进政策。1940 年 7 月，日本外相松冈洋右宣称：“作为我国当前的外交方针，应该遵循皇道之大精神，……建立大东亚共荣圈”。这是日本首次使用“大

① 刘岳兵：《日本近现代思想史》，世界知识出版社，2010 年，第 269 页。

② 林庆元、杨齐富：《“大东亚共荣圈”源流》，第 353—354 页。

③ 宋成友、李寒梅等著：《战后日本外交史：1945—1994》，世界知识出版社，1995 年，第 236 页。

④ 复旦大学历史系日本史组编译：《日本帝国主义对外侵略史料选编：1931—1945 年》，上海人民出版社，1983 年，第 135—137 页。

⑤ 日本读卖新闻战争责任检证委员会撰稿：《检证战争责任：从九一八事变到太平洋战争》，郑均等译，新华出版社，2007 年，第 162 页。

东亚共荣圈”这一词汇，松岗还提出要实现“亚洲民众的繁荣”这一口号[①]，为日本南进东南亚打上了合理化标签。同月，近卫内阁出台《基本国策纲要》，明确提出了要建设以日本为核心的“大东亚新秩序”的国策。这是在“日、满、华”的新秩序上，又包括东南亚的所谓“东亚新秩序”的基本国策。[②]

从认识的发展、战略和政策的制订以及实施过程来看，日本近代在构建东亚统治圈的过程中，其对东南亚的认识和策略也经历了一个漫长的蜕变过程。在幕末维新时期，与南进有关的思想初露锋芒。而明治维新以后，日本先是“处分琉球”，进而殖民中国台湾，其后又占领德属南洋群岛，其构建东亚统治圈的行动初见成效。20 世纪 30 年代中期以后，日本对东南亚的重要性的认识日渐深刻。1936 年，广田弘毅内阁确定《国策基准》，日本明确了向“南方海洋扩张”的新国策。而 1940 年近卫文麿内阁提出的“大东亚共荣圈”构想，则是日本南进东南亚、建立东亚统治圈战略的综合性表述。[③]

二、日本“南进”东南亚与“大东亚共荣圈”构想的幻灭

在日本发动太平洋战争前的 1941 年 11 月 20 日，日本通过《南方占领区行政实施要领》，确立了对东南亚实施统治的大体框架。其中包括：“在占领区暂且实施军政统治，迅速获取战略物资，占领区的最终归属问题另作规定。……尽量利用既有的统治机构，并尊重以前的机构和民族习俗”，对当地的统治机构不进行大规模调整。[④]这表明至少在开战前，日本还没有决定要全面实施强制性的占领政策，而是尽量保持与欧美殖民地统治政策之间的连贯性。但对于东南亚各地的未来归属，日本决定“尽量避免过早诱发独立运动”，对当地民众的独立诉求采取模糊态度。

太平洋战争爆发后，日本旋即占领了东起中部太平洋的吉尔伯特群岛，西至缅甸、马来亚，南达新几内亚、所罗门群岛，北迄阿留申群岛的广大区域，加上原先所占领的中国等领土，其占领区总面积近八百万平方千米，形成了连欧美列强都未能实现的独霸东南亚的局面，这是日本以武力构建“大东亚共荣圈”的最大版图。

① 小林英夫：《大東亜共栄圏》，岩波書店，1988 年，第 18—19 页。
② 林庆元、杨齐富：《“大东亚共荣圈”源流》，第 392 页。
③ 毕世鸿：《太平洋战争期间日本对东南亚的经济统制》，第 77 页。
④ 防衛庁防衛研究所戦史部編著：《史料集－南方の軍政》，朝雲新聞社，1985 年，第 91—92 页。

1942年1月，日本首相东条英机发表《大东亚战指导之要点》，阐述了日本建设“大东亚共荣圈”的构想。“对于为保卫大东亚所绝对不能放弃的地区，由帝国自行处理；关于其他地区，根据各民族的传统、文化及战局的发展等，做出适当处理”。对于东南亚各地，要占领马来半岛，作为“保卫大东亚的据点”；对于菲律宾和缅甸，准备给予其“独立的荣耀”；对于荷属东印度，要击溃其抵抗势力”；对于泰国和法属印支，要令其与帝国共建“大东亚共荣圈”[①]。为有别于包含整个东亚地区在内的“大东亚共荣圈”，日本将东南亚称为“南方共荣圈”。

日本在包括“南方共荣圈”内，究竟想建立何种秩序。海军省1942年制作的《大东亚新秩序内部政治结构图》强调，圈内各地“必须符合加强帝国长期国防实力的目的，……继而在帝国的指导之下建立有机的等级关系”，各地“应考虑历史背景和开化程度，分为指导国、独立国、独立保护国、直辖领等”。这暴露了日本统治东南亚的目的和方针，日本在此后制定并实施的一系列政策，即是这一政策的延续。

具体而言，日本对“大东亚共荣圈”内各地的地位做了如下规划。第一，“指导国”即日本，负责保持“大东亚共荣圈”的“自主安全”，防御内外威胁，对圈内各国发挥指导性作用，并主导各国的政治、经济和文化等相关事业。第二，“独立国”虽与独立国家拥有相同性质，但这些“独立国”要接受日本的指导，没有完全主权。伪满洲国、汪伪政权和泰国即属此例。第三，“独立保护国”承认日本的宗主权，并将其军事和外交主权让渡给日本。“独立保护国”虽然在形式上拥有独立国家的统治范围，其国内统治者也由当地人担任；但在政权运营上，均由日本官员进行“指导”。这些国家的主权与“独立国”相比少得可怜，可谓“不完全独立国”。缅甸、菲律宾和爪哇即在此例。第四，所谓“直辖领”，即是日本将该地作为本国领土，并派官员进行直接统治。“直辖领”允许当地居民担任官员，但也要分步实施。根据战争需要，日本会适时将“独立国”和“独立保护国”的战略据点纳入“直辖领”进行直接统治。第五，在“大东亚共荣圈”内，尚有印度支那、帝汶和澳门等外国殖民地。这被日本视为异端，未来应通过“合适的方法”进行清算，从而将这些殖民地变成“大东亚共荣圈”的有机组成部分。

在当时体现日本为“指导国”的论调中，把日本和东南亚的关系比喻为“宇宙

① 内閣制度百年史編纂委員会編:《歴代内閣総理大臣演説集》，大蔵省印刷局，1986年，第303—307页。

之秩序”的主张最为典型。大鹰正次郎指出：“作为太阳的日本，认可各民族的自转（等同于自治或独立），在发挥统领作用的同时提供光和热，从而实现各民族的繁荣。各民族通过接受日本的光和热实现自身的自转，同时也支持作为太阳的日本，在其周围进行公转。”[①]但上述各地只能与日本建立单边关系，不能与其他国家直接建立联系。这是由于如果各地之间建立起了没有日本介入的直接关系，就会“危及到帝国的指导地位”[②]。这一东亚统治圈在统治结构上形成了以日本本土为圆心，以东南亚为第三同心圆的结构。

在1942年6月中途岛海战中，日本海军主力损失惨重，“美攻日守”的战略格局形成，这迫使日本调整策略。1943年5月，日本出台《大东亚政略指导大纲》并决定，对于菲律宾，要“尽快使之独立”。对于缅甸，要“根据《缅甸独立指导纲要》，采取相应措施”。对于法属印支：要“加强既定方针”。对于泰国，要“迅速助其收回马来亚失地；部分掸邦（缅甸）领土，应划给泰国”。还规定“把马来亚、苏门答腊、爪哇、婆罗洲、苏拉威西视为帝国领土，将其建设成为战略资源供应地，并努力争取民心”[③]。日本试图借此诱使各国对“南方共荣圈”建设给予配合，但其决定把马来亚、印尼视作“重要资源供给地”而并入日本领土，其野心暴露无遗。

1943年11月，东条英机召集上述五个“独立国”，即汪伪政权、伪满洲国、泰国、菲律宾、缅甸的“首脑”等，在东京召开“大东亚会议”。会议发布的《大东亚共同宣言》极力避免使用令人联想日本盟主地位的“大东亚共荣圈”这一词汇，将发动战争的目的改为“建设共存共荣之秩序，相互尊重自主独立，消除人种歧视”，鼓吹“将大东亚从美英的桎梏之中解放出来”，企图以此来确保东南亚各地的民心与合作。[④]对此，美英中三国首脑于12月发表了《开罗宣言》，决定剥夺日本自一战以来夺取的一切领土。

自1944年3月日军在拉包尔陷入孤立之后，日本被迫再次调整策略。1944年9月，日本首相小矶国昭发表了“将来准予东印度（印尼）独立”的声明，这改变

---

① 大鷹正次郎:《大東亜の歴史と建設》，輝文堂書店，1943年。

② 山本有造:《“大東亜共栄圏”経済史研究》，名古屋大学出版会，2011年，第23页。

③ 外務省編纂:《日本外交年表竝主要文書（下）》，原書房，1978年，第583—584页。

④ 波多野澄雄:《“大東亜戦争”の時代》，朝日出版社，1988年，第236页。

了之前将印尼作为本国领土的既定方针。1944年底，日本出台了《以昭和20年中期为目标的战争指导方案》，“对法属印支，按将来使安南独立的方针采取措施”[①]。1945年3月，日军在法属印支发动军事政变，扶持安南傀儡皇帝保大宣布安南脱离法国而“完全独立”。同月，日本宣布琅勃拉邦王国以独立国家的名义加入“大东亚共荣圈”[②]。8月11日，日本任命苏加诺为印尼独立筹备委员会委员长。但日本给予上述国家的“独立”，不过是为了延缓失败的缓兵之计。1945年8月15日，日本战败投降，其对东南亚的统治宣告终结，其苦心建立的“大东亚共荣圈”轰然崩塌。

三、日本统治“南方共荣圈”的四个特征

从南进政策所追求的目标来看，日本企图在东南亚构建排他性的统治圈，即所谓“南方共荣圈”。明治维新后，日本实行“脱亚入欧”，与欧美列强为伍，打破东亚地区长达数千年的“华夷秩序”，并在20世纪初期成为东亚地区唯一的帝国主义列强，初步建立起东亚统治圈。一战后，日本在东亚地区提出建立“大东亚共荣圈”并挑战华盛顿体系，这暴露出日本统治集团继承幕末思想家“统一世界”的野心、妄图构建排他性统治圈的迷梦。[③]纵观日本在东南亚建立起的“南方共荣圈”及其统治，有如下特征。

其一，日本建立“南方共荣圈”的目的在于实现东南亚的对日附属化和一体化。日本对东南亚名义上为实现“共存共荣”而实行短期的军政统治，但实质上采取了作为本国领土的各种强制统治措施。从国际法角度来看，军政统治属于由占领初期到正式实施殖民统治之间的过渡形式。但在东南亚，日本先后废除了各地的立法机构和中央行政机构，建立军政统治机构。日本对东南亚国家要求独立的呼声表面同情，但一直模糊处理。直到败局已定的情况下，日本才不得不做出让步。此外，日本强行改变各地的地理名称、纪年律法，强制要求占领区居民学习日语，强推神道

① 参謀本部：《敗戦の記録》，原書房，1967年，第134—165页。
② 马树洪、方芸编著：《列国志—老挝》，社会科学文献出版社，2004年，第87页。
③ 毕世鸿：《太平洋战争期间日本对东南亚的经济统制》，第130页。

教。这些同化措施实际上是将占领区变为其永久领土的强制性安排。[①]通过在各领域强推同化措施，日本将东南亚变为维护其战争机器的“补给地”，构建排他性的统治圈，从而使东南亚各地在军事、政治和经济等各方面与日本本土保持同步。概言之，日本建立的“南方共荣圈”，政治上统治东南亚各国各民族，经济上垄断东南亚的丰富资源和广阔市场，军事上占领东南亚战略要地，思想文化上用法西斯思想奴化占领区民众[②]，目的就是要建立以日本为核心的东亚统治圈。

其二，与“南方共荣圈”的“共存共荣”这一虚像相比，日本的军政统治这一实像更为残酷。表面上，日本在“解放亚洲”的口号之下，鼓吹要与东南亚人民一同建设“共存共荣”的“南方共荣圈”。对于东南亚人民实现民族独立的要求，日本也部分同意并做出了相应的安排，但实际上是试图将东南亚作为“永久性殖民地”来对待。日本强其统治政策，从而在东南亚建立起绝对性、排他性的法西斯统治。这与东南亚民众借日本之力来推翻欧美殖民统治并实现独立的愿望相左，使得东南亚民众最终走到对立面。比起欧美殖民者的所作所为，日本在东南亚是破坏有余，无从建设。印尼著名作家莫赫塔尔·卢比斯（Mochtar Lubis）就此评论道，日本的残酷统治使“绝不能再度沦陷为殖民地”思想在印尼人心中深深扎下了根，并成为其后印尼独立运动的精神支柱。“日本完全无视我国人民，与荷兰的殖民统治相比，日本可谓有过之而无不及的残酷的侵略者。”[③]

其三，日本对东南亚的统治行为呈现出典型的“二元化”特征。太平洋战争期间，战局瞬息万变，日本中央制定的政策往往无法确切反映各占领区所面临的现实。一般认为，近代日本实行以天皇为顶端的金字塔式寡头统治体制，就如何对东南亚实行统治，各地军政当局理应完全服从中央，严格执行中央的各项政策。然而，在整体保持一致的同时，东南亚军政当局与日本中央之间存在着不少矛盾乃至冲突。例如，东南亚大多数民众信奉伊斯兰教、佛教或基督教，如果在当地强推神道教、普及皇民化思想，无疑会引发诸多冲突。特别是对于希望到西方麦加朝圣的东南亚穆斯林而言，面向东方遥拜位于东京的皇宫是无法接受的。换言之，穆斯林拒绝偶像崇拜，无法赞同对日本天皇的崇拜。对此，日本统治集团在发动太平洋战争之前亦有研判，曾有考虑逐步实行教化。但军政当局派遣大量军政官员进驻各地，大批

① 立作太郎:《戦時国際法論》，日本評論社，1944 年，第 23 页。

② 胡德坤、罗志刚主编:《第二次世界大战史纲》，武汉大学出版社，2005 年，第 232 页。

③ 萩原宣之、後藤乾一編:《東南アジア史のなかの近代日本》，みすず書房，1995 年，第 133 页。

日本企业进入东南亚接收所谓“敌产”，并大肆宣传“皇民化”思想，在各地开设日语学校推广日语，设立南方特别留学生制度接受东南亚留学生，以达到教化东南亚民众的目的，甚至禁止各地民众唱本民族歌曲，取消当地民族节日，禁止悬挂本民族旗帜等。[①]这使得各地军政当局很快丧失民心。

其四，日本对东南亚各地的统治政策和方式不尽相同，但在客观上促进了东南亚民族独立运动的发展。对于那些有着最具价值资源的地区，尤其是东印度群岛和马来亚，就被置于日本直接统治之下；对于那些不至关重要的地方，如缅甸和菲律宾，就让其得到所谓的“自治”或“独立”；为了扩大圈内盟友，日本甚至还组织了泰国等所谓“同盟国”。但即便是所谓“独立”，也是要以协助日本为条件，而非基于民族自决或主权平等的原则。[②]一些东南亚国家的民族主义者曾认为“敌人的敌人就是我们的朋友”，幻想借助日本来推翻欧美殖民者。但当日本进行残暴的法西斯统治，推行野蛮的民族同化奴役政策的时候，他们便幡然醒悟。[③]在盟军的有利反击和东南亚各地人民的反抗下，日本企图在东南亚建立的“南方共荣圈”最终无法逃脱失败的命运。甚至可以说，正是由于日本对东南亚的占领，才对日本“大东亚共荣圈”的解体带来了历史性冲击。[④]日本的统治使东南亚形势发生了深刻变化，抗击日本侵略、争取民族独立成为东南亚民众的首要任务。

结　论

太平洋战争前，对于东南亚，日本人普遍认为，在经济上，东南亚“大量尚未开发的资源”被长期搁置；在政治上，东南亚各地“被迫隶属于欧美列强的殖民统治”；在文化上，东南亚与中国台湾和朝鲜的“同文同种”不同，属于异文化圈，文化程度非常低。[⑤]基于东南亚的此种状况，作为“世界上最优秀的民族”及“同为亚洲人”的日本人，以“解放亚洲”为基本国策，理应打破这种局面，南进论喧嚣尘上。加之一战后遭受英美排挤，日本深感通过进一步的“富国强兵”来扩大统

---

① 小林英夫：《大東亜共栄圏》，第 51—52 页。
② 倉沢愛子：《アジア太平洋戦争（7）－支配と暴力》，岩波書店，2006 年，第 18 页。
③ 日本历史研究会编：《太平洋战争史（4）》，金锋等译，商务印书馆，1962 年，第 57 页。
④ 中野聡：《東南アジア占領と日本人－帝国・日本の解体》，岩波書店，2012 年，第 25 页。
⑤ 後藤乾一編：《近代日本と植民地（6）》，岩波書店，1993 年，第 193 页。

治范围的必要性和紧迫性，遂不断强化“亚洲盟主”意识。但在日本发动九一八事变而遭受美英谴责之后，上述意识蜕变为独霸东亚地区“大东亚新秩序”构想。[①]这使得日本贸然发动太平洋战争，并建立起日本史上版图最大的“大东亚共荣圈”。

在太平洋战争之前和初期，日本不断鼓吹和东南亚人民有共同利益，曾有帮助东南亚各国驱逐欧美殖民列强，实现经济和社会近代化的说辞和伪装。但日本对“南方共荣圈”的统治，既非周密计划，也未对东南亚各国未来的国家构建持一贯立场[②]，对东南亚人民的独立要求口是心非。在战场上连遭败绩后，日本转而大肆掠夺东南亚，这在本质上与对中国、朝鲜的侵略无异，给东南亚人民带来了深重灾难。这表明日本绝不是亚洲人民的“解放者”，所谓“共存共荣”不过是日本掠夺东南亚的幌子，“南方共荣圈”亦不过是“南方共贫圈”。但上述伪装确有一定的欺骗性，甚至成为今天日本右翼和保守阵营竭力否定日本侵略历史乃至鼓吹修宪和向海外派兵的理论依据。

总之，“将太平洋变为内湖之大业”“谋求日本的利益”，才是日本推行南进政策并建立”大东亚共荣圈”，对东南亚实行统治的主题，绝不是促进东南亚各地的独立或发展。日本对东南亚统治结束了欧美殖民统治东南亚的旧格局，但所谓“南方共荣圈”的新秩序并没有开创东南亚历史的新篇章，日本不可能维持对东南亚的长期统治。而反法西斯战争的胜利，日本对东南亚统治的终结，才真正为东南亚各国的独立奠定了基础。

历史证明，日本肆无忌惮地侵略东南亚，建立了排他性“大东亚共荣圈”，但以失败告终。二战后，日本改以和平的方式，以赔偿、援助、投资和贸易等为抓手重返东南亚。当前，日本与东南亚国家在各领域开展深层次合作，建立起了比“南方共荣圈”时代更为紧密的关系。很多东南亚国家也希望日本在政治、经济和安全合作等领域发挥重要作用。但双方在民间层面的相互理解、特别是对那场战争和血腥统治的认识仍有不小差距，二者之间依然存在难以逾越的鸿沟。在“南方共荣圈”解体七十余年的今天，日本对近现代史的认识依然受到强烈质疑。前事不忘，后事之师。一个国家在崛起过程中，试图以武力改变地区秩序的方式行不通。未来东亚

---

① クリストファー・ソーン：《太平洋戦争とは何だったのか》，市川洋一译，草思社，1989 年，第 305 页。

② [日]油井大三郎：《20 世紀の中のアジア太平洋戦争》，岩波書店，2006 年，第 180 页。

地区的新秩序应该是一种合作、开放与和谐的新秩序，并以实现互利共赢和共同发展为目标。

（作者：云南大学周边外交研究中心、
国际关系研究院、“一带一路”研究院教授）

北洋时期地方实力派与日本陆军关系探讨

——从日文史料看中国军人的形象*

郭循春

内容摘要 1924年日本清浦奎吾内阁制定了对华政策纲领，在纲领中规定日本须修改对中国“不干涉内政”“不支持一党一派”的方针，加强同地方实力派的关系。①这一政策由日本陆军提出并被清浦内阁吸收为对华纲领，是日本陆军在20世纪20年代发展对华关系的实际方针。本文以唐继尧、吴佩孚、冯玉祥这三个先后在中国军阀中占据鳌头地位的实力派与日本陆军之间的关系为研究对象，尝试论述20世纪20年代前后日本陆军对华政策的一个侧面，也拟对近代区域性对外关系的研究提供一个切入点。

关键词 地方军阀 唐继尧 吴佩孚 冯玉祥 日本陆军 中日关系

* 本文为中国博士后科学基金资助课题“远东新秩序与日本陆军对华政策研究 1928—1937”阶段性成果。

① 日本外務省編:《日本外交文書》，大正十三年第二冊，昭和五十六年，第764頁。

关于日本同中国地方实力派之关系的研究，过去侧重于对日本同奉系军阀和皖系军阀这一方面，而针对唐继尧、吴佩孚、冯玉祥等军阀与日本之间关系的研究成果则相对少一些，学界对这一问题的认识也相当不足。这种不足对于学界充分了解近代日本对华政策，自然会产生一些阻碍。本文以唐、吴、冯这三个先后在北洋政坛上占据重要地位的军阀为对象，研究其同日本之间的关系。

一、日本陆军与旧滇系军阀唐继尧

自辛亥革命到九一八事变之间，云南可以说是中国南方省份中同日本关系最好的一个。这一时期，日本陆军同云南旧滇系军阀之间从未间断过往来，使云南成为日本陆军推行其对华政策，尝试“发展同地方实力派之友好关系”的一个重要实验点。造成旧滇系军阀同日本陆军良好关系的原因主要包括两点：第一，旧滇系军阀的高级将领都是从日本陆军士官学校毕业的，以唐继尧为首的云南地方实力派表现出强烈的亲日倾向；第二，旧滇系军阀从护国战争到滇桂战争期间将近十年的时间里，对四川、贵州保持着绝对的影响力，大有统一西南的战略潜力，这在日本陆军看来，是值得下“赌注”的一个地方。

1909 年云南总督锡良重办云南陆军讲武堂，新聘任的军事教官包括李根源、李烈钧、方声涛、唐继尧、赵康时、沈汪渡等，清一色地是从日本陆士留学归来者。其后在辛亥革命期间的云南“重九起义”过程中发挥主要作用的云南新军第十九镇，更是日本陆士毕业生的集中地，其中的将领包括唐继尧、谢汝翼、罗佩金、李鸿翔、刘存厚、韩凤楼、顾品珍、叶荃等一大批人，形成后来旧滇系军阀的主要领导势力。如此众多的日本陆军士官学校留学归来者使得旧滇系军阀自始至终都同日本军方保持着相当的联系。昆明“重九起义”之前，日本陆军退役军官加藤迄夫即参与了策划起义的所有秘密会议，在滇军赴四川支援当地革命时，加藤又被任命为随军参谋前往四川。[①]中华民国成立以后，袁世凯将云南将领分散各地，蔡锷被调赴北京陆军部，唐继尧被袁任命为云南都督并开始全面执掌云南军政大权，随同唐继尧留在云南的大批留日出身的军官，开始形成旧滇系军阀势力。护国战争期间，日本大

① 加藤迄夫，日本陆军大尉，因同情中国革命，1908 年被开除出陆军，后赴中国，受李烈钧之邀赴广西任教，1911 年参与昆明“重九起义”，1912 年赴川途中，被蔡锷派人刺杀于毕节。（山縣初男：《中国》，中国刊行会，昭和四十二年，第 100 頁。）

限内阁采取积极的倒袁政策，在北方策划“满蒙独立”运动的同时，在南方向多数地方实力派提供了武器援助。在云南方面，1916 年 3 月，日本陆军通过泰平组合，向云南军卖出了步枪 1 万支、山炮 12 门、机关枪 4 挺。日本大实业家芳川宽治代表云南方面与之进行了接洽，并在 3 月中旬，将武器运抵钦州湾后，转交到云南军手中。也是在同一时期，日本陆军开始向云南正式派出联络员。在云南省内众多的留日军官势力的基础上，唐继尧掌管云南省政长达 14 年（1921 年除外），其间，唐多次向日方表达亲日之意。“五四”之际，全中国各地排日运动极其激烈，但是云南省之排日氛围却相当淡薄。1919 年 6 月，昆明学生尝试排斥日货，但是立刻遭到了唐继尧的镇压。围绕此事，唐继尧曾向日本表示“无论其他省份如何因排日运动而骚乱，在云南，只要我主政期间，就不允许出现排日运动，我向来主张中日亲善，云南的日本侨民完全无需担心”[①]。1920 年，唐继尧出兵四川之际，希望获得日本的军火援助，并且向日本承诺“只要自己不下台，就在四川、贵州、云南境内的经济事业上实现共同经营，真心希望中日亲善”[②]。1921 年初，唐继尧部下顾品珍反叛，唐继尧被驱逐出云南，但 1922 年 3 月唐重新回到云南掌权。在这一过程中，日本驻昆明代理领事藤村俊房曾向顾品珍表示好意，使得重回云南掌权的唐继尧颇为疑心，因而在同日军顾问山县初男的谈话中表示“此前之堀领事、二瓶领事、糟谷领事等都与本人关系融洽，藤村君却对我并无好意之表示，我对日本向来报以满腔之诚意，凡事皆顾念日方之态度，不知藤村的态度是否是日本政府的方针？”，对此山县回复“藤村领事绝无他意，日本政府对云南及阁下也满怀好意和同情”[③]。除了私人谈话，唐继尧当政云南期间，但凡有同日本发生联系的时候，都要将云南同日本友好之意表达一番，使云南成为南方最为亲日的省份。

从日本陆军的角度讲，加强同唐继尧之间的联系，固然是因为唐的亲日倾向，但更重要的原因在于，云南长时间内保持了相当的实力，多次表现出统一西南的可能性。护国战争时期，蔡锷率军进占四川，战后被任命为川督，但因病情加剧而赴日治疗。其后，滇军将领罗佩金督川，罗氏与唐继尧交好，四川遂成为滇军势力范

① 山縣初男：《中国》，中国刊行会，昭和四十二年，第 117 頁。

② 《雲南省に兵器供給に関する件》，防衛省防衛研究所藏，陸軍省一密大日記—T9—3—8，Ref.C03022505000。

③ 《雲南藤村領事代理に関する件及外務省巡查招聘に関する件》，防衛省防衛研究所藏，陸軍省一密大日記—T11—1—12，Ref.C03022586000。

围，受唐继尧控制。其后四川爆发刘存厚、罗佩金之战。1917 年 4 月，罗佩金被赶出四川，四川暂时脱离了滇系控制。但是护法战争随后而至，为了重新恢复在四川的势力，1917 年 11 月，唐继尧组织“滇黔靖国联军”，再次出兵四川，并在 1918 年 2 月攻入成都。随后，唐即将滇军将领分派四川各处，加强对其控制。为了进一步向陕西、湖北扩张，唐继尧又在 1918 年 9 月于重庆召开川、滇、黔、鄂、豫五省联军会议，并就任“五省联军总司令”职。至此滇军在西南之势力达到顶峰，直至 1920 年 10 月才被再次驱逐出四川。随后，滇军内部发生叶荃、顾品珍之变，唐继尧被赶出云南，滇系势力在西南暂时收缩。但是到了 1923 年，唐继尧在旧部将的帮助下重回云南掌权，同四川部分军阀合作，重新恢复了滇军在四川的部分势力。在贵州方面，从 1912 年滇军入黔之际起，贵州就一直在滇军势力的笼罩之下，贵州都督刘显世在唐继尧支持下统治贵州，直至 1921 年被袁祖铭驱逐。1922 年唐继尧返回云南后重新支持刘显示掌控贵州，直至 1925 年前后，贵州可以说一直是在滇系的控制之下的。在两广方面，滇系也一直保持相当的势力，护国战争之际，李烈钧率滇军第二军进驻广西，在此打败龙济光之后，滇军势力深入广东，并长期保持在广东的存在；1922 年唐继尧重返云南后，一部分原属顾品珍统领的滇军开进广东，帮助孙中山驱逐了沈鸿英、陈炯明势力，直至北伐，滇军在两广之势力都颇为强大。日本陆军正是看到了滇系军阀在中国西南的强大，所以长时间内同云南实力派保持相当之联系。

根据日本外务省的统计，在 1917 年之前，在云南获得外务省认可而担任公职的日本人只有一人，即担任东川矿业公司的技师辻胜治郎。[①]日本陆军从 1916 年开始派往云南的军事人员并不是被正式任命的人员，从 1917 年才开始向云南派遣正式军事顾问，其中，担任唐继尧顾问的山县初男是双方联系的最长期负责者。山县初男 1873 年出生新潟县，1892 年加入千叶鸿台陆军教导团，1894 年参加甲午战争之威海卫作战，并在战争中学会了中文。战争结束后，山县考入日本陆军士官学校并进一步学习中文。陆士毕业后，山县被派赴天津工作 3 年，加深了对中国的认识。其后，被安排在参谋本部第二部中国班工作，在此期间结识了孙中山、黄兴等革命党人。辛亥革命期间，山县任职于关东都督府陆军部，在此期间的 1914 年 5 月，曾深入内蒙古东部进行谍报调查。1915 年被派赴河南、湖北进行秘密军事调查，

① 《支那傭聘本邦人名表送付の件》，防衛省防衛研究所藏，陸軍省一密大日記—T7—4—7，Ref.C03022450500。

1916 年初被派赴云南参与护国战争，从而开启了与云南军阀长达 10 年的交往。1916 年山县到达云南后，即被唐继尧待为上宾，此后除了 1917 年到 1918 年一年间由坂垣征四郎代替其在云南的位置以外，直至 1925 年，山县一直以日本陆军顾问的身份活跃在旧滇系内部，担当联系滇系实力派与日本陆军之责任。护国战争爆发以后，唐继尧即通过山县向日本陆军求助得到相当数量的武器。1919 年 8 月，山县帮助云南派遣 9 名将校进入日本相关军事学校学习，1919 年 9 月，又斡旋云南同泰平组合签订协议，从日本购买军工器械。1920 年 9 月，山县又向陆军请求向云南援助武器以应对同四川之间的战争，但是因为 1919 年对华武器禁运协议的签订，这一请求被陆军拒绝。[①]1920 年 12 月，唐继尧部叶荃叛乱，山县初男直接参与了镇压此次叛乱的军事活动。在 1921 年顾品珍趁叶荃之乱进攻昆明的时候，山县还负责了昆明城防守计划的制定。顾品珍占领昆明后，唐继尧逃往蒙自，山县即以私人感情为由，辞去了顾品珍邀请其继续担任军事顾问的请求，前往蒙自追随唐继尧，并随之赶赴广东、香港。山县的活动都是在日本陆军参谋本部的指导下进行的，这其实非常明显地体现了日本陆军在处理与对华实力派人物之间关系时候的一种策略，即“多头下注”的策略。山县随唐继尧到达广东后，对广东的政治形势进行了观察，随后即回到东京向参谋本部报告。1922 年，唐继尧返回云南重掌政权，参谋本部便命令山县初男重新回到昆明，继续担任唐继尧的军事顾问。[②]唐继尧重回云南后，在发展军事、经济等方面之各项事业时，但凡与日本有关者，皆通过山县办理。如 1922 年年底，唐欲修建昆明至南宁之铁路，即委托山县聘请日本技师进行工作。山县初男邀请了台湾铁道部门的技师小山三郎、山口信弘前往办理，二者花费了一个半月的时间，同讲武堂教官铃木兵一郎、云南技师杨荫纯一起，对昆明至百色间地理信息进行了勘察，1923 年 1 月返回昆明，制定了具体的修建计划。[③]后来由于资金原因，该铁路并未能修建成功，但是从这一事件可以看出云南在同日本发展相关关系上的一个侧面。

1924 年，云南金融出现混乱，富滇银行纸币跌价 30%，为获取贷款稳定财政，

① 《雲南省に兵器供給に関する件》，防衛省防衛研究所藏，陸軍省一密大日記—T9—3—8，Ref.C03022505000。

② 《山縣中佐支那出張に関る件》，防衛省防衛研究所藏，陸軍省一密大日記—T11—1—12，Ref.C03022585500。

③ 山縣初男：《中国》，中国刊行会，昭和四十二年，第 141 頁。

唐继尧派山县同云南财政司司长王九龄前往中国台湾、日本东京求助借款500万美元。经过山县的斡旋，三菱、三井财阀香港负责人先后前往中国台湾同王九龄达成协议：三井、三菱财阀同意向云南方面借款300万美元，年息7—8厘，分6年还清，以云南个旧锡矿税收做担保，云南个旧锡矿山每年向日本出售锡矿1000吨。[①]达成此协议后，三菱和三井方面认为此事还需要日本政府承认才能同意借款，于是王九龄在山县陪同下于当年7月抵达东京，运动军政高层人物。陆军大将福田雅太郎同山县交好，在其过程中对此次借款之斡旋给予了很大的帮助。但是最终日本外务省鉴于华府会议之精神，拒绝批准此次借款。唐继尧此次派山县回国的目的除了让他斡旋借款以外，还想让他再次斡旋从日本购买军火。因为原本通过泰平组合从陆军获取武器援助的合法途径已经断绝，但是陆军笼络唐继尧的策略并没有改变。所以陆军中时任军事参议官的大将福田雅太郎帮助山县进行了暗中操作，使山县能够通过三菱商事会社，以纯粹商业协议的形式，帮助唐继尧从法国订购了一批武器。1924年11月8日，三菱商事香港支店长大久保前往昆明与唐继尧签订了相关协议。该批武器包括毛瑟步枪1万支，步枪弹1000万发，原拟由三菱商事法国分店购得武器后，运抵印度支那并转往钦州由滇军接收。但是当香港支店派船前往法国时却被告知武器购买失败。三菱商事因而违约，未能将该批武器运抵钦州，而此时恰好是唐继尧趁孙中山北上病危，驱滇军入桂作战之际。滇军将领龙云占领南宁后，本拟取得该批武器，但因为三菱的违约，武器未能到手，滇军被击败后退回云南。根据山县初男的回忆，未能取得协约中的武器，是滇军在广西作战失败的最重要的原因之一。[②]对广西作战失败之后，旧滇系军阀再无对外用兵的机会，唐继尧统一两广的机运因此而告终。其后，山县负责向三菱索回此前为这批武器而支付的90万美元，但三菱只同意归还60万，以事务费为由拒绝支付另外30万，山县最终动用陆军多方关系，又多追回15万，云南方面在毫无已方责任的情况下平白损失了15万美元。此事之后，山县无颜面对唐继尧，向唐提出辞职，返回日本，就此终结了同云南10年的联系。山县之后，日本陆军派遣步兵大佐五十岚房吉赴滇担任军事顾问。五十岚在1926年年底才到达云南，但是此后不久唐继尧就被龙云等旧部逼

① 《雲南省政府財政司長王九齡の渡日並山縣大佐休暇帰朝の件》，防衛省防衛研究所藏，陸軍省—密大日記—T13—5—12，Ref.C03022681000。

② 山縣初男：《中国》，中国刊行会，昭和四十二年，第149頁。

迫放权，五十岚赴滇后，未能同云南建立起同此前类似的稳定关系。

护国战争至 1927 年间，日本陆军除了派遣山县初男长期驻云南担任军事顾问而外，还多次应云南地方政府之邀，派遣军事教官赴滇工作。其中包括 1916 年护国战争期间短期担任护国军第二军参谋的杉山明；从 1920 年 6 月至 1923 年底于云南高等军事学校担任教官的步兵大尉苦米地四郎、步兵大尉铃木兵一郎；1923 年 2 月至 1926 年间在云南医院任职的军医沟口贞雄等。

地方军阀招聘日本军事教官以及军事顾问的目的在于保持同日本联系，以保证获得日援的机会。那么日本陆军在派遣军事人员赴地方实力派之处任职的目的则复杂地多。综合而言，其目的包括三重内容：第一，“多头下注”，保持同中国各军阀的联系，以应对将来任何一人统一中国时，与日本之间的友好关系；第二，获取中国各地政治、经济、社会、军事、自然资源等方面的情报，便于了解中国情况，随时制定灵活的对华政策；第三，保持同地方军阀的联系，便于向地方军阀输出日本军事产品，使各军阀在一定程度上成为日本的附庸。这几点内容可以通过日本陆军在对华派遣军事教官、军事顾问时，向被派遣者所发布的训令来证明。1921 年，陆军中央向赴滇军事人员下达训令，要求其调查：

> 1.军事方面：兵力编成、补充、教育、给养、军队内部状况；军队配置、移动、兵备充实程度；兵器装备、马匹、辎重、兵站材料、工厂。2.兵要地理及军用资源，地形、宿营、给养运输力、通信、气象、卫生；物资运送器材、军需工业原料；兵要地理及地图修正资料。3.时局外交及其他：云南当政者的政见及唐派的企图；外国企业的设施经营行为操纵及国际问题；我国的发展及对日感情相关情报；财政及经济问题。4.以笔记的形式向参谋长提出调查报告，紧急事情可用电报发送其要领、报告内容要按照 1921 年 5 月 14 日通牒的‘支那谍报报告要领’为基础来进行；同广西驻在武官保持联络。[①]

除此之外，还由陆军大臣亲自向山县初男下达训令，安排其赴滇之任务，“指导云南在军事设施方面多采用日本设备；调查云南的军事内政、地方制度、社会组织、财政、地理、交通以及各国势力；为达成任务随时同台湾军保持联络”[②]。

---

① 《雲南応聘武官調査通報要求の件》，防衛省防衛研究所藏，陸軍省—密大日記—T10—1—6，Ref.C03022537200。

② 《山県中佐に与ふる訓令の件》，防衛省防衛研究所藏，陸軍省—大日記乙輯—T11—2—20，Ref.C03011634800。

在唐继尧主政云南期间，日本陆军确实在整体上同旧滇系军阀保持了较好的关系，这也符合了日本陆军在 1924 年制定的“对华政策纲领”中关于发展同地方实力派友好关系的方针。在这一过程中，日本陆军确实做到了对云南各方面的情况的掌握，但是在实际的行动中，日本陆军并没有能够给予云南旧滇系军阀太多的好处。尤其是在列强 1919 年签订对华武器禁运协定之后，日本陆军对云南之实际援助几乎是没有过的。即便唐继尧屡次向日本求援，日本陆军都没有能够拿出像样的援助行动。其中的主要原因自然还是在于日本同云南并没有切身的厉害关系。次要原因在于，在华盛顿体系之下，对云南这一个同自身利益关系并不见亲密的边陲省份进行援助，并不符合日本的国际利益。

二、日本陆军与吴佩孚之间的关系

1926 年 9 月中国北伐之际，日本陆军次官曾向张作霖的日本顾问松井七夫指示对华政策，其中有“吴佩孚和孙传芳之前同帝国之间都没有直接间接的联系，所以不考虑对他们进行直接或者间接的援助”[①]这么一句话，概述了日本陆军同中国实力派军阀吴佩孚和孙传芳之间的关系。事实确实如该次官所说，在 20 世纪 20 年代，吴佩孚同日本陆军之间的联系很少，日本陆军制定的所谓“发展同中国地方实力派关系”的策略，也没有在吴佩孚身上发挥作用。

但是实际上，早在 1904 年，吴佩孚就已经同日本陆军有了最直接的接触。日俄战争之际，清政府与日本合作打探俄国情报。北洋大臣袁世凯选拔有为青年将校 16 人前往烟台接受日本军官陆军少佐守田利远调遣，负责对“满洲”敌况之侦查。日军文书冈野增次郎因而得以同吴佩孚结识。冈野此时负责给袁世凯的情报信件的起草工作，起草后，会交给吴佩孚帮助修改。北洋将校会同日军共 47 人沿辽南半岛北进至复州城，探寻情报，其后因旅顺难克，折返烟台，监督往来船只，查管相关情报。1905 年，旅顺陷落，吴佩孚先后被派往天津和锦西，负责同日本人之间的联络。期间曾被俄军俘虏，逃亡，后被曹锟提拔，被派往长春担任北洋第三镇管带。1906 年，吴佩孚在长春再次与冈野增次郎相见。冈野在长春待了 7 年，吴佩孚在长春三年，二人往来甚密。1910 年，吴佩孚母亲去世，运灵柩回山东蓬莱，

① 《時局に対する帝国の態度に関する件》，防衛省防衛研究所藏，陸軍省—密大日記—S2—6—14，Ref.C01003771000。

冈野为之斡旋，利用“满铁”列车运送，吴佩孚极感动。

吴佩孚调离东北后，便失去了同日本陆军之间的直接联系，直到1922年第一次直奉战争胜利后，吴佩孚名震中外，日本陆军才再次派人同吴接洽。1922年9月，日本陆军因冈野同吴之间的关系，拟派冈野前往洛阳担任吴佩孚之顾问。为此，冈野写信给吴佩孚表示欲到中国一游。吴佩孚自然明白日本的意思，当即回信称“闻君税驾西来，不禁昂眉起舞，自当焚香扫榻，高车以迎，且拟聘阁下为本署顾问，万望莫弃”[①]。冈野回信表示“愿效犬马之劳”。1923年12月，冈野离开东京前往洛阳之前一日，面见了日本军政两界众多高层人物，其中包括外务大臣内田康哉、参谋总长上原勇作、军事参议官一户兵卫、帝国大学文学部长三上参次、航空本部的上原平太郎、外务省参事官小村欣一、外务省情报部次长 广田弘毅、铁道省参事官鹤见佑辅、外务省书记官重光葵、日美通讯社社主岩永佑吉、东亚同文会干事田国安之助、支那时报社长水野梅晓。上述每一个人在当时的中日交往中都是大名鼎鼎的人物，由此可见冈野此次前往洛阳绝非出自个人意愿，而是源于日本政府高层的安排。[②]临行前，上原勇作要求冈野劝说吴佩孚大量招聘日本军事教官，更直接暴露了日本陆军派遣冈野前往洛阳的目的。

在洛阳期间，冈野负责吴佩孚的对日交往工作，据其回忆，在将近两年的时间里，日本陆军同吴佩孚之间的直接往来并不多。从1922年到1924年间，陆军前往洛阳同吴交往的活动只有以下数次：1923年1月参谋本部第二部长伊丹松雄访洛、1923年3月天津驻屯军司令铃木一马访洛、1923年10月张作霖顾问松井七夫访洛、1923年12月陆军大佐佐藤安之助到访、1924年4月陆军大佐栗屋贯一到访、1924年6月中佐土肥原贤二到访、1924年7月奉天特务机关少将贵质弥次郎到访。其中官职最高的伊丹松雄、铃木一马到访只为请求吴佩孚聘任日本教官，结果被吴佩孚坚定地拒绝。松井、佐藤等到访仅为寒暄，土肥原贤二为日美争夺双桥电台建设案而访洛，贵质弥次郎1924年为第二次直奉战争前探寻吴佩孚之军事准备而来。[③]所以陆军同吴佩孚之间实际的交往活动是很有限的。以1923年吴佩孚向日本请求武器援助为例，可见陆军对于吴佩孚并没有切实的联络政策，更可见其所谓“发展

① 岡野增次郎：《吳佩孚》，萬聖閣樓，昭和十四年，第209頁。

② 土肥原贤二刊行会编、天津市政协编译组译：《土肥原贤二秘录》，中华书局，1980年，第7页。

③ 《貴志少将中支那旅行報告の件》，防衛省防衛研究所藏，陸軍省—密大日記—T13—5—12，Ref.C03022677900。

同中国地方实力派关系”的不足。1923 年“临城事件”后，吴佩孚希望以“建立护路军”的名义打破列强对华禁运武器的协定，从日本获得武器援助，并安排冈野前往北京驻华武官室进行接洽。驻华武官林弥三吉以及北京政府顾问坂西利八郎对此表示出积极的意向，但受到了外务省的反对，因而未能成功。而与此相对应的则是，张作霖在此前后也曾向日本陆军提出类似请求，最后却得到了陆军的秘密援助。从此事可以看出，日本陆军对吴佩孚并没有过分热情的联系政策，而从另几件事我们又可以看出吴佩孚对日本方面的态度。1924 年 6 月，土肥原贤二访问洛阳，请求吴佩孚就日美双桥无线电争执案向日本提供奥援，吴佩孚即表示“虽然我国无线电通信统归交通部管理，但我海军部与日本海军既然有约在先，自当尊理，且将来中日联盟以对欧美之侵略，我国海军无力，势必要借助日本海军之精锐，所以我国沿海无线电台将来必可为日本所用，内陆由美国所建造之无线电台毕竟只是暂时而已……因而，此事本使将致电北京政府，以求善后之策”[①]。由此可见，吴佩孚对日本并没有绝对排斥之意思。

另外，1923 年长江流域排日严重，日本驻汉口领事林久治郎 7 月 2 日赴洛阳请求吴佩孚为之斡旋，吴虽然一开始时表示“此次我国排日运动之兴起，实因我国民对贵国政策之厌嫌而起，属我国民情绪之发露，曲在贵国。推察事件之真相，在于贵国以强权压迫我国之民意，我固然知道中日两国关系之重要性，但民意如此，我也无意置喙”。但是经过冈野的劝说，吴随后即改变了态度，致电曹锟政府，称“近日国民激愤于对日外交，掀起排日运动却滔滔不知其底止，外交问题当归于中央政府之交涉，滥用民气，徒伤与邻邦之交谊，且此等行为无视我通商条约之规定，造成相互之不利益，此际当以曹大帅之名义，通电明示以上理由，以收防止排日之实效”[②]。1924 年贵质弥次郎访问洛阳时，也曾向参谋本部表示，吴佩孚并没有外界所传言的排日之主张。[③]由此可见，吴佩孚并没有历来所认为排日之态度，日本与吴佩孚关系一直较为冷淡，更多是因为日本在对华政策上克制了其发展同地方实力派关系的欲望。吴佩孚历来都被认为是亲英美派，但是实际情况也并非如此，根据 Odoric Y. K. WOU 所写的 *Militarism in Modern China. The Career of Wu P'ei-Fu,*

① 岡野増次郎:《吳佩孚》，第 123 页。

② 岡野増次郎:《吳佩孚》，第 332 页。

③ 《貴志少将中支那旅行報告の件》，防衛省防衛研究所藏，陸軍省—密大日記—T13—5—12，Ref.C03022677900。

1916 – 1939 的论述，吴佩孚在20世纪20年代虽然多次向英美表达好感，并且多次请求英美的援助，但是英美给予吴的实际援助并不多。[①]

与陆军对吴关系形成对比的，是海军同吴佩孚之间的往来。按照冈野的回忆，吴佩孚在1922年到1924年之间曾多次请求日本海军帮助，并获得了后者的支持。1923年吴佩孚请求冈野居中斡旋，从海军购买两艘轻型炮艇以应对四川战事。冈野随即通过驻北京海军少佐津田静枝获得了日本海军的积极答复，但是鉴于日本对华外交“中立主义”，海军无法直接出售炮艇给吴，便居中策应，使吴获得了日企天华洋行委托江南造船所制造的两艘快艇，并帮助吴对之进行武装。[②]1924年5月，吴佩孚委托冈野同日本海军接洽，帮助渤海舰队修理4艘军舰。日本海军给予积极回应，并为之联系长崎造船所，使渤海舰队4艘军舰得以修理，并答应将当年德占时期青岛的浮船坞送给渤海舰队。[③]海军外遣舰队总司令野村吉三郎1924年3月到访洛阳，就国际上纷传的列国舰队共同巡弋长江，共管中国战略要地一事同吴佩孚进行商洽，表示日本反对列国对华共管，希望就长江沿线侨民及商业问题同吴佩孚融洽感情，增加沟通往来，并称“有事之际，阁下可安心吩咐，为阁下之事，我舰队必将尽力而为”[④]。海军虽然是因为直系力量占据长江沿岸而对其表示友好，但是相比较于陆军同吴之间的关系，海军与吴佩孚之间应该算是有更密切了。

综上，日本军方同吴佩孚的真正接触开始于第一次直奉战争以后，但是相关联系活动仅为表面之活动。吴佩孚对于日本虽然并没有太多积极亲善的行为，也并没有表现出过分排斥的态度。日本陆军对吴的态度及活动，更多是在外务省对华“中立主义”“不干涉主义”的原则之下进行的，相比较于同张作霖的军事联系，陆军同吴佩孚之间的关系可以说是相当一般的。这同陆军在对华政策纲领中所提到的“发展同中国地方实力派”之关系这一原则并不相符合。也可以说，陆军在推行其对华政策方面，并没有能够采取整齐划一的行动，也没有能够收获相应的效果，而历史的真实往往就是这样。

① 章伯峰主编：《北洋军阀》第四卷，武汉出版社，1990年，第724—742页。

② 岡野増次郎：《吳佩孚》，第244—252頁。

③ 岡野増次郎：《吳佩孚》，第257、333頁。

④ 岡野増次郎：《吳佩孚》，第338頁。

三、日本陆军与冯玉祥的联系

但凡提到冯玉祥与日本人的关系，大部分人首先想到的就是日本人帮助冯玉祥发动了北京政变。日本学者以及部分国内学者认为，对于北京政变的实现，日本军人进行的秘密工作发挥了重要作用。但是通过对相关资料的梳理，本文认为日本军人在北京政变过程中所发挥的作用其实是有限的。冯玉祥和日本人之间的联系，实际上并不是太多。下面首先来论述一下冯玉祥和日本人在北京政变中的关系。

日本学者大多以宇垣一成日记中的相关记载及《续对华回忆录》的描述为依据，认为日本军人在北京政变前联络各方、阴谋策划，居功至伟。但是实际上关于北京政变，宇垣一成在其日记中的记载十分模糊。第二次直奉战争后，宇垣日记中提到："反直派若失败，直系进入全盛之期，必将从中原扫清已经萎靡的日本势力，余势将威胁满洲，以英美为后盾，驱逐日本势力"，"双方均势将被打破，在此之前，我们用这样的思想动员了政治家、实业家和政党等。为了加强日本在满洲的地位，我们必须通过可见和不可见的渠道向张作霖提供大量援助。就在此次战役的前夕，由于我们提供的大量秘密援助，形势发生了变化"。[①]

1925 年 12 月 22 日宇垣再次在日记中提到"外务省派系的小师爷……对去年直奉战争之际张作霖取得胜利的原因完全不知道，还自鸣得意于自己无为无能的政策，真是让人觉着可怜又好笑"[②]。这两条日记确实足以说明在第二次直奉战争中，日本陆军对直系的反感以及对张作霖进行了实际的支援行动，但是并不能从中看出北京政变过程中日本军方所起的重要作用。《续对华回忆录》的描述包括以下几点：第一，战争爆发前，身在日本的陆军预备役步兵大佐寺西秀武将战争即将爆发的消息传递给段祺瑞，并前往奉天劝告张作霖同段祺瑞合作，接着又去策划冯玉祥倒戈，担任张、段、冯之间的联络工作。[③]第二，张作霖的军事顾问松井七夫劝告张作霖以金钱收买冯玉祥，称"以一百万来获得战争的胜利，天下没有比这更便宜的事了"。张作霖被松井说服，但是要求必须由日本人传送这笔钱。其后松井委托三井银行奉天分行行长天野悌二将钱交给日本驻天津军司令官吉冈显作，后者将之转交给段祺

① 宇垣一成：《宇垣日记》，朝日新闻社，1954 年，第 42 頁。
② 宇垣一成：《宇垣一成日记 1》，みすず書房，2010 年，495 頁。
③ 東亞同文会编：《続对支回顧録》下卷，原書房，1973 年，第 807 頁。

瑞，段祺瑞又经松室孝良、王乃模、段祺树将之转交给冯玉祥。[①]第三，直奉战争刚开始时，曹锟通过顾维钧向美国求助，而求助的信息被总统府军事顾问坂西利八郎获得。坂西将之告诉土肥原贤二，土肥原则将之转告时任教育总长的黄郛，怂恿其阻止曹锟之计划，最终导致黄郛劝告冯玉祥发动政变。[②]《续对华回顾录》虽然一定程度上记载了事实，并强调北京政变中日本军方所发挥的作用，但是其所论述依据仅为日本方面一些参与者的回忆，对于北京政变前后中国方面主要人物的活动并不清楚。

从中文史料可知，上述记载并不能证明日本陆军在北京政变中发挥了至关重要的作用。第一，张作霖、段祺瑞、冯玉祥、孙中山之间的反直联络早已存在。1923年8月8日杨宇霆在给孙中山的函件中说道“闻公曾谓，现在北方诸事，听合肥筹划云云，此用意乃宇霆所极端钦佩者”[③]；1924年1月，张、段、孙即已发表联合反直宣言，“此次为讨贼，合肥为领袖，关于进行及政治善后事宜，悉请合肥主持一切”[④]。所以第二次直奉战争前很长一段时间，张作霖同段祺瑞就有合作行动，战争爆发的消息根本用不着由日本人向段祺瑞传递。第二，张作霖同冯玉祥的联系也久已存在。据张作霖亲信副官马炳南回忆，1923 年春张作霖就派其司令部参谋科长傅兴沛进京联络冯玉祥，其后多次向冯军进行军需品的接济；战争开始后，张作霖又派马炳南居中接洽。[⑤]至于以金钱收买冯玉祥一事，也是早在张作霖、杨宇霆的计划之中。1923 年奉系同皖系人物的往来信件中多有提及以金钱收买直系军阀内部人士一节，“经上元许可，即按照所议进行，日内先汇上五万元，听候上元拨用，惟第二批之款，务须俟有确实动作之后，方可照付”；“其他尚有吴新田部，亦正在接洽中，最近冯焕章及田蕴山两处，均来接洽”；“款事亟盼从速先行汇到，二马接洽，亦待专款到再办”。[⑥]可见，张作霖早在1923年即通过段祺瑞向胡景翼、吴新田、冯玉祥提供贿赂，以为将来之准备。日文资料所载日本人策动张作霖收买冯玉祥一事，或为事实，但并不如町野武马所回忆及日本学者所强调那般作用重大。第三，黄郛同冯玉祥之间也早有联系。黄郛素有“首都革命”的想法，1922 年入

① 加藤聖文：《会津士魂風雲録——町野武馬翁とその周辺》，まゆに書房，2012年，第161頁。
② 《続対支回顧録》下卷，第832頁。
③ 辽宁省档案馆编：《奉系军阀密信选辑》，中国档案出版社，1993年，第621页。
④ 《北洋军阀》第四卷，第832页。
⑤ 《北洋军阀》第四卷，第972页。
⑥ 《北洋军阀》第四卷，第938—940页。（“上元”代指段祺瑞，“二马”代指冯玉祥。）

职北京政府后，即认为冯玉祥军队可以引为同志，并多次前往冯玉祥驻军的南苑向兵士进行演讲。其同冯玉祥关系比较亲近，发动北京政变的计划早在二人交往中即已制定。冯玉祥率军前往古北口之前即留密码本给黄郛，双方一直保持直接联络。[①]因而，并不能说是土肥原等日本军人利用黄郛策反了冯玉祥，也不能说是寺西秀武等日本间谍帮助制定了北京政变的计划。日本人在北京政变前后主要发挥了居间联络的作用。对于各军阀而言，利用日本人进行联络主要是因为，这样能够更有效地保证情报传递的安全。战争期间，张作霖派马炳南前往冯玉祥军中联络信息， 但马炳南返回时被属于直系势力的毅军拦截，信息传递失败。[②]所以此时由中国人传递信息并不容易，而日本军人在各个军阀内都有眼线，情报系统发达，利用他们传递信息可保证万无一失。从日军的角度来看，帮助反直派居间联络，一方面有利于奉军取得战争的胜利，另一方面也能够保证对战争情报的全面掌握。但并不能以此为依据，证明日本人在北京政变中发挥了主要作用。实际上，即便没有日本人的情报传递，各军阀也有自己的联络渠道，如张作霖和段祺瑞之间多通过姚震进行信函交流，段祺瑞则通过袁良联络黄郛、冯玉祥，只是这个渠道在效率方面不如日本人。

所以说，在 1924 年北京政变之前，日本陆军同冯玉祥之间的联系是非常少的，即便北京政变之前不久，双方之间也主要是通过黄郛进行联系的。北京政变之后，冯玉祥和日本陆军认识到彼此的可利用之处，便进一步加强了关系。1925 年 3 月，冯玉祥曾向日本陆军请求部分武器援助，由于所求内容仅为步枪照尺且数量不多，得到了日本陆军的积极回应。[③]为了进一步加强同日本陆军之间的关系，冯玉祥同时还以陆军大学的名义，向日本陆军请求增派各个兵科的教官。日本陆军此时也有意加强同冯玉祥之间的关系，但是又因为冯同张作霖之间未定的关系，答应暂时从日本陆军大学派遣个别教官。[④]1925 年 8 月，日本陆军派遣骑兵少佐松室孝良担任冯玉祥顾问，双方继续保持接触。[⑤]但是此后接连发生了郭松龄事件、奉冯战争，

① 沈云龙编著:《黄膺白先生年谱》，联经出版事业公司，1976 年，第 164、191 页。

② 《北洋军阀》第四卷，第 972 页。

③ 《馮玉祥及孫岳軍より申出に係る兵器に関する件》，防衛省防衛研究所藏，陸軍省—密大日記—T14—3—8，Ref.C03022705800。

④ 《馮玉祥、孫岳軍応聘に関する件》，防衛省防衛研究所藏，陸軍省—密大日記 T14—2—7，Ref.C03022695600。

⑤ 《松室少佐應聘の件》，防衛省防衛研究所藏，陸軍省—密大日記—S2—2—10，Ref.C01003724100。

日本陆军坚定地支持张作霖，同冯玉祥之间的联系便冷淡了下来，直到1926年奉冯战争后期，国民军离开北京前往西北之际，日本陆军为了保持同国民军之间的一丝联系，派遣松室孝良跟随冯玉祥向西北撤退。但是从当时的一组电报中可以了解到，冯玉祥对松室并不信任，所谓聘用日本顾问，不过是冯玉祥在面子上保持同日本之间关系的一种手段而已。

1926年8月26日，驻华使馆武官本庄繁致电陆军次官，称：

10日松室发来书信，他本打算和西北军一起从张家口继续撤退，但是在同鹿钟麟的相关谈话后，决定留在张家口。看来，冯玉祥方面对日本顾问仅仅是表面上的寒暄而已，松室之任务至此已经没有重大意义，更何况他呆在张家口，就等于同西北军断了联系，所以不如让他暂时回国。

7月17日，本庄繁再次致电陆军次官表示：

7月9日，松室来信，说国民军虽然和俄国关系密切，但是要开发西北还是离不开日本，将来必然会主动联系日本，所以他还是希望废除这种有名无实的日本顾问职位，表示辞职。虽然我希望他留任，但是他再三表示了辞职，我们也不得不寻找后任，现在建议启用永津佐比重来担任他的后任。”

7月24日，陆军次官回复本庄繁：“希望松室继续聘任顾问，但是如果他强硬辞职的话，就商议一下后任的事情。”

9月2日陆军军务局长向本庄繁表示：

根本上同意松室回国，不过现在正值奉国两军妥协交涉之际，他留在那里还可以做一些事情，暂时留在你处，随时执行任务，晚一两个月再回国。

11月陆军省副官向本庄繁发电报表示可以让松室暂回国。[①]

从上述内容可以看出，日本陆军派遣至冯玉祥军队的顾问松室孝良完全没有得到冯玉祥的信任，而且由于国民军形势变幻不定，顾问一职就成了一种鸡肋式的存在。另一方面，也可以看出，日本陆军所谓联系地方实力派的政策，一则会受到外务省的阻碍，二则终究赶不上中国政治形势的变化。所以实际上，在20世纪20年代，日本陆军同除张作霖以外的中国地方实力派之间的关系并不密切，其所拟定的政策，也没有实际的效果。

除了唐继尧、吴佩孚、冯玉祥以外，日本陆军同阎锡山、孙传芳等军阀之间都

① 《松室少佐應聘の件》，防衛省防衛研究所藏，陸軍省一密大日記—S2—2—10，Ref.C01003724100。

有着一定的联系，但是相关联系并不如过去研究所认为的那样紧密。日本外交限制、军阀政治变化等因素都在一定程度上束缚了陆军对“发展同地方实力派之关系”这一政策的实施力度，使其与中国关内各军阀的联系停留在一种很表面的状态之下。

总　结

在华盛顿会议上，尤其是列强对华军火禁运协定以前，日本陆军能够通过援售武器的形式同地方实力派军阀保持相当紧密的联系。但是华府会议以后，列强在外交上加强了对中国协调行动的原则，各个国家单独的行动只会招徕外交上的非议，这导致日本政府加强了在中国问题上对“中立主义”“不干涉主义”的推行。1924年年初，新上任的青浦奎吾内阁作为非政党内阁，企图改变对华外交原则，陆军趁此机会提出恢复过去同地方实力派之间关系的政策提案，并体现在了清浦内阁的“对华政策纲领”之中。但是清浦内阁维持不及半年便告瓦解，新上任的政党内阁进一步加强了对华外交的“中立主义”“不干涉主义”原则，严厉禁止陆军单独对华行动，束缚了陆军推行其对华政策的力度。另一方面，陆军方面企图在实际援助张作霖的同时，保持同地方实力派之间的关系，这本身就存在一定的矛盾，因为20世纪20年代前半期，中国山海关以内的军阀更多隶属于直系麾下，援张的同时必然不能保证对其他地方军阀的实际性援助。还有一点，就是中国由于军阀混战，政治形势变幻莫测，使得陆军无法保持对某位军阀的长期联系或支持。因而陆军只能通过简单的如派遣顾问等形式与各地军阀保持接触，这在实际的关系建立中所发挥的作用终究是有限的。

（作者：南开大学日本研究院助理研究员博士后）

帝国的“满洲幻梦”与战争宣传

——以美国国家档案馆所藏中国东北沦陷时期电影资料为例[①]

吴佩军　冯雅

内容摘要　美国国家档案馆马里兰大学新馆收藏有中国东北沦陷时期电影 31 部 198 卷胶片，总时长 21 个小时，多为美军情报部门在占领日本后收缴的日语版新闻宣传片。上述影片是 1931 年至 1942 年间由日本本土和伪满的电影公司拍摄而成，内容集中于日本关东军军事行动、“满蒙开拓”“新京建设”三个主题。这些电影体现出日本战时宣传的蛊惑性和虚伪性，是日本侵华史的影像证言。一方面，日本殖民主义者将电影作为宣传战的工具，通过打造美好而虚弱的“满洲幻梦”，煽动日本民众狂热的战争情绪和强烈的殖民欲望；另一方面，这种“满洲幻梦”与现实中残酷的武力侵略、经济掠夺和民族压迫形成了强烈的反差，是刺刀和谎言构建的幻影。

关键词　美国国家档案馆　中国东北沦陷时期　电影资料　宣传策略

①本文是吉林省教育厅“十三五”社会科学研究项目“伪满文坛民众的文学抗争研究”（项目编号 JJKH20170950SK）的阶段性成果。

帝国的"满洲幻梦"与战争宣传

中国东北沦陷时期，日本殖民主义者曾拍摄了大量美化殖民统治、宣传战争的新闻片。①日本投降之后，这些电影大多灭失，剩下的则分散于中国、日本、俄罗斯和美国的档案馆和资料馆。美国国家档案馆收藏的日本战时新闻宣传片中，伪满题材的占 70%以上②，且绝大部分是其他国家未曾发现的孤本③，这些电影是研究日本侵华史的重要资料，具有极高的学术价值。总体上看，中日两国学界虽然对俄罗斯电影资料馆所藏伪满题材电影进行了发掘④，并对"满映"和"满铁映画制作所"进行了研究⑤，但却没有对美国国家档案馆收藏的同类电影进行系统整

①美国国家档案馆所藏中国东北沦陷时期的影片因多为伪满洲国成立之后拍摄，所以简称伪满题材新闻宣传片。

②美国国家档案馆重视伪满题材新闻宣传片的保存与冷战后东亚局势的变化有关。1945 年 8 月 8 日，苏联对日宣战，出兵中国东北地区，战果之一就是控制旅顺和大连。此后，苏联海军得以进入黄海，威胁到美军在远东的安全。伪满覆灭后，中共派遣 10 万军队进入东北，不断发展壮大，并最终解放了全中国，驱逐了美国在华势力。新中国成立之后，东北作为最重要的工业基地，支撑着全国经济的发展。1950 年 10 月，中国志愿军也是以东北为后方基地出兵朝鲜，并最终将美军赶回 38 线以南地区。在此背景下，美国开始重视对中国东北的研究，伪满题材新闻宣传片也成为重要的研究资料。

③俄罗斯国家电影资料所藏"满映"和"满铁"电影已经被日本研究者进行了整理和研究，中国和日本所藏同类电影资料尚未进行整理。根据目前的研究看，美国国家档案馆所藏资料中，除了 *SHINKO MANSHUKOKU NO ZENO*（《新興満洲国の全貌》）、*COMMISSION OF ENQUIRY INTO EVENTS IN MANCHURIA*（《満洲における国際連盟調査団》）、*THE PARADISE OF NEW MANCHURIA*（《楽土新満州》）4 部外，其他电影都是孤本。

④ 1991 年苏联解体之后，日本电影研究者利用俄罗斯档案管理放宽的机会，从俄罗斯国家电影资料馆中查找到了大量"满铁"和"满映"拍摄的伪满电影，除了《迎春花》《皆大欢喜》《晚香玉》3 部故事片外，其他的都是新闻宣传片。日本音乐事务所"天喜普"将这些资料进行了复制，并制成了 30 集录像带《影像的证言：满洲的记录》 公开出版发行。此后，影音公司"五种创作"（five creation）在东京国立近代美术馆胶卷中心和财团法人"满铁会"的协助下，又将这些影像资料制作成了 DVD"满洲新闻映画"（10 卷）、"满铁记录映画集"（12 卷）、"满映作品——望乡篇"（5 卷），以及"满洲事变和日中战争"（3 卷）。

⑤因为资料搜集极其困难，很长一段时间里鲜有学者研究伪满题材新闻宣传片。为了弥补这种不足，原长春电影制片厂史志办公室主任胡昶与青年导演古泉利用该厂保存的一手资料，编著了《满映——国策电影面面观》（中华书局，1990 年 12 月）一书。该书翔实地记述了"满洲映画协会"建立、发展、衰亡的历史轨迹，分析了"满映"在日本殖民主义宣传中所起的作用。此后，李道新也在《帝国的乡村凝视与殖民的都会显影——以 1937 年"满映"制作的"文化映画"光辉的乐土和黎明的华北为例》[《上海大学学报》(社会科学版)，2014 年第 6 期]分析了《光辉的乐土》和《黎明的华北》这两部"文化映画"，指出"满映"不仅宣扬了日本人的"满洲观"和关东军的华北政策，而且在凝视乡村和显影都会的过程中，彰显出帝国主义的"大陆"幻象和殖民者的拓地心态。日本学界的一些研究者也开始分析"满映"新闻电影背后的拍摄背景。如田中益三从女性移民的视角出发发表了《小媒体的诱惑与作为——对大陆新娘的描写》（《朱夏》第 10 号，1998 年），池川玲子发表了《〈满洲开拓〉——政治宣传电影中的光景》（《朱夏》第 20 号，2005 年 6 月号）。崔吉城发表了《满洲映画〈虱子可怕〉考》（《亚洲社会文化研究》，2005 年第 6 期），探讨了殖民地社会福利政策与满映电影的关系。畠山宗明发表了《关于薄益三"蒙古横断"》（《演剧中心纪要》，2003 年 3 月）；小关和弘发表了"满铁记录电影与满洲"（岩本宪儿编：《映画与大东亚共荣圈》，森话社，2004 年）。还有一些学者对日本和朝鲜半岛拍摄的电影中的"满洲"印象进行了分析。如金丽宝的《日本殖民地时期的朝鲜电影所描绘的满洲》（《比较文化研究》，2005 年 3 月号）。

理。[①]因此，本文通过分析美国国家档案馆马里兰大学新馆的 31 部伪满题材新闻宣传片[②]，把握日本战时电影宣传策略的特质。

一、日本电影宣传战与伪满题材新闻宣传片的生产

1905 年日俄战争之后，日本夺取了“中东铁路”长春至旅顺段，占领了辽东半岛和“满铁附属地”，开始了在中国东北的殖民统治，1931 年九一八事变之后，占领了整个东北。在武力侵略的同时，日本军方、“满铁”、外务省以及民间组织通力合作，积极开展政治宣传，美化殖民统治和侵略战争。他们不仅使用报纸、画报等纸质媒体进行政治宣传，而且也开始使用电影这一具有形象性、直观性、生动性的影像工具，开展“电影宣传战”。日本殖民主义者在中国东北进行电影拍摄的历史可以分成初始期、发展期、高潮期三个阶段。初始期从 1923 年“满铁”映画班成立至 1931 年九一八事变爆发前，发展期从 1931 年九一八事变爆发至 1937 年抗战全面爆发前，高潮期从 1937 年抗战全面爆发至 1945 年日本战败投降。

初始期的拍摄主体是“满铁映画班”，该机构 1923 年成立时隶属于社长室文书课，1928 年改由弘报系领导，由芥川光藏主持拍摄。“映画班”设在大连“满铁”本社车库的二楼，设有办公室、机械器材室、编辑室和洗印所。当时有行政及摄影、洗印等业务人员 20 名。[③]这一时期拍摄的影片数量少、水平低，没有留存于世。

1931 年九一八事变爆发后，日本殖民主义者的电影宣传战进入了发展期。事变发生后，“满铁映画班”迅速派出摄影师到吉林、长春、哈尔滨、齐齐哈尔、锦州等各战场进行拍摄。他们把拍摄的素材进行剪辑，制作了《“满蒙”破邪行第一篇》《“满蒙”破邪行第二篇》《辽西扫匪》3 部新闻宣传片。“满铁”弘报系派出 4 个宣传班，携带影片到日本各大主要城市以及中国台湾地区进行放映，宣传关东军

①中国学者们从 20 世纪 80 年代开始，曾多次赴美国国家档案馆搜集包括新闻宣传片在内的抗战资料，但这些电影资料多为日军在华北、华东等地拍摄的新闻片。2010 年前后，中国学者章东磐出版了《国家记忆》（1）（2）两本影像资料集，但收录的都是美国国家档案馆收藏的中缅印战场照片。与中国学界相比，日本学者在美国国家档案馆资料搜集和整理方面投入的精力更多，取得的成果亦更大，如日本放送协会（NHK）在拍摄中日战争题材纪录片时大量使用了美国国家档案馆的影像资料。

②本人在 2009 年至 2012 年间曾先后 10 次赴美国国家档案馆马里兰大学新馆，搜集到 31 部伪满题材电影资料以及其他相关资料。

③ 胡昶、古泉：《满映——国策电影面面观》，中华书局，1990 年，第 16 页。

的"战果"[①]。1932 年又拍摄了 8 部宣传"日满协和"的新闻宣传片，其中，《满洲における国际连盟调查团》《敢然承认へ：日满议定书调印》保存在美国国家档案馆，《建国之春》保存在俄罗斯国家电影资料馆。1936 年，"满铁映画班"更名为"满铁映画制作所"，人员增加到 26 人，摄影机也增加到 18 台，制作的新闻宣传片数量上升到 20 部。[②]与此同时，伪满 "国务院总务厅"情报处、"治安部军政司"等机构也纷纷与"满铁"和松竹等合作拍摄新闻宣传片，这些机构拍摄的《新兴满洲国の全貌》《满洲国军の全貌》《明け行く西部满洲》也收藏在美国国家档案馆。此外，日本国内的报社映画班、电影公司也拍摄了大量有关日军侵略行动的影片，在中国东北和日本各地放映。

1937 年七七事变之后，"电影宣传战"进入了高潮期。在"借着映画这种东西，实行对内对外的思想战！宣传战！"[③]的口号下，日本殖民主义者于 1937 年 8 月成立了国策公司——"满洲映画协会"。满映不仅负责拍摄包括新闻宣传片在内的"国策电影"，还拥有进口、审查以及发行电影的权力，并依托各地的电影院建立了放映体系。除了控制中国东北的电影市场，满映还通过出资入股等形式左右中华电影公司（上海）和华北电影公司（北京）的运作，甚至通过合作拍片的方式在朝鲜半岛扩大其影响力。1941 年，又通过合并"满铁映画制作所"，进一步壮大了拍摄力量。1942 年 7 月，"满映"在关东军的支持下又发起召开了"大陆映画联盟会议"，会议强调大陆电影应宣传"东亚新秩序"，应贯彻"大东亚战争中的文化战、思想战"的文化宣传方针，要大量制作报道"大东亚共荣圈"动态的新闻片。同年 9 月，"满映"在中华电影公司以及华北电影公司的协助下成立了"大陆映画联盟"，其宗旨为"确保大陆电影事业的健全发展，推动大东亚地区文化的共荣，协调各加盟公司的关系"，"调查、研究及联络大陆电影制作的相关事宜"[④]。此后，在沦陷区和日本国内的新闻电影拍摄机构互相合作的背景下，出现了一个中国题材新闻片创作的高潮。1937 年至 1945 年日本战败为止的 8 年时间里，"满洲映画协会"共摄制故事片 108 部、教育片和记录片 189 部、编辑发行新闻片《满映通讯》（日文版）

---

① 南満洲鉄道株式会社編：《満洲事變と滿鐵》上，原書房，1974 年，第 409 頁。

② 胡昶、古泉：《满映——国策电影面面观》，第 19 页。

③《满洲映画协会案内》（1938 年），转引自胡昶、古泉：《满映——国策电影面面观》，中华书局，1990 年，第 33 页。

④JACAR（アジア歴史資料センター） Ref. B04012460300 （第 3 画像目），活動映画「フィルム」関係雑件 第二巻 2 9．大陸映画連盟関係（外務省外交史料館）。

307号、《满映时报》(汉语版)313号、《满洲儿童》55号，共计1000多部。[①]据《满洲年鉴》的统计，观看过"满映"电影的中国东北民众在1943年大约为450万人，1944年达到500万人左右。[②]

与此同时，日本国内也建立了战时电影统制体制。1938年4月1日，日本政府发布《国民精神总动员实施纲要》和《国民精神总动员法》。作为总动员的重要组成部分，同年8月，日本内阁情报部"为了让国家各机关更加容易监管新闻电影的制作,更好地发挥新闻电影在国民教育方面的作用,更有效地进行对外宣传"，将大阪东京朝日新闻社、大阪每日东京日日新闻社、读卖新闻社、同盟通讯社、大日本新闻实写映画联盟等新闻电影拍摄机构合并为"大日本国策映画会社"，由其统一负责制作和发行"新闻电影、用于国民教化和对内对外宣传的电影，以及政府各省委托的宣传映画"[③]。1939年4月5日，日本内阁又颁布了《电影法》，规定实行故事片剧本审查，建立电影制作发行许可制，限定电影拍摄种类和数量，各影院必须上映文化电影和新闻电影，演员、导演和摄影师要进行登记。[④]1941年8月，日本内务省又对生产故事片的电影公司进行了整合，将新兴、大都、日活被合并为大日本映画株式会社，并开始实施胶片配给制度。大日本国策映画会社、大日本映画株式会社的成立和《电影法》的颁布标志着日本政府完成了对国内新闻电影拍摄机构的统制。

内川芳美指出昭和前期日本媒体统制的特质较为复杂,法西斯主义者将以审查制度为主体的"警察式的消极统制"和鼓励媒体进行政治宣传的"积极的情报宣传"有机地结合在一起，实行"协调控制"(govemnent by conformity)。[⑤]日本的电影统制也可以分为消极统制和积极统制，前者是通过审查制度取消不符合国策的电影的上映权，后者则是通过资金支持和政策扶持等方式鼓励电影厂拍摄鼓吹国策的电影。1937年战时体制确立之后，日本政府更广泛地利用积极统制的方式动员日本国内和殖民地的摄影力量，组成战场报道班，拍摄了大量有关伪满以及其他沦陷区的新

①山口猛:《哀愁の満州映画ー満州国に咲いた活動屋たちの世界》,三天書房,2000年,第17頁。

②《满洲年鉴》(伪康德12年版)，满洲日报社奉天支社，1945年，第434页。

③JACAR(アジア歴史資料センター) Ref. A15060362200 (第3画像目)，国策映画会社設立に関する件(昭和一三. 九. 二六)/情報部常務部会書類(国民精神総動員)(国立公文書館)。

④JACAR(アジア歴史資料センター) Ref. A14100765600 (第2—5画像目)，映画法ヲ定ム/公文類聚・第六十三編・昭和十四年・第九十六卷・警察門(国立公文書館)。

⑤ 内川芳美:《マス・メディア法政策史研究》，有斐閣，1989年，第223頁。

闻宣传片。这些电影又被广泛用于进行战争动员和战争情绪的煽动。

二、美国档案馆所藏伪满题材新闻宣传片的来源

美国国家档案馆旧馆位于首都华盛顿，新馆位于马里兰州立大学校园内，四楼保存着电影、录音和录像、缩微胶片 10 万余种。其中，伪满题材电影资料大部分属于外国档案（Item from Record Group 242: National Archives Collection of Foreign Records Seized, 1675—1983）、美国海军综合档案系列（Item from Record Group 428: General Records of the Department of the Navy, 1941—2004）、国防部长记录档案系列（Item from Record Group 107: Records of the Office of the Secretary of War, 1791—1947）、教育服务档案系列（Item from Record Group 33: Records of the Extension Service, 1888—2000）以及威廉卡廉影像档案（Item from Collection WCC: William Carey Crane Collection, 1930—1937）5 个系列。

美国档案馆所藏伪满题材新闻宣传片的胶片盒上，一般都有 Item from 等表示资料来源的文字。依据这些文字进行统计，有如下发现：这些新闻宣传片大多属于美军情报部门在战场上缴获或在占领日本之后接收的，其中第一个系列的 26 部中，除了 *TENTH ANNIVERSARY OF ESTABLISHMENT OF MANCHURIAN EMPIRE*、*GENERAL STATE OF THE MANCHURIAN ARMY*，以及 *PROBING ALONG THE RUSSO-MANCHURIAN BORDER* 3 部之外，其余的都是战后驻日盟军总司令部下属情报部门从日本各地收缴的影片。在第二至第五系列中，注明影片来源的只有 3 种，未注明来源的影片，有可能是战争期间美国通过某种特殊渠道获得的，也有可能是战后美国情报部门从日本获得的。

太平洋战争期间和战后占领期，负责搜缴和接收日本档案文件工作的主要是美军笔译口译部队（Allied Translator and Interpreter Section，简称 ATLS）、华盛顿档案中心（Washingtong Doument Center ，简称 WDC），以及驻日盟军总司令部（Supreme Commander of the Allied Powers 或 Supreme Command of Allies in the Pacific，简称 SCAP，general headquarters 简称 GHQ）下属的参谋部第二科（G-2Section）和 5250 技术情报支队（5250TIC）与 441 对敌谍报支队（ 441CIC）。

1942 年 9 月 19 日，美军西南太平洋战区司令部为了准确掌握日军情报，成立了以语言专家为中心的笔译口译部队，负责翻译战场上缴获的日军地图、电影、照

片、命令书、战术手册、电台密码本、日志，以及审讯战俘。随着美军在战场上的不断反攻，该部队从成立之初的36人猛增到1945年10月的2023人。[①]1944年，美军着手制定日本和德国档案文件接收计划，准备依据这些资料提供的信息实施对日本和德国的占领、惩处战犯，研判战略轰炸的效果，进行战后国际关系和地区关系的研究，并为此成立了华盛顿档案中心，该部门隶属于 War Departmennt 的 Adjutant Geneals office，最初是为了调查和接收德军档案而建立的机构，1944年下半年开始研究战场上缴获的日军文件。

美军占领日本之后，负责情报搜集、安保以及出版物审查的GHQ参谋部第二科立即开始着手接收档案资料。他们一方面向日本的终战联络中央事务局下达了“档案文件收集命令”（1946年2月6日），另一方面成立了 Civil Censorship Division（简称CCD，通称民间检阅局或民间检阅部队），专门针对日本民间所有的通讯、报道活动（如邮政、电话、电报、电影、播放、出版）实施监督和审查。GHQ参谋部第二科和美军笔译口译部队档案科以及华盛顿档案中心制定了具体的档案文件接收标准，即军事情报（与作战有关的档案文件）、与“大东亚共荣圈”及其统治有关的文献、九一八事变之后的外交文件等。根据这一原则，GHQ在1946年从外务省、内务省、大东亚省、递信省、陆海军省和各级军队组织、地方政府机关，以及满铁东京支社、东亚经济调查局、东亚研究所等国策公司和研究所，东宝、松竹、日活、大映等民间电影公司接收了大量档案文件和出版物，其中包括民间出版物7769种，38719册，以及大量胶片。[②]这些接收的电影胶片与其他纸质档案文件一道由美军笔译口译部队档案科（Document Section）的日裔工作人员进行简单整理，并将标题译成英文，做成目录，然后将原件和目录一并运回美国，送交华盛顿档案中心。因为目前相关材料缺乏，所以尚不明确这些胶片和档案如何用于研究。华盛顿档案中心于20世纪40年代末解散，其管理的电影胶片和纸质档案移交给美国国家档案馆，书籍文献则移交给美国议会图书馆。此后，美国档案馆应日本的请求将部分日语纸质档案归还给日本，但电影资料不在归还清单中。[③]

① U.S.Army.Far East Command.Military Intelligence Section, *Operation of the Allied Translator and Interpreter Section*, GHQ, SWPA, 1948.P.1

②根据《連合国総司令部から没収を命ぜられた宣伝用刊行物目録》（文部省社会教育局，1948年）目录整理的数据。

③档案归还工作前后进行了两次，美国档案馆1958年将136800册旧日本陆海军档案归还给日本防卫厅防卫研修所战史室，1974年又将旧日本陆海军和内务省档案150箱归还给日本国立公文书馆。参加井村哲郎：《旧植民地関係刊行物総合目録》（アジア経済研究所，1979年）。

1950 年 10 月，中国人民志愿军出兵朝鲜抗美援朝。美国认识到东北作为中国志愿军的后方基地和工业基地的重要性，因此开始着手搜集东北的相关情报，伪满电影胶片也成为其了解东北的重要资料。美国国家档案馆也开始重视收藏的伪满电影胶片，并通过一些渠道获取了东北电影制片厂 1949 年拍摄的《民主东北》简报 14 号（片长 1929 寸，编导姜云川），主要内容为修复清抚间桥梁、春耕中的拖拉机（黑龙江省甘南县农场）、大连灯泡厂、沈阳运动会。

三、美国档案馆所藏伪满题材新闻宣传片的种类内容

美国国家档案馆收藏的伪满题材新闻宣传片都是旨在鼓吹侵略、美化殖民统治、宣扬伪满的建设成就的"国策电影"。从电影类型来看，不论是声电影，还是无声电影，大多是用于面向日本国内民众进行战争动员的日语版电影。如表 1 所示，从拍摄者来看，既有松竹、日活、"满映""满铁摄影所"等电影厂，也有日本国策映画研究所、"满洲教育映画协会"、樱映画协会等宣传机构，还有报知新闻社、朝日新闻社、東京日日新闻社、大阪日日新闻等报社。其中，很多电影的胶片冲洗的以及后期录音合成都是由"写真化学研究所"（英文缩写 PCL）负责，该公司于 1937 年并入东宝后，这一工作转由东宝承担。值得注意的是，这些电影背后都有军方或官方背景，或者有"关东军参谋部统制""陆军报道部"和"海军摄影班"等军方的参与，或者有"满洲移住协会"等殖民机构的协助，还有一些由"满洲国国务院总务厅情报处""治安部军政司"监修。

表 1 美国档案馆所藏伪满题材新闻宣传片拍摄者及其比例

拍摄者	数量及占比
"满铁"	6（19.3%）
"满洲教育映画协会"	5（16%）
朝日新闻社	3（9.7%）
日活	2（6.5%）
日本国策映画研究所	2（6.5%）
松竹	2（6.5%）
樱映画协会	1（3.2%）
"满洲映画协会"	1（3.2%）

续表

报知新闻社	1（3.2%）
读卖新闻社	1（3.2%）
东京日日新闻社	1（3.2%）
不明	6（19.3%）

如表 2 所示，从拍摄内容来看，涉及九一八事变以来日伪军的各种军事行动、“满蒙开拓”“新京城市建设”以及伪满工农业发展、以及民族协和等问题。

美国档案馆所藏伪满题材新闻宣传片题材种类比

	题材	数量及占比
1	军事	11（35.4%）
2	“满蒙开拓”	7（22.5%）
3	“新京建设”	3（10%）
4	“蒙古民族”	1（3.2%）
5	“满铁”	1（3.2%）
6	工农业	1（3.2%）
7	综合类及其他	7（22.5%）

（一）军事类题材新闻宣传片

军事类题材电影共有 11 部，占美国档案馆收藏的伪满电影的三分之一左右。这些电影可以分为以下几类：第一，*MANSHU JIHEN*（《满洲事变》）、*SAIKIN NO MAN-MO*（《最近の满蒙》）、*KOGUN KUPEI-KOW NI NYUJO SHI*（《皇军古北口に入城し》）、*SAKUHOKU NO KOGUN*（《朔北の皇军》）、*KOGUN SEIGI NO TOTSUGEKI*（《皇軍正義の突撃》）、*NEKKA TOBATSU*（《热河讨伐》）、*TEIGUN GEKISEKI SHITE SHANHAIKAI O SENKYO SU*（《皇军激战して山海关を占据す》）、*Nisshi Shototsu Jihen*（《日支衝突事变变》）等涉及日本关东军的历次军事行动的战地影片，如 1931 年九一八事变时日军占领沈阳、吉林等地的战斗，1932 年占领锦州的战斗，1933 年入侵热河，同年爆发的长城抗战中的山海关战役和古北口战役等，这些电影中充斥着侵略的逻辑，即通过宣扬日军的“战果”，暗示“满洲国”是日军以武力创建的，日本人作为“满洲国”的“指导民族”合情合理，意在鼓吹侵略有理论和“满洲国建国合法论”；第二，*GENERAL STATE OF THE MANCHURIAN ARMY*、

TEISEIGO NO HOKUMAN（《帝制后の北满》）等关于伪满军队活动的影片。如关于“满洲国中央陆军训练处”[①]学员的训练、“江上军”（伪满内河舰队）舰队巡视黑龙江和进行演习，伪满军队进行“宣抚”和“剿匪”，伪满白俄森林警察部队活动情况的影片；第三，*RO–MAN KOKKYO O SAGURU*（《ロ满国境をさぐる》）、*MAN–SO KOKKYO O YUKU*（《满ソ国境を行く》）、*THE MANCHURIAN–MONGOLIAN BORDER* 等关于日军对苏防御、诺门坎战役以及此后的停战划界活动的影片。

从拍摄和剪辑手法上看，第一类拍摄战斗场景的电影相较于第二、三类电影，制作比较粗糙。第一类电影仅仅将日军集结之后奔赴战场、武器射击、进攻中国军队阵地，以及展示获胜之后缴获的战利品等一些镜头简单拼接在一起，还没有上升到“电影国策”所要求的艺术高度，第二、三类电影在拍摄之前显然进行了精心策划，军人严肃的脸庞给予了特写，黑龙江两岸和旷野的景色用长镜头进行了拍摄，*GENERAL STATE OF THE MANCHURIAN ARMY* 中出现的匪徒和人质明显是由演员扮演，每个出场人物的动作和表情都经过了精心设计，政治宣传的色彩非常明显。第一类电影大多是由随军摄影师拍摄而成，第二、三类电影则大多由“满铁摄影班”拍摄，后者在拍摄水平上要明显高于前者。

另一方面，不同时期的电影也反映出日本殖民主义政策的变化。诺门坎战役爆发之前，日本关东军异常骄横，在与苏联的边境冲突中一直处于优势地位，如 1935 年 6 月发生的杨子林子事件、同年 12 月发生的奥拉呼都克事件、翌年 1 月和 3 月发生的金厂沟事件和长岭子事件、1937 年 6 月 19 日发生的干岔子岛事件，都以日军击退苏军的方式结束，这些事件使得日本军方人士误判形势，自认有能力在远东地区同苏军作战。*RO–MAN KOKKYO O SAGURU*（《ロ满国境をさぐる》）、*MAN–SO KOKKYO O YUKU*（《满ソ国境を行く》）也反映出这种情绪，电影中苏联破败的村庄和伪满“欣欣向荣“的城镇进行了对比，字幕解说中随处可见的是对苏联社会制度的攻击。但是日军在诺门坎战役中遭到沉重打击之后，挑衅性行为减少。1940 年日军进入印度支那半岛，日美矛盾激化。翌年，日军将作战方针从“南北并进”转变为“北守南进”，并于同年 4 月与苏联签订“日苏中立条约”，日苏关系趋于缓和。*THE MANCHURIAN–MONGOLIAN BORDER* 反映了日军对苏政策的这种转变，电影中营造出一种日苏划界谈判代表友好相处的假象，双方在一顶帐篷中喝茶聊

①伪满洲国中央陆军训练处 1933 年 4 月成立于辽宁省沈阳市设立，也是伪满洲国第一所军事教育机构，1939 年成立的伪满洲国中央陆军军官学校都是在其母体下衍生而来。

天，气氛友好。

（二）“满蒙开拓”题材的新闻宣传片

此类题材的电影有 *KITA MAN O HIRAKU*(《北満を拓く》)、*HIRAKE MAN–MO; NIHON NO SHIMEI*(《拓け満蒙　日本の使命》)、*HIRAKE MANSHU*(《拓け満洲》)、*NOBIYUKU HOKUMAN*(《伸びゆく北満》)、*MANSHU*、*SHINKO MANSHUKOKU NO ZENO*（《新兴满洲国の全貌》）、*DAI MANSHU*（《大满洲》）7 部，占美国档案馆收藏的伪满电影的 22.5%。

“满蒙开拓”电影中，一望无际的大地，夕阳西下的景色、成熟的稻穗、丰收的喜悦、开拓民的笑脸，欣欣向荣的开拓村等都作为重要镜头被特写。其中，*HIRAKE MAN–MO; NIHON NO SHIMEI*（《拓け満蒙　日本の使命》）还拍摄了绥棱克音河开拓组合第一部的武装移民高唱日本国歌，向宫城遥拜，以及与中国抗日武装交战后的战场的景象。*KITA MAN O HIRAKU*（《北満を拓く》）则在拍摄完开拓村的生活之后，插入了日俄战争的镜头，追忆了日俄战争中日本军人打败沙俄“保护满洲”的“丰功伟绩”，暗示日本殖民主义者对伪满洲国的控制具有合法性。

上述这些电影通过塑造梦幻般的“满洲景象”，借以鼓励日本移民“满洲”，掩盖了日本殖民主义者掠夺中国农民土地的真实历史。九一八事变后，日本殖民主义者为了巩固对中国东北的统治，开始向抗日武装活跃的“北满”地区武装移民。1936 年，日本政府制定了更为具体的移民侵略方案，计划用 20 年时间将 100 万户、500 万人移到伪满洲国。移居中国东北的日本开拓团团员并不具备耕作亚寒带土地的农业技术，他们虽然从中国农民手中掠取了大量土地，却难以进行有效的耕种，这些日本开拓团员将土地出租给汉族和朝鲜族农民，自己则成为地主。

另一方面，这些电影的拍摄又有其深刻的政治背景。1937 年中日战争全面爆发之后，日本农村的剩余人口被大量吸收到军需产业之中，自愿移居伪满的人口逐年减少，移民政策遇到了困难。而且开拓团的成年适龄男性又被征入伍，剩下的只有老弱病残，开拓团趋于解体。为了稳定开拓团，日本殖民政权通过新闻媒体宣扬开拓精神，鼓吹移民生活的美好和移民政策的重要性。在这一背景之下，日本殖民主义者成立“大陆开拓文艺恳话会”，组织文艺家赴开拓团、进行实地视察，创作“开拓文学“和文艺作品。“满映”、东宝以及各种国策机关拍摄了大量有关开拓团的新闻宣传片和故事片，描写“开拓民”怎样积极地勤劳增产，同心协力为“国家”、为“圣战”日夜奋斗。其中故事片中较为著名的是“满映”和东宝合拍的《白兰之歌》，以及《沃土》《大日向村》等作品。

（三）伪满国都“新京”建设题材的新闻宣传片

此类题材的电影共有 *NOBIYUKI KOKUTO DAI-SHINKYO*（《延び行く国都大新京》）、*MANCHURIA MANCHUKUO TRIP TO HSINKING*、*THE PARADISE OF NEW MANCHURIA*3 部，占美国档案馆收藏的伪满电影的 10%，*KANZEN SHONIN E; NICHI-MAN GITEISHO CHOIN*（《日满议定书调印》）中也有众多关于“新京建设”的镜头。

这些电影采用了航拍、特写、远景拍摄等不同的拍摄手法，拍摄的时间从 1932 年至 1936 年跨越了四年多，但无一例外都极力表现了现代化政治都市“新京”的“生机勃勃”。影片出现了大量带有政治符号的建筑物，如位于“满铁”附属地的“新京车站”“大和旅馆”等建筑、关东军司令部、“国务院”、“治安部”、“首都警察厅”等伪满权力机关的高大建筑、1935 年建成的“新京忠灵塔”、日伪官吏的居住区以及放射状、环状、棋盘格状等不同形状的街路网和笔直的“大同大街”。这些政治符号暗示着日本殖民主义者是新京的统治阶层，“新京”是伪满的统治中心。此外，电影中也出现了许多现代化的符号，如“大同大街”上疾驰的汽车、建设工地上的起重机、赛马场里奔跑的马匹、飞机场上准备起飞的民用客机、新京气象台的先进设备，这些镜头告诉观众日本殖民主义者带来了现代化的生活方式，创造了文明城市，意在美好日本的侵略。

除了建筑和街道，“新京”的居民也成了电影拍摄的重点对象。*MANCHURIA MANCHUKUO TRIP TO HSINKING* 中，清晨，大巴士迎着朝阳耀武扬威般在宽敞笔直的大道上向前行进着的，里面乘坐的是肩负国策重任的第一线的滞“满”日本官吏和“满人”的青年官吏们。在光鲜亮丽的柏油马路上，拖着粪袋的马匹拖曳着形形色色的市民东奔西跑。

为了向世界展示“新京”的建设成就，美化殖民统治，日本殖民主义者在 1934 年 7 月 28 日邀请参加日美学生会议的全美 26 所大学和专科学校的 70 名学生前来伪满，参观“国都”建设。电影 *HE PARADISE OF NEW MANCHURIA* 中特意插入了这些美国学生参观“新京”的镜头，学生们参观伪满警察厅时脸上显现的惊讶表情被特写，暗示着世界头号强国美国也为“新京”的伟大工程折服。

上述电影所描绘的是“令世界为之惊叹”的“虚幻”的影像，其背后却是一个截然不同的真实的“新京”。电影中展示的“新京”的布局及建设，明显是遵从了日本殖民主义者制定的以政治功能取代实用功能的统治方针。“新京”的两条南北走向的主轴线：一是1906年日俄战争后“满铁”建立起来的、连接车站及其两翼“满铁”附属地的中央大街，南行1千米，从关东军司令部和关东军宪兵队两座宏伟的建筑中间穿过，沿着“大同大街”笔直向南，一直通向7.5千米之外的伪满建国大学，那里是日本殖民主义政权建立的培养伪满洲国精英的摇篮；另一是从筹建中的新皇宫向南，蔓延1.5千米，两侧是巍峨壮观矗立着的伪满洲国“八大衙门”建筑的新民大街。这八大衙门宛若八大金刚裹挟着伪满傀儡皇帝的宫室。两条大道东西相隔300余米。正中间矗立的就是关东军司令部。“这种双轴线、多中心的城市构架根本上消除了原有城市的风貌，稀释了原住民的民族生活理念，如实地反映出宗主国和殖民地、侵略者和傀儡政权的从属关系以及日本军国主义对伪满政权的控制。”①

“新京”光鲜的城市表象之下掩盖的是日本殖民主义者对中国人的压榨。1932年伪满洲国制定了“新京都市建设计划”后，利用欺骗手段从山东、河北等地招募了约3万名劳工进行城市建设，城市主体建设从1932年开始至1937年结束，仅用了5年时间即告完成。伪满新闻宣传片中出现了压路机、水泥搅拌机、起重机等机械设备，意在表明“新京城市建设”的机械化程度很高，但实际上大部分工程都是中国劳工手工完成。而且由于东北地区气候寒冷，施工期每年仅有6个月，日本殖民主义者为了赶工期，更是残酷地驱使中国劳工从事繁重的工作。

另一方面，“新京”城市社会空间的建设明显地呈现出畸形的分异特征，即显现为剔除了俄国人影响后的、“中日分化的城市社会空间”格局。大同大街作为中轴线，将城市分割为东西两个部分，分别居住着中日两国人。地域的分割不仅标示着种族的不同，还显示出生活设施的巨大差异。大同大街的西面是城市的政治中心和日本人以及伪满高级官吏的生活区，在人均绿地、通信传媒、交通电力、生活设施方面非常发达；东面的伊通河畔以及新京车站北面的“三不管地区”则是中国人

① 长春市志编纂委员会:《长春地情活页》第1卷第1号，第3页。

集聚之地，一开始便被置于城市规划之外，成了生活条件极其恶劣的贫民窟，与日本人居住的新区形成极大的反差 。

因此，“新京”一段时间内客观体现了权利中心城市近代化变迁的速度。但是在这种表面的变化中，又充分地呈现了殖民地城市的发展特质，即殖民主义者与被殖民者生活态势的严重背离。电影中，“新京”具有的多重空间这一属性被隐藏，城市的政治空间和殖民者的生活空间被无限放大，与之相对的是被殖民者的生活空间完全被抹杀。

除了上述军事、“新京建设”“满蒙开拓”题材的作品外，美国国家档案馆中收藏的伪满电影中还有 *AKEYUKU SEIBU MANSHU*（《明け行く西部滿洲》）等内蒙古等题材的作品，以及 1944 年美军拍摄的轰炸鞍山、1945 年 8 月解放沈阳盟军战俘营、1946 年国民党军进驻沈阳的电影，这些电影对于了解当时中国东北的情况也有一定参考价值。

结语　美国档案馆所藏伪满题材新闻宣传片的蛊惑性与虚伪性

综上所述，美国国家档案馆收藏的伪满题材新闻宣传片都是“国策电影”，其使命都是鼓吹所谓“王道乐土”“五族协和”。这些电影是日本与伪满洲国实行对内对外“思想战”和“宣传战”的重要工具。无论是田园牧歌式的“开拓村”和内蒙古草原，还是欣欣向荣的国都“新京”，映照的都是日本殖民主义的“满洲”幻梦，都是构建其殖民霸权话语体系的一部分。

这些创造出“满洲梦”的新闻宣传片在日本国内巡回播放，电影中展现的富饶辽阔的“满洲大地”给日本民众带来了震撼，在一定程度上煽动起他们移民中国东北的狂热情绪。1923 年移居中国东北的日本移民有 342038 人，1930 年增至 810000 人，1945 年日本战败前已经达到 150 万人。①

但是这种美好而虚幻的“满洲幻梦”却是建立在日本殖民主义者进行的武力侵略、经济掠夺和民族压迫等暴力之上的。换言之，日本殖民主义者凭借自己手中强大的政治话语权，虚构出了一幅和平美好的幻境。历史的真实与影像的虚幻之间形

① 劉春英：《中国東北部における日拠時期の日本語雑誌の言説空間 ：文学創作を中心として》，《跨境 ：日本語文学研究》、2014 年、 第 71.

成了巨大的反差，同时也映射出“国策电影”的虚伪性。这些“国策电影”是由谎言和幻觉编辑而成的影像，是历史留下的另一种“证言”。

美国档案馆所藏伪满题材新闻宣传片目录

片名	拍摄公司	导演摄影	拍摄时间	馆藏编号
SOLDIERS IN MANCHURIA RECEIVE COMFORT PARCELS《九一八事变后朝日新闻社访问奉天》	朝日新闻社		1931	ARC Identifier 44385 / Local Identifier 242-MID-6163
COMMISSION OF ENQUIRY INTO EVENTS IN MANCHURIA《滿洲における国際連盟調査団》	“满铁映画制作所”		1932	ARC Identifier 95645 / Local Identifier LN-LN-29
KANZEN SHONIN E; NICHI-MAN GITEISHO CHOIN《敢然承認へ：日満議定書調印》	“满铁”弘报系撮影制作		1932	ARC Identifier 44305 / Local Identifier 242-MID-6038
KOGUN KUPEI-KOW NI NYUJO SHI《皇軍古北口に入城し、その背後の大敵と激戦掃討す》	朝日新闻社		1933	ARC Identifier 44405 / Local Identifier 242-MID-6193
SHINKO MANSHUKOKU NO ZENO《新興滿洲国の全貌》	“满铁”弘报系撮影制作	“满洲国建国周年记念中央委员会”提供	1933	ARC Identifier 44293 / Local Identifier 242-MID-6023
SAKUHOKU NO KOGUN《朔北の皇軍》	樱映画协会		1933	ARC Identifier 44299 / Local Identifier 242-MID-6030
TEIGUN GEKISEKI SHITE SHANHAIKAI O SENKYO SU《皇軍激戦して山海関を占據す》	大阪东京朝日新闻社		1933	ARC Identifier 44388 / Local Identifier 242-MID-6166
NEKKA TOBATSU《熱河討伐》	朝日新闻社		1933	ARC Identifier 44402 / Local Identifier 242-MID-6190
SAIKIN NO MAN-MO《最近の満蒙》	“满洲教育映画协会”		1934	ARC Identifier 44291 / Local Identifier 242-MID-6020
MANCHURIA MANCHUKUO TRIP TO HSINKING			1934	ARC Identifier 100617 / Local Identifier WCC-WCC-6
RO-MAN KOKKYO O SAGURU《露満国境をさぐる》	“报知新闻社”		1934 _ 1935	ARC Identifier 44304 / Local Identifier 242-MID-6037
GENERAL STATE OF THE MANCHURIAN ARMY《滿洲国軍の全貌》	“治安部军政司”、松竹キネマ株式会社		1934—1936	ARC Identifier 44301 / Local Identifier 242-MID-6032
NOBIYUKU HOKUMAN《伸びゆく北満》	“满洲教育映画协会”		1935	ARC Identifier 44290 / Local Identifier 242-MID-6019

续表

DAI MANSHU《大満洲》	松竹映画制造所		1935	ARC Identifier 44295 / Local Identifier 242-MID-6025
AKEYUKU SEIBU MANSHU《明け行く西部満洲》	“满洲国国务院总务厅情报处”、松竹キネマ株式会社		1935	ARC Identifier 44303 / Local Identifier 242-MID-6035
TEISEIGO NO HOKUMAN《帝制後の北満》	“满洲教育映画协会”		1935	ARC Identifier 44294 / Local Identifier 242-MID-6024
MANSHU JIHEN《満洲事変》	日活 A 班		1936	ARC Identifier 44382 / Local Identifier 242-MID-6160
THE PARADISE OF NEW MANCHURIA《楽土新満洲》	“满铁映画制作所”		1936	ARC Identifier 44292 / Local Identifier 242-MID-6021
HIRAKE MAN-MO; NIHON NO SHIMEI《拓け満蒙 日本の使命》	“满洲教育映画协会”	大堀虎二郎 高橋金太郎	1936	ARC Identifier 44300 / Local Identifier 242-MID-6031
NOBIYUKI KOKUTO DAI-SHINKYO《延び行く国都大新京》			1936	ARC Identifier 44281 / Local Identifier 242-MID-6009
Nisshi Shototsu Jihen《日支衝突事変》	东京日日新闻社		1936	ARC Identifier 44337 / Local Identifier 242-MID-6097
《拓け満洲》拓務大臣永田秀次郎	日本国策映画研究所		1937	
MANSHU《満洲資源》			1938	ARC Identifier 44280 / Local Identifier 242-MID-6006
KOGUN SEIGI NO TOTSUGEKI《皇軍正義の突撃》	读卖新闻	Toshiro Yoshii; Narr. Tokuji Ozawa	1938－1940	ARC Identifier 43933 / Local Identifier 242-MID-3326
MAN-SO KOKKYO O YUKU《満ソ国境を行く》			1939	ARC Identifier 44276 / Local Identifier 242-MID-6001
HIRAKE MANSHU《拓け満洲》	日本国策映画研究所		1939	ARC Identifier 44297 / Local Identifier 242-MID-6027
PROBING ALONG THE RUSSO-MANCHURIAN BORDER			1939	ARC Identifier 44407 / Local Identifier 242-MID-6195
KITA MAN O HIRAKU《北満を拓く》	大日本国策映画委托、日活多摩川作品	水江龙一、山本礼三郎	1939	ARC Identifier 44302 / Local Identifier 242-MID-6034

续表

JAPANESE SOLDIERS IN MANCHURIA 《満鉄三十年》 （語る人　松岡洋右）	“满铁映画制作所”	芥川光藏	1940	ARC Identifier 77297 / Local Identifier 428-NPC-4977
TENTH ANNIVERSARY OF ESTABLISHMENT OF MANCHURIAN EMPIRE （王道燦たり） 《満洲国建国10周年慶祝記念映画》	“满铁映画制作所”、东宝映画株式会社（录音）		1940	ARC Identifier 77019 / Local Identifier 428-NPC-4256
THE MANCHURIAN-MONGOLIAN BORDER 《满蒙边界划定》	“满洲映画协会”	芥川光藏	1942	ARC Identifier 44286 / Local Identifier 242-MID-6014

美国档案馆所藏其他中国东北题材的影片

片名	拍摄公司	导演摄影	拍摄时间	馆藏编号
B-29 BOMBING MISSION TO ANSHAN, NORTHERN MANCHURIA《美军轰炸鞍山》			1944	ARC Identifier 4474 / Local Identifier 18-CS-2417
MISSION TO MANCHURIA《美军派专机运送沈阳盟军战俘营乔纳森温莱特中将等高级军官赴重庆》			1945	ARC Identifier 13793 / Local Identifier 107.1542
B-29 BO28SCENES AROUND MUKDEN, MANCHURIA 《国民党军进驻沈阳》			1946	ARC Identifier 23734 / Local Identifier 111-ADC-9970
Manchurian News #14 《〈民主东北〉简报 14 号》	东北电影制片厂	姜云川	1949	ARC Identifier 44079 / Local Identifier 242-MID-5008

（作者：吴佩军，华南师范大学外文学院副教授；
冯雅，东北师范大学日本研究所副编审）

一战期间日本的对华方针与梁启超的解读

杜　品

内容摘要　第一次世界大战、包括巴黎和会期间，日本利用欧美列强无暇东顾的“天佑”良机，夺取德国在山东的殖民权益并试图独霸中国。为此，日本采取了军事占领与外交博弈相结合的方针，协调欧美列强，施压中国，迫使北京政府签订条约，将侵略成果条约化。日本的举动，在中国引起强烈反弹。作为民国初期著名的精英人物，梁启超对中日两国的政策进行了深入的分析解读，并据此提应对策略，或主张对抗，或呼吁合作，或坚决抵制，对日策略的基调多次发生起伏变化。从某种意义上说，上述变化反映了一战与巴黎和会期间中日关系的复杂性。其中，有若干历史经验教训值得总结。

关键词　第一次世界大战　日本对华方针　山东问题　梁启超

自近代以来，扩张对华殖民权益，谋求独霸中国是日本政府一以贯之的方针。每逢国际环境发生重大变动，日本随即采取实现上述目标的方针与行动。在一战与巴黎和会期间，日本的对华方针表现为迅速出兵山东，进而提出“二十一条”要求，欲趁欧美列强无暇东顾之机，独霸中国；同时利用灵活的外交手段，协调与欧美列强的外交关系、拉拢亲日派军阀，确保其劫获的在华殖民权益。

外交方针必然引起反应。民国初期万众瞩目的精英人物梁启超应时而动，兼以激愤之情与冷静观察，在一战前期、后期及巴黎和会期间，针对日本的对华方针，提出或对抗，或联合，或决绝抵抗的对日策略。梁启超以弱国同样需要积极的外交政策为理念，在一战与巴黎和会期间，解读日本对华方针，提出应对之策。本文按照一战前期、后期及巴黎和会三个阶段，研讨两者之间的互动关系，从精英的视角来观察此一阶段复杂的中日关系。其点评，在当今同样具有借鉴意义。

一、一战前期的日本对华方针与梁启超的解读

1914 年 6 月 28 日，视察波斯尼亚的奥匈帝国皇太子斐迪南大公在萨拉热窝遇刺。7 月 28 日，奥匈帝国向塞尔维亚宣战。8 月 1 日、3 日，德国分别向俄国、法国宣战。8 月 4 日，英国对德宣战。8 月 6 日，奥匈帝国向俄国宣战，塞尔维亚对德国宣战。8 月 12 日，英国向奥匈帝国宣战。第一次世界大战爆发。

8 月 7 日，英国为了击沉在中国沿海的德国武装商船，要求日本参战。当天下午，首相大隈重信就在早稻田的私邸中召开阁僚会议，讨论出兵问题。外相加藤高明认为，事态虽未发展到日本必须参战的程度，但为了信守日英同盟的承诺，更因为夺取德国在东亚权益的绝好机会已经到来，力主参战。对此，阁议一致表示同意。8 月 8 日井上馨致信元老山县有朋和首相大隈，强调“此次欧洲的大乱巨祸对发展日本国运来说，是大正新时代的天佑”良机，主张“日本应该与英法俄三国团结一致，确立日本对东洋的权利”；必须采取办法，使态度渐趋冷淡的英国对日英同盟重新燃起热情”；目的主要有两个，一是“对统一中国者加以怀柔”；二是“奠定处理世界问题而不能忽略日本的基础。”[①]井上的建议道出了近代日本外交的基本特点，即对华外交与对欧美外交彼此联系的两个侧面，构成外交的基本内容。提案表

① 历史科学协议会编：《史料日本近现代史》第 2 卷，三省堂，1985 年，第 15 页。

明日本将在加强与英、法、俄三国合作，夺取德国在东亚的殖民权益，向中国大举扩张。元老会议接受了井上等建议，决定派兵参战。

8月15日，日本政府发表《对德最后通牒》，要求德国撤走远东舰队，无条件交出胶州湾。德国对此不予理睬。8月23日大正天皇嘉仁发布宣战诏书。日本随即向中国政府提出照会，将山东省境黄河以南划出中立外区域，以便日本行军。9月3日，中国政府照会各国，将龙口、胶州湾、莱州附近一带划为中立外行军区域。

日本虽对德宣战，其出兵计划却直指中国山东。9月2日，日军陆军第18师团主力部队和第24旅团在龙口登陆，从背后包抄青岛。6日，第23旅团由崂山登陆，向青岛攻击前进。23日，瓦纳吉斯顿少将率领自天津来援的英军在崂山登陆，兵峰指向青岛。25日，日军占领潍县火车站。对于日军越线军事行动，中国外交部分别于9月27日和9月30日分别提出抗议，日军置之不理。10月7日，日军占领济南火车站，进而控制胶济线。10月，日英联军包围并不断攻击德国总督府所在的青岛。在日本海陆空军的打击下，青岛的炮台逐个被占领。11月7日，德国总督瓦尔戴克率军投降，山东落入日本之手。10日，中国政府要求日军撤离，日本政府置若罔闻。1915年1月7日，中国外交部正式照会英日两国公使，声明取消特别中立区域，敦促撤军。日本政府依旧不予理睬。日军赖着不走，造成中日关系中的新问题，即山东问题。

对日本出兵山东后的新师团，梁启超评述说，中国在一战之初的局外中立，设行军区乃至撤销行军区，都是中国应局势而实行的正当外交政策，也是中国的内政，日本无权指责以及干涉。“中国有罪乎？曰有。中国曷为不效高丽，此即中国之罪也。中国既负此重罪，若在欧战期内，终不能为日本所赦，则何事不足为问罪之口实？借军区问题可也，借他问题亦可也。”[①]在讥讽日本侵略的字里行间，不难看出梁启超的激愤之情。

一战爆发后，梁启超愈加关注东亚局势，他认为，自1878年柏林会议以后，俄日两国在东亚的势力扩张已渐呈激烈之势：“俄人以全力经营远东，日本亦以时崛起，甲午一役，我国丧师，列强眈眈逐利。俄、德、法三国干涉还辽，未几而胶州、旅顺继割，又未几而团匪变起，俄兵占据满洲不肯撤，日则汲汲经营朝鲜为侵入亚洲大陆之根据。”[②]与英法德美等国不同，俄日两国皆为中国之近邻，因此二者

① 梁启超：《中日交涉汇评》，《梁启超全集》（第九卷），北京出版社，1999年，第2760页。
② 梁启超：《欧洲战役史论》，《梁启超全集》（第九卷），北京出版社，1999年，第2704页。

之间的势力争夺必然更为激烈，影响也更大。

随着日本出兵山东半岛并占领青岛、胶济线，与日本在辽东半岛留驻关东都督府陆军部所属的1个师团、6个“南满”铁路守备队形成钳形态势，严重威胁中国的国家安全。中国国内舆论的恐慌论调不绝于耳。梁启超认为德国必胜，日本难以获得山东权益。他认为，“无论何国，终不能毫无口实而兴兵以灭人国。彼虽日夜处心积虑以谋此，然必有机可乘然后能得志”[①]。为此，他主张中国当下的政策重心只在于，决不能给日本提供任何兴兵中国的理由。

实际上，占领山东不过是独霸中国的新由头。无论有无借口，日本已决心以“用尽所有的手段，必定贯彻之”的对华政策的新目标[②]，将中国保护国化。

1915年1月18日，驻华公使日置益奉命，向袁世凯政府提出五号共“二十一条”要求。其第一号要求日本接管德国在山东的所有殖民权益，新增铁路与商埠等；第二号要求日本在“南满”和“东蒙”享有优越地位，将旅大以及“南满”、安奉、吉长铁路的管理经营权延长至99年，日本臣民享有土地租借权或所有权、矿山开采权等；第三号要求中日合办汉冶萍公司，不经日本政府同意，中国政府不得自行处理该公司的一切权利产业等；第四号要求所有中国沿岸、港湾及岛屿，概不让与或租借与他国；第五号要求中国中央政府必须聘用日本人为政治、财政、军事等各顾问，中日合办地方警察机关，从日本采办半数以上的军械，开办中日合资的军械厂，日本取得武汉至南昌至杭州、潮州的铁路筑路权，福建省开矿办厂开矿需要外资时，先与日本协商；允许日本人在中国传教。[③]以上要求，将多年来侵华的野心和盘托出，其独霸中国的贪婪和灭亡中国的祸心昭然若揭。

2月2日，外交总长陆征祥与日置开始首轮谈判。在此后的二十余轮谈判之间，袁政府设法向外界透露日本的要求，刺激欧美列强对日施加压力。4月26日，日本政府提出修正案，删改了过于露骨的第五号要求，其余各号要求不变。5月7日，提出最后通牒，要求袁政府对日方修订案“不加以何等之更改，速行应诺”，限定在5月9日午后6时作出答复，否则“帝国政府将执认为必要之手段”。[④]

① 梁启超:《欧洲战役史论》，第2722页。

② 历史科学协议会编:《史料日本近现代史》第2卷，第17—18页。

③ 复旦大学历史系编:《中国近代对外关系史资料选辑 1840—1949》上卷，第2分册，上海人民出版社，1977年，第364—366页。

④外务省编纂:《日本外交年表及主要文书》(上)，原书房，1972年，第403页。

5月8日，袁世凯召集军政要员举行会议，讨论日本政府的最后通牒。由于英国与日本达成谅解，转而劝告中国接受日本的最后通牒。在这种情况下，袁世凯陆征祥写成复文，称："照4月26日提出之修正案所记载者，并照日本政府所交最后通牒附加七条之解释，即行应诺。"[①]25日，陆征祥和日置益订立了《中日关于南满及东蒙之条约》和《关于山东之条约》以及另附的十三件换文，合称《中日民四条约》。其中，将日本的第一、二、三号要求以及非日本的外资不得进入福建沿海等要求条约化。1916年7月3日，日本与俄国订立第三次协定和第四次密约，相互约定不参加对抗对方的政治联盟，保护彼此在远东领土的权利和利益，不使中国落入任何"对日俄两国怀有敌意"的第三国政治势力之下。[②]

得知日本政府向袁政府提出"二十一条"时，梁启超随即发文予以抨击。他指出，日本提出的"满蒙"、山东要求居心叵测。从国家防卫的视角出发，他认为，山东与南满同在一国势力的控制之下，将使京师腹背受敌，南北中断，最终丧失抵抗之力。出兵青岛实为日本东亚政策的第一步，如得逞必然长驱直入，进而谋求吞并整个中国。使中国沦为第二朝鲜。[③]为此，梁启超郑重警告日本，"夫谓日本而欲翦灭中国耶，吾敢信日本人必不若是之愚，盖中国决非朝鲜比也"[④]。梁启超尽力揭露日本之野心，强调中国维护主权的决心："若必逼吾国使出于铤而走险之一途乎，则吾国必为玉碎，而无复丝毫瓦全之希冀，自无论矣。"[⑤]在国家主权与领土完整惨遭日本破坏的现实面前，梁启超疾呼举国誓死抵抗，才能求得生机，对袁政府的决策不无影响，令日本知中国人非尽可侮。

总体而言，在一战初期，梁启超之所以疾呼坚决抵制日本独霸中国，一是基于爱国之激情，不忍看到山东落入日本，无意坐视日本坐大"满蒙"并将中国保护国化。二是因为他并不认为日本有能吞并中国的实力。梁启超预判德国必胜，认为"自开战之始，吾尝昌言德之必胜，且言其决胜甚速"[⑥]。德国获胜，则不存在中国山东权益的易主问题，会对日本在中国的势力扩张加以限制。即或日本占据山东，亦

①复旦大学历史系编：《中国近代对外关系史资料选辑 1840—1949》上卷，第2分册，第370页。

②外务省编纂：《日本外交年表及主要文书》(上)，第420页。

③ 梁启超：《外交失败之原因及今后国民之觉悟》，《梁启超全集》(第十卷)，北京出版社，1999年，第3053页。

④ 梁启超：《中日交涉汇评》，第2761页。

⑤ 梁启超：《中日交涉汇评》，第2761页。

⑥ 梁启超：《欧洲战役史论》，第2719页。

可在战后和会上以公理制裁日本，收回中国权益。因此，他主张对于日本，除了在外交上给予坚决抗议外，决不能与日本订立任何条约，避免引起战后新一轮的瓜分中国之狂潮。除了一腔爱国激情令人感佩，呼吁抵制日本之外，德国必胜、凭公理收回权益等预判，均属误判。

二、一战后期日本的对华方针与梁启超的解读

1917 年 2 月，德国采取无限制的潜艇攻击策略，宣布将击沉所有协约国或中立国的所有商贸船只，招致普遍抗议。4 月，美国以德国在大西洋击沉多艘船只为理由，向德国宣战。6 月，约翰·潘兴将军为总司令的首批美国远征军抵达法国。随后，百余万美军陆续赶来，与英法盟军突破兴登堡防线，欧战的天秤决定性地倒向协约国一边。以美国对德宣战为标志，第一次世界大战进入行将决定战局胜负的后期。

战局日趋明朗，参战与否，成为国家政务与舆论的焦点。此时，梁启超热烈主张对德奥宣战。1917 年 2 月 10 日，在答《申报》记者问中，梁启超斥责“德国布告之潜航艇作战新计划，实属违背公法，蹂躏人道，危害中立国人民生命财产”；表示“中国亦中立国之一，乌能隐忍，任其施行”；支持政府提出抗议并因“协约国方面想必乐睹吾国之加入”，故“吾国政府随时势之推移，自不能不先求接洽”；基于中日“谊属同洲利害关亦较密切，尤应开诚布公，与之协商”；梁启超称加入协约国与中日协商为“今日吾国应取之根本方针”。[①]梁启超还从积极、消极两者角度，力促参战：“第一从积极进取方面言之，非乘此时有所自表见，不足以奋进以求厕身于国际团体之林。从消极维持现状言之，非与周遭关系密切之国同其利害，不复能蒙均势之庇，必深明乎此两义。”[②]只要参战，则不分积极与消极，均为趋利避害之举，梁启超用心良苦，几乎将话说绝。

然而，1917 年前半年，中国的国内政治漩涡澎湃激荡。3 月，段祺瑞政府与日本协商后，宣布与德奥断交，收回天津与汉口德奥租界，停付庚子赔款，但赞否歧见纷纭；4 月，首批中国华工抵达法国，从事前线的后勤保障工作；5 月，亲美的

---

① 《梁章之中德国际前途观》,《申报》,（1917 年 2 月 13 日），转引自丁文江、赵丰田编：《梁启超年谱长编》，上海人民出版社，2008 年，第 520—521 页。

② 梁启超：《外交方针质言》,《梁启超全集》（第十卷），北京出版社，1999 年，第 2958 页。

总统黎元洪与亲日的国务总理段祺瑞的府院之争势同水火，八省宣告与政府脱离关系；6月，辫帅张勋率军入京调停黎段纠纷，乘机发动政变，拥戴逊帝溥仪复辟，将纷乱的政治闹剧推向高潮。梁启超参与段祺瑞、冯国璋讨伐张勋辫子军倒行逆施的行动，马场誓师后，随段祺瑞入京，辫子军迅即鸟兽散。7月，段祺瑞内阁复权，梁启超论功行赏，出任段内阁的财政总长。

梁启超之所以与段祺瑞走到一起，除了对段祺瑞本人及其实力寄予希望的信任以外，段祺瑞的亲日背景也是原因之一。梁启超认为，"今日之局，能生我者新亲也，能死我者近邻也，必近邻全释其死我之心（暂不动手），然后生我者乃有所用力。项城联英之政策本不误，其误在挟英以排日。"[①]对于参战能否造成日本借机侵略的舆论质疑，梁启超坚持认为，虽然战后欧洲疲敝，但日本仍不具有与欧美各国，特别是美国相抗衡的实力。就东亚局势而言，德国在东亚之势力已荡然无存，在美英法日意五国之中，"能生死我者尤莫如美、日，我若能提挈美日，而自伍于此五国者之林，虽进焉无所获，而退焉必足以自保"[②]。在梁启超看来，与美、日两国共同进退，即使无所收获，也是足以自保的稳妥之策。

在大战的局势与中国的事态发生变化之前，日本的对华政策进行了新的调整。1917年1月，寺内正毅内阁通过了对华方针，要点是①"帝国尊重并拥护支那的独立及领土保全主义"；②"帝国以诚意指导启发支那""实行庶政改革"，从而"增进两国的交谊"；③"帝国对支那任何政治系统及党派持不偏不倚的公正态度"；④"除了有关与帝国在支那拥有的特殊利益的地区问题之外，尽量与各国保持协调，逐渐使各国承认帝国的优越地位"；⑤"按照关于'南满'与'东蒙'的既定方针，日益增进帝国的特殊利益"，确保福建省"与帝国的特殊关系，逐步努力置于我势力的扶植之下"，"至于山东省的最后处理，有待和平恢复之后，目前的问题是讲求将战前德国在该省享有的一切利权悉数收归帝国所有的方法"。[③]

寺内内阁的对华新方针愈加明确，即强调与欧美列强协调行动，确保在"满蒙"与福建的优势地位，将德国在山东的殖民权益全部收归已有。随即，采取了相应的行动。1917年2月，日本应英国之邀，派遣佐藤皋藏少将率领9艘舰船组成的第二特务舰队，驻扎在马耳他岛，执行地中海护航任务。作为回报，英国驻日大使格

① 梁启超：《致段祺瑞》，《梁启超全集》（第二十卷），北京出版社，1999年，第6011页

② 梁启超：《外交方针质言》第2959页。

③ 外务省编纂：《日本外交年表及主要文书》（上），第424—425页。

林照会外相本野一郎，表示英国“欣然承诺”“在媾和会议之际，支持日本提出的接管德国在山东各种权益和赤道以北德属岛屿的要求”。[①]当即承诺将支持日本。3月，法国和俄国也分别作出了同样的表态。美国在出兵法国战场之后，也调整了对日政策。7月，外相本野一郎训令前往美国交涉的特命全权大使石井菊次郎，着重与美国国务卿谈论有关日本人在美国的地位问题，以及“明确帝国在支那的特种关系，协调两国在将来的行动”等两个问题。[②]11月，日美签订《石井—蓝辛协定》，美国“承认日本在支那、特别是与日本属地接壤的地区，拥有有特殊利益”；日本与美国“承认支那的独立与领土完整不受侵害”，“支持所谓门户开放或工商业机会均霑的原则”。[③]至此，日本政府完成了欧美强国的协调，同时加紧对华扩张。

1917 年 2 月。寺内内阁一改将中国排斥在欧战之外的方针，劝告段祺瑞政府与德国、奥匈帝国断绝，通过提供所需援助全面掌控中国。5月，日本借口防止苏俄影响在中国蔓延，与段祺瑞政府订立《中日陆军共同防敌军事协定》和《中日海军共同防敌军事协定》。其真正用意，在于“帝国将取得绝大利益，即在军事上以协同作战为理由，可在支那领土内之必要方面，自由出动帝国的军队”，利用“相互支援之名义，参与编练支那军队”，获取“制造军火制造的原料”；在政治上，“从各方面扶植帝国的政治势力”；在经济上，“以同盟协作之名，开发其丰富的资源，努力开拓市场，以利于帝国经济的发展。”[④]从军事协定入手，顺序干涉中国的内政，掌控中国的经济命脉，自我戳穿了日本尊重中国主权独立与领土完整的假象。

1918 年 9 月，通过首相寺内正毅的亲信、实业家西原龟三的撮合，在中日“经济提携”的幌子下，将大战景气中的过剩资本，分 8 批提供给段祺瑞政府，史称“西原借款”。借款总值高达 1.45 亿日元，用于交通银行的融资，以及有线电信、吉会铁路、黑吉林矿、“满蒙” 4 条铁路、山东 2 条铁路的修建和段政府参战借款等项目，日本进一步加紧经济渗透。同月，外相后藤新平照会驻日公使章宗祥，就山东问题达成换文，规定日军继续分别驻守济南和青岛，胶济铁路由中国巡警队警备，待所属权明确后，由中日合资经营。[⑤]

① 外务省编纂:《日本外交年表及主要文书》(上)，第 431 页。
② 外务省编纂:《日本外交年表及主要文书》(上)，第 435 页。
③ 外务省编纂:《日本外交年表及主要文书》(上)，第 439—440 页。
④ 外务省编:《日本外交文书》大正六年第 1 册，日本国际联合协会，1967 年，第 594 页。
⑤ 外务省编纂:《日本外交年表及主要文书》(上)，第 439—440 页。

寺内内阁的上述对华方针与举动，在中国引起不同反响。梁启超认为，日本现政府政治手段更为高明，野心也有所收敛，断不会贸然发动野蛮侵略中国的行动，理由是“彼现政府已知其不可行，且行焉而决非彼之利，今后国家之荣枯，系于经济，而经济之争竞，集于我国。与我国民感悟不洽，即为经济竞争劣改之大原”[①]。因此，梁启超列举了在东三省金融、聘用日本顾问、关税等方面与日本合作的多项举措，天真地以为“对于青岛问题绝意信赖日本最初之宣言，将来一听大会公决，我绝无成见”。[②]至于山东问题，梁启超寄希望中国跻身战胜国行列，在战后的和会上得到解决。在梁启超的游说之下，1917 年 8 月 14 日，段祺瑞政府对德奥正式宣战。

段祺瑞政府宣战后，国会却迟迟没有通过参战决议，引发了协约国的不满。此后，前后计约 14 万华工远赴英法，从事军工生产、搬运炮弹、发掘战壕与修筑道路等后勤保障性的繁重劳动。华工付出重大牺牲，却因中国以工代兵，最终并未提升国际地位。

三、巴黎和会期间日本的对华方针与梁启超的解读

1918 年 11 月 11 日，协约国与德国签订停战协定，第一次世界大战结束。一场大战下来，俄国、德国和奥地利三大帝国先后崩溃，世界上出现苏维埃俄国，全球范围内的和平民主和与民族自决的浪潮日益高涨，世界进入建立国际新秩序的时代。

早在德国投降之前，英、美、法、日和意大利等五国已经开始了关于战后世界安排的讨论。此时，日本虽然更换了内阁，“平民宰相”原敬出任首相，但对华方针丝毫不变。首先，协调与英美法意大利等欧美列强的关系，从中谋取在华利益的方针一如既往。1918 年 12 月，日本与美英法意大利就中国南北和平统一问题发表声明，指责中国的南北纠纷不仅“损害了支那本身的稳定，损害各外国的利益”[③]。五国居高临下，干涉中国内政。日本通过发表联合声明达到了双重目的：其一，在中国的问题上，与欧美列强共进退；其二，借维护中国稳定，保护其自身利益。1919

① 梁启超：《外交方针质言》，第 2959 页。
② 梁启超：《致段琪瑞》，第 6011 页。
③ 外务省编纂：《日本外交年表及主要文书》（上），第 477 页。

年1月18日，巴黎和会在凡尔赛宫召开，32个国家与会。元老西园寺公望和内大臣牧野伸显为全权委员，率日本代表团出席会议。凭借出兵占领山东的事实、对德"战绩"，以及已与英法美等国达成谅解并获得支持，日本代表团对接管德国在中国山东的殖民权益与南太平洋的德属岛屿，信心满满。

就在同一天，原内阁通过题为《关于日本单独利益关系的媾和条件条约方案》，确定了日本代表团在巴黎和会上必争的基本点。方案共计7条，除了涉及赤道以北的太平洋德属岛屿的财产转让给以及收购德资公司之外，其余各条，规定了转归给日本的内容，包括将德国山东省及山东以外"省拥有的有关领土领海之租借、铁路、矿山的所有权利、特权"；"经营属于德国在胶济线及其所有支线所在地区利益的所有矿山，以及该地附属于铁路及矿山"；"德国联结青岛与上海及芝罘海底电缆，及其相关的权利、特权与财产"；此外，在附属条款中，规定德国在青岛设置的两家公司转归日本，对其创始人10万金马克的补充等。[①]原内阁的以上集中体现了日本在巴黎和会上的对华方针，概括起来看，即视中国如战败国，不计后果、不容协商地恣意宰割中国的领土主权。

在巴黎和会的开幕的当天。大会主席、法国总理克里孟梭宣布，结束战争功劳最大的美、英、法、日、意大利五大国，有权指导大会。五大国随即各派出2名代表，组成10人委员会（"十巨头"会议），享有最终决定权。在全体大会上，日本与英美法意大利同样拥有5票表决权，超出其他国家一倍以上。在最高会议的专门委员会会议上，凡属重要决定须同日本协商。在巴黎和会上，日本一举跻身世界政治大国行列，增强了外交立场。

日本成为政治大国，意味着中国的权益必将受到损害。1月27日上午，10人委员会讨论德属殖民地，特别是山东问题。中国代表王正廷、顾维钧在下午列席会议。日本代表牧野声称"日本尊重日中之间的成约"，强调"山东问题应在日中两国之间，以双方所商定之条约、协议为基础来解决"。[②]言下之意，是按照《中日民四条约》的规定，将德国在山东的全部殖民权益转让给日本。中国代表在当场无权发言，只能由顾维钧在翌日举行的全体会议上驳斥牧野，要求将德国在山东窃取的权益直接归还中国。

2月15日，中国代表向大会提交了有关山东问题的议案，但英法等国借口战

---

① 外务省编纂：《日本外交年表及主要文书》（上），第478—479页。

② 顾维钧：《顾维钧回忆录》，中华书局，1982年版，第186页。

争期间对日本已有承诺，对中国的要求不予理会。后来，只是由于在 4 月 25 日将媾和条件送交德国代表团，山东问题才被五国提上日程。4 月 22 日，在中国代表被排除在外的情况下，威尔逊邀请英法日代表举行最高会议讨论山东问题。日本代表强调战争期间已与中国签订《民四条约》，不能因中国对德宣战而失效，山东的权益是日本参战应得的回报。否则，将拒绝在国际联盟章程上签字。日本的无理要求得到英法美的支持。威尔逊与乔治·劳合、克里孟梭约见中国代表团，表示山东问题“是一个最困难的问题”，最高会议希望“中国接受”日本的要求。[①]28 日，在巴黎和会的全体大会上，日本代表牧野就取消人种差别发表演说。在“无论人种或国籍如何，给予均等公平的待遇”的名义下，要求“解决日本政府与人民多年持续的不满”。[②] 这个演说并非突如其来，既表达了对日本在专门委员会讨论权缺失的不满，也借机向欧美强国施压，将美英法的承诺铁板钉钉。30 日，美、英、日、法四国会议承认了日本的主张，同意将德国在山东的殖民权益转归日本。消息传来，五四爱国运动在大江南北轰轰烈烈地展开。6 月 28 日，在签署《凡尔赛和约》时，德国在山东的殖民权益转归日本写入第 156—158 条款之中。在民心民意的压力下，中国代表拒绝在和约上签字。在山东问题的处理过程中，日本的贪婪与傲慢，恶化了中日关系。

此时，梁启超以会外顾问的身份私人身份参与和会，借舆论造势，为收回国家权利助力，即“想拿私人资格将我们的冤苦向世界舆论申诉申诉，也算尽一二分国民责任”[③]。为此，梁启超在赴欧之前即与英、美等国公使联络沟通，以为“英、美等国外交当局大约和我们同做一样的梦，着实替我们打算”[④]。梁启超尤其对威尔逊的《十四点计划》寄予希望。然而巴黎和会冷酷的现实使其公理梦破碎，深感失望的梁启超抨击说，“什么海洋自由咧，什么不要割地不要赔款咧，什么民族自决咧，什么打破旧式同盟的外交系统咧，一齐牺牲，来做赞成国际联盟的交换品，乃至连我们的山东问题，也间接受到了影响”[⑤]。

愤怒的梁启超特别把抨击的矛头指向日本。他指出，日本借加入国联及人种平

① 顾维钧：《顾维钧回忆录》，中华书局，1982 年版，第 196—197 页。

② 外务省编纂：《日本外交年表及主要文书》（上），第 482、484 页。

③ 梁启超：《欧行途中》，《梁启超全集》（第十卷），北京出版社，1999 年版，第 2987 页。

④ 梁启超：《欧行途中》，第 2987 页。

⑤ 梁启超：《国际联盟评论》，《梁启超全集》（第十卷），北京出版社，1999 年，第 3034 页。

等案等问题胁迫美国对日本作出让步。“巴黎和会既开，彼一面提出山东问题，一面铺陈其战绩，示英法以德色而关其口”，又“一面提出人种平等问题向美索价以窘之，一面以全力联络英、法，挟密约以劫持，抵死不放，及至最紧要关头，彼则扬言将不署名国际同盟以恫喝美总统”，“将以此作为山东问题之交换条件也”。[①]

基于日本的种种拙劣表现，梁启超主张强力抵制，不做任何妥协。梁启超抨击日本乘一战之机谋取山东权益是处心积虑之结果，先是以“二十一条”要求将山东问题转换成为中日问题，进而分别与英、法、德、意诸国订立密约，以期获得列强承认，再继之以美日密约取得美国的支持，最后又骗取了中国政府的承认。“由此观之，日人关于山东问题，其事前布置，注意周密而首尾一贯也如此。”[②]此时的梁启超已经充分认识到了日本的侵华野心，故而在以言辞激烈抨击日本的同时，也向日本表明中国的抵抗决心。

因此，梁启超在抨击日本的同时，也追究段祺瑞政府的责任，认为“何故当去年德军垂败之时，忽与日本订立此密约，其动机安在，主持者何人，何故先事临事与重要之欧洲友邦一无接洽，乃至前此彼所与人订定之密约，一无觉察，今兹彼所持之态度，一无应付，驻使及专使，所为何事，应负何咎，若不明责任所归，将何以谢天下!”[③]梁启超转而将希望寄托于国民，着力激发起国民自觉维护国家利益的爱国热情。这次他说对了，五四运动席卷京沪大地，中华民族的觉醒进入新阶段。

结 语

第一，一战与巴黎和会期间，扩张对华殖民权益是日本政府一贯方针。一战爆发而日本朝野额手相庆，以为“天佑”良机到来，因为他们看到了就近出兵，夺取德国在山东殖民权益、确保“满蒙”特殊利益，进而独霸中国的诱人前景。此一期间，大隈重信内阁出兵山东，乘机提出“二十一条”一揽子要求。寺内正毅内阁继续坚持接管德国在山东殖民权益，在策略上注意与欧美列国协调关系，寻求支持。

① 梁启超:《外交失败之原因及今后国民之觉悟》,《梁启超全集》(第十卷)，北京出版社，1999年版，第3051—3052页

② 梁启超:《外交失败之原因及今后国民之觉悟》，第3051页。

③ 梁启超:《外交失败之原因及今后国民之觉悟》，第3054页。

原敬内阁压制中国、联结欧美，在巴黎和会上实现了接管德国在山东的殖民权益悉归日本的目标。众所周知，大隈曾经是自由民权运动的领袖人物，寺内为陆军大将，原敬有“平民宰相”之称。在对待日本国内问题上，他们歧见纷纭，但在对华方针方面却完全一致致。此种内外有别，一致对外的历史现象，值得做进一步的研究。

第二，梁启超的外交理念，特别是弱国同样需要积极的外交政策的主张，具有研究价值。

弱国与强国外交的方针不同。“盖彼弱国者，方为列强所竞争之客体，故对于竞争者之两造，决不容以身加入其一”[①]。在列强环伺下的弱国之所以能存身，皆因列强之间存在竞争的均势，讲求自保之策。一战初期，梁启超认为德国必胜，预测日本难以侵占山东，对中日关系持乐观态度，主张中国严守中立，不给日本制造借口的机会。一战后期，战局日益明朗，梁启超转而主张与德断交并加入协约国，以期在战后和会上争取国家权利，对日采取敷衍态度。在巴黎和会上，日本依托欧美列国，坚持接管山东的权益。梁启超揭露图谋，猛烈抨击日本。巴黎和会期间的欧洲经历，也使梁启超发生变化。从政治转向治学。

第三，一国对外政策效果的评判如何，与外国的回应有关。笔者之所以将一战（包括巴黎和会）期间日本对华方针，与梁启超的判析挂钩，是因为梁启超的论说堪称民初日本对华方针的晴雨表。令人印象深刻的是，梁启超在戊戌变法失败、亡命日本后，颇受庇护。但他并未因此而媚日亲日，爱国立场并有未些许动摇。1919年赶巴黎和会之前，日本代理公使芳泽谦吉设宴践行。梁启超坦率地告诉芳泽：“我们自对德宣战后，中德条约废止。日本在山东继承德国权利之说，当然没有了根据。”芳泽辩解：“日本人却不是这种解读”一语后，不置一词。梁启超当面奉告：“中日亲善的口头禅，已讲了好些年。我以为要亲善就今日是个机会，我很盼日本当局要了解中国国民心理。不然，恐怕往后连这点口头禅也拉倒了。”[②]应该说，梁启超关于中日友好关键点的点评，至今也不失其意义。

（作者：牡丹江师范学院历史与文化学院副教授）

① 梁启超：《中国外交方针私议》，《梁启超全集》（第七卷），北京出版社，1999年，第2083页。
② 梁启超：《欧游心影录》（节录），《梁启超全集》（第十卷），北京出版社，1999年，第2987页。

日本“满洲移民”时期的“镜泊学园”移民*

石艳春

内容摘要 在日本侵华战争中，“满洲移民”也是重要组成部分，主要形式包括分散移民、“武装移民”和“国策移民”。“镜泊学园”移民属于分散移民，虽然名义上是学园，并最终短命夭折，但其以培养“满洲移民”的中坚力量为目标，从始至终都扮演着侵略者的角色。在“满洲移民”的实施过程中，“镜泊学园”移民以其独特的形式存在，也负有一定的侵略性，他们是日本军国主义的有力推动者，对中国东北人民来说也是加害者。

关键词 日本 “满洲移民” “镜泊学园” 侵略

*本文为国家社会科学基金后期资助项目“日本‘满洲移民’村落研究”的阶段性成果，项目编号：18FSS002。

在日本向中国东北地区推行“满洲移民”[①]的过程中，“镜泊学园”也占有一席之地。“镜泊学园”是由东京国士馆理事山“田悌”一策划的，是在“王道乐土”“五族协和”的旗帜下，从日本全国募集而来的有志青年怀揣着成为“满洲开拓指导者”这一远大梦想，移入到中国东北地区的镜泊湖畔而建立的学园。虽然此学园仅仅维持两年，其梦想就破灭，最终不得不宣布解散，但就“镜泊学园”的性质来说，它是为了培养中坚移民而设立的机构，可以说是一种具有理想主义色彩的团体。因此，它不是纯粹的农业移民。[②]“镜泊学园”移民以学园的名义存在，以培养移民中坚力量为目标，尽管最终短命夭折，但它也是“满洲移民”的组成部分。

一、“镜泊学园”移民侵略的缘起与策划

提到“镜泊学园”，首先要了解的人物是山田悌一，他是绝大多数“镜泊学园”生仰慕的老师，曾任暗中策划“满蒙独立运动”的川岛浪速的秘书。他于 1893 年出生于现在的日本宫崎县都城市，先后毕业于都城中学、东洋协会专门学校（现在的拓殖大学）汉语系后，遇到宫岛大八、川岛浪速来到“满洲国”，参加了“满蒙独立运动”。“满蒙独立运动”遭受挫折以后，山田悌一回到日本国内，与柴田德次郎共同经营国士馆专门学校。1932 年，山田悌一得知“满洲国”建立这一消息后便立刻开始行动，与国士馆同事“镜泊学园”的创办代表大林一之等为实际梦想而努力。“满洲国”的建立，在日本国内引起了不小的轰动，“王道乐土”“五族协和”等口号响彻日本各个地区，全国民众的关注力都集中到了“满洲”。这些口号带有明显的侵略意图，山田等人相信为了实现真正的“五族协和的乐土建设”，纯真的日本青年必须站在“开拓团”的第一线，计划着在中国东北地区建设理想的学园，并毫不犹豫地开始实行。

① “满洲移民”所指代的是“近代以来日本向中国东北地区的移民”。本文为行文方便而使用“满洲移民”这一提法。1939 年，“满洲拓殖委员”、事务局长稻垣征夫曾呈请“满洲国国务院总务长官”星野直树，明确要求将“满洲移民”改称“满洲开拓民”，“满洲农业移民”改称“满洲开拓农民”，“满洲移民团”改称“满洲开拓团”，将“移民地”改称“开拓地”，“移民政策”改称“开拓政策”。同年 12 月，日本政府颁布的《满洲开拓政策基本要纲》正式采用了上述名称，企图从表面上掩盖他们的移民本质。历史胜于雄辩，日本“满洲移民”虽然以“开拓民”“开拓农民”相称，却无法掩盖其移民侵略的性质。

② 岛影盟：《满洲移民的真相》，现代书册通信社，1935 年，第 9 页。

最初，山田悌一等人企图创办“满洲大学”，并为此积极奔走。1932年4月28日，山田悌一与大林一之抱着这一想法，离开东京，5月5日到达奉天（今沈阳）。在此他们拜访了关东军司令官本庄繁，请求相关支援。他们进而向幕僚们请求创办大学方面的指点，当时关东军的意见是赞成其宗旨，但是仅凭关东军一方是决定不了的，要听“满洲国文教司”的意见。于是山田悌一与大林一之在5月10日来到“新京”（今长春），拜访了“满洲国政府的文教司”，“文教司”的意见是赞成这一方案，但因学制还处于未制订阶段，实现起来难度大。当时正处于“满洲国”建立不久，文教机构只不过是“民生部”内的一个司（局），文教相关的法规也没有制订，适用方法也没有。因此，他们放弃了创办综合大学的想法，开始学园建设用地的选定，经多方比较之后将目标定为吉林省敦化附近。5月20日，山田悌一与大林一之又拜访了吉林陆军特务机构，这一机构推荐了学园建设的理想用地为镜泊湖畔。

“镜泊学园”从其名称来看，作为学校的色彩非常浓厚，似乎与移民毫无关系，但在其宗旨中明确写有如下内容：“满洲镜泊学园陶冶锻炼怀抱大东亚主义的青年，以培养献身于满洲建国的实践性人才为目的，由毕业生建设以学园为中心的理想型学园村，同时援助满洲国农业开发。”[①]由此可见，“镜泊学园”也属于农业移民计划，与日本拓务省输送的“满蒙开拓青少年义勇军”一样，“镜泊学园”也可以说是青年移民，他们一方面要建设理想型学园村，另一方面要援助“满洲国”农业开发，与“满洲移民”关系十分密切

1932年10月，经“满洲国文教司”批准，“镜泊学园”的地址选定在滨江省（今黑龙江省）宁安县镜泊湖的东南湖畔名为松乙沟的地方，位于北纬43度70分，东经129度，属于冬季特别寒冷的地区。南面距敦化约15千米，北面距宁安县东京城（是历史上渤海国的首都）约50千米。镜泊湖是拦截松花江的支流牡丹江而形成的湖，是从东北向西南走向的狭长湖泊，长5千米，最宽的地方是5千米，最窄的地方是2千米，是山清水秀的好地方。关于这里的自然环境，有如下描述，“举目远眺，远处的青山、河流、田野，近处的湖水、大坝、渔船，在黄昏中宛如仙境，画家见了，一定会画出一幅绝妙的山水画，诗人见了一定会诗兴大发”[②]。另一方

① 满洲开拓史刊行会编：《满洲开拓史》，“满洲”开拓史刊行会，1966年，第130页。

② 孙继武、郑敏主编：《日本向中国东北移民的调查与研究》，吉林文史出版社，2002年，第46页。

面，深山幽谷这样有利的地形，也是抗日武装力量藏身的最好场所，这也成为学园不得不考虑的一点。学园周围被山包围着，雨季时道路泥泞，车辆通行困难，从6月到8月的通行一般都是中断的。冬季因路面以下冻1到1.5米，可以通行。特别是水上交通，镜泊湖从12月到3月没有解冻期间，到宁安县东京城特别方便。"镜泊学园"占地面积总共是6600町步[①]，水田300町步，旱田300町步，牧场1000町步，森林5000町步。作为学园用地，为了让1000名毕业生定居，永久借予水田10000町步，旱田10000町步，牧野30000町步。[②] 从这些数据来看，"镜泊学园"的占地面积是相当广阔的，也充分说明其侵占中国东北地区的土地面积之大。

与此同时，驻扎在当地的抗日武装力量利用镜泊湖一带的有利地形，在"镜泊学园"创立之初就搜索其武器弹药，频频对其进行反抗与袭击，抢夺他们的粮食等，这对"镜泊学园"来说无疑受到了沉重的打击，使其受到巨大的损失，也成为"镜泊学园"最终解散的重要原因之一。

二、"镜泊学园"移民侵略的实施与活动

"镜泊学园"为培养所谓的"大亚细亚主义"的殖民主义者，特意制订了《"镜泊学园"规章》。其目的为"本学园以陶冶锻炼怀抱大亚细亚主义的青年，培养献身于'满洲'建立之理想成就的模范人才"。"镜泊学园"的主要事业"为了实现本学园的目的，对于以农业经营为中心的课程，要领会其要点与有效利用之处，以自给自足和相互合作为原则，在'满洲国'法下建设经营理想型的学园村"[③]。此外，就其课程、入学与退学相关规定、编制及费用等情况均有详细规定。在《"镜泊学园"规章》的最后，作为代表列有"满洲镜泊学园"名誉总长（"满洲国"参谋、陆军中将）筑紫熊七和"满洲镜泊学园"总务、国士馆理事山田悌一的姓名，显示出该"规章"的郑重。《"镜泊学园"规章》中的"目的"与前述的"镜泊学园"设立的宗旨内容基本相同，可见其中饱含着山田悌一多年的"心愿"。其所谓的"模范人才"无非就是忠于日本军国主义的侵略分子，进行"精神训练和军事训练为主的规定训练"。教学内容除了语言、经济、历史、地理、农村、交通之外，还有防

① 町步：土地面积单位，1町步约等于1公顷。
② "满洲国"通信社：《满洲开拓年鉴》，"满洲国"通信社，1940年，第127页。
③ "满洲"开拓史刊行会编：《满洲开拓史》，1966年，第133页。

卫、武术等军事科目，由此可以看出“镜泊学园”的成员并不是以救济贫民为目的的低学历农业移民，其训练的目的一方面是为日本关东军提供后备兵源，另一方面是培养可以成为“满洲经营”指导者的杰出人物。在《“镜泊学园”规章》的最后一条指出“同一学年的毕业生组成一个单位，建设学园村，将学园村地区内的土地进行分配，每人 10 町步甚至 20 町步”，这对于出生在土地面积狭小的日本年轻人，特别是农家的次子和三子来说，能够分得 10 町步甚至 20 町步的土地，无疑像做梦一样，充满了无限的诱惑，也极大地调动了年轻人加入到“镜泊学园”的热情与积极性。

1933 年 3 月，“镜泊学园”开始从全日本募集学生，重点考察的是人品，还包括家庭状况、思想状况、健康状况。4 月 1 日，从 538 名应募者中选取 220 名允许入学，选取比例还不到 50%，可见其严格程度。这些学生从 4 月 10 日到 7 月在东京国士馆高等拓殖专门学校内开设的训练所接受预备训练。为了学习专业知识与掌握相关技术，还设立了测量部、土木部、农具部等 18 个研究部，研究部的成员还需要到各地接受实地教育。8 月 1 日，结束训练的 189 名学生和 17 名职员离开东京，前往中国东北。8 月 9 日，一行人员到达“新京”（今长春），在此接受关东军司令部及拓务当局的训话等，于 8 月 11 日到达敦化。学生从 220 名减少到 189 名的原因是学生在训练过程中表现出品行不良或对将来不抱希望而被命令退园。这些人员来到敦化之后，由于中国抗日武装力量在镜泊湖周边驻扎，对其造成很大危险，他们没能迁居到镜泊湖，而被迫停留在敦化过冬。在敦化期间，由敦化守备队提供帮助，借给他们宿舍，并为其提供其他方便，在此开设临时学校进行训练。在接受训练的同时，他们分成各个班，分别负责相关事务，产业班着手于实习农场的整理，建筑班和土木班修缮校舍和道路，通信班开展园内通信工作，卫生班开设医疗室，为学生中出现少数轻伤者治疗。

1934 年 2 月 24 日，在敦化守候的人员接到转移到镜泊湖的命令。于是他们选取了一部分人员，组成先遣队向松乙沟推进。本队于 2 月下旬开始陆续移入，全部移入到镜泊湖畔是在 3 月中旬。据时任“镜泊学园”、兴安北省呼伦贝尔开拓组合长田岛梧郎的回忆：“1934 年 3 至 5 月，移民当地，收买中国人的房舍，安顿后，全力以赴着手准备农耕。我与小原久五郎两人指导学生，忙于修造水田、灌溉渠等农田基本设施。”[①]“镜泊学园”生在相关指导员的指导下，有的建造房屋，有的开

① 《黑龙江文史资料第三十辑》，《梦碎“满洲”——日本开拓团覆灭前后》，黑龙江人民出版社，1991 年，第 286 页。

垦土地，有的挖掘水路，有的修筑堰堤，大家各自完成相应工作，都表现出很强的干劲。然而，由于抗日武装力量的袭击，他们并不能得到很好的休息，特别是担任粮食和弹药等物资搬运的学园生在从敦化到镜泊湖畔的路上经常受到抗日武装力量的袭击，想要得到安定的生活并非易事。

“镜泊学园”生来到镜泊湖畔之后，每天严格遵守相关规定，时间安排紧凑。从移入到 1935 年 6 月，“镜泊学园”生出现战死者 1 名，病死者 1 名，入伍等 8 名，调查时的学园生数量为 160 名。[①]从毕业学校及人数来看，毕业学校涉及范围广，其中初中毕业的占绝大多数，为 138 人；其次是农学校毕业的学园生，为 26 人；还有 4 名大学毕业[②]，可见“镜泊学园”生文化程度普遍较高。“镜泊学园”生的出生地几乎遍及日本全国，其中九州地区出身的占有绝大多数，第一位是宫崎县 24 名，第二位是福冈，第三位是佐贺，第五位是熊本，第七位是大分，第十位是长崎。[③]分析其原因，“镜泊学园”生的指导者山田悌一出身于宫崎，他在当地及周边具有“较高的声望”，因仰慕他而应募的学生较多。

“镜泊学园”生以分队为基础，为完成学园的最初使命而进行实地教育。春季的农耕时期，在各部门指导员的指导下，每个分队直接从事农耕，其间有的是直接根据指导员的口述进行，有的是根据分发的书面材料进行，由此来掌握农业经营的相关知识。遇到雨天或是不能耕作的日子，他们就学习专业知识，以此来掌握重要的科学技术，提高文化素质。为了增强团体训练和培养士气，他们还进行剑道和室内游戏等活动。为了防守抗日武装力量的袭击，在警备方面，“镜泊学园”生实施必要的军事训练和行军等团体训练。

三、“镜泊学园”移民的解散与结局

“镜泊学园”不论其以何种形式存在，其侵略的性质不言而喻，这也势必引起当地中国人民的反抗。1934 年 5 月 17 日，在“镜泊学园”生移入到镜泊湖畔仅两个月后，总务山田悌一、干事今井和佐久及指导员树下清还有 5 名学园生，1 名翻译（中国人），守备兵 5 名，总计 13 人，被抗日武装力量击毙。关于山田被击毙的

① 东京“满蒙”开拓团知晓会：《东京满蒙开拓团》，优玛尼书房，2012 年，第 119—120 页。
② “满洲”开拓史刊行会编：第 134 页。
③ 东京“满蒙”开拓团知晓会：《东京满蒙开拓团》，第 121 页。

过程，有如下记载：

五月十七日晨，山田总务为首的官员二，学员五，守备兵五，计十三名，从宁安携带粮食、杂货等乘卡车返回途中，遭到约五十名“匪”预设伏击，经过奋战，最后全员悲壮战死。此悲报于二十一日在报纸和电台同时报道后，给日满两国带来了异常的冲击。①

在“镜泊学园”的园长被抗日武装力量击毙之后，整个学园“在精神上遭到了严重的打击”，处于一蹶不振的状态。由于第一次抗日武装力量的袭击取得了胜利，大大鼓舞了抗日武装力量的士气，他们此后对“镜泊学园”的袭击更加频繁，使学园因物资缺乏而陷入困境。在1934年6月到9月这四个月时间里，“镜泊学园”生只能从附近的朝鲜人手中购买一些大米，勉强度日。到了1935年，“镜泊学园”的情况有所稳定，但是抗日武装力量的打击并没有停止，生活物资的补给仍然很困难。一直以来学园的运营资金都是利用山田的广大人脉关系而获得，此时出现了巨大的危机。为解决这一问题，作为补助金，拓务省对“镜泊学园”1935年度的预算达到10000元。②7月3日，大林总务从东京来到镜泊湖，与关东军谈判，将善后政策向学园生进行了转达。善后政策的具体内容如下：

1. 大林总务负起责任而辞职，由古幡干事作为代表负责一切事务的处理。

2. 直到学园的问题解决，由关东军经营。

3. 作为应急粮食费，由拓务省提供一万日元补助金以糊口。

4. 作为支付学园约十万日元的负债，处理学园财产，由新近建立的移民公司收购。

5. 学园生根据个人意愿，作为拓务省第四次骨干移民而移入，或者成为一般移民的农事指导员。③

1935年11月21日，“镜泊学园”举行了第一届也是最后一届毕业生的毕业典礼，此后“镜泊学园”不得不停办。就学园的总占地面积来说，如果150名学园生全部留下来是不可能的。临毕业前夕，学园生相互商议，其结果是45人加入第四次城子河移民团，20人加入三河、海拉尔的自由移民团，转移到其他方面的有60人，30人决定留在镜泊湖畔，并发誓只要留在“满洲国”就把这里当作故乡。1936

① “满洲”回顾集刊行会：《啊，满洲》，农林出版株式会社，1965年，第152页。

② 日本拓殖协会：《拓务要览》（昭和九年版），日本拓殖协会，第664页。

③ “满洲”开拓史刊行会编：《满洲开拓史》，第136页。

年，留下来的“镜泊学园”生迎来了移入后的第三年。1月刚过，新设立的“满洲”拓殖公社与学园代表进行财产交接与负债整理，同年7月，“满洲”拓殖公社继承了“镜泊学园”的所有实地财产。留下来的30名学园生一心进行农业经营，他们自称是为了怀念被打死的山田园长，护卫山田等为国牺牲的41人的“英灵之山”，“以完成未完成的事业”。[①]可见，这30名学园生成为盲目崇拜而不能自拔的军国主义牺牲品。

1936年春天，关东军就残留在当地的学园生的处理问题，也感到比较苦恼。3月上旬，当时在佳木斯的东宫铁男少佐接受关东军的密旨来到“镜泊学园”，建议解散“镜泊学园”。东宫作为少佐，此行的主要任务是说服解散学园，并考虑提供其他合适的地方。然而，残留的30名学园生“坚定信念”没有任何退让。关于他们的“坚定信念”，有如下描述：

> 不能将恩师和盟友的坟墓弃之而去。即使遭到匪袭（指抗日武装力量的袭击）及其他任何困难，也决心坚守到最后，在临近毕业仪式之时，150名青年组织了镜友会，并发誓即使相互离散，心系镜泊湖，保证代替离散四方的人守卫这里。[②]

东宫少佐被他们的决定打动，不但没有说服解散，反而讲了激励的话语，支持30名学园生继续留下来，其讲话内容如下：

> 诸君的心情我很理解。完全是同感。实际上我是建议大家解散而来的，但是诸君吐露的真情我只能表示同感。没有信念的人的意见，我也不会理睬。请彻底干吧。将来总会有办法的。三年后我再来镜泊湖，看诸君精神的面貌。请加油到那个时候吧！[③]

东宫少佐回去以后，发表了题为“实际考察当地的结果是应该将现有人数作为特殊移民使其存续”的意见书，支持“镜泊学园”生继续保留下来。由此，残留的学园生长期居住在镜泊湖畔得以正式认可。然而，对于残留的学园生来说，1937年和1938年这两年时间是非常艰难的。据学园生丰岛的记录，“这两年的艰苦奋斗是不能用笔墨言词来表达的”[④]。

---

① “满洲”国通信社：《满洲开拓年鉴》，“满洲国”通信社，1940年，第127—128页。

② “满洲”开拓史刊行会编：《满洲开拓史》，第137页。

③ “满洲”开拓史刊行会编：《满洲开拓史》，第137页。

④ “满洲”开拓史刊行会编：《满洲开拓史》，第138页。

1939 年 2 月 19 日，“镜友同志会”召开，此次会议决定招揽青年义勇队。3 月，拓殖委员会的富永大佐来到学园，将此具体化。6 月 1 日，300 名青年义勇队被委托给学园，开设了“镜泊学园”训练所，就其性质来说，属于分散移民是无可争议的。在“镜泊学园”解散后，加入第四次城子河移民团的 45 名学园生移入的地区位于弥荣、千振南侧，接近苏联国境线的东安省密山县（今黑龙江省密山市）鸡西地区。截止到 1939 年 7 月，移民户数为 17 户，人口为 17 名。[①]

1940 年，第四次城子河移民团转入个体经营。因地下资源（煤炭）开发优先于开拓政策，收容全部移民是不可能的。“镜泊学园”生中只有 4 人留在鸡西，其余人员重新移入到吉林省五常县（今五常市）开原地区。在 1941 年 2 月到 3 月之间，“镜泊学园”生陆续移入。移入过程比较顺利，但是由于年末发生了太平洋战争，对于日本来说战败逐渐增多，除了普通征兵，也开始向移民团征召兵力，由此，移民中的男子数量逐渐减少。1945 年 8 月 1 日，因实行总动员，移民中的男子全部被征召，剩下的只是妇女和儿童。1945 年 8 月 9 日，苏联参战以后，“镜泊学园”移民与其他移民团一样陷入悲惨的逃亡之行和避难生活之中。因远离国境线，他们进入到哈尔滨的桃山小学收容所。可是在收容所生活期间，因营养失调和严寒而死亡的人不断出现，另外也出现因发疹伤寒的流行而导致的死者。得以生存下来的学园生能够平安返回到日本，已是 1946 年 10 月 21 日的事了。

1933 年 8 月 1 日，在“五族协和”“王道乐土”这一蛊惑人心的美丽口号下，“镜泊学园”的年轻人抱着建设理想型的新国家的梦想离开了东京，来到了“满洲”。他们既不是以想发财的企图来到“满洲”的，也不是在日本国内无法生存而来到“满洲”的。而是由于中日甲午战争、日俄战争和第一次世界大战，日本的军力明显增强，霸权倾向日益明显，受到天皇制军国主义教育洗礼的年轻人将日本国策与自己的生存方式结合在一起，一心想为国家建设发挥自己的作用而漂洋过海来到了“满洲”。只是由于他们过于单纯，没有识破日本政府宣扬的口号中所包含的侵略性这一本质，从结果来看，只能说这些年轻人特有的理想被时代烙上了浓浓的日本军国主义色彩。“镜泊学园”在移入之后仅仅经过两年时间便于 1935 年 11 月举行了既是第一次也是最后一次的毕业典礼，学园生不得不分散到各地。学园生亲身体验了在异乡生存的困难，即便在这个阶段，他们也没有意识到“五族协和”“王道乐土”

① 日本拓殖协会：《拓务要览》（昭和十四年版），第 597 页。

这一口号像海市蜃楼一样是空虚的。很多青年缺少思考，沉醉于语言所描绘的理想当中，并为此献出生命。当然，历史事实是不能改变的，“镜泊学园”生也负有一定的侵略性，他们是日本军国主义的有力推动者，对中国东北人民来说也是加害者。

（作者：江南大学外国语学院副教授）

思想与文化

新中国成立70年来中国学者稻作东传日本研究评述

李国栋

内容摘要 新中国成立70年来，对于稻作东传日本的研究，前辈学者做了许多开创性、基础性的工作。安志敏、游修龄、游汝杰、王金林、尹绍亭和杨庭硕这6位前辈学者可以作为这70年的代表。前辈学者关注的重点是稻作的起源与东传。继承前辈学术的研究成果，加强对日本稻作文化本身的研究，将成为一个重要的研究方向。

关键词 安志敏　游修龄　游汝杰　王金林　尹绍亭　杨庭硕

2004年，北京大学历史系沈仁安教授在其专著《日本起源考》[①]中指出，中国的日本古代史研究有四个兴奋点：①稻作农耕，②绳纹时代晚期遗址出土的玉器和石器与中国太湖地区原始文化遗址出土的玉器和石器的关系，③日本漆器的文化源流，④干栏式建筑以及黑陶、“拔齿”等共通的文化习俗。沈教授归纳得很到位，不过这四个兴奋点都属于远古史，文献支撑极其有限，所以实际从事这方面研究并留下业绩的并不是日本史研究家，而是考古学家、农学家、地理语言学家和人类学家。

笔者在日本研究稻作文化13年，回国后又去云贵山地田野调查六年，最近一年又在江淮一带做田野调查，从而对中国学者稻作东传日本研究有比较深入的了解。正因为这个原因，在新中国成立70年学科回顾之际，对此研究领域做一评述。

一、安志敏

安志敏先生（1924—2005）是中国著名考古学家、中国社会科学院考古研究所副所长、《考古》杂志主编。1948年毕业于中国大学史学系，但从1945年起便与日本著名考古学家兼人类学家鸟居龙藏有学术交往。1948—1950年任燕京大学历史系助教，其间鸟居龙藏亦在燕京大学任客座教授。由于这层关系，安先生一生一直关注日本考古发掘的进展以及与日本密切相关的稻作文化研究。

1955年，安先生在《考古》杂志上发表《中国古代的石刀》[②]，开创了东亚石制摘刀对比研究的先河。2001年，四川大学历史文化学院的罗二虎教授在专业期刊《农业考古》上发表《中日古代稻作文化——以汉代和弥生时代为中心（续）》，对中日两国的石制摘刀进行了探讨：

> 发现的数量极多，是中国南方史前时期最主要的收获工具，用于摘取谷穗。系绳石刀大约在公元前4500年前后首先出现在黄河中游地区，在公元前3000年以后，系绳石刀才传到中国南方的稻作农业区。大概在公元前2900—前400年这一时期内为盛行时期。
>
> 系绳石刀的形制十分复杂，大体可分为长方形复孔（双孔）石刀、长方形单孔石刀、直刃半月形石刀、弧刃半月形石刀、缺口石刀和桂叶形石刀等六类。

① 沈仁安：《日本起源考》，昆仑出版社，2004年，第355页。

② 安志敏：《中国古代的石刀》，《考古》，1955年第2期，第27—51页。

在各类中还有不同的形式。

系绳石刀的分布十分广泛,但是在各地区流行的类型却不相同。在长江下游地区, 主要流行弧刃半月形双孔石刀和直刃半月形双孔石刀。另有少量的长方形双孔石刀和个别的长方形单孔石刀。在长江中游和东南沿海地区,长方形双孔石刀和长方形单孔石刀为主,另有少量直刃半月形石刀和两侧缺口石刀。但是在西南南部地区,包括云南北部、四川西南部和贵州西部,系绳石刀却呈现出多样化的趋势,几乎所有的种类都有。①

引文中的“系绳石刀”即本文所说的石制摘刀。首先，罗教授从考古学层面对中国石制摘刀的功用、出现年代、种类和地域性进行了归纳。然后在此基础之上，他指出日本的石制摘刀（日语称“石庖丁”）“基本都是双孔的。从谱系上观察，与中国东部双孔系统的系绳石刀属于同一谱系”。

接下来，罗教授又进一步探讨了日本石制摘刀和铁制手镰的关系：

收获时使用的工具有石庖丁、铁庖丁等爪镰和手镰。过去,日本学术界一般认为,从石庖丁到铁镰的变化可以理解为从刈穗首到刈根部的变化。但是通过深入研究和民族学、民俗学调查的事例,现在持否定意见的学者逐渐占据了多数。根据民俗学的事例可知,用小型镰同样可以刈取穗首。

为了收获成熟的稻谷,与镰刀相比用石庖丁摘取稻穗更为有效。在有的地区使用木制或贝制的摘穗具。在弥生时代晚期变成了铁制的摘镰(手镰)。弥生时代的镰刀,在中期是石制的,在中期后段时变成了铁制的,但不是用于水稻收获,而是用于残稻杆的处理、割草,以及在粟等杂谷的收获时使用。②

从石制摘刀向铁制摘刀或手镰的转变，是否可以“理解为从刈穗首到刈根部的变化”？日本大多数学者持否定态度，笔者也不认为这一转变意味着“从刈穗首到刈根部的变化”。

稻作传入日本列岛，始于 3000 年前。笔者考察过日本九州岛北部最古老的稻作遗址——菜畑遗址。该遗址出土了石制摘刀（图 1）和石镰（图 2），可见日本的稻作农耕从一开始就是石制摘刀和石镰并存的。

① 罗二虎:《中日古代稻作文化——以汉代和弥生时代为中心（续）》,《农业考古》, 2001 年第 3 期，第 52—53 页。

② 罗二虎:《中日古代稻作文化——以汉代和弥生时代为中心（续）》, 第 54—55 页。

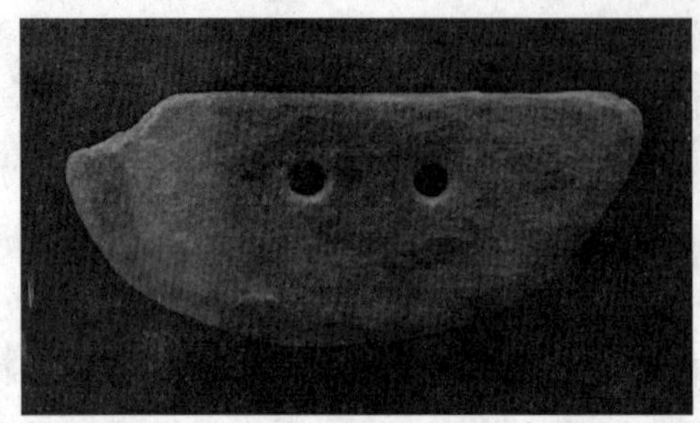

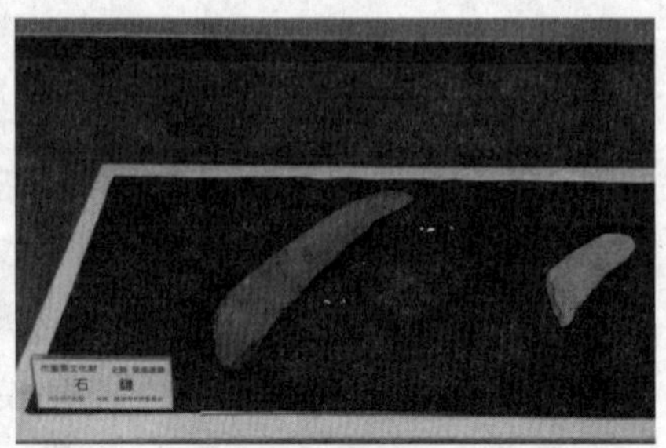

图 1、图 2 日本最古老的石制摘刀和石镰（笔者摄于日本菜畑遗址末庐馆）

笔者在云贵山地做田野调查时发现，当地苗族、侗族等少数民族今天仍然使用摘刀摘取祭祖仪式所需的糯稻稻穗，而粳稻或现代杂交稻则用镰刀割。当然，现代的摘刀不是石制的，变成了金属刀片加木制刀体（图 3），或金属刀片加铜制刀体再加竹制刀把（图 4）。从保留在云贵山地的这个古老的稻作习俗反推，日本的稻作农耕从一开始就种植两种稻谷——糯稻和粳稻。糯稻用石制摘刀摘，粳稻则用石镰割。用摘刀摘的糯稻主要用于祭祀，而用石镰割的粳稻则作为主食。

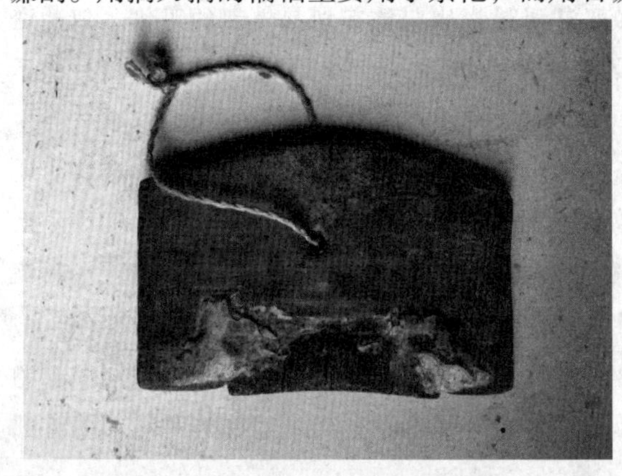

图 3 苗族摘刀（笔者摄于贵州省黔东南州）

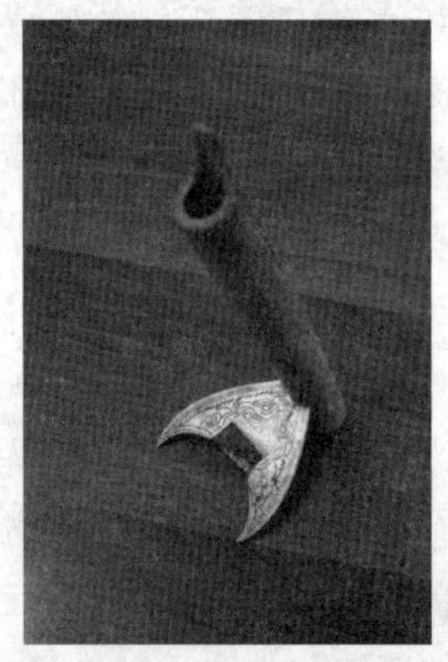

图 4 侗族摘刀（笔者摄于贵州省黔东南州）

罗教授的《中日古代稻作文化》分正篇和续篇，探讨了栽培稻种属、水田类型、水田灌溉、耕作农具、耕作技术、播种与收获、谷物加工、谷物贮藏8个方面的问题。作为从考古学层面全面探讨中日古代稻作文化的基础研究，值得充分肯定。

1984 年至 1999 年，安志敏先生连续发表了 3 篇探讨长江下游的稻作文化如何东传的论文。在第三篇《中国稻作文化的起源与东传》中，安先生首先讨论了日本农学家渡部忠世于 1977 年提出的水稻“阿萨姆·云南起源说”，然后又讨论了日本

“照叶树林文化理论”提出的“东亚半月弧”，最后则充分肯定了稻作“长江中下游起源说”，并在此基础上分析了稻作东传路线：

> 关于稻作的东传途径，历来有华北、华中和华南三种说法，其中以华中说较为有力。由于长江中下游是稻作起源和发达的中心，通过海路直接输入朝鲜半岛和日本列岛是完全可能的。特别是舟山群岛出土的红烧土中也有稻谷的印痕，或可作为稻作东传的中继点。作者曾较早地支持华中说的论点，并强调稻作通过海路大体同时传入朝鲜半岛和日本列岛。至于其他两说，与考古学资料相对照尚有待商榷。[①]

作为稻作东传日本的途径，安先生支持“华中说”，并强调稻作是“通过海路大体同时传入朝鲜半岛和日本列岛”的。在此期间，毛昭晰等浙江学者也开始强调江南稻作文化经舟山群岛直接东传日本的合理性。他们的根据主要来自舟山群岛本岛马岙洋坦墩遗址出土的稻作遗存、海流、季风以及长江下游与日本相似的稻作习俗。当然，浙江学者林东华认为，稻作东传日本的路线应该是“长江下游→山东半岛→朝鲜半岛→日本九州”[②]，这一学说在日本被称为“间接说”。

2003年5月，日本国立历史民俗博物馆对日本弥生时代重新断代，提出了“弥生时代公元前10世纪起始说”。这一新断代比传统断代提前了500年，所以当时有很多人反对。但是经过17年的检验，越来越多的学者感觉这个新断代比传统断代更符合实际。

根据这个新断代，日本稻作起始年代可以追溯到3000年前，与朝鲜半岛南部稻作起始年代基本持平，差距不超过考古学年代100年。其实，考古学的100年不同于历史学的100年，由于存在几十年的误差，并不具备证明100年内孰先孰后的绝对性。因此，像安志敏先生这样，认为“稻作通过海路大体同时传入朝鲜半岛和日本列岛”的意见便有了更强的说服力。而且“弥生时代公元前10世纪起始说”的首倡者藤尾慎一郎也认为：“从对马、壱岐等岛屿发现了新石器时代朝鲜半岛的陶器，所以对马、壱岐通道肯定是新石器时代的海上通道之一。但在对马岛和壱岐岛上，至今还没有发现关键性的反映公元前10世纪朝鲜半岛墓制的支石墓，以及随葬在支石墓中的涂红研磨陶壶。”“在水田稻作开始的公元前10世纪后半期的遗

① 安志敏：《中国稻作文化的起源与东传》，《文物》，1999年第2期，第68页。

② 林东华：《稻中国稻作农业的起源与东传日本篇》，《农业考古》，1992年第1期，第58—59页。

址中，并没有遗址伴随出土过朝鲜半岛南部的陶器。"①也就是说，现在我们并没有证据证明日本九州岛北部稻作最初是由朝鲜半岛南部传来的。

其实，毛昭晰在《先秦时代中国江南和朝鲜半岛海上交通初探》②中已经指出，浙江南部沿海地区的瑞安市也有支石墓。因此，朝鲜半岛的支石墓也有可能是伴随稻作农耕一起从长江下游传入朝鲜半岛南部的。也就是说，不管是朝鲜半岛南部的稻作农耕，还是日本列岛的稻作农耕，最初都应该是以舟山群岛为"中继点"，从长江下游直接传过去的。

二、游修龄与游汝杰

游修龄先生（1920—）是中国农史界的泰斗，中国著名稻作史研究家。1943年毕业于国立英士大学农学院，毕业后在该校及浙江农业大学执教，现任浙江大学教授，图书馆馆长，代表作有《中国稻作史》（中国农业出版社，1995年）和《中国稻作文化史》（上海人民出版社，2010年）。

游先生的研究特色在于古代稻作文献与古越语稻作词语的结合。游先生是温州人，古越语是他的母语。不过，他并非地理语言学家，他的古越语知识是由游汝杰教授提供的。

游汝杰先生（1947—）也是温州人，中国著名语言学家，复旦大学中国语言文学研究所教授。1980年，在《中央民族学院学报》上发表《从语言地理学和历史语言学试论亚洲栽培稻的起源和传布》③，开始讨论古越语稻作词语发音与稻作起源地的关联性。1986年，与历史地理学家周振鹤先生联名出版学术专著《方言与中国文化》（上海人民出版社），再次阐述了他的主要论据和主要观点。

> 稻是种在田里的。在壮侗语各语言和方言中，词义为"田、水田"的词语的语音形式也显然有同源关系，其中以 na 这个形式最古老。我们把壮侗语族的 na 同音线画在图 4-2 上。壮、傣等族自古以来就称"田"为"na"，这可以

① 藤尾慎一郎：《弥生时代的历史》，讲谈社，2015年，第40页、115页。

② 毛昭晰：《先秦时代中国江南和朝鲜半岛海上交通初探》，《东方文物》，2004年第1期，第6—15页。

③ 游汝杰：《从语言地理学和历史语言学试论亚洲栽培稻的起源和传布》，《中央民族学院学报》，1980年第3期。

从两方面得到证据。(中略)

还有，na(田、水田)在两广、云南以及越南、老挝、缅甸和泰国的北部还用于大量小地名(汉字作“那”见图4-3)。可以想象这类地名的分布地区，在古代一定是盛行稻作文化的。

综上所述，从语言学的角度来看，可以认为中国广西西南部、云南南部、越南北部，老挝北部、泰国北部和缅甸掸邦是亚洲栽培稻的起源地(见图4-4)。图上画了“稻”词古音同言线，“田”词古音同言线，“那”字地名分布轮廓线和栽培稻的祖先种普通野生稻(Oryza rufipogon)分布线。图中共有四条封闭线。最外边的是野生稻分布线，最里边的是“稻”词同言线。(中略)这样，我们就把这四条封闭线所圈定的相重合的地区，拟测为栽培稻的起源地。[①]

讨论完栽培稻起源地，游先生又从语言学的角度继续探讨了稻作传布的方向。他认为，汉语词“禾”和“谷”都源自壮侗语“khau”。“khau”分化成k系音和h系音，“禾”借自h系音，“谷”借自k系音。因此，“从禾、谷两词的地理分布及k系音和h系音的关系，就可以大致推测栽培稻在中国的传布情形。一路从西南经华中和华东北上进入长江流域；一路从云南、四川北上进入黄河流域。”[②]

以上便是游汝杰先生的结论。游修龄先生接受了这一结论，并在《中国稻作文化史》中这样写道：

如果把壮侗语族“稻”词的最古语音形式境界线及壮侗语族的na(田)境界线和壮语含“那”地名分布线绘在同一张地图上，就可以看出这三条封闭线是完全重合的，以含“那”地名分布线的范围最大，na(田)境界线次之，“稻”词最古语音境界线位于中心。三者重合的面积极大，恰恰与国内外水稻起源研究者的看法较一致，即广西西南、云南南部、越南北部、老挝北部、泰国北部、缅甸掸邦是亚洲栽培稻起源地的观点相当一致，这是从历史语言地理的角度为这一观点添注了论证。[③]

在以上引文中，游先生特别提到了“国内外水稻起源研究者的看法”。所谓国外水稻起源研究者，游先生应该主要是指本文第一节提到的日本农学家渡部忠世。渡部忠世毕业于日本京都大学农学部，现为京都大学名誉教授。他提出的水稻“阿

① 周振鹤、游汝杰:《方言与中国文化》(第2版)，上海人民出版社，2006年，第103—107页。
② 周振鹤、游汝杰:《方言与中国文化》(第2版)，第108页。
③ 游修龄、曾雄生:《中国稻作文化史》，上海人民出版社，2010年，第48页。

萨姆·云南起源说”不仅在日本受到“照叶树林文化”学者的热烈欢迎，在我国也引起不小反响。不过，1996年以后，随着长江中下游稻作考古的进展，“阿萨姆·云南起源说”受到越来越多的质疑，现在已为“长江中下游起源说”所取代。

在“阿萨姆·云南起源说”被“长江中下游起源说”取代的过程中，渡部忠世的学生，日本著名稻作遗传学家佐藤洋一郎教授，和日本著名环境考古学家安田喜宪教授的研究起到了关键性作用。关于这一点，笔者曾在论文《DNA 揭秘的稻作密码》[①]中论及，最近又在拙著《稻作背景下的苗族与日本》的第十五章《日本稻作文化研究的前沿》[②]中做了详细评述。

有关稻作起源地的研究与日本稻作农耕源自何方密切相关，所以中国学者和日本学者都很重视这个问题。从地理上讲，日本远古时代的稻作农耕肯定是从长江下游传过去的，但传播途径有两条。一条是由长江下游横渡东海，直接传入日本九州岛北部；另一条是经过朝鲜半岛南部，然后再传入日本九州岛北部。不过，不管经由哪条途径，如果确如两位游先生所说，是古越族（壮侗语族）最早开始稻作农耕的话，那长江下游自古就是古越族聚居区，由此传入日本九州岛北部的“稻”就应该被称为“khau”或“khau”的变音，但事实并非如此。

古日语中最古老的“稻”音是“na”，而不是“khau”。传统稻作民族对“稻”的称呼可以归纳如下：

（1）贵州东部苗语称“稻”为“na”或“ne”，广西融水苗语也称“稻”为“ne”。

（2）贵州布依语称“稻”为“hao”或“ao”。

（3）贵州侗语称“稻”为“kgou”或“ou”。

（4）广西壮语称“稻”为“khao”或“hao”。

（5）云南傣语称“稻”为“khao”或“hao”。

（6）泰国语称“稻”为“khao”。

（7）古朝鲜语称“稻”为“na”或“narak”。

（8）古日语称“稻”为“na”或“ne”，而且各有一个衍生音：“ina”和“ine”。

在上述8种语言中，苗语和古朝鲜语、古日语属同一系列，（2）-（6）的古越语（壮侗语）属另一系列。这两个系列之间不存在音韵学意义上的任何联系，但在

① 李国栋：《DNA 揭秘的稻作密码》，《原生态民族文化学刊》，2014 年第 1 期，第 8—11 页。

② 李国栋：《稻作背景下的苗族与日本》，中国社会科学出版社，2019 年，第 220—264 页。

古越语系列内部确实存在音变关系。从古越语的发音来看，最古老的应该是“kgou”，然后，不送气的辅音“kg”变成送气的“kh”，元音“ou”受其影响也变成了“ao”。其结果，“kgou”就变成了“khao”。随后，“k”继续脱落则变成“hao”。最后，“h”也脱落后就变成了“ao”或“ou”。

上述古越语的音变与日语“稻”音无关，而苗语“稻”音却与古朝鲜语、古日语“稻”音相同。这就向我们证明，日本列岛和朝鲜半岛远古时代的稻作文化并不是由古越族传过去的，而是由古苗人传过去的；是古苗人经由长江下游，把稻作农耕这一生计方式分别传给了日本列岛和朝鲜半岛。

在东亚文化传播的过程中，日本列岛一直扮演着最东端终点站的角色，几乎所有中国大陆的文化最后都会传到日本，并以初始状态保存下来。2009 年1–2 月间网上热议的、李白《静夜思》的词句被明朝人篡改，但日本却保存了《静夜思》原版一事就是例证。另外，日本人对大陆文化一直抱有欣羡之情，且习惯用某文化在大陆产生时的初始发音称呼该文化。长江下游是梅的原产地，也是梅文化的发祥地。当梅文化从长江下游传到日本的时候，日本人就刻意模仿长江下游的越语梅音“mme”，称“梅”为“mume”。由此反观，在探讨稻作起源问题时，古日语“稻”音“na”也可以为我们提供类似“梅”的反证，即古日语“稻”音“na”反证出苗语“稻”音“na”是栽培稻最古老的发音。也就是说，是古苗人最早创造了稻作文化。

笔者对游修龄先生和游汝杰先生充满敬意，并从他们的研究中，特别是在方法论方面学到了许多。不过，在研究稻作文化的过程中却得出了上述与他们不同的结论。正确与否，等待学界评判。

在稻作研究领域，糯稻占有极其重要的地位，而且与日本有关。因此，游修龄先生在《中国稻作文化史》中也提到这个问题：

> 日本民俗学的学者则从民俗的角度注意到中国云南一带少数民族的饭食、祭祀、居住、对歌和招魂等风俗，同日本的民族有惊人的相似之处，认为日本文化的根应到藏缅语系各族中去找，最先传入日本的应该是陆稻中的糯稻，而且是红米。渡部忠世关于糯稻栽培圈的论点中也认为中国西南地区人民用蒸笼的甑子（河姆渡遗址有陶甑）或直接蒸糯米饭吃，同日本的吃法很相似，认为日本的饭食习惯同这一带有着令人意外的相同的联系。以上所引，可见糯稻的栽培对于中国稻作起源、传播有着特殊的地位和意义，是一个饶有兴味的问题，

国内对糯稻的研究是很不够的。[①]

很明显，以上引文所引的是日本“照叶树林文化”学者的观点。20 世纪，日本人类学家为世界人类学和民族学界提出了两个充满睿智的理论——“照叶树林文化理论”和“稻作文化理论”。两种理论都试图以东亚季风带的某种植物为特征来阐释东亚季风带的文化本质，所以有很多相通之处，但在稻作的起源与传播这个问题上，却出现了很大的差异。“照叶树林文化理论”推崇渡部忠世的稻作“阿萨姆·云南起源说”，认为稻作起源于山地，所以喜糯食、酿米酒、住干栏式建筑、对歌、招魂等习俗都可以视为“照叶树林文化”的例证。

但是“稻作文化理论”认为稻作起源于长江中下游的背坡湿地，西南山地的稻作文化是由长江中游传过去的。当然，“稻作文化理论”也认为东亚季风带确实存在一个与“西亚半月弧”相对应的“东亚半月弧”，但它位于长江中下游，而不在阿萨姆至云南的山地，而且这个“东亚半月弧”应该改称“东亚稻作半月弧”，正好与“西亚麦作半月弧”相对应。“稻作文化理论”彻底改变了稻作文化传播的方向，所以喜糯食、酿米酒、住干栏式建筑、对歌、招魂等习俗，其实都可以理解为源自长江中下游的稻作文化习俗。

《中国稻作文化史》末尾特设一章，名为《中国稻文化对国外的影响》。本来是一个非常好的章节设计，但由于实际执笔者缺乏日本神话研究的基础，对于日本稻作神话的分析仅仅止于表面，不禁令人感到遗憾。

一般来说，中国的考古学家和农学家不懂日语，也没有日本文化研究的基础，而中国研究日本文化的学者又不懂考古学和农学。不过，在中日文化交流史领域，王金林先生（1935-）对日本稻作文化做过深入研究[②]，今后希望考古学家和农学家积极借鉴。由于本文的评述重点不是稻作文化，笔者在此仅向王金林先生表示敬意。

三、尹绍亭与杨庭硕

尹绍亭先生（1947— ）是中国著名人类学家，中国生态人类学奠基人，曾任云南大学人类学系主任教授，代表作有《云南物质文化·农耕卷（上、下）》（云南教育出版社，1996 年）和《人与森林——生态人类学视野中的刀耕火种》（云南教

① 李国栋：《稻作背景下的苗族与日本》，第 57—58 页。

② 王金林：《日本人的原始信仰》，宁夏人民出版社，2005 年。

育出版社，2000年）。

渡部忠世提出稻作“阿萨姆·云南起源说”以后，在很长一段时间里，云南被很多人视为稻作起源地。但是，云南地形复杂，稻作如果真是在云南起源的话，那它到底是起源于山地呢？还是起源于低湿地呢？1987年，尹先生在权威期刊《中国农史》上发表《云南农耕低湿地水稻起源考》，基于对野生稻生态环境、文献记载、史前稻作遗址立地环境以及稻作民族生态环境的考察，得出了如下结论：稻作农业起源于低湿地而非山地，而起源阶段在云南低湿河谷、盆地所采用的稻作耕作方式，是不同于山地“刀耕火种”的“火耕水耨”[①]。

2004年，尹先生在云南社会科学期刊《思想战线》上发表《中日稻作起源研究回顾》，在其结束语中特别对中日两国的稻作起源研究提出了希望：

> 在定论尚难求证的阶段，多学科的开拓与整合，研究理论和方法论的创新，无疑具有更为重要的学术价值和意义。此外，还需要特别指出的是，文化中心主义对于任何研究都是不利的，亚洲稻作的起源还必须放到亚洲的视野而非国家的视野中去探讨。中国学者除了对中国南方的研究之外，还应该把目光移到东南亚和南亚。[②]

在稻作起源研究中，我们确实需要将视野扩展到东南亚和南亚。笔者在参观印度尼西亚国立博物馆和考察加提露依梯田时，深切地感到东南亚的稻作文化就像一面镜子，通过它，我们能够照见远古时代的自己。

杨庭硕先生（1947—）也是我国著名生态人类学家，云南大学西南边疆民族历史研究所硕士研究生毕业，现为湖南吉首大学终身教授，代表作有《民族、文化与生境》（贵州人民出版社，1992年）和《生态人类学导论》（民族出版社，2006年）。

2015年，杨先生在《原生态民族文化学刊》上发表《探讨稻作文化起源亟待澄清的四大难题》，从生态人类学的角度，并结合日本学者的研究成果，对未来的稻作文化研究提出了四个必须思考的问题：

> 一、“野生稻”具有何种生物属性，使远古的人类乐意种植它并延续下来？
>
> 二、如何确保不结实的“野生稻”在人力控制下稳定结实？
>
> 三、人类在可食植物多样并存的背景下为何花费大量人力物力去栽培水稻？

① 尹绍亭：《云南农耕低湿地水稻起源考》，《中国农史》，1987年第4期，第52页。

② 尹绍亭：《中日稻作起源研究回顾》，《思想战线》，2004年第2期，第108页。

四、“稻作文化”早于“粟作文化”，但却被后者覆盖，其原因何在？[①]

第一个和第二个问题与稻作起源有关，第三个问题与稻作农耕的普及有关，第四个问题与稻作和粟作的特质以及各自在国家化进程中的定位有关。这四个问题其实都是中国农学界和日本稻作文化研究界未能很好解答的问题，高屋建瓴，值得晚辈认真思考。

> 在与日本学者的交流和对话中，我们总可以明显地感受到，双方的学术研究互有短长，越是到了今天，越需要相互的协作和深层次的取长补短。（中略）双方的有效合作，应当是一项新常态。只有在这样的基础上，推动人类学、历史学和生命科学的结合，中国早期文化的各种形态才能最终得以呈现。我们迫切期盼，相关结论的尽快问世。[②]

这是杨先生写在《探讨稻作文化起源亟待澄清的四大难题》结尾的一段话，笔者非常赞同。衷心期待有一天中日两国的稻作文化研究家能够共同破解上述难题。

结 语

2019年5月15日上午，亚洲文明对话大会在北京隆重召开，习近平总书记在大会发言中特别强调：“亚洲是人类最早的定居地之一，也是人类文明的重要发祥地。”习总书记所说的“人类文明”，主要是指起源于东亚长江流域的稻作文明，黄河流域的粟作文明和起源于西亚两河流域的麦作文明。

当天下午，《浙江日报》记者采访笔者，笔者便从自己的研究出发，谈了一点感想：文明对话大会诞生在亚洲并由中国首倡主办，并非偶然。古老的稻作文明、麦作文明和粟作文明都起源于亚洲，共同构筑了中国古代文明，而起源于长江中下游的稻作文明也对东亚及东南亚产生了深远影响。因此，我们理应搭建这样的平台，通过此次大会增进各国之间的交流，进一步增强文明自信，呈现出“美人之美，美美与共”的美好局面。[③]

2019年7月6日，杭州的良渚古城遗址被正式列入《世界遗产名录》，证明长

① 杨庭硕、张颖洁：《探讨稻作文化起源亟待澄清的四大难题》，《原生态民族文化学刊》，2015年第1期，第13页。

②杨庭硕、张颖洁：《探讨稻作文化起源亟待澄清的四大难题》，第20页。

③《浙江日报》第三版《美人之美》，2019年5月16日。

江中下游的稻作文明可与两河文明、古埃及文明和古印度文明比肩。无疑，这将极大地推动国内稻作文明的研究，同时也将促使更多学者关注长江中下游的稻作文明对其外围的影响。

新中国成立 70 年来，对于稻作东传日本的研究，前辈学者确实做了许多开创性、基础性的工作，但仍有许多任务需要我们继续完成。因此，当我们站在“稻作文明”的高度来回顾这段研究史的时候，作为晚辈便可以感受到肩上的重任。加强对日本稻作文化本身的研究，运用日本考古学、民俗学、神话学资料以及日本神宫大社的祭祀仪礼来阐释日本稻作文化的特质，将成为一个重要的研究方向。

（作者：浙江工商大学东方语言文化学院特聘教授）

朱谦之两个日本哲学思想史研究框架的示范意义

——以《日本思想的三时期》为中心*

刘岳兵

* 本文是作者根据 2019 年 9 月 17 日在中国社科院世界宗教研究所纪念朱谦之先生诞辰 120 周年座谈会上的发言整理修改而成。

朱谦之先生的日本哲学研究特色及其意义何在？今天的日本哲学研究为什么要接着朱谦之先生讲？应该如何接着朱谦之先生讲？对这些问题，我已经做过一些思考，发表过一些言论。[①]从学界的反映来看，这些问题显然不是一两篇粗浅的文章可以解决得了的。大概是我们许多人已经习惯于“借助”已有的某些流行理论来开展自己所谓的研究工作，而对那些真正具有原创性的成果往往视而不见，甚至有意贬低。如黄夏年先生所言[②]，朱谦之先生是一位百科全书式的学者，其涉及的领域之广，非我辈所能及。最难能可贵的是，他所涉足的每一个领域，其成果几乎都处在学界的最前沿，这从其著作的翻译、再版的情况可见一斑。

仅就日本哲学思想史研究而言，朱谦之先生在20世纪30年代的论文《日本思想的三时期》和60年代的著作《日本哲学史》中建构了20世纪中国日本哲学思想史研究的两个重要框架，都是从自己所理解的“历史哲学”出发得出的具有原创性的成果，是将自己信奉的“历史哲学”运用在日本哲学思想史这一领域的理论创举。前者以黑格尔主义等近代西方哲学观念为基础，后者以马克思主义哲学为基础，对于我们认识日本哲学思想的发展都具有重要的示范性意义。

我们来看看《日本思想的三时期》。这篇文章发表在上海的现代学术月刊社编的《现代学术》第1卷第3、4期合订本（“暴日侵略满蒙特刊”）上，1931年12月出版发行。1929年朱谦之得到中央研究院的资助到日本研究历史哲学，具体题目是《社会史观与唯物史观之比较研究》，1931年回国，8月应聘到上海暨南大学讲授历史哲学等课程。朱谦之翻译的日本学者的关于黑格尔研究的论文，多篇都是发表在《现代学术》杂志上。在这些翻译的论文发表之前，他于1931年5月8日在上海写了一篇《黑格儿的百年祭》，10日后发表在《文艺新闻》（上海）第10期上。此文介绍了东西方黑格尔研究的状况，表示“依照现在学术界，无论是赞成者或反对者，对于黑格尔没有深澈的研究和批评，便一切学问都谈不上，尤其是社会科学方面。”而他自己的观点，他也明确表示：“我对于黑格尔哲学是持批判的态度，既不同于俄国派的唯物论的立场，也不同于德国旧右派的观念论的立场，我是有自己，新解释新发展，而表同情于‘新黑格尔主义’的”。此文10月10日又有修改，

① 参见《中国的日本哲学思想史研究如何从朱谦之“接着讲”——纪念朱谦之先生诞辰120周年》，杨伯江主编：《日本文论》2019年第1辑，社会科学文献出版社，2019年6月；收入刘岳兵著：《近代中日思想文化交涉史研究》，江苏人民出版社，2019年8月。

② 黄夏年：《怀念朱谦之先生》，《中华读书报》2019年8月6日。

将前文因为“说来话长，只好表过不说”的主张说了出来，即：“我是有自己的立场，即‘生命辩证法’的立场，而表同情于‘青年黑格儿派’的”。此修改稿收入《黑格儿主义与孔德主义》（1933年上海民智书局）一书。他的主张即是“在历史哲学上将黑格儿与孔德结合”，“在生命哲学上将黑格儿与柏格森结合”。[①]

这个时候，朱谦之一方面信奉“生命辩证法”，10月23日所写的《黑格尔的辩证法》的结尾，强调“唯有这生命辩证法”“才能证会那浑融圆转，活泼流通，永没休歇的‘真情之流’”。[②]在《黑格尔主义与孔德主义》一文中，将原先主张的“三分辩证法实际也不过是三阶段法则的一个变形”，发展为“四分辩证法”和“四阶段”法则。为此他将黑格尔和孔德两家学说列了一张比较表[③]：

	第一阶段	第二阶段	第三阶段	第四阶段
孔德	神学阶段	形而上学阶段	实证的或科学阶段	（艺术的阶段）
黑格尔	（没自的）	即自的	对自的	即自且对自的

对照这张表，我们来看看《日本思想的三时期》的分期，就明白了。他说：

> 日本思想的发展日本思想的发展，是由（一）宗教的哲学时期；到——（二）自我的哲学时期；又到——（三）社会科学时期；而最近将来的——（四）新生命哲学时期，则正在创造的进化中。如由于新黑格尔主义与青年黑格尔派的运动，重新发现黑格尔哲学的生命性、艺术性（如大江清一、松原宽、岩崎勉等），这便是好例。前途茫茫，我不敢预说什么，然而由上种种的事实，对于我前著《历史哲学》的分期原理，却已无意之中，更得了一个旁证了。[④]

朱谦之在1926年出版的《历史哲学》中第二章谈“历史哲学的进化史”[⑤]，分为“宗教的历史时期”“自我的历史时期”“社会的和科学的历史时期”，继而以孔德的三阶段法则（“三级律”）即“神学阶级”“形而上学阶级”和“实证或科学的阶级”与之对应；第四个时期是“综合的历史时期”，以杜里舒的“生机主义”讲

① 《朱谦之文集》第5卷，福建教育出版社，2002年，第290页。
② 《朱谦之文集》第5卷，第350页。
③ 《朱谦之文集》第5卷，第297页。
④ 《朱谦之文集》第9卷，福建教育出版社，2002年，第15页。
⑤ 《朱谦之文集》第5卷，第14—21页。

明“历史现象具特有的动的定律”来与这个时期对应。以这种历史分期方法，分析西方、印度和中国的哲学史，分别是第六章的“西洋印度两方哲学的生命派”和第七章“中国哲学的三时期”，比如将中国近世哲学分为宋代的“宇宙哲学时期”、明代的“自我哲学时期”和清代的“社会政治哲学时期”，而“现在正是中国哲学的综合时代，就是把宋代的宇宙观，明代的人生观，清代的政治哲学融合为一而成生命的哲学的时代了”。[①]这实际上也是在为自己的“唯情哲学”寻找“历史的”根据。由此可见，他此后有机会赴日进一步研究历史哲学，对日本思想的研究和时代划分，从《日本思想的三时期》这一文章标题也可以看出这一成果不是“无意之中，更得了一个旁证”，而是“有意地对其分期原理作了一个补注”。

具体到分析日本思想史的发展，他在《日本思想的三时期》中说：“如把德川时代的神道思想，比成西洋思想史上的文艺复兴，则明治维新实好像‘启明运动’似的。所以明治时代……神学时期一转而为形而上学时期。”[②]“日本思想从大正十三年大地震以后，便是一个大转型，他已经不是第二时期的国家思想，而进入第三期的社会思想。”[③]“日本现在思想，正在第三时期社会科学思想极发达的时候；也是马克思主义列宁主义最出风头的时候；……我很相信日本思想界在最近的将来，应该有个新的发展，只要日本思想不是‘开倒车’，便只有更彻底地倾向于实践与理论合一之真正唯物辩证法的革命思想了。”[④]这篇文章中有许多有价值的信息，值得进一步去挖掘。

首先，其时代分期，从历史发展的时间顺序来看，大而言之他也是分三个时期，第一个是古代思想（包括中世），是“日本固有的思想信仰”（神道经典）的时代。“所谓日本古代思想，都是不重理论而看重情意的，所以与其说是哲学，毋宁说是文学的。”这里提出了“日本固有思想信仰”及其特点的问题。其次是德川时代的思想，德川时代被视为“日本文艺复兴的时代”，他说“从崇拜儒教本土的迷梦唤醒起来，这实在是日本文艺复兴运动的起点。过此便入于日本思想的第一期——神学思想的时期了。”这里提出了德川时代思想中神儒佛三者的关系问题，即天皇万世一系强调的“血族关系”和儒家有德者王的道德关系之间是否相合，指出“儒家

① 《朱谦之文集》第5卷，第111页。
② 《朱谦之文集》第9卷，第6页。
③ 《朱谦之文集》第9卷，第12页。
④ 《朱谦之文集》第9卷，第14—15页。

思想和日本的国民性，有些不尽吻合。”提醒我们不能高估儒佛思想在日本社会的影响力。他说：“我们现在一谈到日本哲学，好似就只儒佛的思想盛行，这完全由于我们自尊的心理，结果把日本思想的真相淹没，对于研究的对象，反为把捉不着了。”[①]这是很有探讨价值的问题。到明治时代之后，德川时代以宗教为中心的神国观念、保皇观念让位于以个人和国家自觉的维新精神，思想史的分期也从神学时期转变到形而上学时期。这一时期以西洋思想的输入为背景，主要包括英美的功利主义、法国的自由主义和德国的国家主义三大潮流。他认为“日本思想的第二期，为方便起见，可完全用德国的正统派哲学代表它”[②]。在此基础上形成的日本讲坛哲学也分为三派，即形而上学派（井上哲次郎、西田几多郎、西晋一郎、纪平正美）、认识论派（左右田喜一郎、波多野精一、山内得立）和现象学派（山内得立）。以讲坛哲学所代表的国家思想为代表的第二期，到 1923 年关东大地震发生转型，进入第三期的社会思想。第三期的代表思想家，有无政府主义派的幸德秋水、大杉荣、荒畑寒村、石川三四郎，社会主义派的高畠素之、堺利彦、山川均、安部矶雄、福本和夫、佐野学、大山郁夫。特举出三位代表辩证法、唯物论的学者福本和夫、河上肇和三木清。通过介绍，他对了日本的这些辩证法、唯物论代表性学者，其思想“是否真是唯物辩证法？”是否是“马克思派所谓辩证法的唯物论”[③]表示了极大的怀疑。这些分类和判断，对于我们研究日本近现代思想，仍然具有借鉴意义。

民国时期中国对日本思想发展的通史性论著，也有一些翻译日本学者的著作，或主要根据日本学者著作编译的，如陈彬龢根据高须芳次郎的《日本思想十六讲》编译成《日本思想概观》，在上海的《先导月刊》（第 1 卷 第 4 期，1928 年 9 月）刊出；三枝博音的《日本思想文化概说》（项熙春译，《政治月刊》，1942 年第 3 卷 2 期、第 3 期）、《日本之思想文化》（舒贻上、舒之鎏译，1943 年《国立华北编译馆馆刊》第 2 卷第 1—9 期上连载）等。中国学者的通史性概论之作，多为专题性的，如姚宝猷的《日本“神国思想”的形成及其影响》（《国立中山大学文学院专刊》第 2 期，1935 年 6 月），或为断代的，如陈丹崖的《近代日本哲学思想的推移及其批判》（南京《日本评论》第 3 卷 第 2 期，1933 年 11 月）与《日本维新后的教育思想发展史》（“日本研究会小丛书”第 79 种，日本评论社 1934 年）、罗鸿诏的《日

① 《朱谦之文集》第 9 卷，第 3 页。
② 《朱谦之文集》第 9 卷，第 8 页。
③ 《朱谦之文集》第 9 卷，第 14 页。

本社会思想界之鼎立——马克思主义、法西主义、自由主义》(南京《日本评论》第7卷第4期,1935年11月)等。但通史性的论著也不是没有,如武懿的《日本思想界的变迁》(《新生命》第1卷第7期,1928年7月)等。民国时期中国日本思想研究的情况,值得专门撰文讨论,但无论是从视野、理论和具体的分析判断,朱谦之的《日本思想的三时期》的原创性都是值得关注的,其对日本思想发展的整体理解和细部观察在同时代的相关论著中可谓独步群贤。

还有一点,需要稍加说明。就是这篇《日本思想的三时期》是刊出在九一八事变刚刚发生之后的"暴日侵略满蒙特刊"上。这一期上绝大部分是与日本及其侵略东北有关的文章,包括《日本帝国主义与东三省》(区克宣)、《日本资本主义的危机与东省的强占》(漆琪生)、《日本对华出品贸易的研究》(武堉干)、《七十年来日本外交之转变》(杜冰坡)、《独占资本主义与满蒙之危机》(黄慎之)、《东省事件之来龙去脉》(吴一心)、《日本政党的研究》(袁文彰)、《满蒙特产与日本经济》(陶月)、《日本国民经济现势》(张云伏),这是排在该文之前的,之后还有《对东省事件应有之觉悟及其对策》(倪文宙)、《日人侵略我国渔权之主因及其实况》(古铣祥)、《中日交涉记略》(程海峰)等。仅从这些文章的标题也可以看出该杂志的学术性、进步性和所涉及的领域之广泛。正如该刊1931年8月出版的创刊号中署名"翰章"的《写在卷头》中所简明扼要指出的两点,即"以研究学术为职志"和"在谋各科学术之平行发展,而不限于一隅"。而该刊"同人"的《发刊词》中,更言明了"一民族的文化的进步,与其仅仗着自己的努力,不若吸收他人的贡献,来得收效速而成功大"这一"文化演进的铁则",其主张"异文化的接触与交益"的开放、积极的心态也正是该刊的创办的旨趣所在。

这种时代性、学术性和开放性,也充分体现在朱谦之的《日本思想的三时期》中。其学术性、开放性自不待言,其时代性也已经在该文开篇的"小引"中说得非常清楚了。

> 日本思想的发达,是从神学阶段到形而上学阶段,从形而上学阶段到科学阶段,科学阶段中有唯物史观与社会史观两派,但均不彻底。尤其是神学阶段的封建思想与形而上学阶段的军国主义思想,至今尚为有力的反动阶级之势力,如最近日本帝国主义者以旧式之军事征略手段,强占东省,便是好例。不过这么一来,日本思想必然会有大变迁,即因此引起社会革命,也是意料中事。本篇为去年旧作,应纠正之处,当然很多,因现正从

事《日本经济思想与资本帝国主义的没落》一文的写作，本篇且保留于此，以作研究日本之一参考。①

就是说作者也是力图从思想史的角度来研究日本帝国主义侵略中国的思想根源。这里提到的《日本经济思想与资本帝国主义的没落》这篇文章或许与他的著作《历史学派经济学》（1931 年）有关，遗憾的是该书中没有相关内容，他处亦尚未找到。

这篇《日本思想的三时期》中的一些观点，比如对神道、儒学、对日本马克思主义的认识，时隔 30 年后到《日本哲学史》中都发生了很大的变化，这个变化的过程是朱谦之先生以真情追求真理的过程。相关的话题，我已经在《中国的日本哲学思想史研究如何从朱谦之“接着讲”——纪念朱谦之先生诞辰 120 周年》中作了比较细致的论述。总之，对于日本哲学的研究者而言，我们理解朱谦之先生创建的两个日本哲学思想史研究框架的示范意义，不仅仅是理论上的意义，更是信念的意义、人格的意义。我们纪念朱谦之先生，也需要从这个意义上来纪念。

（作者：南开大学日本研究院教授）

① 《朱谦之文集》第 9 卷，第 1 页。

村田省藏与实业亚细亚主义
——战前、战中、战后的一贯性

松浦正孝

前 言

2006年至2009年，日本首相依次为安倍晋三、福田康夫、麻生太郎、鸠山由纪夫，他们的祖父或父亲分别是岸信介、福田赳夫、吉田茂、鸠山一郎，可谓是二世或三世政治家。众所周知，他们都有着强烈的共性，即他们的父亲或是祖父在战前、战中以及战后皆留下了十分重要的政治足迹，而他们均将自己视为父亲或者是祖父辈的继承者。为建构日本的未来，我们有必要探究一下，创建战后体制的人们的意识和行动是如何从战前延续至战后的。他们又是如何总结检讨战前及战争问题的。

本文要讨论的是村田省藏，他身为财界人，同时又活跃在战前、战中的政治舞台并对战后日本政治具有重要影响力。[①]在战前战中期，大阪商船是海外扩张的日本企业领头羊，而村田作为社长，推动企业的对外扩张。同时他又是“大亚细亚主义”口号的旗手，而正是“大亚细亚主义”理念将日本带入了“大东亚战争”的深渊。然而，在日本战败后，他又出任日本国际贸易促进协会的首任会长，为中日邦交的恢复尽力。村田在思想和意识形态上反对吉田茂，但同时又在经济方面与吉田茂保持着密切的私人关系。战前他推进了“大东亚共荣圈”的构建，战后他又高调地主张与中国共产党领导的中国政府恢复邦交。凭借这两种不同的经历，他数次向吉田茂建言献策。从表面上看，村田在战前、战中、战后的行动截然相反，对此，我们应当如何理解？笔者认为，思考该问题能加深我们对战前日本至当代的变迁趋势以及日本与亚洲的关系，而这其中的关键词是亚细亚主义。[②]

①关于村田省藏的先行研究，主要有半泽健市《财界人的战争意识——村田省藏的大东亚战争》(神奈川大学21世纪COE计划“旨为推进人类文化研究的非文字资料体系化”研究推进会议，2007年)与王宗瑜《关于村田省藏的考察——以其中国认识为中心》(《中央大学大学院研究年报 法学研究科篇》第37号，2007年)。另外，关于总结村田生平的自叙传，尚有大阪商船株式会社《村田省藏追想录》(同社，1959年)第273—326页。本篇是将后出的《经济学家》九回连载、于巢鸭监狱续写篇章，以及以之为底本于1951年口述记录而成的三种材料融合编辑而成的《自叙传》。本章中优先引用的，是由本人系统书写的第一部日记。

②关于亚细亚主义的全面理论考察，参见姜克实：《何谓〈连带〉——亚细亚主义的理论解析》(《冈山大学文学部纪要》第60号，2013年12月)。

笔者在其他文章中提出了对亚细亚主义的理解[①]，因此本文不再赘述。正如竹内好所批判的那样，所谓的亚细亚主义，"只能被形容为亚细亚主义的情感以及以此情感为基础的思想"，没有严谨的定义。从通常意义来说，可以将亚细亚主义定义为"以自身归属地域为起点，使用'亚细亚'这一概念，将亚细亚以外'他者'视为竞争及排除的目标，在'亚洲'范围内寻求连带感的政治活动"[②]。站在日本的角度，亚细亚主义包括以下三个特点：①排除驱赶以英国为首的西方帝国主义及西方文明。②以同中国、朝鲜的合作为中心，寻求与亚洲的合作。③以亚洲平等为表面口号，实际目的是将以天皇为首的日本打造为亚洲盟主，并确保日本在亚洲拥有超越西洋各国的优势地位。而所谓的"大亚细亚主义"，实质上是以 2 为表面前提，建立以日本为中心的华夷秩序，以取代近代以前的东亚秩序标准即以中华为中心的华夷秩序。[③]由于受到人为因素的影响，以上所述三个特点中的重心会有所变化，即便是同一人物，也会因时代环境的变化而出现对三个特点的不同理解。本文因篇幅关系，省略村田与其他几位财界代表人物例如藤山爱一郎、水野成夫的比较，只探讨村田省藏。有关三人比较的部分，请读者参考他稿。[④]

大阪商船在战前、战争期间，是日本实业领域中具备世界竞争力的典型，而本文所涉及的村田是该公司的代表人物。正因如此，在村田的意识中，包含着强烈的上述所述特点①，即与西洋对抗的一面，以及③，将日本推向亚洲盟主乃至世界霸主的意识。村田在战争期间出任过日本驻菲律宾大使，期间他目睹了日本在菲的残暴统治，从而开始批判政府。同时，他十分赞赏美国占领菲律宾时所实施的管理人心政策。这些经历逐渐促使他在战后转变思想，开始主张通过与新中国的通商、与中国建立平等合作关系，即出现特色中的②的一面。

通常我们是以肤色、发色、使用汉字、儒教、佛教等人种、文化要素对"亚洲"的概念进行特点归纳。而起源于西方的资本主义，以去人性的货币交换为社会原理。

①关于日本的亚细亚主义，以大亚细亚协会的大亚细亚主义为中心讨论的，有松浦正孝《"大东亚战争"为何爆发——泛亚细亚主义的政治经济史》（名古屋大学出版会，2010 年）。而从比较的角度对亚细亚主义进行研究的，有松浦正孝的《亚细亚主义讲了些什么——记忆・权力・价值》（ミネルヴァ書房，2013 年）。

②松浦正孝：《亚细亚主义》（《亚细亚・太平洋战争辞典》，吉川弘文馆，2015 年）。

③松浦正孝：《"大东亚战争"为何爆发》，第 33—34 页。

④松浦正孝：《财界人的政治与亚细亚主义——村田省藏・藤山爱一郎・水野成夫》（《立教法学》，第 95 号，2017 年）。该论文与本章本为一篇论文，故内容有部分重复，还请读者留意。

随着经济的发展，尤其是电子货币的出现，货币也有可能从去人性的信息转变为带有人性的信息。以阅读文本为前提的马克思的资本主义观相比，亚细亚主义则是以“会面”交流为基础。根据卡罗琳·S.豪与白石隆的研究，孙文通过宫崎滔天，结识了留日中国学生，并与犬养毅会面。菲律宾的独立运动活动家马里亚诺彭西在犬养家中邂逅孙文，通过孙文结识了朝鲜改革活动家朴泳孝、俞吉睿。而来日游学的越南独立运动家潘佩珠，在梁启超的牵线之下成功拜访犬养毅，又经犬养结识孙文，他们用汉字笔谈，商议草拟了对法起义草案。[①]袭击印度总督未遂案的主谋即独立革命运动家拉什·比哈里·波色抵日后，拜访了亡命日本藏于箱根的孙文。在得知波色身处危险境地后，孙文将其引荐给头山满和寺尾亨，在头山同僚内田良平的牵线之下，波色得以藏匿于中村屋。[②]在亚细亚主义中，“会面”不仅能带来人与人间的直接联系，而且可以通过祖先、旧知等共同友人建立起关系网，因此即使人们未曾谋面，也能真实地感受到“亚洲”共同体的归属感。更进一步说，亚细亚主义与“亚洲”的相遇方式决定着它的特征。

那么村田省藏的“亚细亚主义”的形成脉络是怎样的？村田的“ 亚细亚主义”又是在怎样的“会面”中形成并发生变化的？在表面上看似矛盾的战前、战中、战后的村田的足迹是本文想要剖析的对象，本文也试图通过分析村田的行动来探讨战前战后日本的一个缩影。

一、实业亚细亚主义的谱系
——岸田吟香、荒尾精、白岩龙平

（一）实业亚细亚主义的先驱者

村田省藏主张与中国融合、实行本地化的企业经营方针，本文将该方针以及与其相关联的亚细亚主义称为“实业亚细亚主义”。“实业亚细亚主义”可追溯至岸田吟香，他在银座、上海两地开设了售卖药品、书籍的乐善堂。岸田，1833 年（天

①卡罗琳·S.豪、白石隆：《亚细亚主义中的网络与幻想》（松浦编著：《亚细亚主义讲了些什么》）。

②中岛岳志：《新宿中村屋的鲍斯——印度独立运动与近代日本的亚细亚主义》（白水社，2005 年）第二章。

保四年）出生于美作国的农民家庭，在昌平坂学问所习得儒学，同藤田东湖等人来往密切，一同活跃于勤王舞台，出任过举母藩的儒官，随后脱藩。脱藩之后，做过实习建筑工、蔬菜店挑担工、浴池小工、艺伎随从、青楼老板等诸多工作。1866年（庆应二年），他担任 JC 赫本的助手，协助发行和英词典《和英语林集成》，并同 JC 赫本一同前往上海。在上海驻留半年后，在 JC 赫本的传授下，他掌握了眼药水的制作方法，开始生产"精锜水"并在报纸上打出广告宣传眼药水，眼药水销售获得成功。此后，岸田在银座开设店铺乐善堂经营眼药水，兼营书籍的贩卖。1882年，岸田从近藤圭造五年前编撰的《兴地志略・东半球部》中抽出一部分内容，整理出版了《清国地志》全三卷。[①]1894 年他又发行了乐善堂编撰的《中外方舆全图》、《清国舆地全图》、还与学农社的津田仙联手发行了《精密正确兵要清韩新地图 第二辑》[②]，在甲午战争期间获得了丰厚利润。此后，岸田在上海、苏州、福州等地开设乐善堂分店，开拓在华销售市场，并支持陆军军人荒尾精在汉口开设分店。荒尾死后，岸田开设同文会，并与近卫笃麿组织国民同盟会。[③]致力于在华经商、收集地志相关的情报是岸田吟香实业亚细亚主义的最主要特征。

荒尾精出生于名古屋，陆军士官学校毕业后进入步兵第十三连队（熊本），后转入其志愿部队参谋本部支部，负责谍报工作。荒尾自幼崇拜西乡隆盛，在同乡松井石根为首的军人及大陆浪人等"中国通"中威望甚高。入华之后，荒尾拜访了身处上海的岸田吟香。在岸田的支援下，为筹集 1886 年之后的谍报收集所需费用，荒尾在汉口设立了乐善堂汉口分店，经营书籍、药品、杂货的销售。荒尾还以此为据点[④]，将自己打扮成中国商人模样，同宗方小太郎、井手三郎等人一同收集情报。在此收集汇总的情报，不仅包括狭义的军用情报，还包括地方志人口、人物、风俗习惯、产业、商业习俗、政治经济制度等普通信息。1889 年（明治二十二年），荒尾精结束了三年的驻汉口工作，随即他将所整理的成果以复命书的形式提交给参谋

①小泉泰雄：《岸田吟香・矢津昌永・米仓二郎的中国地志》（神户市外国语大学：《研究年报》第 46 卷，2009 年）。http://id.nii.ac.jp/1085/00000369。2017 年 2 月 1 日浏览。

②杉浦正：《岸田吟香——从资料所见其一生》（汲古书院，1996 年）第四章、年谱等。

③世田谷美术馆、冈山县立美术馆、每日新闻社编：《岸田吟香・刘生・丽子》（每日新闻社，2014 年）。

④ 村上武：《解说 荒尾精的简历与著作》（荒尾精：《日清战争赔偿论》， 书肆心水，2015 年）第 15—28 页。

本部。1892 年，由根津一执笔将所有情报信息编入日清贸易研究所编撰的《清国通商综览》[①]。[②]而荒尾精在提交完复命书后随即脱离了军籍。1890 年在岸田吟香的资助下，荒尾在芝区西久保明舟町（现在的港区虎之门）开设日清贸易商会，同日在上海开设日清贸易研究所。荒尾认为，要对抗西方帝国主义，首先必须修改不平等条约（即废除治外法权、修订关税）[③]，因此必须振兴日清贸易，并以此达到实现日清提携及富国强兵。其次，设立亚细亚贸易协会，成立亚细亚贸易研究所，从亚洲各地招募研修生，并在亚洲各国设立亚细亚贸易协会的分部，通过亚洲各国间的贸易往来，将日本打造成东方的英国。日清贸易研究所设置的必修课程是培养汉语人才、掌握中国的度量衡。因此，培养日清贸易的优秀人才是荒尾的工作重点。日清贸易研究所接受了日本政府的补助金，因此甲午战争爆发后，该所的所有毕业生均被参谋总长川上操六派遣至各地负责翻译、谍报工作，其中有几人在战争中丧生。战争结束后，陆军严格限制日清贸易研究所的相关人员活动范围，他们陆续参与了义和团运动、日俄战争的谍报收集及宣传活动。实际上，日清贸易研究所早在 1893 年送走了最后一届毕业生后就因资金困难与中日关系紧张而被迫关闭。1896 年荒尾因急病去世。[④]之后，研究所的毕业生白岩龙平作为荒尾的继承者，向上司提出辞呈，仿效荒尾脱离军籍，也开始走上实业之路。荒尾精在世时，对华政策上反对对清军事扩张，主张发展日清贸易。日本在甲午战争获胜之后，荒尾出版了《对清意见书》及《对清辩妄》[⑤]，反对日本从清政府获取领土和赔偿金，他认为该做法会招来西方列强的干涉及中国的分裂，而该观点在日本国内招致了强烈批评。1898 年，荒尾的弟子白岩在冈山同乡岸田吟香、西毅一（后为白岩的岳父）、涩泽荣一、贵族院议长近卫笃麿等人的援助下，成立了大东汽船公司和湖南汽船公司，并出任日清汽船公司的专务。据称，白岩正是继承了荒尾的遗志转向了实业之路。[⑥]

---

①近代电子资料图书馆：《清国通商综览 第一编》及《清国通商综览 第二编》。http://kindai.ndl.go.jp/info:ndljp/ pid/994021 与 http://kindai.ndl.go.jp/info:ndljp/pid/994023/1。2017 年 2 月 1 日浏览。

②村上武：《解说 荒尾精的简历与著作》，第 26—41 页。

③中村义：《白岩龙平日记 亚细亚主义实业家的生涯》（研文出版，1999 年），第 7—20 页。

④松浦正孝：《“大东亚战争”为何爆发》，第 153—159、第 506—507 页。村上武：《解说 荒尾精的简历与著作》，第 41 页。

⑤村上武：《解说 荒尾精的简历与著作》，第 54—61 页。

⑥中村义：《白岩龙平日记 亚细亚主义实业家的生涯》，第 11—79 页。

1898 年东亚会与同文会合并组成东亚同文会。同文会与东亚同文会均是以贵族院议长近卫笃麿为中心由白岩龙平、岸田吟香等人成立的。在其上海支部会员名单中，村田省藏与陆军少佐松井石根等人均在其列。[①]

1901 年荒尾的陆军同期根津一继承了荒尾的遗志，出任东亚同文会在上海设立的东亚同文书院的院长。根津在东亚同文书院成立 10 周年之时对书院做了以下总结：

> 从创立以来这 10 年的人才培养成果来看，学生中文水平得到大幅提高，通过三年的专业课程学习，我们的学生对中国的商业规矩、度量衡、货币等方面均已十分精通，甚至有时被欧美人误认为是中国人。这里是我们的试验地。截至去年上海同文书院毕业生已达 470 人。毕业生被派遣至满洲、华北、华中、华南等各地，负责经济事务。学生们均已深入到了内地或开放的港口，按照中国的商业规矩，采用中国的货币度量衡，不经中间商便能轻松自如地域同中国人进行交易。在直接贸易方面，我们在汉口的部分同仁的行动尤其值得关注。他们身着中国服装，深入至河南的棉花大豆产地，直接使用中国的货币度量衡，按照中国的商业规矩与生产者交易，从中获得了相当丰厚的利润，这令在汉口的德国商人十分艳羡。[②]

东亚同文书院与荒尾精的日清贸易研究所持同一理念，即利用同文同种的特点，完全掌握当地语言、习惯、制度，深入当地社会，不再依赖西方商人作中间商，直接同原料产地交易降低采购价格从而获利。可以说，从乐善堂、日清贸易研究所至东亚同文书院这一系[③]以及本文稍后即将讨论的三井物产，均在实践着实业亚细亚主义之路。

在日本的教育系统中，推行实业亚细亚主义的包括东亚同文书院和村田省藏曾就学过的高等商业学校。事实上，高等商业学校在商业教育中重视学理研究，并不重视以实地调查为基础的实践性实业亚细亚主义。[④]不过，他们所培养的学生之中，

---

①中村义：《白岩龙平日记 亚细亚主义实业家的生涯》，第 139—147 页。

②中村义：《白岩龙平日记 亚细亚主义实业家的生涯》，第 148 页。

③竹内好：《东亚同文会与东亚同文书院》（《竹内好全集》第五卷，筑摩书房 1981 年），松浦正孝《“大东亚战争”为何爆发》，第 155—159 页。

④松重充浩《战前·战中期高等商业学校的亚细亚调查—以中国调查为中心》（末广昭编：《岩波讲座“帝国”的学知 第六卷 作为地域研究的亚细亚》，岩波书店，2006 年）。在松重论文的第三节中介绍的上妻隆荣和川濑一贯两个例子，与村田省藏基于“中国人民”的当地体验情报而认为战后的中国会进入快速经济发展时代有异曲同工之妙。

也诞生了像村田这样立足于实地商贸交流经验、本着“中国民众为本”的政治经济认识进行活动的人物。

（二）商务最前线的实业亚细亚主义

在当时的上海，三井物产与日本邮船、横滨正金占据了日系商社的头三名。而上海租界内，英国人把控关税，西方各国享有司法、行政权，清政府处于半殖民地状态，包括欧美主要银行、商社均雇佣华商作为代理人。[①]而在日本商社中，三井物产在上海分店长山本条太郎的主导下废除了中间商制度，这在当时属于首例。1898年（明治三十一年），三井物产在中国分部设立商业实习生制度，1899年推出中国研修生制度，分别录用普通中学三年制毕业生（15岁）及中学全科毕业生（17岁）。三井命研修生按照当地风俗留起长辫，身着中国服装、学习汉语及商业规矩以备需要。最终，1902年（明治三十五年），三井成功撤除所有中间商。[②]三井物产的首任社长益田孝曾评价：

> 外国商人同中国商人交易往往依赖中间商，他们不得不将销售额的1%作为报酬支付给中间商们。三井物产公司对此十分反感，欲实行直接交易。为实现该目标，三井任命了山本。山本战胜了诸多困难，成功实现直接交易，这令在日本商人及在华的他国外商十分赞叹。这完全仰仗山本，能够担此大任者唯有他。十分感谢他所做贡献。废除中间商意味着三井物产自身必须承担起该职能。为此，山本从自身做起，换上了中国劳工装扮，其他店员也随其换上中国服装，讲中文，对中国人的心理、中国商人的信用以及中国商品的流向趋势等方面做了详尽的调查。
>
> 尤其值得称赞的是，三井物产为了解中国人的心理与国民性提出了体验中国家庭生活的必修科目。三井安排员工寄宿于中国普通家庭，甚至还制定奖励政策，鼓励员工与中国女性结婚，虽然没有员工真正实践。总之，在甲午战争

①本野英一：《传统中国商业秩序的崩坏——不平等条约体制与“说英语的中国人”》（名古屋大学出版会，2004年）。

②第一物产株式会社：《三井物产会社小史》（第一物产株式会社，1951年），第74—76页。若林幸男：《三井物产人事政策史 1876—1931》（ミネルヴァ書房，2007年），第119—126页。

后，三井物产公司废除了中间商制度后获得了巨额利润。[①]

在此环境下，上海商界诞生了高木陆郎、森恪等蓄辫派中的最优秀代表。[②]高木陆郎，东京商工中学毕业后进入三井物产。进入公司第二年即1899年（明治三十二年）高木被上海分店录用为第一期中国研修生。1922年（大正十一年）至昭和年间出任日中合资的日中实业副总裁。高木作为日本"中国通"的代表，长期活跃于上海商界。比高木小2岁的森恪，同样毕业于东京商工中学，两度参加东京高等商业学校入学考试均以失败告终。1902年（明治三十五年）凭借其父与山本条太郎的关系，森恪被三井物产上海分店录用为第二期中国研修生。以此为契机，高木与森相识并一直保持着相当密切的交往关系。[③]三井物产上海分店的研修生每日需学习9个半小时的汉语，因此研修生们的汉语水平十分出色。然而，令上海分店长山本苦恼的是，研修生中极少有能在各个方面沟通自如的全面人才。山本出任理事后，为改变现状，一方面继续利用中国研修生制度培养人才，另一方面为了能够保证优秀人才质量的稳定性，开始转向录用东亚同文书院的毕业生，山本甚至考虑废除中国研修生制度。最终1913年（大正二年）三井物产终止了历来的少年派驻当地制度，从1915年开始转为经由公司内部的海外研修项目录用高等教育毕业生，对他们进行培训后再上岗。[④]中国研修生制度原本意在培养能够融入中国社会的人才，然而事实上成功的案例除了高木陆郎、森恪之外寥寥无几，研修生们的基础并不扎实，因此该制度在甲午战争后逐渐被以学校毕业生为中心培养近代官僚组织人才的体系所取代。不过，在当时的日本实业界中，有不少人希望仿效大陆浪人，跨

①山本条太郎翁传记编纂会:《山本条太郎（三）》传记》（原书房，1982年，1942年原本刊行），第117—118页。

②村田省藏:《少年时之上海—重庆（二）》（《经济学家》1956年9月1日）。山浦贯一编:《森恪》（森恪传记编纂会发行，高山书院，1941年），第76—103页。

③吉塚康一:《高木陆郎与辛亥革命——以盛宣怀逃亡日本为中心》（早稻田大学亚细亚研究机构:《次世代亚细亚论集》8号，2014年）。另外，高木陆郎还在大亚细亚协会中担任过评议员等核心要职（松浦正孝:《"大东亚战争"为何爆发》，第684、716、753、799、813页）。而战败前夕的1945年7月，继任财团法人日华协会（45年1月由日华学会等中国方面相关团体整合而成）总裁的近卫文麿，曾寄希望于与村田一同打开时局（福岛慎太郎编:《村田省藏遗稿 比岛日记》，原书房，1969年，第598—600页）。松井石根及南次郎等陆军内部的动向也会告知村田（原书房，1969年，第618—619页）。战败后的8月28日，在日华经济协会上，村田等人协商改善对蒋介石态度。在为了令池田勇人担任首相而于1957年10月左右成立的宏池会上，由大藏省、日本银行关系者、政治家一同出席，高木陆郎亦代表财界参加，并尽力将财界对池田进行的后援组织化（御厨贵、中村隆英编:《访谈：宫泽喜一回顾录》，岩波书店，2005年，第185—188页）。

④若林幸男:《三井物产人事政策史 1876—1931》，第119—138页。

越国籍障碍顺畅融入中国社会，这些人都具有“亚细亚主义”某些特点。

1909 年（明治四十二年），以白岩龙平为中心的东亚兴业公司在财界涩泽荣一的支援下成立。[①]该公司主要从事在华开发铁路、造船、电力、矿山、工艺制造等领域的前期调查、设计、投资。而白岩的竞争对手三井物产的山本条太郎、森恪、高木陆郎等人，则设立了中国兴业公司（后为日中实业），与东亚兴业公司相抗衡。中国兴业在目标上与东亚兴业一致，同时还同中方合作，将孙文、袁世凯等人邀至其麾下，意在成立日中合资公司。[②]根据中村义的整理，东亚兴业公司被称为“扬子江组”，该组还渗透至当地华商圈内，与华商建立了相当紧密的经济合作关系得益于此，他们在日后的中国抵制日货运动中避免了损失，从而在华站稳了脚跟。[③]而中国兴业公司则以三井物产上海分店为据点，在日本提出对华“二十一条”后，逐步将工作重心转向了日中关系中的重点问题即满蒙问题。在田中义一内阁时期，山本条太郎出任满铁总裁，森恪与关东军建立了密切关系，正如东方会议所见，三井物产与九一八事变等日本在华军事扩张行动有密切关联。[④]

本文稍后将要介绍的中桥德五郎的“日中共同经营论”属于前者。除此之外，日中战争期间受大藏大臣兼工商大臣池田成彬之命，日银调查局长宗像久敬在上海协助李滋·罗斯实施的币制改革也属于前者，该构想旨在携手英国、比利时，以华中国际管理的形式加快日中战争结束[⑤]，可以说该构想正是源自于“扬子江意识”。

实业亚细亚主义的谱系，一条是荒尾精至白岩龙平的“扬子江意识”，另一条是出身于三井物产的，与军事扩张联手的森恪等人所走路线，两者之间确实存在不少差距。但实际上很难说清，这差距是源于个人性格、企业特性，还是说企业、个人将重心、根据地放置于满洲、华北还是华中而造成的不同结果。

①中村义：《白岩龙平日记 亚细亚主义实业家的生涯》，第 157—161 页。

②中村义：《白岩龙平日记 亚细亚主义实业家的生涯》，第 160—166 页。

③中村义：《白岩龙平日记 亚细亚主义实业家的生涯》，第 122—129 页。

④中村义：《白岩龙平日记 亚细亚主义实业家的生涯》，第 122—125 页、第 165—166 页。

⑤松浦正孝：《日中战争终结构想与华中通货工作》（《国际政治》第 97 号，1991 年），松浦正孝：《日中战争中的经济与政治》（东京大学出版会，1995 年）第二章第二节。

二、大阪商船社长中桥德五郎与村田省藏的中国体验

（一）中桥德五郎与大阪商船

村田省藏于 1878 年（明治十一年）9 月 6 日出生于后被称东京府多摩郡涩谷村官益，对其影响最大的是大阪商船社长中桥德五郎。大阪商船经营的主要航线是濑户内海，近海航线仅限于朝鲜、中国长江沿岸等数量极为有限的船只，可谓是“破公司小企业”。村田原本与大阪没有任何交集，从高等商业学校（一桥大学）毕业时他之所以选择大阪商船是出于中桥的缘故。[①]村田认为在优秀人才云集的一流企业无法崭露头角，因此选择了大阪商船这种尚未成熟的小公司。而时任大阪商船社长的中桥，曾出任过邮政省铁道局局长，在大阪实业界内享有很高声望。村田正是看中了这点。[②]结束实习期后， 1901 年（明治三十四年）年末村田被派往上海分店，该分店主要负责开发长江流域航线，分店长为堀启次郎。村田在其麾下与冈田永太郎一同负责经营业务。期间正值社长中桥试行新式机构改革，例如撤下店头的暖帘和榻榻米，将店员的服装从和服、围裙、腰带的传统风格转为现代风格，撤换旧式传统的店员，从村田毕业的前一年开始引进帝国大学、高等商业学校的毕业生，等等。

中桥德五郎担任大阪商船社长期间，于 1899 年与原邮政省旧识“台湾总督”儿玉源太郎合作开辟了“台湾总督府”官方航线，航线包括经由神户的吉隆线、经由神户的打狗（高雄）线等通往中国台湾、华南的航线。与原先独占该航线的英商道格拉斯公司展开了激烈的角逐。义和团运动之后，大阪商船彻底打败了英商公司，将其逐出台湾、华南航线，逐渐建成了以朝鲜、中国为主线的船运公司。此外，中桥还协助政府在后来的日俄战争及战后开设“满洲”、华北航线，与俄国、欧洲也建立了关系网。日本自甲午战争后获得长江内河航运权，中桥在华中、长江沿岸航线中，与清政府官设的招商局、英商经营的太古洋行、怡和洋行等三大汽船公司展开竞争。对此，清政府官设的招商局与英系的两家公司结成“三社同盟”，意在驱

①村田省藏:《少年时之上海—重庆（一）》(《经济学家》1956 年 8 月 25 日)。

②中桥德五郎翁传记编纂会:《中桥德五郎》(中桥德五郎翁传记编纂会，1944 年）上卷第 205—249 页；同下卷第 10—140 页。

逐德系、法系及日本船运公司。新人村田前往上海任派驻员正是参与这场剧烈的竞争。

中桥把原本开拓长江航线的办事点升格为上海分店，1895年（明治二十八年）从岳父田中市兵卫经营的大阪俄油合资公司挖来堀启次郎担任分店店长。堀与中桥为金泽同乡，堀是东京帝国大学法科大学毕业的高才生，先后出任过仁川分店、神户分店店长，出任优秀人才云集的上海分店店长，显然是被寄予了厚望。[①]1914年（大正三年），中桥转入政界[②]，堀接任社长之位，村田在其下担任副社长，出任董事的冈田永太郎、堀新均出身于上海分店，因而被称为“上海内阁”。社长之位的担任者也是如此，堀、村田、冈田先后继任也能明显地看出这点。[③]

在上海，抢占先机的三家公司早已在港口选定了船容易停靠的位置建造了码头及仓库，留给后来者的只有挑剩之地，这些场地上下船时的距离较远，相对花费时间也较长。为解决难题，大阪商船不得不进行详细调查，整修仓库、船库、栈桥之间的水陆连接设备，增强船舶运量，实施降低运费，由分店长亲自驾驶小船将乘客送至大船等优惠服务[④]，以对抗前三家公司，上海分店与英系汽船公司的竞争十分激烈。与村田一同前往上海的冈田永太郎过后曾如此描述：

> 招商局、太古洋行、怡和洋行早已扎根长江及中国沿海地区，日本资本想要进入该区域必须动真刀真枪。英国自鸦片战争以来在华的通商权、航运权十分稳固，因此年轻的后来者要想在此挣得一席之地，绝非易事。三家公司对于后来者的压迫十分惨烈，不愧是资产阶级作风。打倒英国航运权的想法由此而生。
>
> 日本想要在中国扩大经济规模，首先必须成功压制英国。在这过程中寻求妥协、调解是不得不为之事。但事实上一山容不下二虎，日英想要同时在东洋称霸几乎不可能，最终胜出的只有一家。这是我们在上海生活后得到的深刻领

①青潮出版株式会社编：《日本财界人物列传》第二卷（青潮出版，1964年），第307—315页。

②中桥德五郎于1910年（明治四十三年）当选大阪市会议员，并担任大阪市会议长。1912年（明治四十五年）受推荐当选众议院议员，但因忙于事业，仅半年就辞职。之后为了真正出入政界，辞去大阪商船社长一职，加入政友会（中桥德五郎翁传记编纂会：《中桥德五郎》上卷，第221—240页）。之后历任原敬内阁与高桥是清内阁之文部大臣、田中义一内阁之商工大臣、犬养毅内阁之内务大臣。

③小林正彬：《大阪商船的劳务对策与经营者》（《经营史学》18卷4号，1983年）。

④村田省藏：《少年时之上海—重庆（一）》。

悟。大东亚战争的爆发是迟早的事情。[①]

在社长中桥的率领之下，大阪商船进军中国沿岸航线的同时还同西方诸国竞争远洋航线。日本国内纺织业十分依赖棉花，为获取原料，必须开发通往印度与日本之间的航线。此外，大阪商船还打入日本邮船开发的孟买航线，为进口爪哇糖而开展了通往爪哇航线的调查准备工作。[②]大阪商船进军以长江为轴心的中国南方及台湾、南洋等经济区域的行动，加剧了其与英国的竞争与对立。大阪商船不仅开拓了以上海为中心通往汉口、宜昌等地的长江航线，还同“台湾总督”儿玉的经营南方政策携手，以中国台湾为据点，试图将航线扩展至台湾对岸的福州、厦门、汕头、香港乃至东南亚地区。[③]该方案里潜藏着与英国、荷兰、美国等西方列强发生冲突的风险。[④]而以上海分店为据点的方案，正如上文冈田所述，与英国的竞争冲突引发大东亚战争就只剩下时间问题，村田想必也是持有相同的国际竞争意识。[⑤]

尽管大阪商船急欲对抗以英国为中心的西方，也同中国官办的招商局存在竞争关系，但事实上最初他们并非想要与中国资本对立。1918年（大正七年），中桥德五郎从大阪商船离职，随后他发表了《日中共同经营论》，主张日本放弃对中国领土的野心，支持中国统一及币制改革，提倡日本将经营股份公司的相关经验传授给中国，由中国提供资源及劳动力，即“日中共同经营”。在军事方面，提倡日中共同分担海路防卫即所谓的日中攻守同盟方针。中桥支持日本进入中国的纺织行业，同时也希望日本能打入中国造纸、制糖、制铁行业。[⑥]无论是中桥还是驻扎在中国的村田，两者都持有同样的亚细亚主义心态。

（二）对华贸易最前沿

村田省藏在大阪商船上海分店工作一年半之后，前往汉口分店，一年后又转至中国腹地四川的商业中心重庆。从上海、汉口至宜昌有火车可通行，但是去往重庆的交通工具仅有民用船只，路上需耗费两至三月，途中危险重重，为此社长中桥命

①中桥德五郎翁传记编纂会：《中桥德五郎》下卷，第117—120页。
②中桥德五郎翁传记编纂会：《中桥德五郎》下卷，第121—175页。
③村田省藏：《少年时之上海—重庆（一）》。
④在松浦正孝：《“大东亚战争”为何爆发》第六章中，将此称为亚细亚主义的“台湾要素”。
⑤村田省藏：《少年时之上海—重庆（一）》。
⑥中桥德五郎翁传记编纂会：《中桥德五郎》下卷，第465—545页。

手下员工寻找铺设铁路之法，这是项相当艰巨的任务。最初命前往的是角田陆郎，而并非村田。村田大学毕业不到五年且不精通汉语，而角田是汉口分店的第二负责人，因此被中桥选中。据村田讲述，“角田出身于日清贸易研究所，是荒尾的弟子，与著名人士白岩龙平是同窗，在‘中国通’中是响当当的人物。”在当时的中国市场最前线，我们看到了不少出身于日清贸易研究所的人物，他们都来自荒尾精、白岩龙平的实业亚细亚主义学校，然而角田是个例外。身为实业亚细亚主义的优秀精英代表，角田却以家中有老父需要照顾为由拒绝了社长中桥的派遣命令。而相反，家中有老母及一子的村田则认为“成大事者必经大险”，欣然接受了此项任务。[①]

村田前往重庆途中，径长江主道、支流沿岸、成都等地，村田判断持枪前往可能引发沿途中国百姓反感，因此，他最终空手旅行。村田回顾：

> 我们用仁丹、精锜水、碘仿等大量的药品取代了枪支，除了给自己用，还给同行的车夫及沿途的百姓赠药。他们从未用过这些药品，因此药效甚佳。渐渐地我们被车夫们称为“东洋大医生”。[②]

医疗在建立友好关系及口碑宣传上所发挥的作用是显而易见的，荒尾精乐善堂的眼药水精锜水和仁丹等药品在贸易交往及谍报收集活动中广为流传，被公认为“必备品”。然而，大阪商船由于资金不足，最终并未成功开通重庆至宜昌的航线。村田在汉口分店工作一年半后返回了上海分店，之后又前往美英等国工作。1929年（昭和四年），村田回到日本，出任大阪商船副社长，1934年任社长。在担任专务期间，他成功开辟了北美航线[③]，任社长期间开辟了南美航线。1921年担任经理部长兼营业部长期间，村田既已显露出一定的政治抱负，他曾对手下说过“你，必须成为大臣”之类的训言。[④]村田担任副社长期间，大阪财界曾发起过对其的政治支援计划，欲模仿乡诚之助的番町会，由10人组成后援会，支援村田打入中央政界。尽管村田十分感激，但他本人对大阪财界的举动反应冷淡，“并不欣赏番町会之类的做法。”最终，村田接受了另一个方案，组成了一个讨论时局的研究会，该

---

①村田省藏:《中桥翁的重庆航路观》,第113—1116页所收。村田省藏:《少年时之上海—重庆(一)》。

②村田省藏:《少年时之上海—重庆（三）》(《经济学家》1956年9月8日)。

③大阪商船株式会社:《村田省藏追想录》，第260—262页。

④大阪商船株式会社:《村田省藏追想录》，第46—47页。

会据说是大阪财界权力中心火曜会的前身。[1]进入昭和之后，大阪商船也逐渐将业务转向改善满洲、华北航线，以此为契机，时任营业部长的村田于 1927 年结识了天津总领事的吉田茂，二人的交往一直持续到战后。[2]

三、由经济竞争转向世界经济战争

根据村田回忆，为抗衡长期掌控长江流域航线的英国，日本的大东汽船、大阪商船、日本邮船、湖南汽船合并成立日清汽船公司。由于政府给予补助金，1920 年代中期该公司已经形成了对英国商船的压倒性优势。然而，恰在此时，中国国民政府成立并迅速扩大了势力范围，中国的反日情绪也逐渐高涨，反日运动规模不断扩大。村田日益感受到以日清汽船为首的日本权益逐渐受到严重威胁。由于反日运动不断持续，中国社会出现了拒绝乘坐日本船只、拒绝使用日本船只运货、甚至连受雇于日本人的中国人或者与日本人有贸易往来的中国人皆受到牵连或威胁。[3]1930 年左右在“满洲”出现了迫害驻“满”日人的事件，日本侨民从“满洲”撤离的数量急剧增加，前往“满洲”的日本人开始减少。为此，在日本出现了放弃“满洲”的呼声，不少在“满洲”的日本侨民认为“满洲”陷入了危机。村田据此判断正是基于该问题才引发了九一八事变。而村田同时也认为正是得益于九一八事变，大阪商船才有机会开通神户至大连的豪华游轮，该游轮每月运行 20 班次，接近了大阪商船预先设定的发展目标。[4]

日本同英国争夺航运权期间，随着蒋介石政府的势力扩张，反日运动持续爆发，这迫使村田认识到，日本海运要想在中国市场获胜十分困难，原因在于英国与蒋介石政府的反日运动是相互勾结的。因此，九一八事变对于像村田这样的日本资本来说，是一个扭转在华受损利益的绝佳机会。事变发生后，1931 年 9 月 25 日，时任大阪商船副社长的村田在《大阪每日新闻》发表评论称“抵制日货即为战斗行为，

①大阪商船株式会社:《村田省藏追想录》，第 64—67 页。
②大阪商船株式会社:《村田省藏追想录》，第 310 页。
③村田省藏:《越过东亚之波涛（三）》(《经济学家》1956 年 9 月 29 日)。
④村田省藏:《越过东亚之波涛（一）》(《经济学家》1956 年 9 月 15 日)。

因此我们以武力应对并无不妥”[①]。

村田在之后担任菲律宾大使期间，曾陪同内务长官阿基诺、农务长官阿鲁南、司法长官埃罗视察伪满洲国，他十分得意地认为，与美国统治下的菲律宾相比，日本对伪满洲国的统治更加优越。村田不仅带领他们参观了伪满洲国在治安、农业、轻工业、重工业矿业等领域的成就，还向菲律宾官员介绍，这些成就均归功于日本的统治方式，即将伪满洲国交由伪满洲国皇帝及他们自己管理，日本官员只在次官以下的职位上担任职务。村田对伪满洲国的管理形式深信不疑。[②]

1945 年 4 月，美军进攻菲律宾迫使菲律宾共和国何塞劳雷尔总统逃亡中国台湾，村田也陪同前往。同年 4 月 14 日村田向菲总统介绍日本产业界的状况：

日本产业界已处于世界先进水平，纺织与人造丝技术、水产为世界第一，日本产的日用品遍布全球各地，海运业居世界第二，其他产业的发展势头也十分迅猛，将逐渐赶超英美。日本产业界人士坚信再过 10 年、20 年，日本必定超越英美。大东亚战争之所以爆发，是美国在压制日本的发展势头，在日本尚未全面超越美国时，美国欲先发制人。（中略）

我（村田）曾同军司令官山下谈及，山下过去曾在马来半岛击退英军，今又与美军在菲律宾群岛决战。而我等日本海运人已经同英美对抗了 40 年，并成功将英美逐出了太平洋。英国势力已从印度洋、澳洲撤离。因此海运人比军人先行了一步。[③]

大阪商船身处与英美经济竞争的最前线，因此，村田才毫无顾忌地宣称正是美国在世界经济竞争中感受到了日本经济实力的威胁才策划了战争，企图以军事实力为背后支撑打开经济竞争的僵局。经济竞争确实是引发战争的一个因素，但是竞争不会直接导致战争，需要借用若干个政治经济学原理方可解释透彻。但是，直至今日，持该观点的日本人还不在少数。

战后，村田恢复公职之后在一次对谈中谈及了自身的历史观，依然延续了战前的看法：“如此优秀的日本民族被困在岛国之中是个巨大错误。”“日本建设满洲国是理所当然的，日俄战争亦是如此。”村田认为，俄国入侵朝鲜才迫使日本为保护

①冈本宏：《满洲事变与无产政党》（《国际政治》43 号，1970 年）第 108 页。

②村田省藏：《越过东亚之波涛（二）》（《经济学家》1956 年 9 月 22 日）。

③福岛慎太郎编：《村田省藏遗稿 比岛日记》（原书房，1969 年）第 493—495 页。

朝鲜而战，所以战争性质与美国发动朝鲜战争并无二致。在村田看来，建设所谓“满洲国”并不是侵略，而是为日中两国谋求利益而采取的行动。伪满洲国不是傀儡，而是主权独立的国家，日本人仅仅出任次官就是有利证据。原本的“马贼之国”在短短的一两年内变成了伪满洲国，倘若伪满洲国的军备得到充实，关东军也将主动撤离。“试图阻止日本膨胀是天理不容的。日本的错误在于，军人在‘满洲国’成立之后不应该将爪子伸到北京，这是不可取的。但是满洲国本身的出现完全合乎情理。”[①]这是村田在巢鸭拘留所公然宣称的言论。

四、从日中战争至“大东亚战争”

日中战争爆发后，村田与中日实业副总裁高木陆郎、钟纺社长津田信吾一同出任大亚细亚协会的评议员。[②]大亚细亚协会成立于 1933 年 3 月 1 日，伪满建立一周年之时。该组织是以松井石根为中心设立的民族主义团体，松井本人是荒尾精的私淑弟子，同时也是“中国通”。该团体最初的成员名单中并没有包含实业家。[③]日中战争全面爆发后，松井以上海派遣司令官的身份前往上海，而反英运动也正是此时在日本国内达到高潮。此轮反英运动认为是英国在蒋介石的背后挑唆了抗日活动，因而反英运动的中心包含了大亚细亚协会以及与中国关系密切的关西财界。村田同津田信吾、大阪商工会议所会长、安宅商会社长安宅弥吉一同站在了反英运动的最前沿，在日本军队攻陷南京之时批判“蒋介石政权背后存在日本的敌人”[④]。所谓的“敌人”，也就是英国。村田将大阪商船在上海、汉口、重庆等地与英国海运公司及其伙伴中国招商局之间在贸易上的对立竞争关系直接上升为他的世界观。不仅仅是海运业，也包括了钟纺、大阪商船等等在棉纺业、海运业等领域的日本代表性企业，他们都长期处于与英国经济竞争的最前线。正像村田对劳雷尔所述，村田将纺织、人造丝、日常用品、水产、海运等领域看作是世界经济战争的主战场。大阪商船将产品以低价倾销至印度、非洲等海外市场，带来了巨额利润，因此村田

①村田省藏：《日本之膨胀为必然》(《实业之世界》1951 年 11 月)。
②松浦正孝：《“大东亚战争”为何爆发》，第 684 页。
③松浦正孝：《“大东亚战争”为何爆发》，第 553 页。
④松浦正孝：《“大东亚战争”为何爆发》，第 602 页。

认为日本棉纺织业成功占领全世界的市场，是其所领导的大阪商船的功劳。[①]九一八事变后村田加入刚成立的大亚细亚协会，也是为了将把英国逐出亚洲，在日中两国之间建立无他国干扰的无缝联盟，他是大亚细亚主义理念的忠实拥护者。

但事实上，村田从未在大亚细亚协会的机关杂志《大亚细亚主义》上发表过任何文章，也没有出席过大亚细亚协会的会议，以笔者所见，这不能说明他是真正的大亚细亚主义者。村田与松井在东亚同文会上海支部时期为同僚关系，作为海运界的代表人物，可以说村田与纺织业界的津田两人皆是大亚细亚协会的“招牌”。对于村田来说，真正的敌人不是中国，而是唆使蒋介石政权挑起抗日战争的西方帝国主义。村田基于其在中国的贸易经历产生了实业亚细亚主义理念，在他看来，从九一八事变至“大东亚战争”，只不过是亚洲各地商战的延长线而已。

1936 年（昭和 11 年）日本颁布了《航运统制法》。为响应政府的海运统制方针，在日中战争爆发前，日本成立了海运自治联盟，村田出任理事长，负责战时海运自治统制相关事务。[②]村田联合各家海运公司成立了东亚海运股份公司，该公司主要满足国家政策需要。村田将该公司的根据地设立在了上海。[③]1940 年，村田出任第二次近卫内阁通信大臣兼铁道大臣。在第一次近卫内阁时期，村田就曾受邀出任中国北部开发公司首任总裁，也多次受邀入阁，[④]但他未应允。之所以加入第二次内阁，是由于村田认识到了自身以民间人士身份管理海运自治统制受到较大限制，进入政权中枢管理海运能够更加有效地防止业界出现混乱局面。[⑤]就任通信大臣兼铁道大臣之后，村田宣布将在下关至釜山之间挖掘隧道，实现铁路的宽轨化，

①朝比奈元：《村田省藏论》（《产业与经济》1955 年 6 月）。

②大阪商船三井船舶株式会社编：《大阪商船株式会社八十年史》（1966 年）第 72—78 页。

③村田省藏：《越过东亚之波涛（二）》。

④例如，第一次近卫内阁改组之前曾有过这样一段插曲。近卫文麿首相对贺屋兴宣大藏大臣提议，是否要吸纳曾担任阪神急行电铁会长的小林一三为经济阁僚。贺屋对此表示反对，表示若要是财界人士的话，他推荐村田。小林是一个伟大的实业家，但在统制经济时代，需要在保持财政平衡的基础上按照国家目的进行财富集结，小林不适合担当此事。而相对的，贺屋也表示“村田先生以商船会社社长之身份，在充分完成自身事业的基础之上，同时也时常忧心国家之事。不仅是自己之事业，还延伸到相关联的海运界，甚至是国家的经济领域，乃至整个国家，村田先生总是站在如此广大的基础之上进行考量。再掂量需要重点关注，及有必要关注的地方，以求在其中达到一种平衡，思虑非常妥帖。他的性格和行事方式也是如此”。结果第二次近卫内阁，两者都入了阁。商工大臣小林因与次官岸信介发生冲突而辞职，只有村田以通信大臣兼铁道大臣身份全身而退（贺屋兴宣：《村田先生的积累方式》，大阪商船株式会社：《村田省藏追想录》第 189—193 页）。

⑤大阪商船株式会社：《村田省藏追想录》，第 313—314 页。

并将在东京至北京、汉口之间建设直通的大铁路网。[①]这是村田在大阪商船时所追求的东亚经济构想图，可谓是实业亚细亚主义的顶点。

村田提出该设想的背景是，1906 年他从重庆返回汉口分店时亲自体验了京汉铁路（当时称为平汉线，连接北京与汉口的线路）所带来的经济效应。在铁路尚未开通时，交通网不通畅，农民种植的农产品只用于自给自足，铁路开通之后，道路被打通，沿线所种植的棉花开始出现在市场上进行交易。以汉口为集散中心，棉花种植面积迅速扩大。除了棉花，芝麻、苎麻、鸡蛋、大豆、花生等也得到广泛种植或生产，这些经济作物源源不断地运往汉口，由汉口出口至欧洲。随着生产力的提高，购买力也逐渐增强，消费需求持续扩大，经济也得到了发展。[②]村田的实地体验促使他深刻地认识到，铁路、船舶等运输、交通通信业才是发展经济的重心，他希望借此设想将亚洲连接在一起。担任大臣之后，村田考察了中国各地，考察途中“珍珠港”事件爆发。对于事件，村田认为：“既然战争已经发生，日本只能举国一致勇往直前。而自己作为其中的一分子必须尽力协助政府。”于是他立即决定回国。将村田召回日本的首相东条英机，在第二次近卫内阁时期与村田是同僚关系，东条认为九一八事变是军方单独行动所为，为防止重蹈覆辙，东条决定在军司令官身边配备一名亲任官，以防止其专断独行。村田因而在其邀请之下出任日本驻菲律宾第 14 军的最高顾问。1942 年 2 月，村田以菲律宾派遣军最高军政顾问的身份前往菲律宾赴任，派遣军司令官为本间雅晴，其率领的 14 军打败了麦克阿瑟军队，但随后又陷入与当地游击队的苦战。1943 年 9 月，《日菲同盟条约》签订，菲律宾共和国成立，村田出任日本驻菲大使。1944 年 9 月，总统何塞劳雷尔领导的菲律宾共和国被麦克阿瑟军队打垮，被迫逃往马尼拉避难。二人一度被困于山中，1945 年 3 月末逃至中国台湾，并于同年 6 月辗转抵达日本本土。在逃亡途中，1945 年 4 月，村田写成《对菲施策批判》[③]一文，将菲律宾统治失败原因归结在以宪兵的暴政为代表的日本政策上。

战后，村田如此评价日本对菲律宾的战争责任：

> 日本是同美国作战，并没有将菲律宾视为敌人。将菲律宾作为战场，这是日本对不住菲律宾之处。因此，日本必须对菲律宾人进行赔偿。日本对菲律宾

①松浦正孝：《“大东亚战争”为何爆发》第 991 页。

②村田省藏：《越过东亚之波涛（三）》（《经济学家》1956 年 9 月 29 日）。

③福岛慎太郎编：《村田省藏遗稿 比岛日记》，第 699—714 页。

的残暴行为，开始于游击战，即麦克阿瑟从澳大利亚重新起兵、反攻至莱特岛导致日本转败之后。一旦陷入战败状态，人极容易产生兽性，而忘记人性。对那些因此而牺牲的人们，我们应当对其进行哀悼。①

村田认为导致菲律宾对日感情恶化是战败前的三四个月，这期间日本军队陷入粮食危机，为求生存他们不得已实施了丧尽天良的残暴行为。②

五、战败后对华认识的转变

日本战败后，1945 年 9 月 15 日村田以甲级战犯嫌疑犯的身份被关押至横滨监狱，直至 1947 年 8 月 30 日从巢鸭监狱出狱。入狱后的近两年间③，村田将主要精力放在了读书之上。④从巢鸭出狱后，村田前往日华经济协会工作，该协会的前身是村田在 1940 年春设立并担任会长的长江产业经济开发协会。1952 年，日华经济协会的副会长河田烈曾为缔结《日华和平条约》奔赴中国台湾，同蒋介石政权进行过贸易洽谈与交涉。1951 年 8 月村田恢复了公职。原本在九一八事变上支持日本政府的村田，从这一时期开始逐渐转变了态度。

村田希望同 6 亿中国民众建立友好和平关系，为此，1953 年 3 月他将会长一职让给了副会长河田烈，退至顾问。20 世纪 50 年代初朝鲜战争爆发，国际社会出现对立局面。村田起初支持的是国民政府，还煽动日本民众一同指责北京政府的专制残暴侵略行为，但随后他转变态度，认为即便中共是少数党员领导的，但六亿中国民众不可能在短短的几年彻底改变。因而村田认为日华经济协会一心偏向中国台湾政府的做法欠妥当。在他看来，无论是谁当政，作为日本人要做的是同 6 亿民众加深友好关系，日本应该与广阔的亚洲大陆建立更加紧密的关系。因此日本应当抛开先入观，务实地审视战后中国。⑤在村田看来，无论是何种形式的政权体制，最为重要的是要发展与中国民众的关系。⑥村田主张不从政治见解角度来选择交流对

①村田省藏：《与六亿民众一同（一）》（《经济学家》1956 年 10 月 6 日）。
②村田省藏：《论“和解之赔偿”》（《经济学家》1951 年 10 月 21 日）。
③村田省藏：《与六亿民众一同（一）》，大阪商船株式会社：《村田省藏追想录》，第 313—315 页。
④村田省藏：《论“和解之赔偿”》。
⑤村田省藏：《与六亿民众一同（二）》（《经济学家》1956 年 10 月 13 日）。
⑥村田省藏：《越过东亚之波涛（二）》。

象，也就是以现实为本位的实业亚细亚主义理念。

1951年9月8日的《旧金山和约》签署，1952年4月28日正式生效。针对此事，村田提出日本政府应以《日美安保条约》为基本前提注重发展与国民政府合作关系。但同时，他又认为政府应将现实状况与未来展望区分开来，“当下我们只能与国民政府建立外交关系，但这不可能永久持续。我认为的中国，不是中共政府领导下的中国，而是四亿八千万中国人及庞大的中国土地。我们日本应该以这样的中国为目标而努力。”因此，村田开始主张恢复与北京政府的邦交关系。村田还更进一步谈及，“日本政府今后不能唯美国马首是瞻，必须有独立的立场，重新思考与中国、东南亚各国以及和苏联的关系”[①]。1955年1月村田访问中国，其所看重的也并非是政权，而是作为贸易伙伴的“六亿中国民众”及“广阔的中国市场”。[②]

根据村田的观察，他认为战前的日本政府中没有真正懂中国的人，这是导致日本走向歧途的一个原因。在大正初期，日本的贸易伙伴只有中国。但后来由于中国的抵制日货运动，日本产品在中国滞销，这直接导致了大阪等城市陷入经济困境，最终迫使日本企业不得不抛开土地广阔人口众多的中国前往东南亚、印度、非洲、南美等地寻找销售市场。战后日本也同样在向南扩大贸易市场，但事实上打开中国市场是最佳选择。[③]有意思的是，尽管村田在战前视中国为重要的市场，但他在面对抵制日货运动时，又出任大亚细亚协议会评议员，是九一八事变、反英运动、大东亚战争的坚决拥护者。因此，“虽然我们没有直接的战争责任，但是如此规模的战争发生在了我们这个年代。是我们将日本拖入了非常状态，将如此疯狂的日本留给我们的后人，我们应该负有不可推卸的责任，因此，我们有义务将日本建设得更好之后交给下一代”。这是村田在恢复公职时的想法。[④]

---

①村田省藏：《如果我是外务大臣——采取我自己的中国政策》（《东洋经济新报别册》第8号，1952年5月）。

②村田省藏：《与六亿民众一同（二）》。

③村田省藏：《论“和解之赔偿”》。

④村田省藏：《论“和解之赔偿”》。

六、向吉田茂进言

村田与吉田茂相识于吉田茂担任天津领事时代。1949 年、1950 年夏，村田同友人下村宏一同拜访吉田茂①，之后也数度前往大矶的吉田茂宅邸。在此期间吉田茂命村田调查东南亚华侨。吉田认为，只要中国还在中国共产党的“统治”之下，日本与中国之间的“亲善融合”关系就难以建立。尽管如此，日本尚有可为之处，即离间苏联与中国的关系。为实现该目标，必须动员南方华侨，让他们明白虽然共产主义不能带来利润，但是贸易可以带来收益，因此吉田希望通过与华侨对话，来解决中国问题。②笔者曾经在其他论文中讨论过，吉田茂的这一想法与其智囊水野成夫有共同之处，水野曾基于自身的中国经历在转向后提出过“华侨论”，吉田茂应该是受到了水野的影响。

村田谈及，日华经济协会在其担任会长时期也曾试图引进华侨资本创办银行以寻找实现与中国合作的途径。村田认为日本经济想要实现持续发展，不能单依靠美国的援助，而应该在包括中国、印度在内的东南亚各国身上下苦功。③

村田在战后的一系列想法与 1930 年代大亚细亚协会的举措有类似之处。20 世纪 30 年代，大亚细亚协会的台湾军司令官松井石根、驻广东武官和知鹰二、台湾军参谋土桥一次曾试图命台湾银行、华南银行以中国台湾为据点，集结东南亚华侨，联手广东、广西、福建等省以及国民党元老胡汉民所在的西南派。然而，在构想酝酿期间，中国政府在英国的援助下开始实行币制改革，发行了与英镑相连的中国新货币即法币，这使得松井等人建立中国兴业银行、贸易公司的构想最终流产。④

在《旧金山和约》生效之时，村田曾考虑过，如果和约能够推动中国台湾地区和日本之间签订通商航海条约，不需要经过第三方企业为中介就能与中国台湾地区建立直接的航海、通商关系，中国台湾地区和日本就能恢复至被占领地时代，中国台湾地区的生活水平也将提高。因此，村田在看到希望之后，就试图想把中国从苏

①下村海南：《“出色”的村田大使》（日本船主协会：《怀念故村田省藏》，1957 年），第 52—55 页。
②吉田茂：《回忆村田省藏君》（大阪商船株式会社《村田省藏追想录》），第 134—138 页。
③儿玉谦次、村田省藏：《财界之反省》（《实业之日本》第 54 卷第 20 号，1951 年 10 月）。
④松浦正孝：《“大东亚战争”为何爆发》第二部第六章。

联手中拉回至东亚圈内。[①]然而，熟悉中国及东南亚各地的村田十分清楚这并非易事。正如村田亲眼所见，无论是菲律宾还是其他东南亚地区的动员工作均以失败告终。村田曾在战争期间与前来咨询意见的宪兵讲述过，日本并没有信赖华侨也没有灵活运用华侨的力量，而是将华侨看作是抗日分子，对其实行了严厉制裁，禁止了华侨在东南亚各地的经济活动，还导致当地经济陷入混乱局面，因此最终失去了与华侨合作的机会。[②]出于这般缘由，1954 年左右当吉田茂向村田提出调查东南亚华侨问题时，村田当即反对：

> 这并不可行。所谓的华侨以商人居多，比起政治他们更重视金钱利益。如果要涉及政治，他们必定会选择势力强大的一方。倘若国民政府羽翼丰满，那么他们会毫不犹豫地紧跟国民政府，倘若中共能力足够，他们也必定跟上。因此，即便去了南方，也只是看到结果而已。我认为必须了解中共的情况。方便的话，请您赞助一张车票如何？

村田逐渐认识到，曾经的“大东亚共荣圈”梦想已经意义不再。对于日本来说，现实的唯一可行之道是认清现实，建立与中国大陆的联系，因此村田希望进行实地考察。

吉田茂听完村田的陈述后并未动怒，但拒绝了由政府与中共正面贸易的建议，他只是答应村田将以个人身份给予支持。[③]吉田认可村田想要认清中国大陆的想法，他还试图想将村田此次中国之行看作是 1954 年 9 月至 11 月考察欧美的预演。[④]然而，由于中国方面的签证许可花费时间较长，最终村田实现考察已是第五次吉田内阁解散之后的 1955 年 1 月。[⑤]

对于吉田的对华方针，村田是持否定态度的。在吉田茂的经济观中，他始终认为中国的贸易地位无足轻重。针对此点，村田曾直言不讳地要求吉田重新审视对中国的理解。[⑥]

①村田省藏：《如果我是外务大臣——采取我自己的中国政策》。

②福岛慎太郎编：《村田省藏遗稿 比岛日记》，第 253—255 页，44 年 11 月 14 日之项。

③冈田永太郎：《跨越半世纪的交友》(大阪商船株式会社：《村田省藏追想录》)，第 260—264 页。

④吉田茂：《回忆村田省藏君》。

⑤村田省藏：《与六亿民众一同（二）》。

⑥村田省藏、大内兵卫、东畑精一、有泽广巳：《〈座谈会〉与周恩来会见——村田省藏归国谈》(《世界》1955 年 4 月)。

战后首任外务事务次官太田一郎也认为“中国与日本的经济关系略被夸大。”针对该观点，村田提出质问“这是政治性话语，还是真实想法？如果是真实想法，那就是极严重的错误。“村田认为，战后中国的疆域囊括了富庶的“满洲”，同时中国本土也具备了强大的物资生产能力。[①]因此，针对首相吉田在演讲中所提到的“与中国的贸易并没有世人所想的那么重要”的观点，村田直言“这是个严重的错误判断”，他指出，日本将“满洲”排除在统计范围外、忽略中国华北物资通过大连出口，是极不恰当的。他甚至尖锐地批判吉田“对满洲的认识还只是停留在奉天领事时代”[②]。村田结合以往考察京汉铁路的经历以及中国共产党改善国内交通的努力，判断今后日本和中国的贸易具有无限上升的空间，“发挥已有优势才是政治外交的重心”[③]，因此改善共产中国的关系逐渐成了村田关注的对象。与此同时在日本国内，有不少人担心朝鲜战争结束后日本的“特需”经济将消失，而对东南亚的贸易逆差问题又亟须解决。村田认为，东南亚各国民族意识高涨、加上旧宗主国的影响、赔偿问题迟迟未解决等原因，要想解决贸易问题非常困难，因此想要打开日本即将面临的经济困难局面，有必要重新审视日本和战前的贸易伙伴国即中国的关系。[④]

然而，首相吉田和外相冈崎胜男对此不以为然，“日本与战前中国的贸易仅仅占贸易总额的 2 成至 2.5 成，今后也没有太大的成长空间。”对此，村田指出，目前日本面临贸易逆差引起的贸易收支失衡问题。把希望寄托在购买力低下的东南亚各国或者是出口空间极为狭窄的欧洲市场，是不可能解决问题的。令村田最为担忧的是，日本抛开战前的重要贸易伙伴中国，拒绝与邻国中共政府进行贸易的做法，极有可能将日益增长的中国贸易额拱手让给西欧诸国。[⑤]“日本必须在全世界扩大市场，不可以挑三拣四。不要忘记中国大陆是日本的邻邦，并且是拥有六亿人口的大国。”尽管如此，村田也明白，只要日本与国民政府缔结了正式条约，就意味着暂时不能与中共建立政治性的国际关系，但是在村田看来贸易与政治并无关联。虽然日本受到美国封锁“共产圈”政策的束缚，但仅限于战略物资，非战略物资并不在范围之内。重建日本首先需要的是经济实力，而实现经济上的独立必须以繁荣的

①村田省藏：《论“和解之赔偿”》。

②儿玉谦次、村田省藏：《财界之反省》。

③村田省藏：《如果我是外务大臣——采取我自己的中国政策》。

④村田省藏、乡古洁：《对谈 论重建日本经济》（《实业之日本》1953 年 8 月 15 日）。

⑤村田省藏：《新生中共的因循守旧》（《实业之世界》1955 年 4 月 1 日）。

加工贸易为前提，因此首先应该要振兴日中贸易。[①]

战后日本有诸多财界人士或属于亲吉田派或属于反吉田派，也参与了相应的政治纷争。然而，村田省藏依然坚持一贯的实业理念，与吉田茂保持着亲密关系。在与吉田的对话中，村田逐渐意识到恢复日中邦交具有了可行性。村田对于台湾和北京的军事冲突毫无兴趣，他所着力的外交是在通商贸易方面。

从村田对中国市场的热情，我们可以看到关西较大程度地依赖中国大陆的经济传统。同时也可以看到关西财界的务实性。但事实上，在关西财界中，并非所有人都热心主张同共产阵营中的中国和苏联展开贸易。村田虽然已经退居二线，但是依然作为长老关注着海运、航空界，他的视野超越了业界，能够统合关西财界，而关西财界必须依靠与中国的贸易。事实上，在当时虽然有不少企业十分迫切希望与中国、苏联进行贸易往来，但因为担心引起社会反感，他们只能选择在村田背后支持村田的主张，关西、北九州的汽车、电机、农机生产商就是其中的典型例子。[②]1952年4月国际经济会议将在莫斯科举行，村田对此跃跃欲试，而关西经济联合会会长关桂三、副会长杉道助、大阪商工会议所所长等人因担心受到贸易制裁，对参会持谨慎态度，双方因此产生了严重的分歧。[③]

村田认为，实业与意识形态问题完全无关，因此决定接受会议方邀请。同时，他认为参会是考察莫斯科与北京的难得机会，能够亲眼证实中国共产党政权的具体状况，同时他也考虑以民间人士的角度审视中苏政府。[④]然而，日本政府却把会议视作苏联拉拢人心的工具，拒绝给参会者颁发护照，最终村田不得不放弃此行。村田随后给中国的相关人员南汉宸寄去书简称，今后将着重发展与日中两国均有密切贸易往来的东南亚的贸易伙伴关系，借道东南亚推动日中贸易真正实现，尤其期待解决日本渔民扣留问题、着力推进与中国展开纺织、纺织机械产业等领域的贸易交流。[⑤]在日中关系不能打开僵局的情况下，村田只能选择取道东南亚的迂回手段。

①村田省藏：《对旧有中国观的警告》（《文艺春秋》第33卷第13号，1955年7月）。

②朝比奈元：《村田省藏论》。

③滨一平：《关西财界的坦言》（《东洋经济新报别册》第7号，1952年3月）。

④村田省藏：《如果我是外务大臣》，第27页。

⑤村田省藏：《日本对中国的迫切期望》，南汉宸：《中国对日本的回答》（《东洋经济新报》别册第9号，1952年7月）。

七、菲律宾赔偿问题

村田在致力于改善对华关系之前，一直以菲律宾全权大使身份负责赔偿工作。1954 年 4 月，村田被任命为赔偿特命全权大使。前往菲律宾后村田在第一次会议上发言称："菲律宾人民在战争中失去亲人，饱受物价上涨之苦，日本给菲律宾全体民众带来了金钱、财产、物质等各方面的巨大损失，十分惨痛。无论日本政府做出多少赔偿，都无法弥补菲律宾民众在物质、精神、身体等各方面所受的伤害。而事实上，日本政府也不具备支付相应的赔偿能力，但希望尽我们所能。"[①]

针对日本对东南亚的赔偿方式，村田提议不要像欧美那样建设大规模的水力发电设备等大型开发项目，也无需引进现代工厂或机械，而是将日本町一级的中小工厂引入当地，与当地人一同工作，培养当地人的技术能力更为有意义。通过赔偿，让当地人了解日本的诚意，使其放下戒备，然后再提出经济合作，以诚意求共同发展。这也是村田从前一直强调的"不使用武力的东亚共荣圈"[②]。

就日本赔偿问题，《波茨坦公告》虽然做了原则上的规定，但是随着 1947 年远东局势的变化，美国转变了对日方针，希望日本实现经济独立，因而暂停了催促赔偿的中间调停计划。1949 年远东委员会也随之暂停了监督职责。1951 年，日本外务省内设置了赔偿事务局和赔偿联络协议会等机构，1952 年 1 月在第三次吉田内阁成员首相吉田、外相冈崎的领导之下，组成了以津岛寿一为全权委员、以促进经济贸易关系为方针的预备交涉委员会，后由公使大野胜已接替津岛。1953 年首相吉田为说服民间财界人士加入经济开发合作项目，设置了亚洲经济恳谈会。以此为基础，1954 年 3 月末，吉田命财界出身、与矿业及钢铁业渊源颇深的自由党议员永野护以首相个人特使身份展开与菲律宾的赔偿谈判工作。公使大野同菲副总统加西亚谈判进展顺利后，首相吉田命村田担任正式谈判的日本政府主席委员，成立了全权团，成员包括永野护、藤山一郎、东畑精一、二见贵知雄。4 月 15 日，全权团奔赴马尼拉。[③]

根据《旧金山和约》第十四条，日本政府必须对联合国中包括菲律宾在内的所有受害国，以缔结协定的方式偿还规定的赔偿款项。据此，缅甸、菲律宾、印度尼

①村田省藏：《与六亿民众一同（一）》。
②村田省藏：《如果我是外务大臣》。
③吉川洋子：《日菲赔偿外交交涉之研究》（劲草书房，1991 年）第二章—第四章。

西亚、越南等国相继与日本达成赔偿协定。1956 年 5 月 9 日，日本与菲律宾之间签署了 5.5 亿的赔偿协定。

然而，与菲律宾的赔偿协定，并不是以村田省藏为主席全权的全权团完成的。起初日本全权团与菲副总统加西亚均对谈判工作持乐观态度，但事实上，谈判工作从一开始便陷入混乱状态。4 月 25 日，菲律宾方面告知日本政府将无限期地推迟谈判工作，最终迫使村田们于 5 月 1 日返回了日本。村田事后回忆："早年为解决赔偿问题，我邀请了东畑先生一同前往。原本以为这场谈判的前期工作业已完成，我们前去只是做签订协定的形式工作。加上菲律宾方面雷克特、劳雷尔等人均是旧相识，我们以为谈判工作一定能顺利进行。然而，在大野公使和外相兼副总统加西亚代表日本和菲律宾签署备忘录之后，出现了非常遗憾的结果。菲律宾上院的三四人向外界泄露了备忘录，引发了矛盾，最终协议作废。其中的过程令人费解，最终我们不得不铩羽而归。不过与赴菲相比，这次的访华则完全相反。"[①]

访华问题稍后在文中会有详述，暂且探讨一下与菲律宾谈判失败的原因。

从表面上看，两国对立的焦点是日本赔偿款的支付能力以及赔偿具体额度。但实际上，拉蒙 · 麦格赛赛担任菲律宾总统期间，菲律宾社会的反日情绪依然严重，"大东亚战争"后菲律宾的政局并不稳定，而日本方面又未真正了解状况、村田在记者招待会上失言等诸多因素导致了谈判最终破裂。

受大总统拉蒙 ·麦格赛赛邀请出任菲律宾首席全权的劳雷尔是日本军政占领期菲律宾共和国大总统，对于由劳雷尔与驻菲律宾大使村田主持赔偿谈判一事，菲律宾上院持强烈反对态度，同时执政党国家主义党议员雷克特是上院反对党的领袖。在上院内，主张对美自主独立的雷克特与主张继承亲美路线的在野党自由党、总统拉蒙 · 麦格赛赛对立严重，而日本对菲赔偿的背后又有美国作为后盾，这导致赔偿问题变得错综复杂。前外务长官亲美派卡路罗斯罗摩罗以印度总理尼赫鲁提倡的"亚洲人的亚洲"为名，批判"亚洲人的亚洲"是"日本人的遗产"，同时也批判"大东亚共荣圈"，指责曾经在日本军政统治期间担任过外务长官的雷克特。而面对指责，雷克特们主张坚持"亚洲人的亚洲"为外交原则，北京广播电台也以"亚洲人的亚洲"为口号支持菲律宾反美派。在"大东亚共荣圈"问题上与村田有合作关系的雷克特，十分反感加入了美国阵营的日本。而相反，尽管村田最亲密的友人

①村田省藏等:《〈座谈会〉与周恩来会见》，第 37—38 页。

劳雷尔与总统拉蒙·麦格赛赛关系密切，但总统拉蒙·麦格赛赛并未出面协助解决纷争。

1954年11月，吉田茂访问美国期间，与正在美国的劳雷尔举行了会谈，最终吉田决定替换大野公使及首席全权代表村田省藏，交由财界出身的永野护展开下一轮谈判工作。此后不久第五次吉田内阁解散。[①]而谈判工作所费之时较长，最终签署《日菲赔偿协定》已经是1956年5月第三次鸠山内阁时期，主席全权依然是财界出身，经济企划厅长官高碕达之助。

就日本与菲律宾的赔偿外交的谈判过程，吉川洋子认为，美国外务省没有准确地把握菲律宾对日本的憎恨情绪，而日本方面又始终认为日本军队在战争期间的残暴行为是针对美军，日本的认识还停留在"大东亚战争"的论调之上，这导致了双方在对战争的认识上存在巨大差异。村田也曾经提及，日本是由于对美战争才对菲律宾实施军政统治。虽然村田不否认菲律宾政府公布的菲律宾因战争失去了111万人性命的事实，也承认日本在面临战败时对菲律宾进行了残暴屠杀行为。[②]但是，村田也提及过，日本对菲律宾实施军政统治是因对美作战。可见，村田依然被束缚在了"大东亚共荣圈"的认识之中，他坚持"大东亚战争"具有正义性，因此很难理解曾经视为同志的雷克特及菲律宾国内的反日情绪。日本与菲律宾的赔偿协定，原本应该在处理好亚细亚主义和对美合作两方面问题的基础之上方能解决，可见村田们所代表的日本方面对于菲律宾的反日情绪、反美情绪理解得不够透彻。

曾经以为对菲赔偿谈判必定成功的村田在交涉失败后，被解除了主席全权一职，在鸠山政权期间村田也大力支持政府推进谈判工作。尽管如此，想必他一定体会到了强烈的挫败感。而让村田重拾信心的是他的毕生成就，即对华关系的改善。

八、转向日中贸易协定

村田在菲律宾谈判中因为"令人费解之事"而留下了"十分不愉快的回忆"，但在接下来的访华问题上则截然相反。在访华之前，村田将共产党视作"狭隘的、没有国家观念、扰乱社会秩序、颠覆政府的群体"，"他们只懂得理论斗争，是一群死板、不懂人情世故的冷酷之人"，"领导中国政府的就是这样的人们"。村田抱着

①以上之经过，乃据吉川洋子：《日菲赔偿外交交涉之研究》第五章至第六章之记述。

②以上之经过，乃据吉川洋子：《日菲赔偿外交交涉之研究》第一章第55—57页。

这样的看法和不安的心理前往中国。然而，令他意外的是，他发现之前所想完全错误，最终满载而归。[①]1954 年 9 月村田就任日本国际贸易促进协会首任会长。1955 年 1 月 10 日他经由香港抵达北京，在中国国际贸易促进委员会的协调之下，村田一行对新中国进行了为期两周的考察，回日本前还同总理周恩来举行了会谈，交换了意见。村田主要的谈判对手是中国国际贸易促进委员会的代理主席雷任民。

新中国实行了统一的货币单位和语言，提倡节俭，环境卫生方面也较战前有较大改善，令村田十分惊叹。村田目睹了新中国成立之后，新民主主义政治稳定，中国经济逐步复苏，在这种状况下，村田对中国今后如何解决民众的物质需求最感兴趣。因为蒋介石政权成立之初，也曾想打造清廉的国民政府，试图重建中国。在国家重建过程中，民众很有斗志，不容易出现不满情绪。[②]对于村田来说，所谓政治就是以六亿民众的幸福作为目标，共产主义只不过是一种手段。战后英美等国在发展资本主义的道路上也吸收了社会主义的一些方法，因此日本无需畏惧所谓的“共产主义”这一名称。村田将此想法陈述给周恩来：“倘若你们实施的政策十分有效，那么只要符合日本国情，我们认为在日本也可以尝试。失败了再另谋出路。”[③]

事实上，村田在同周恩来会谈时，最先向周恩来确认的是“共产主义”这一意识形态问题。村田向周提问：“共产党掌握北京政权 5 年来，采取了什么样的措施使中国发生了这么大变化？”对此，周恩来回答：“面对包括日本在内的外国压榨，孙中山掀起了革命，但是没有得到人民的支持，共产党接过了革命的接力棒并获得了最终成功。”周恩来还进一步指出，只要两国坚持“亚洲人的亚洲”的“和平共处五项原则”，不干涉他国内政，那么中国与日本是可以建立友好关系的。周恩来诠释了“亚洲人的亚洲”的内在含义，他认为“亚洲人的亚洲”并非是驱逐欧洲人、美国人，而是确立由亚洲人为主导解决亚洲问题的原则。现阶段亚洲事务的主导权仍然在美国人手中，这是不可行的。台湾问题就是美国人在干涉中国内政。”对于日本，周恩来指出，“中国将忘却过去之事。日本也同属亚洲，从漫长的历史来看待过去的五六十年的两国纷争的话，它并不是什么大不了之事。我们将忘却之，取而代之的是，我们应该携手共进。我们了解日本与美国的关系、也知道日本与中国台湾之间的有协定，我们可以不追问，两国先从经济文化领域展开交流如何？”

①村田省藏等:《〈座谈会〉与周恩来会见》。

②村田省藏:《与六亿民众一同（二）》。

③村田省藏:《与六亿民众一同（三）》(《经济学家》1956 年 10 月 20 日)。

对于周恩来的此番言语，村田满怀感激。他向周恩来解释："日本和中国台湾之间签订的条约，在我看来实际上是在美国的强迫之下签订的。议论台湾问题实际上就是干涉他国内政。因此，我们希望中国能够尽早实现统一，届时只需要签订一个条约就能解决日中关系，这对日本来说也是幸事。"不过村田也强调，"中国不可以武力统一台湾。"①

从1954年周恩来与印度总理尼赫鲁联合发表了《和平共处五项原则》，到同年的科伦坡会议上决定于1955年4月召开第一次亚非会议（万隆会议）这样看来周恩来提出的"亚洲人的亚洲"是自然而然的了。周恩来提倡的"亚洲人的亚洲"批判的是美国的亚洲政策，战前村田也曾奉行"大亚细亚主义"，批判英国等西方列强对亚洲的侵略，因而，周的言论引起了村田的强烈共鸣。从前对中国持怀疑态度的村田，对于周恩来圆满的解释与回答十分满意。因此村田回国之后，迅速着手开展日中邦交恢复的具体宣传工作。②前文曾讲述过，亚细亚主义的特点中"会面"具有重要意义，而就村田来说，他着眼于实业亚细亚主义，对他而言意识形态并不重要。村田关注的是基于6亿民众的经济生活，而在和周恩来的直接会谈之中，他收获颇丰，这最为重要。

此外，就对中国的战争责任问题，村田在1951年秋便提出过以下看法：在战后赔偿环节，菲律宾是首个提出的国家，紧接着是印度尼西亚、越南等国。我们以为中国一定也会提出大额赔偿要求。日本军队在中国的占领时间在8年以上，与其他国家的三四年是不同的。日本军队在中国还实施了残暴举动，中国要提出赔偿要求是完全合乎情理的。但是就像吉田首相演讲时所述的那样，日本现阶段还不具备完全支付各国提出的赔偿额度的经济能力，逐一偿还难度过大。但是也不是说赔偿不可行。村田在对菲赔偿谈判中吃尽了苦头，因此对于受害最深的中国的赔偿，村田深知问题的难度。③因此，当周恩来提出"忘却过去"之时，给予了村田极大的冲击，促使村田转变了对华态度。

前文讨论过，村田刚从巢鸭监狱出狱时，依然坚持认为九一八事变并非侵略。

①村田省藏等：《〈座谈会〉与周恩来会见》，大阪商船株式会社：《村田省藏追想录》321—326页。

②村田省藏：《与六亿民众一同（二）》，同《如果我是外务大臣》，同《新生中共的因循守旧》，同《对旧有中国观的警告》。

③村田省藏：《论"和解之赔偿"》。

然而，在与周恩来会面的这一年里，村田转变了看法。村田在评价 1952 年 6 月签订的《第一次日中贸易协定》以及 1953 年 10 月《第二次协定》时提及，在两国的友好关系问题上日本应铭记，是中国先主动伸出了橄榄枝：“自七七事变起，日本人在中国的领土上持续了长达数年的侵略战争。倘若从九一八事变算起，则是十几年。日本侵犯了中国广阔的领土，也给中国民众带来无法估量的物质和精神伤害。我本人在战争期间曾在中国旅行，目睹了当时的情况。日本军人对中国民众实施了惨无人道的残暴行径，以至于普通日本人都看不下去。我们给中国人民带来了巨大的生命财产损失，因此中国人一定十分痛恨日本人。此外，战争中日本为解决劳动力不足，强行掳走大量中国劳工带回日本国内，命令他们在十分苛刻的条件下工作。作为日本人，我们必须反省过去所犯下的深重罪孽。”

而对于此事，周恩来的意见是“让我们一同忘却过去。我们所期望的是今后两国建立平等互惠关系。经济关系上也要做到平等互利。虽然从前中国遭到了相当不平等的待遇，但是我们绝对不会揪住过去不放。”村田听后十分赞赏周恩来的“宽大态度”。在村田看来，周恩来此番发言代表的是 6 亿中国民众，因此他十分感激。他还对日本与中国台湾、韩国签署西太平洋军事同盟的动向表示反对认为“那是不可取的”。[①]可见，村田的历史观已经发生了极大转变。

1955 年 5 月 4 日，村田以日本国际贸易促进协会会长的身份，同中方代表雷任民签署了总额达 3000 万英镑（302 亿日元）的《第三次日中贸易协定》，两国分别在东京和北京设置通商代表机构。[②]1956 年 9 月至 10 月，村田以总裁身份借出席北京日本商品博览会的机会访问中国，与毛泽东主席、周恩来总理举行了会谈。同年 11 月至 12 月，村田再度以总裁身份出席上海日本商品博览会，返程时又同宋庆龄、毛泽东、刘少奇、陈云等人会面。[③]之后，村田回国入住癌症研究所附属医院，1957 年 3 月 15 日去世。[④]

①村田省藏：《对中日关系现状的忧虑》(《世界》1955 年 11 月)。
②村田省藏：《青年时的激情昂扬 重庆・年轻时的村田省藏》(《实业之世界》1955 年 9 月 15 日)。
③村田省藏：《经济交流之展望》(《世界》1957 年 2 月)。
④大阪商船株式会社：《村田省藏追想录》，第 528—529 页。

结　语

对于村田来说，所谓的“中国”是指以长江为中心的中国大陆以及在此生活的民众。他的亚细亚主义主要是以中国为中心、与亚洲各地展开的实业、商贸活动。在他看来，无论是对日本还是对中国，国家政权的性质并不重要，他着重致力在相应政权下寻求发展日中关系。从这个意义上来说，村田身上几乎不具政治色彩。然而，以海运为首的交通和通商贸易是经济需要的基础，要想发展这两项，村田必须在政治上积极努力。村田认为只有借用外交和政治力量才能助其实现发展目标，所以他十分积极地参与其中。如前文所述，村田认为东南亚国家购买力低下，而欧美国家又没有多少出口空间，因此他极力主张推动日本改善同战前贸易重要市场即中国之间的关系。尽管东南亚的状况确实如此，但是从当时的日美关系来看，日本不可能违背美国的意愿与中国恢复邦交。村田去世前后也就是20世纪50年代后半期，日本进入经济高速期，这个高速期正是得益于美国向日本开放市场。①

研究中国经济的专家梶谷怀认为，战后日本的左翼也就是革新势力，他们的活动包含着对过去日本发动了对外侵略战争的赎罪意识。他们批判美国对中国的封锁政策，对于日本政府追随美国、优先复兴经济的政策也持批判态度，因而对以中国、朝鲜半岛为中心的亚洲本土民众的思想感同身受。②但村田并非如此，他虽不是左翼或革新势力，但他却从实业的角度体察研究亚洲。因此，在冷战的政治环境下，也有人从两极对立观点出发，批判村田是“赤色”的。尤其是在访华之后，村田的立场已经偏离了传统意义上的实业亚细亚主义。

村田所看到的中国与当代中国并不一样。但是村田的思想对现在的中国乃至亚洲仍然有着深远影响。

（作者：日本立教大学法学部教授。本文收录于黄自进等编著：《日中戦争は何だったのか》、ミネルヴァ書房、2017年。译者：张敏，河北师范大学外国语学院讲师）

---

①蒙受堀和生先生之启发。

②梶谷怀：《日本与中国　“脱近代”之诱惑——对亚细亚性的重思》（太田出版，2015年），第165—171页。

南开大学日本研究院家永三郎文库在家永三郎研究中的价值

——开拓一万两千余册藏书未来的可能性

小田直寿

前 言

2017年10月28日，在博士论文执笔告一段落、距离提交仅剩一月之际，笔者参加了在天津举办的“第二届东亚日本研究者协议会国际学术大会”，并做了会议发表。同时，获得前往南开大学家永三郎文库参观的机会，这里几乎收藏着家永三郎所有的藏书。2003年，依照美夜子夫人的意愿下，除民权研究相关资料及教科书裁判相关资料之外，一万两千余册家永藏书一并捐赠成立了家永三郎文库。①

众所周知，家永在自己的藏书上画了许多线，笔者也曾隔着玻璃参观过町田市立自由民权资料馆收藏的民权研究相关资料。然而，当真正捧在手里拜读，史料的价值远远超过了预想，对文库里感觉重要的手泽本进行拍照，回过神来才发现时间已过两个钟头。这成为今后推进家永三郎研究真正意义上的预备调查。

迄今为止，笔者的研究主要依据家永平时思考集结的公开刊行文献，还部分夹杂着家永身边人的证词，抑或是考虑到这些资料开展研究。笔者尝试从这些资料入手重新探讨生前既已逐渐神化的家永实像，进一步审视家永三郎研究的基本意义。但是公开刊行的文献史料自然有其局限，难免有隔靴搔痒之感。

然而，家永三郎手泽本的大量发现，或许将带来前所未有的进一步探讨和扩大论点的可能性。因此，本论文将穿插着图片介绍这次预备调查的部分成果，以此来阐述今后家永三郎研究的具体前景。

一、手泽本的特征与“否定的逻辑”

“否定的逻辑”是家永三郎思想的核心，田边元《哲学通论》一书的画线部分反映了这一思想的成立过程。本文将以此切入展开介绍，与此同时把握手泽本的特征。

① 有关家永三郎文库设立的藏书整理的经纬和藏书的大要可参照松永昌三演讲录《家永三郎先生的学问——家永史学的特色》(《自由民权》第18号，2005年3月)。

南开大学日本研究院家永三郎文库在家永三郎研究中的价值

第二章　哲學の方法

對立するものを媒介統一する爲めに思惟せられたものであるが、それは却て作用的飛躍的にのみ統一し得べき對立を、對象的に連續化する要求に墮することを免れない。論理的存在論は此處に破綻を暴露し、一度其制限を自覺して主觀の自覺を論理以上のものとして解放することに由り、再び自覺を否定の否定的に論理に止揚する辯證法に至るのでなければならぬ所以が認められるであらう。アリストテレスの存在論的論理はヘーゲルの辯證法的論理に問題を殘し、後者に至つて始めて解かれるに至つたといふべき趣があるのも是に由るのである。

以上單に方法の理解に對して必要と思はるゝ程度以上にまでアリストテレスの形而上學に立入つた觀があるが、アリストテレス形而上學は彼以後の西洋哲學の殆ど全體に對する源泉といふべきものであり、其基本的なる概念や思想は哲學の常識に屬すといふべきものなるを以て、其最も古典的なる思想の要點を略敍した譯である。而してそれを貫く論理的存在論が遂に果たす能はざる要求を含むものなることを示すことに由り、其方法としての存在論的方法が辯證法に自己を止揚しなければならぬ所以を暗示し得たかと思ふ。此處からアリストテレスの思索の特色として前に指摘した問題論の中心たるアポリヤと、次に述

第三節　存在論的方法

ぶるカントの先驗論的方法に重要なる關係を有する既述の二律背反 Antinomie と、の對照が一層明に存在論的方法の制限を示すであらう。アポリヤとは前に述べた如く路を通せざる難關、行詰まり、難問の意であるが、それは前に舉げた例で明なやうに、畢竟思惟が矛盾に逢着したことを意味する。ところで其矛盾が相對立する二つの主張（定立と反定立）として夫々それに相當する理由により證明せられたものが二律背反に外ならない。然るに二律背反が眞に二律背反である以上はそれは論理的に解くべからざるものなることを意味する。論理的に解かるゝ二律背反は眞の二律背反ではないのである。さてアポリヤの中には一見矛盾を含むも、實は窮極的に矛盾ではなく、從つて必ずしも二律背反でないものがあるから、それ等は勿論論理的に解ける筈である。併し眞の二律背反に基くアポリヤは論理的に解くべからざるものであるのでなければならぬ。アリストテレスがアポリヤとして揭げながら而もそれを解いて居ないものが少からずあることは、今日ハルトマンなどの注意した通りである。然るにアリストテレスの論理的存在論は凡てアポリヤを解くことが出來るといふ前提の下にのみ成立する。存在が論理的に捉へられると考ふる以上は、存在のアポリヤに解くべからざる最後の矛盾があつてはならない筈である。此處にアポリヤとア

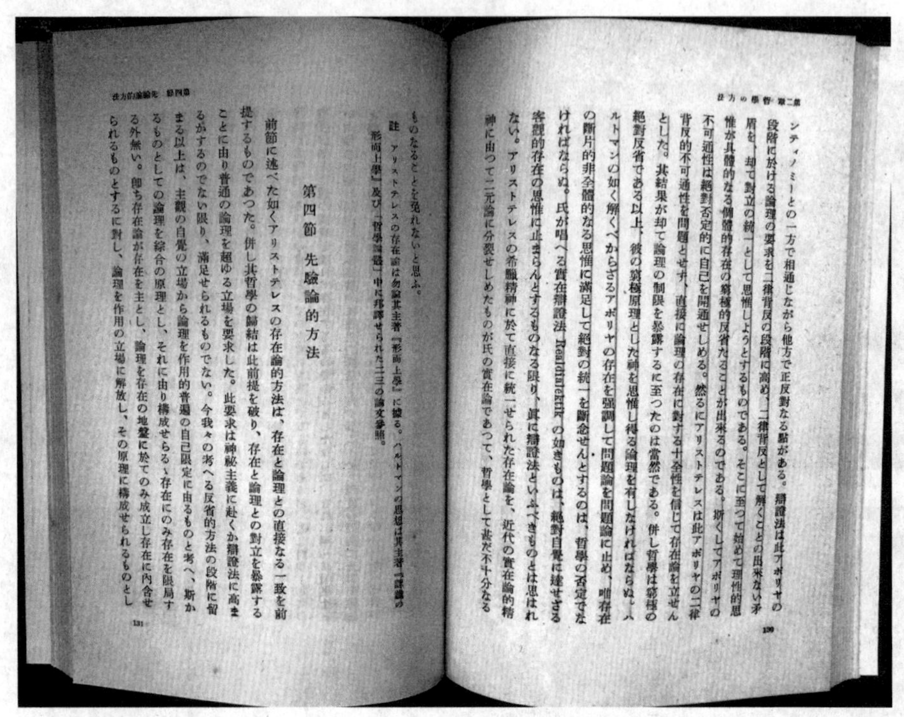

第二章　哲學の方法

シティノミーとの一方で相通じながら他方で正反對なる點がある。辯證法は此アポリヤの段階に於ける論理の要求を二律背反の段階に高め、二律背反として解くことの出来ない矛盾を、却て對立の統一として思惟しようとするものである。そこに至つて始めて理性的思惟が具體的なる個體的存在の窮極的反省たることが出来るのである。斯くしてアポリヤの不可通性は絶對否定的に自己を開通せしめる。然るにアリストテレスは此アポリヤの二律背反的不可通性を問題とせず、直接に論理の存在に對する十全性を信じて存在論を立せんとした。其結果が却て論理の制限を暴露するに至つたのは當然である。併し哲學は窮極の絶對反省である以上、彼の窮極原理とした神を思惟し得る論理を有しなければならぬ。ハルトマンの如く解くべからざるアポリヤの存在を強調して問題論を問題論に止め、唯存在の斷片的非全體的なる思惟に満足して絶對の統一を斷念せんとするのは、哲學の否定でなければならぬ。氏が唱へる實在辯證法 Realdialektik の如きものは、絶對自覺に達せざる客觀的存在の思惟に止まらんとするものなる限り、眞に辯證法といふべきものとは思はれない。アリストテレスの希臘精神に於て直接に統一せられた存在論を、近代の實在論的精神に由つて二元論に分裂せしめたものが氏の實在論であつて、哲學として甚だ不十分なる

130

第四節　先驗論的方法

ものなることを免れないと思ふ。

註　アリストテレスの存在論は勿論其主著『形而上學』に據る。ハルトマンの思想は其主著『認識の形而上學』及び『哲學論叢』中に邦譯せられた二三の論文參照。

第四節　先驗論的方法

前節に述べた如くアリストテレスの存在論的方法は、存在と論理との直接なる一致を前提するものであつた。併し其哲學の歸結は此前提を破り、存在と論理との對立を暴露することに由り普通の論理を超ゆる立場を要求した。此要求は神秘主義に赴くか辯證法に高まるかするのでない限り、滿足せられるものでない。今我々の考へる反省的方法の段階に留まる以上は、主觀の自覺の立場から論理を作用的普遍の自己限定に由るものと考へ、斯かるものとしての論理を綜合の原理とし、それに由り構成せらるゝ存在にのみ存在を限局する外無い。即ち存在論が存在を主とし、論理を存在の地盤に於てのみ成立し存在に内含せられるものとするに對し、論理を作用の立場に解放し、その原理に構成せられるものとし

131

首先要注意到一点，从家永的画线方法可以窥见手泽本的特征。第一，正如众人所说，家永用直尺来画线。另外，就颜色而言，本次调查发现了只有红色或只有蓝色的手泽本。依据松永昌三的说法，家永表示赞同时会画下红线，表示反对时会画下蓝线。[①]那么这样一来，也就存在颜色未必一定表示赞成或反对的可能性，这还需要通过今后的细查来落实。

此外，线的划法因时期不同而有所差异。家永在少年时代采用传统的旁点式，青年时代逐渐转向红线，到了晚年标注意见的画线变粗。除此变化外，只有入手年月日的标注可以反映家永的读书时期。因此，可以将此视为一种基准，作为确定家永在何时期接受各思想影响的基本手法，这必然也需要日后进行精细地调查。

从内容层面来说，家永在《日本思想史上否定的逻辑的发达》中，在表述自身“否定的逻辑”的核心部分时，尽管指定了田边元《哲学通论》一书的第 128 页至 130 页，然而没有具体说明是哪个版本。为此，笔者在博士论文中从家永叙述的内

① 参照松永演讲录。

容展开推断，但是推断终归只是推断而已。既然家永没有留下其他所谓哲学形式的论述，事实上是不可能再有超过此范畴、进一步深入思考的余地。

但是当查看手泽本时发现，与推断部分几乎相同的部分都画有画线，由此可以确定笔者的推断大致正确。同时，加上该书所见的其他画线，可以更加细致地把握家永具体受到田边的何种影响。因而，更有可能进一步地明确“否定的逻辑”之意义所在，这也将成为今后探讨的课题之一。

此外，饶有兴趣的是家永极为认真地对待该书。笔者曾在旧书店买到过一本《哲学通论》，早已被时间侵蚀地体无完肤。虽然家永书架收藏的这本《哲学通论》也是同一时期的出版物，但是没有一处折痕，连书角都没有一丝损坏。拿在手里的瞬间，甚至怀疑是不是新书在没翻读的情况下就被搁置起来了，从中可以窥见家永是何等推崇、尊重田边。

在家永文库继续寻找田边的著作，又发现了《忏悔道的哲学》和《实存与爱与实践》的手泽本。家永在《田边元的思想史的研究》中，对这两本著作给予了很高评价，分别作为田边哲学的转折点和田边哲学的到达点。另外，也拿到了泷泽克己《泷泽克己著作集Ⅰ》的手泽本。这本书包含着对田边元的批判，也是促使家永在20世纪70年代再次探讨“否定的逻辑”的著作之一。

总之，如果在《田边元的思想史的研究》的基础上，分析以《哲学通论》为代表的上述所列诸书里的画线部分，那么家永对哲学理解的实像将会更为详实地浮出水面。此外，从公开刊行的文献里无法充分得知的“否定的逻辑”的特质，经由此也会有进一步详细阐明的可能性。

二、史学方法论的吸收

接下来，笔者将介绍一些影响家永史学方法论的相关书籍。首先来看，大类伸的《史学概论》。家永在大学期间就该书写过书评，刊登在《史学杂志》46 卷 11 号第 109 页之后，书中空白处留有大量的笔记。另外，封底标有“1932 年 11 月 5 日”，基本可以确定家永写书评所用就是这本书。

书中空白处的笔记都附有标题，“历史的实际意义与历史的反复”（第 123—124 页。今井登志喜 1934 年度东京帝大讲义的摘录），“兰普雷希特的立场”（第 154 页。摘自兰普雷希特著、和辻哲郎译的《近代历史学》），《外的批判与内的批判》（第

238 页。同前今井讲义摘录），《史料的亲近性或根本性的考察 附根本史料·原文》（第 242 页。同前今井讲义摘录）。这些无一不与史料论相关，属于新发现的史料，从一个方面提示了在家永史学形成期所接受的先行方法论。在此一一附上图片，图片底部看到的一些印刷文字便是该书的活字。想要申明一点，所拍照片之所以模糊不清，是因为家永的字迹过细无法对焦的缘故。

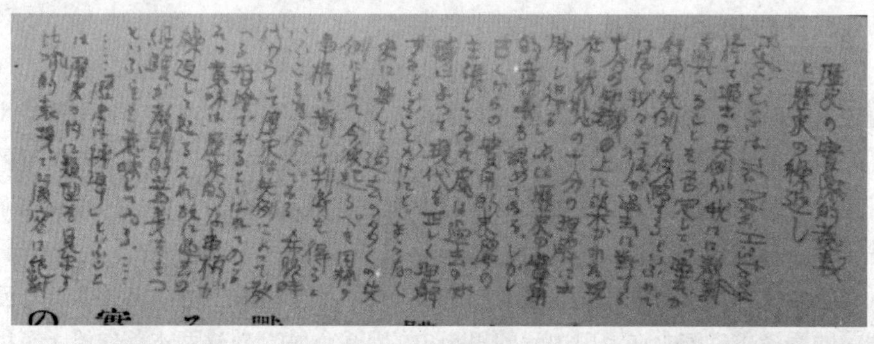

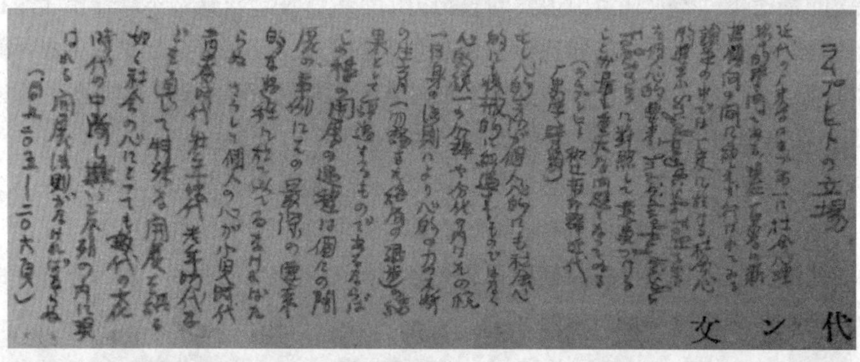

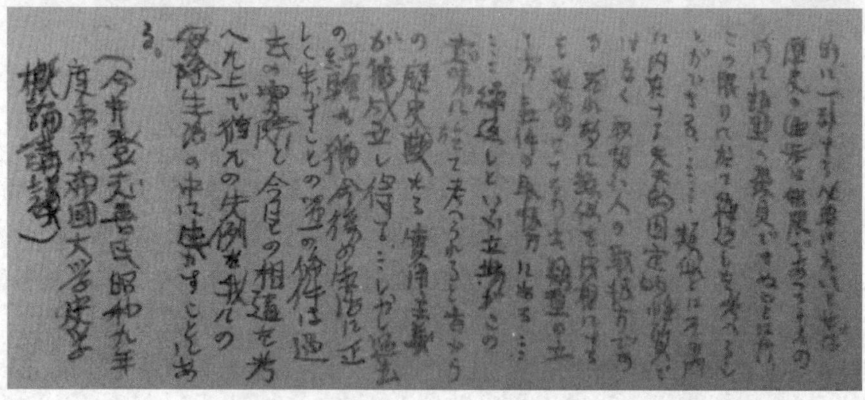

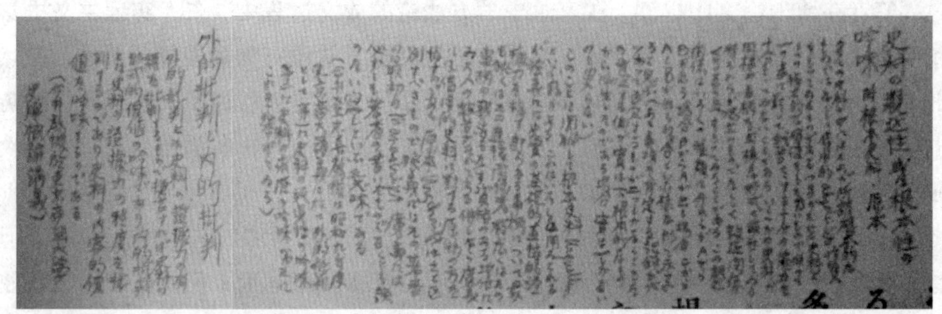

更为惊叹的是，在尼古拉·哈特曼著、高桥敬视缩译的《历史哲学基础论——精神的存在问题》中有大量的画线。家永在1949年初提出“思想史学的立场”时，充分使用了哈特曼的“自由的法则”，从公开刊行的文献里也可以领会到这一点。但是与家永针对“否定的逻辑”的《哲学通论》之家永批注本一样，这本书应当成为解释与“思想”概念相伴的家永史学成立过程的根本史料。

于是笔者紧接着浏览了一下马克思主义的相关文献。打开在上本书附近的三木清《历史哲学》一看，令人吃惊的是这本书里似乎没有画线。当然，可能只是笔者的疏忽。但是如果事实上真没有画线，意味着家永可能并没有那么接受三木的历史哲学，而三木的历史哲学曾对日本的马克思主义史学产生过影响。

漫步在书架前，众多马克思主义文献映入眼帘。正如在家永自传——《一位历史学家的足迹》记述中所见，家永曾努力学习过马克思主义。家永在晚年主张将“否定的逻辑”与包括马克思主义在内的近代思想合而为一，真实文献的存在印证了观点提出前的积累。今后应该进一步阐明受容的实际情形。

在最后谈一下津田左右吉的《历史的处理方法——历史教育与历史学》。很有意思的是，封面的背后贴着一张“著者谨呈”。从版权页来验证的话，标有“1953年7月10日印刷/1953年7月15日发行”，可以确认这是初版、初印。也就是说，至少在这段时期之前家永与津田之间进行过交流。

如果进一步调查其他的津田赠书，应该可以挖掘到家永与津田是如何交流（或者有无交流），尤其是在思想分歧明显的战后某个时期之后。另外，在该书的后面，有井上辰雄书评“彰显津田史学之宿命”的剪报，刊登在《东京大学学生报纸》1955年10月17日版。要是与其他津田相关书籍的批注和剪报加以比较探讨的话，或许可以为家永与津田在何时产生思想分歧这一问题提供参考。

笔者在博士论文中提到，在家永史学方法论的成立过程中，东大实证主义史学和新康德派哲学发挥了重要作用，而马克思主义史学并没有如此强烈的影响。虽然出于叙述安排没有加以详细阐述，但是在行文过程中确实考虑到了家永在自己的历史学确立后、与津田史学在思想上存在分歧。仅是到目前为止的简单介绍，也再次证实了这一事实。

《关于历史中时间的构造》或许可以提示青年时代家永的史学方法论框架，但是只要眼下还没有找到该资料，就不可能有更加突破性的研究。但是，利用哈特曼一书、继续追加更多的史料、进一步具体地探讨，那么一定可以明确家永三郎史学方法论的受容过程甚至家永史学的核心部分。这是今后务必要推进研究的事项之一。

三、各类批注

除否定的逻辑和史学方法论外，颇有意思的手泽本还有许多。下文将介绍这丰富多彩的手泽本世界，不过略微有些不够系统条理。

首先，必须要介绍家永自己整理的一份文献记录和贴在美浓部达吉《宪法撮要》上的剪报。第一份记录的标题为《田边元著作拾遗田边哲学批判文献》，这是家永自己汇总的资料复印集，大致收集于《田边元的思想史的研究》执笔之际。令笔者无比惊讶、又无比兴奋的是家永摘录田边相关资料的史料卡被保存了下来。这是展现家永研究活动极其稀有的史料，倘若今后有机会举办家永三郎展，也一定会成为必须展出的资料之一。

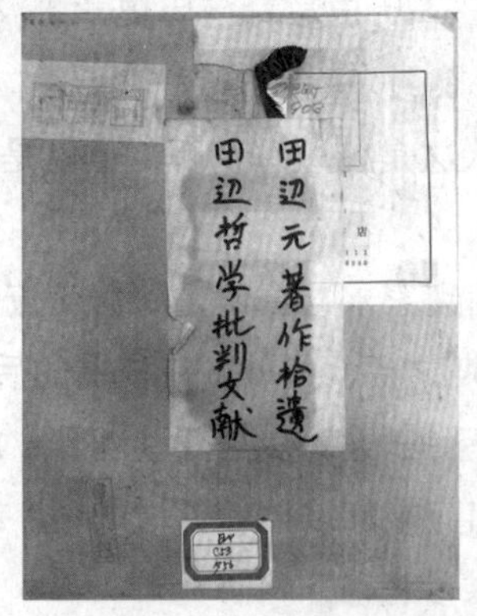

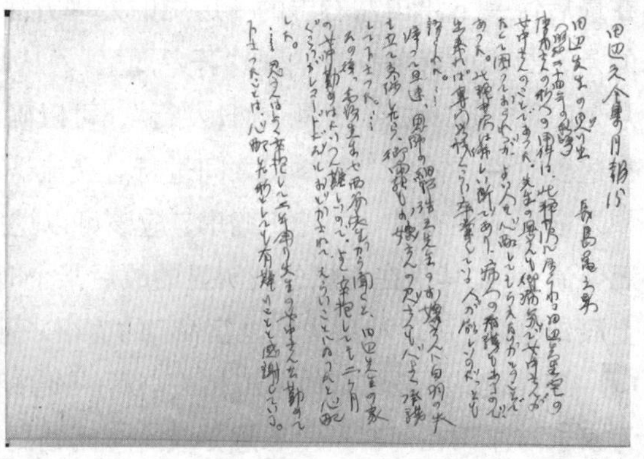

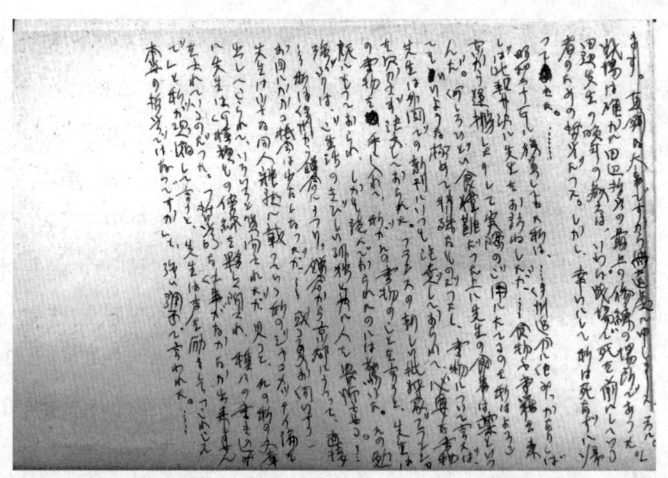

其次，要介绍贴在美浓部达吉《宪法撮要》内侧的剪报。在中央大学最后讲义——“我的学问原点”时，家永表示对美浓部达吉笔祸事件深感愤怒，而且有感于当时美浓部对记者所说的“无论遭受何种迫害，我的学说不能变更修正”，便贴在了《宪法撮要》一书中。另外，家永还解释了当天因为行李不便没有将其带来，而这正是那个《宪法撮要》的实物。

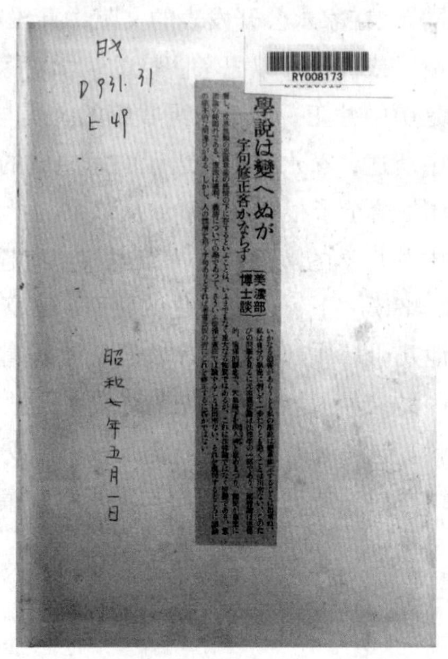

學說は變へぬが
字句修正者かならず
【美濃部博士談】

昭和七年五月一日

の矛盾こそ世界の本質であるという洞察に、私は親鸞の第一の価値を見出したいのであり
私はあまり神学的、宗教的な論議は好みませんので、断章的な拾い読みになってしまう
ませんが、例えば『教行信証』信巻の、

接下来将介绍几册关于思想方面的书籍。首先是由家永三郎、古田武彦、田村芳郎、山折哲雄和松野纯孝所著的《续说亲鸾》。图片上是家永谈论亲鸾的部分，在“神学的、宗教的”一词中，宗教被改为宗学，这一点值得注意。看上去只是订正印刷错误，但事实上这正是体现家永关注所在的首屈一指的史料。从公开刊行的文献里可以得知，家永所关注的不是基督教和佛教的教义问题，而是本质的宗教自身（或者说至少家永这么认为），来自亲笔文献的这处订正也证实了这一点。

其次要介绍 J.P.萨特著、竹内芳郎和矢内原伊作译的《辩证法的理性批判》。令笔者大为惊讶的是，尽管这是一本译著，但是从批注可以清楚地看出家永曾认真阅读过该书。今后研究的重大课题就是要解明这类家永著作中没有出现的事实。这大概是 1970 年前后的学生一般都以萨特进行理论武装的缘故吧。

实际上笔者认为，家永思想中在探讨主体与社会的实践的关系方面，与萨特存在相似之处（尽管笔者认为本质上与萨特的“主体”形态极为不同）。在家永公开发表的文献中并没有提及萨特，也没有谈到任何事情。或许也可以思考萨特的哲学对家永的影响。

再者是由中井正一著、久野收编的《美与集团的逻辑》。正如在博士论文中所述，家永在《田边元的思想史的研究》中，对中井“委员会的逻辑”给予了很高的评价，从该书的批注可以看到家永投入地阅读把握中井哲学的痕迹，这一点也相当有趣。

最后，略谈一下家永多样化的侧面。德富苏峰的《近世日本国民史》和其他几册著作都是复印本，但是被认真地装订成册，而且书脊采用了统一的装帧。大概是委托东京教育大学或者中央大学经常往来的图书管理员复印的资料。这是因为家永的兴趣是读书，或者可以说反映了读书的爱好。沿着这个方向继续探讨，或许会浮现出与家永真实模样相关的有趣事实。

接下来笔者将介绍天沼香所著的《“努力”的构造》。天沼在《梅棹忠夫论序说——同时言及横山亮一、和歌森太郎和家永三郎》(东海学院大学纪要，2011 年 3 月)一文中，详细介绍过与家永之间的缘分。史料可以证实，家永在拿到这本出版的书后，切实地精读并做了画线标注，进而与天沼进行了交流。由此，期待有更多反映家永与其他学者之间交流的史料。

除上述之外，家永文库还收藏着文学、战争、法律以及其他各类的书籍。这些无一不与家永一生广泛的兴趣关注相关。这次只是简略一瞥，毋庸置疑今后要进一步深化研究。

结语——今后的课题

如本文所述，南开大学日本研究院家永三郎文库所藏图书从史料方面证实了基于公开刊行文献的家永三郎研究，由此更加期待进一步深化研究的可能性。作为推进这个方向研究的今后课题，首先就无法回避的史料保存问题，陈述个人意见。

家永三郎文库所藏批注本，是提示家永三郎思索的一级史料，而且是独一无二的。因而，从家永三郎研究的立场来说，理想化的要求是尽可能完整地保存现状，这是史料保存的首要原则。为此，最为妥善的办法是从日本的旧书店收集书籍制作副本，从而永久保存家永寄赠的书籍。但是为了拿到资料开展研究，这样一来可能会有损本文库的目的，文库最初毕竟是为日本研究而设立的。

因此，考虑到文库里的书籍今后会不可避免地有所损坏，趁现在书籍品相尚可，对文库里的全部书籍进行彩色拍照，并基于此开展精细的书志学调查，这大概是当前最为妥当的方案。笔者具有历史学史料调查和文学书志调查的基本知识，希望今后能灵活运用这些知识。如果有可能的话，希望在与南开大学日本研究院的共同合作中开展研究。

家永手泽本除了保存在家永三郎文库之外，还有町田市自由民权资料馆所藏的民权研究相关资料，以及首都大学东京图书馆所藏的教科书裁判相关资料。这些都是挖掘家永民主主义思想核心以及最大规模实践的一级资料，进而也是解明日本民主主义特质的珍贵史料群。因此，有必要对这些一并进行研究。

此外，大量收集相关证言、比较发行文献的不同版本、开展更广泛意义上的相关领域的研究、与其他人物思想以及同时代运动的比较探讨等等，都可以作为今后的课题。通过这些具体的研究，在与和平主义和民族主义的关联下，在世界史的脉络中定位家永以及与家永直接和间接相关人物的位置，进而从更为广阔的视野把握和平主义和民主主义的问题，这将是今后课题努力的方向。家永三郎研究的可能性在不断扩展。

在本论文即将结束之际，对给予笔者参加第二届东亚日本研究者协议会国际学术大会机会并亲切相迎的南开大学日本研究院院长刘岳兵教授，资料室负责当日引导的郑昭辉老师，以及在学会和前后交流中提供有益建言的新朋友们，一并表示感谢。

（作者：日本大阪电气通信大学非常勤讲师；
译者：吴呈苓，南开大学日本研究院博士研究生）

中国和日本的近代与翻译
——以严复为契机

刘争

内容摘要　本稿聚焦中国近代著名翻译家严复先生及同期相关中国知识分子对中西方异质文化翻译的认识和实践，并将其与日本的同类近代翻译作品文本进行比较，试图分析中日两国各自呈现出的翻译特点与效果。并通过考察严复的翻译活动对翻译及其翻译论欲体现出的主体性局限性进行分析，借用现代翻译理论的视点考察和评价回顾严复的重要翻译思想“达旨”，重新审视“东文”翻译。着眼中国和日本近代翻译活动的研究以及当代的翻译理论研究和翻译实践，窥豹一斑，以严复为契机进行素描式梳理。

关键词　主体性　局限性　东文　古文　达旨

序

严复的翻译一直作为个体知识分子对于20世纪转型期中国文化、历史状况的意识反应被认同和评价，从更广泛的视角也可将之视为中国与西洋世界这一异质文明相遭遇时中国的应对及变化的资料来分析。

严复的翻译研究大致可以概括为两点。①一是分析严复对西洋原著思想内容的理解是歪曲、误解还是有意在中国传统思想之上进行有特色的翻译？同时试图证明了严复超越或者不考虑原著者意图并在自己理解基础上进行的翻译加工。二是从严复如何以中国传统文化为原点阅读理解西洋思想家的文章、如何从西洋思想中摄取对中国的有效性，这一视角来考察严复翻译的思想活动。

正因两种互为相异的视角导致对于严复翻译的评价呈现出赞否两论的对照性局面。

的确，严复发现并倡导中国应该向西方学习什么，但不得不说他的诉说方式即他的翻译方法与全面欧化论相去甚远。严复自身在与近代及与传统的双重格斗中，在翻译风格上进行了极为主体性的选择，这种主体性选择即是他所提出的“信、达、雅”的翻译三原则，也是三原则中最为核心的“达”、即“达旨”的终极体现。

将严复所处的时代状况、时代文脉、社会关怀等丰富的变性加入对其翻译的考察之中或许能找到其翻译的真正志向所在。由于篇幅所限，拙稿聚焦严复的翻译及其翻译论欲体现的主体性的局限进行分析并与日本的近代翻译的异同进行比较。

一、严复的翻译

严复（1854—1921）生于中国福建省一个儒医世家，自幼接受科举教育，父亲病逝后家境没落，遂放弃科举考试进入当时洋务运动成果之一的福州船政学堂学习。福州船政学堂是培养海军人才的新式学堂，脱离传统的西洋教育（英语、数学、物理等）奠定了其未来的发展方向。

严复最初作为清朝留学生远渡英国，至1879年在英国皇家海军学院学习军事

① 河田悌一：《近刊介绍－B・I・史华兹著・平野健一郎译〈中国近代化与知识人——严复与西洋——〉》，《亚洲季刊》第10卷第4 号，1978年12月，第28—130页。

学。留学英国的严复不仅积极吸收军事知识，同时广泛接触了西方文化、思想，并深受其感染。

1880 年，回国后的严复在李鸿章创办的天津北洋水师学堂成为教习（教务长），一任便长达 20 年之久。1894 年至次年，甲午战争的失败逐渐暴露出北洋运动的局限性，此时，严复在《直报》上发表《论世变之亟》《原强》等文章，开始了其思想启蒙活动。

严复所翻译的西洋畅销书中，代表作《天演论》是中国第一本介绍社会进化论的书籍，它风行于清末。辛亥革命后，由于严复提倡孔子崇拜并参加袁世凯帝制运动而被贴上保守派标签，晚年失意。

对于严复翻译的评价亦是赞否两论，其原因主要在于他的翻译太不拘泥原书。严复分解原书框架，近乎固执地执着地对原文加以创造，并作详细的注解。严复将这种翻译的方法概括为“达旨”，并将之视为翻译的必要姿态来提倡。[①]据统计，《天演论》[②]中意译（创作性翻译）的比例占全文的 41.92%，对原文没有的补充、添加、批注多达 202 处。[③]

他将所有的译书加入详细的序文及例言、赘语，并对原作者在思想史或学术史的地位、方向加以恳切地说明，还常与中国比较试图加深读者的印象。另外，就原书的主题，除运用各种方法详细说明、加入序文、例言之外，他还在正文各章节插入“按语”，在反映原著者意见的同时进行解说。其插入的“按语”不仅是原著者意思的表达，更多地体现了其自身的意见即对照中国现实的思考，并以此作为批判中国政治、文化的媒介资料加以利用，有时“按语”比原文更长。[④]

为把握其翻译特征试举一例加以说明。

（英语原文）

The fatal tendency of mankind to leave off thinking about a thing when it is no longer doubtful , is the cause of half their errors. A contemporary author has well spoken of “the deep slumber of a decided opinion.”[⑤]

---

① 三浦具嗣：《严复的翻译：西洋思想的中国化与普遍主义》，《纪尾井史学》，2002 年 3 月，第 44 页。

② 严复（1898 年）Thomas Henry Huxley（1825—1895）的 Evolution and Ethics（1893 年）译书。

③ 黄忠廉：《变译之〈加写〉功能研究》，《外语与翻译》，2015 年第 3 号，第 1 页。

④ 增田涉：《关于严复》，《人文研究》，1957 年第 7 号。

⑤ John Gray (ed.), *On Liberty and Other Essays*，Oxford U. P., 1991,p.49.

（严复译）

盖民智之最患者，严立一义而以为无可疑，由无可疑而得不可议，由不可议而得不足思。吾问一并世哲家言曰“名教大义酣寝久矣”，至哉斯言！①

二、严复的翻译姿态——以“达”为中心

严复的翻译姿态或许可以概括为“随意”，从现代翻译标准看其成因大致在两点，严复对翻译的认识以及他对翻译是否得当的评价尺度的理解。

（一）翻译是“最下之物”

首先考察严复如何看待翻译。

吾闻学术之事，必求之初地而后得其真，自奋耳目心思之力，以得之于两间之见象者，上之上者也。其次则乞灵于简策之所流传，师友之所授业。然是二者，必资之其本用之文字无疑也。最下乃求之翻译，其隔尘弥多，其去真滋远。②

翻译之营为并非无色透明之言语观的变换装置，以此视之，严复的理解并非与现代翻译理论完全不通，但翻译于严复是在原文上覆之尘埃，是读者远离真正理解学术的行为，绝非学问之正途。他的认识反映了他对翻译工作的轻蔑。以此推测从事学问之最下的翻译事业未必是严复的本意。可见严复为开启不通“本用之文字”的中国民众之智、将此作为自身之义务并染指之是不得已的选择。同时，严复自负于在“学术之初地”英国所获得了真知，并成为传授其“灵”的最善之师。为拂“尘”求“真”严复以“达旨”为中心的“信、达、雅”翻译三原则则成为其苦肉之策。

① 严复的翻译乃相当的意译，特别是将“the deep slumber of a decided opinion.”的名言翻译为“名教大义酣寝久矣”，进一步，不管包含原文引用部分前的段落全体是否单纯论及道德，严复加以评注“名教大义所由陈腐而无益于人心，亦以言论不自繇之故”，显示出严复的兴趣点未必与原著者不一致。

② 严复：《与〈外交报〉主人论教育书》，《外交報》第8/9号，1902年。

（二）“信、达、雅”与“达旨”

严复在《天言论·译例言》中有过如下论述：

译事三难：信、达、雅。求其信已大难矣，顾信矣不达，虽译尤不译也……今是书所言，本五十年来西人新得之学，又为作者晚出之书。译文取明深义，故词句之间，時有所慎到附益，不斤斤于字比句次，而意义则不倍本文。题曰达怡，不云笔译，取便发挥，实非正法。什法师（鸠摩罗什）则有云：“学我者病。”来者方多，幸勿以是书为口实也。

信为直译、达为意译、雅即修辞。严复明知并非“正法”，却较之“信”以“达”为优先（多用意译）的理由除上述“拂尘求真”之外，还出自它对能够达到此境界的自负。

考量“鸠摩罗什”在中国翻译史的地位便更能感受到严复对于翻译的自负。或许严复甚至认为自己的翻译在数千年间可与鸠摩罗什和玄奘法师比肩。

（三）“达”的正统性由来——鸠摩罗什

鸠摩罗什是将佛教介绍到中国的译经大师，在东亚文化交流史上作为撬动地壳变动的人物被众人所周知，其功绩被著名史学家、古典文学研究家陈寅恪所推崇，并对其翻译的大胆性意境深邃妙趣天成给予了高度评价，“或删去原文繁重，不拘原文体制，或变易原文”[①]。

鲁迅在《关于翻译通信》中提到，“他（严复）的翻译，实在是汉唐译经历史的缩图。中国之译佛经，汉末质直，他没有取法。六朝真是‘达’而‘雅’了，他的《天演论》的模范就在此。唐则以‘信’为主，粗粗一看，简直是不能懂的，这就仿佛他后来的译书”。这一指摘以历史性洞见将对给中国文明以巨大异质文明冲击的西洋文明与佛教影响相提并论，并在此基础上对严复天演论的翻译做出了评价。

佛教不仅对东亚的生活风俗，亦对东亚思想产生了深厚影响，并促成了被誉为新儒学宋代程朱理学的构想。与此相同，西学并非单纯在机械兵器法制领域，更在学术思想方面给中国士人以巨大冲击。尝试西学翻译的严复将自己与“鸠摩罗什”

① 胡适：《白话文学史·上卷》，远流图书公司，1986年，第172页。

相并而论并非单纯偶然，在从鸠摩罗什追溯谋求翻译形态正统性的同时，亦可从中体察其对于具有划时代历史意义的翻译的暗自宣扬。在把自己与鸠摩罗什作比之时，“学我者病”这种不允许对后者模仿与追随的表达亦表现出其自负与野心。

(四)与“达”的对照性存在——严复眼中的“东文”

严复于西学的见识及对译文“达”抱有相当的自信，为此他对当时数量凌驾于中国之上的日文翻译即“东文”持批判性态度。

> 今求泰西二三千年孳乳演迤之学术，于三十年勤苦仅得之日本，虽其盛有译著，其名义可决其未安也，其考测可卜其未密也。乃徒以近我之故，沛然率天下学者群而趋之，世有无志而不好学如此者乎？①

这种态度与翻译 Society 不使用社会而采“群学”之举同出一辙。

“东方学者，闻见囿于一隅，于彼所言，将嫌渺不相涉。”

同样的姿态在 deduction 的译词“外籀”的说明中亦可见到，日本将此词译为演绎法。

盖籀之为言档细绎，从公例而得所决，由原得委，若之向外，散及万事者然，故曰外籀。

另外，严复反对“经济”的日文译词，代之以“计学”。《原富（国富论）》卷头“译事例言”中有所解释，“计学,西名叶科诺密(Emlomics),本希腊语。叶科，此言家。诺密，为聂摩之转，此言治。言计，则其义始于治家，引而申之，为凡料量经纪撙节出纳之事，扩而充之，为邦国天下生食为用之经。盖其训之所苞至众，故日本译之以经济，中国译之以理财。经济既嫌太廓，理财又为过狭。自我作故，乃以计学当之。”严复认为“经济”比西洋“economy”的原意广得太多，故不合适。除此之外，“capital”日译“资本”，严译“母财”；“evolution”日译“进化”、而严译“天演”；“philosophy”日译“哲学”、严译“理学”；“metaphysics”日译“形而

① 严复:《与〈外交报〉主人论教育书》,《外交报》第 8/9 号，1902 年。日文译：“今、西洋 2000—3000 年にわたってはぐくまれてきた学術を、三十年努力しただけで得た日本に求めているが、いくら訳書が盛んであろうと、その名義はいまだ安定しておらず、その考訂もいまだ満足ではない。いたずらに我国に近いがゆえに、一斉に天下の学者達が群がっていくが、世の中にこのように学ぶのをよしとせず、好まない者がいるだろうか。”

上学”、严译“玄学”等。（参照表1，铃木修次《日本汉语与中国》，中央公论社，1981年摘选）

表1 『日本漢語と中国』にみる訳語対照一覧

原語	厳復の訳語	日本の訳語	日本の訳語の出処
evolution	天演／進化	化醇、進化、開進	哲学字彙Ⅰ、Ⅱ
		進化、発達	哲学字彙Ⅲ
theory of evolution		化醇論、進化論	哲学字彙Ⅰ、Ⅱ
evolutionism		進化主義、進化論	哲学字彙Ⅲ
evolution theory	天演論	進化論	動物進化論
struggle for existence	物競	競争	哲学字彙Ⅰ
		生存競争	哲学字彙Ⅱ
selection		淘汰	哲学字彙Ⅰ
natural selection	天択	自然淘汰	哲学字彙Ⅰ
artificial selection	人択	人為淘汰	哲学字彙Ⅰ
survival of the fittest		適種生存（生）	哲学字彙Ⅰ
		適種生存（生）、優勝劣敗	哲学字彙Ⅱ
		適者生存（生）、優勝劣敗	哲学字彙Ⅲ

（五）“达”的文体保障——桐城派古文辞

严复选择桐城派古文作为保障译文实现“达”的媒介。桐城派是中国清代产生的古文流派，因提倡者均为安徽省桐城县（今桐城市）人而得名。其理论与唐宋八大家之古文相通，讲究“义”为代表的儒教理念和务实的古文写作技巧“法”，排斥俗语及空洞的辞藻，反对当时汉学家的训诂及骈文家的修辞，极度追求文章的典雅。清末仍具极大影响力。[①]严复认为精妙之理、微言大义易于用汉代以前的字法句式表达，但很难用近世的通俗文字说清楚。所以他在写给梁启超的书简中回复梁启超对于其过分追求文辞渊雅的批评时不以为然，主动说明了勉强使用古文的目的及理由。

> 窃以为文辞者，载理想之羽翼，而以达情感之音声也。是故理之精者不能载以粗犷之词，而情之正者不可达以鄙俗之气。中国文之美者，莫若司马迁韩愈。……仆之于文，非务渊雅也。务其是耳。……持欧洲挽近世之文章，以与其古者较，其所进者在理想耳，在学术耳。……且不佞之所从事者，学理邃赜

① 青木正儿：《清代文学评论史》，岩波书店，1950年。

之书也，非以饷学僮而望其受益也，吾译正以待多读中国古书之人。[①]

桐城派在文章上以重新发现司马迁《史记》及司马迁文体的唐代韩愈为理想，在思想层面以宋文学“文以载道”为纲领。严复本是桐城派一员，故以桐城派文论进行翻译实践绝非不自然之事。

但严复译书的受众并非一般大众，而是“通读中国古书”的有教养的知识人。为向他们传达可以理解的深远之学理，必须选择恰当的文体。所以自古代绵延传承的古文辞便是他的选择。换言之，严复所追求的并非面向一般民众的“下达”，而是面向士大夫阶层的“传达”，也可以说是面向以皇帝为代表的统治阶层的“上达”。

三、对严复翻译的评价

虽然严复公言“非以饷学僮”，但学术界不乏这种观点，其以“达旨”为中心的独创性翻译理论的娴熟运用、译介的西欧思想、学说对下一代青年学生的思想形成产生极大的影响。其翻译究竟该被怎样评价？此节将对严复翻译的内外评价作一系列考察。

（一）同时代人物的评价

正如增田涉指出：“特别是作为之后《文学革命》期的指导者，提到在文学史留下光辉足迹的人物，无法忽视在青少年时代从严复翻译事业中所受的影响”[②]，的确，鲁迅（1881—1936）、胡适（1891—1962）等文学者、学者在青少年时代醉心于严复翻译的人不在少数。

如当时还是19岁学生的鲁迅说道，“我知道中国有《天演论》……翻阅之，文章甚为精妙……便一口气将之读完。‘物竞’（生存竞争）、‘天择’（自然淘汰）等字眼都出现了”[③]，“当然，最言简易懂的还是‘天演论’。弥漫着桐城的字香，文

① 严复：《与梁启超书》，王栻编《严复集》，中华书局，1986年，第516页，日文翻译部分参照三浦氏之译。

② 增田涉：《有关严复》，《人文研究》，1957年第7号。

③ 增田涉：《有关严复》，《人文研究》，1957年第7号。

字的平仄亦十分规范。合着韵律读出声来，首先不会生厌”[①] 相传少年鲁迅十分喜爱读《天演论》，甚至可以背诵下来。胡适在14岁接触《天演论》的译本时“高兴得很”，并改其字号为“竞存”“适之”，可见严复给予“有教养之学童之心”的震撼。

《天演论》出版后不到数年便风靡全国，还成为中学生读物。但是阅读此书的人中可能鲜有了解赫胥黎在科学史和思想史上的贡献。胡适评价“他的译本，在古文学史上也应该占有一个很高的地位”[②]。但同时亦指出“优胜劣败”“天演”“物竞”等关键词不过是被年轻人过度消费的口号而已。严复的文章太过“古雅”，青年人所受其影响不如以简易文体流行于当时读书界的梁启超。[③]即《天演论》的风靡，由来于追求“达”的桐城派古文辞之“雅”，年轻人的消化不良既由此而生。

但“通读中国古书之人物”究竟是如何看待严复的翻译呢？不得不遗憾地说，除与桐城派有渊源的士大夫外，其他知识人并未对此有过高的评价。如章炳麟（1868—1936）就批评严复桐城派式译文只是单纯模仿八股文，独用心于形姿而已。蔡元培（1868—1940）则指出“他（严复）的译文，又很雅驯，给那时候的学者，都很读得下去。所以他所译的书在今日看起来或嫌稍旧，他的译笔也或者不是普通人所易解”[④]，认为桐城派译文欠缺对新时代的适应性。梁启超也曾称严复的翻译“过于古奥”。

《天演论》出版后20年，严复最为自负的“达旨”则被通晓英语且“通读古书”的知识人批评为非科学的、歪曲原著者思想、不负责任的翻译方法。张君劢（1887—1969）批评说，“严氏译文，好以中国旧观念，译西洋新思想，故失科学家字义明确之精神”[⑤]，傅斯年（1896—1950）批评道，“严几道先生译的书中，《天演论》和《法意》最糟……这都是因为他不曾对于原作者负责任，他只对自己负责任。……严先生那种达旨的办法，实在不可为训；势必至于改悔而后已”[⑥]。

王国维（1882—1927）在《新学语之输入》（1905年）中比较“天演”与“进化”，作为译词评价了两者的“得失”与“明昧”。“侯官严氏，今日以创造学语名者也。严氏造语之工者固多，而其不当者亦复不少，兹笔其最著者，如 Evolution

---

① 熊月之：《西学東渐与晚清社会》，中国人民大学出版社，2011年，第560页。

② 胡适：《五十年来中国之文学》，《胡适文集3》，花城出版社，2013年。

③ 胡适著：《胡适自传》，吉川幸次郎译，养德社，1946年，第87—88页。

④ 蔡元培：《五十年来中国之哲学》，《最近之五十年》，申报馆编印，1923年12月。

⑤ 蔡元培：《五十年来中国之哲学》，《最近之五十年》，申报馆编印，1923年12月。

⑥ 陈福康：《中国译学理论史稿》，上海外语教育出版社，1992年。

之为“天演”也，Sympathy 之为“善相感”也。而天演之于进化，善相感之于同情，其对 Evolution 与 Sympathy 之本义，孰得孰失，孰明孰昧，凡稍有外国语之知识者，宁俟终朝而决哉！”[①]

（二）国外的评价

研究严复的西洋第一人哈佛大学教授史华兹氏指出，“严复向中国导入西洋起源概念时，以自身所持有的中国传统思想对其进行了解释”。“像严复这样从内部观察传统文化时，从各种倾向、形成与西洋相反的复合体，另一方面他并非作为一个实态的整体对西洋有所反应，而是针对包含 18 世纪、19 世纪思想复合体的一定要素做出了反应”，他对严复在东西思想合璧方面所留下的巨大功绩给予了充分肯定。

就严复所主张的“达”，史华兹善意地指出，“严复做了微妙的操作”，这一操作吸收了新的语言、概念，成为向所处社会介绍它们的文化搬运者，衬托出它们的社会必要性，使其与既存文化相适应，为了解释它们创造了许多新词。但同时他亦感叹严复的翻译缺乏生命力，“但讽刺的是，他所创造的新语绝大部分都被和制新语所打败，并最终消失”[②]。

增田涉氏在详细分析严复所追求的“达旨”的基础上，认可其翻译方法的思想价值，“他的方法，即通过翻译 19 世纪西欧的思想，特别是以进化论、实证主义及功利主义为鉴，影射中国古代至现代文化的具象，在说明制度、习惯的不同时，从内部连接支撑中国人的意识形态，敦促其反省，教育其进步”。同时他也点破严复翻译论的局限性，“与其说那是中国一般知识水平的问题，不如说是知识倾向的问题，如果不追究接受的中国全体在当时抱有何种思想倾向，则近乎没有任何意义”[③]。

（三）现代评价

有关现代中国严复及其翻译的研究，与中国其他研究课题一样，大大受制于政

---

① 《王国维学术经典集》（上），江西人民出版社，1997 年，第 102—103 页。

② B·I.史华兹著：《中国近代化与知识人——严复与西洋》，平野健一郎译，东京大学出版会，1978 年，第 93 页。

③ 严复：《与梁启超书》，王栻编：《严复集》，中华书局，1986 年，第 516 页，日文翻译部分参照三浦氏之译。

治时代背景。1949 年，毛泽东在《论人民民主专制》中称誉严复为“代表了中国共产党出世前向西方寻找真理的一派人物”。但众所周知，严复因晚年被袁世凯帝政运动所利用具有“反动的一面”，所以大多中国研究者在论及严复时则不得不选择“初期的急进性到晚年的反动性”这一叙述结构。

1978 年中国实行改革开放之后，严复研究迎来高潮，成果也丰富多彩。

林杰在清末出现的“意译”风尚中追溯“达旨”诞生的历史必然性，指出“严复的桐城派古文辞与士大夫、统治者嗜好相投，获得了读者的赞誉”，同时以鲁迅兄弟直译本《域外小说集》失败的例子，说明“明末清初，直译乃并不名誉的术语”，所以“无法取得主导性地位”，而分析“达旨”诞生的历史背景。进一步，林氏指出今日之翻译产生的交流“达旨”依然具有指导性意义，“以本国传统文化为立足点，积极吸收导入外来文化，关注文化冲突与融合”，将严复的翻译作为成功的案例肯定了“达旨”的有效性。[①]

一方面，刘云雁认为严复的“达旨”是中国“西学东渐”的传统一环，他轻视纯粹的翻译工作，又执着于“阐释（解释、批评）”。他聚焦严复的“达即信”，并借此展开严复“以相对平等的态度与西学对话”，分析指出“达旨”也是对等的主体间基于彼此尊重的行为。刘氏进一步抛出伽达默尔的“视域融合论”，大量使用解释即是通过“语言永远无法表达思想”追求“达即所以为信”的正当性，“严复的阐释学观念更为激进，认为‘达即所谓为信’，是否符合历史语境与需要构成了‘忠实’与否的评判标准，其本质是深刻的历史保守主义，反映了有中国特色的阐释学观念，尤其是集中反映了以严复为代表的最后一批士大夫知识分子面对传统伦理与西学冲击时的思想状态。”[②]

在解读具有近代性意义的严复翻译论的中国研究者的处理方法中，残留着过去的思想结构。但不仅在“达旨”的理论根据及其界限的客观历史条件中、亦在严复期待“与西学平等对话”的内在价值追求中作以分析，提示出进行严复“主体性”研究的新方向。

① 林杰：《论晚清意译风尚与严复“达旨术”》，《忻州师范学院学报》，2014 年第 1 号。
② 刘云雁：《对严复西学观误读的阐释学研究》，《求索》，2012 年 4 月号，第 207—209 页。

四、如何看待严复的“达旨”——代为作结

在现代翻译理论中，韩礼德[①]将翻译功能分为三类，概念功能(ideational)（经验叙述）、人际功能(interpersonal)、（说话者态度表达）、语篇功能(textual)（言语内部结构、语篇内部或语篇与场景脉络相连时所确立的语言手段）。在此分类下，经验为叙述功能、对人态度为表达功能、语言结构与场面为结合功能，可以将翻译作为一种交流的态度，理解为使内部经验与外部语篇场面相结合的作用。在三种功能之中，经验叙述为根本目的，场面即需求或环境，态度可以说是其手段。翻译的根本目的是将交换人们的经验成为可能，其本质是实现意思的理解。

翻译者或作为西洋思想媒介的严复给予中国近代觉醒以巨大的影响，不置可否，其影响力高于《天演论》以来的翻译业绩。严复通过翻译所传达的“经验叙述”不仅蕴含了西洋思想，亦是与其自身儒学经验相融合的产物。其“主体叙述”正是其所谓“达旨”的内涵。

“他的全部译书都活用了其启蒙的批判精神。通过翻译工作，他在中国文明中欲将什么加入或剔除掉，其雄伟的计划、在周到的安排下稳健地得以推进。翻译乃其文明评判（以中国为标的）的一种形态。”故文本的选定、如何翻译、都经过与时势关系的权衡、功果的算计[②]。

但是不得不说严复所缜密计算、慎重选择的“主体性”文本，即“达旨”的部分，无论其表现力还是生命力极具局限性。如前所述，在清末意译的风尚中，通过“达旨”等尝试自己翻译手法的理论化，严复在经验叙述中显示了其主体性。但周树人（鲁迅）兄弟所进行的直译尝试以及明末开始流行并对日本有很大影响的以白话缀书话本小说则证实，加深读者理解的深度、扩大其理解范围的手段不仅是严复所选择的主体性手法“达旨”与桐城派古文辞的结合。

严复将自己与鸠摩罗什并论，以强调其手法的正当性。但再次比较两者的翻译即可清晰地发现翻译的生命力由接受者、即 TT 的接受来决定。鸠摩罗什所采用的文体接近当时（唐）的口语，其译文以“曲从方言（口语）而趣不乖本”为特色，

① Halliday,Michael A.K.(1973)*Explorations in the Functions of Language*,London:Edward Arnold.

② 严复：《与梁启超书》，王栻编：《严复集》，中华书局，1986 年，第 516 页，日文翻译部分参照三浦氏之译。

“远比以往翻译简单易晓”[①]，所以得到迅速普及，历经千年仍被信者所诵读。“严复苦心思考的译语虽一时被有识者所青睐，但在如今的中国几乎成为‘死语’，如今中国进化论用语主要采用的是日语”[②]。

严复翻译的《群学肆言》，其原作者斯宾塞的书籍在日本取得了比中国更大的反响。与严复同岁的松岛刚早于严复、在明治十四年（1881）将 Social Statics 译为《社会平权论》并在日本出版。据说出版的数目亦达到“印多少都不够，市内的书店人员拥堵在印刷厂等待印制出炉，销路甚为火爆。土佐的立志社等成十成百地以电报下单。……总册数达到几十万部之多”[③]。而严复的翻译初版大致 6000 册，虽再版 10 多次，但估计共计 6 万余部。[④]

下面举一例日本译者的翻译加以分析。

英文原文

That connections among social phenomena should be so little understood, need not surprise us if we note the ideas which prevail respecting the connections among much simpler phenomena. Minds left ignorant of physical causation, are unlikely to appreciate clearly, if at all, that causation so much more subtle and complex, which runs through the actions of incorporated men.

日文译文（大石正巳）

単純簡易ナル顕象中ニ存在スル處ノ事物ノ関係ヲ明知スル能（あたは）サル心裏ヲ以テ混合複雑ナル社会ノ顕象ヲ理解スル克ハサルハ素ヨリ自然ノ数（さだめ）ニシテ余輩ノ敢テ恠（あやし）マサル處ナリ 有形物理上ノ原因ヲ知了スル能（あた）ハザル心裏ヲ以テ結合人類ノ行為ヲ支配スル處ノ微妙揮同ノ原因ヲ明知スルコト克ハサルヤ亦数ナリ

大石的翻译虽多用了汉文训读，但即使今天的日本读者读来仍能很容易理解它的意思。这可以说是与严复译文明显的不同之处。

---

① 陈寅恪：《金明馆丛稿二编》，三联书店，2011 年，第 236 页。

② 铃木修次：《日本汉语与中国》，中央公论社，1981 年，第 200 页。

③ 柳田泉：《〈社会平权论〉译者松岛刚传》，《明治初期翻译文学的研究》。

④ 廉泉：《与严复书四》，孙应祥、皮后锋编：《严复集补编》，福建人民出版社，2004 年，第 376 页，严复，《与熊季廉书二十五》，《严复集补编》，第 251 页，贺麟：《严复的翻译》，商务印书馆编辑部编：《论严复与严译名著》，商务印书馆 1982 年，第 29 页。

翻译哲学界的著名学者奈达[①]列举三点作为最佳翻译标准：①交流过程的高效性，②意图的理解性，③反应的等价性。也就是说读者要通过翻译正确理解 ST（起点文本 Source Text）的信息，感到其译文易于理解，同时产生共鸣。“一名之立，旬日踟蹰”，严复在翻译上不厌其烦地下大功夫，对士大夫阶层传达的有效性、并最大程度考虑他们的理解和反应，以特定读者为阅读对象并立志翻译出最佳译文，这便是严复持之以恒的目标。可以说严复的翻译完全满足奈达指出的最佳翻译标准。而关于翻译的讨论，新解释派斯朵茨[②]进一步做出了补充，称“好的”翻译即翻译者与 ST（起点文本）完全一体化后才能实现。就这一点来看，根据之前的分析，我们不难看出严复没有与作为起点文本的作者（如斯宾塞等人）一体化的要求，而始终追求与限定 TT（目标文本 Target Text）读者（如士大夫阶层）的一体化。

三国魏文帝曹丕所作《典论》中所言文章乃“经国之大业、不朽之盛事”已脍炙人口。其“不朽”的语言依据《春秋佐氏传》襄公二十四年而来，即“大上有立德,其次有立功,其次有立言,虽久不废,此之谓不朽”。这里“立德”“立功”“立言”的顺序大致构成了“儒家的功名主义”的大框架。其中，规定“立言、谓言得其要、理足可传”，其所适用的范围除经书以外亦适用于诸子、辞赋、史书。

严复翻译论的“达旨”所力求的真正目标或许是构成“不朽”的“立言”，可以说其翻译随处所见的主体性选择所体现出的矛盾性，以及“达旨”的局限性都可以追溯至此，并且只有这样才能澄清其心理构造方面的理由。严复的翻译不论是否包含功利因素，从中难以否定的是严复从中国对待近代西洋态度的一贯性。正如日本战后知识人竹内好所言，“不论欧洲如何看待，来自东洋的抵抗始终持续。通过抵抗，东洋实现了自身的近代化。抵抗的历史既是近代化的历史，不存在不经历抵抗的近代化之路”[③]。在西洋了解近代化的严复始终执着于利用东洋的智慧传递西洋的智慧，换一角度，引用竹内好所云，也可视之为一种“来自东洋的抵抗”。相比之下，日本的近代翻译者们或许并没有“立言”这样的心理包袱，他们更加重视起点文本作者的一体化，更加重视日本一般大众的可读性。“非以饷学僮”的严复翻译由于学童的阅读而风行，并随历史急速褪色。对“东文”嗤之以鼻的严复若今天

① Nida,EugeneA.(1964)*Toward a Science of Translating*，Leiden:E.J.Brill.成瀬武史(译)(1973)，《翻译学序说》，研究社。

② Stolze,Radegundis(1992) *Hermeneutisches Übersetzen*,Tübingen: Gunter Narr.

③ 竹内好：《近代的超克》，筑摩书房，1983 年。

还健在，他将如何看待自己的翻译迅速丧失生命力成为死语，而“社会”等日本译词却仍在中国语脉中生生不息、成为中国知识分子、中国社会“知性”的血肉这一现实？“实践是检验真理的唯一标准”不无讽刺地说明“时间是验证翻译的唯一标准”。尽管严复所提出的“达旨”具有一定主观局限性，也必然具有一定的时代局限性，然而严复的翻译理念却依然能为国际化急速发展的中国现代社会提供异质文化相遭遇时的历史方向和宝贵的翻译经验，值得当代翻译者们继续揣摩和不断思考。

（作者：日本神户山手大学讲师）

简析日本当代文学史中“孤独美学”的演变

李思聪　于海君

内容摘要　“孤独美学”作为日本当代文学史上重要的一种文化现象，是一种探索自我存在价值的美学形式。自二战结束时萌发，经历了“自我意识”“孤独意识”“孤独美学”三个发展阶段，呈现出由文学主流分离并逐渐边缘化、个性化的倾向。它根源于对现实世界的不满而产生的失落感与空虚感，代表了日本从战后到当今时代中主流价值观所未能触及的社会思潮，是一种对主流思想隐晦而又压抑的对抗形式，充满了诸多不稳定性，揭示了高度模式化社会下日本人纤细而敏感的心理的变化过程，同时也间接地阐述了关于个人与群体之间的关系的思考，对于在现代社会中如何实现自我价值，追寻自我存在的意义具有借鉴和参考作用。

关键词　日本当代文学　日本现当代史　自我意识　孤独意识　孤独美学

简析日本当代文学史中“孤独美学”的演变

自二战结束以后，日本当代文学史中曾出现过各种各样的文学流派，无论中外学界，有关其文学发展史的研究也层出不穷，已有的日本当代文学史资料和专著大多侧重于日本当代文学通史，多以简洁的线性叙述介绍了日本当代文学的主要形式和内容，同时，对于个别影响力较大的文学创作者和作品也有诸多单独研究。但是，在针对某个具体而连贯的文学现象和流派的发展历史以及其背后所反映的社会现象等方面缺乏明确而独立的探讨与分析。而“孤独美学”作为表现当代日本社会思潮，特别是非主流价值观的一种文学和美学形式，同样也未得到相应的重视，无论是对于其概念还是表现形式、发展历程等都鲜有论述。因此，本文试图以日本当代文学史中“孤独美学”的发展历程为线索，简要界定“孤独美学”不同阶段的概念和区别，分析其各个阶段的产生原因、表现形式和所反映的社会思潮与社会问题，进而在一定程度上弥补对这一文学和美学形式研究上的空白，以供学界同仁参考批评。

一、“孤独美学”的雏形

如果追根溯源，日本文学史中“孤独美学”现象的萌芽应该从大正年间的唯美主义小说和私小说说起，甚至可以回溯到紫式部的文学作品，但是鉴于本文主要考察内容为日本当代文学，因此，我认为日本当代文学史中的“自我意识”可以称之为其文学发展史上“孤独美学”的雏形。

“自我意识”是指在具体的文学创作时以“自我”为中心，主要侧重社会个体在战后破败萧索的社会中的绝望和生存斗争，同时强调人与社会之间的冲突与纠缠。之所以称其为“孤独美学”的雏形，是因为这一时期的“自我意识”受到社会环境和西方文学理论的影响，往往带有一定的自由主义和虚无主义倾向，从而使这一时期的“生存”主题本身就孕育着孤独。

关于“自我意识”产生的原因和表现形式，主要有以下三种。

第一，战后初期民众对现实世界的失望和对未来生活的迷茫促使作家和读者群体加强了对自我的关注。伴随着刚刚结束的二战，日本国内面临着物质和精神上的双重匮乏，加之盟军最高统帅司令部翻天覆地的改革，从根本上动摇了日本自近代以来形成的社会观念，导致了国民普遍对现实社会持有悲观态度。同时，政权频繁出现骚动混乱局面，从 1945 年到 1956 年的 10 年间，一共更换了 13 届内阁，其频率古今无出，还爆发了包括“反对日美安保条约”“春季斗争”等多次大型群众运动，因此，在埴谷雄高看来，“日本战败后的社会是虚妄和真实的混合体，难以辨别真伪，难以辨别此后社会的走向”[①]。于是在这种社会环境下，民众通常会产生一种危机感，并且更愿意关注自身的生存状况，同时受限于个体微小的影响力和各种强大的政治力量，从而产生了诸如崛田善卫所著的《广场的孤独》这样的表现政治范畴内人与人之间的关系的作品，以阐明个人与组织之间不可调和的矛盾。崛田善卫本人曾在战争期间被征召入伍，后被派往上海，日本战败后又被国民党宣传部门留用，直到 1947 年回到日本。由于崛田善卫的这些经历大多是因为政治形势而被迫参与其中并深受其害，因此在他的作品中往往表现了人受到外部世界，特别是国家的支配，进而在此基础上强调人们需要一个能够自由张扬个性的外部世界以及和平的社会政治环境。由此可见，这一时期部分作者已经意识到“自我意识”对于自我存在重要性，强调“自我”与社会之间的冲突矛盾并寻求解脱的方式。此外，这种主张在阐述“自我意识”的重要性的同时也融合了对强权政府支持下发动的战争的反思，适应了战后初期文学发展的主流而拥有较多的读者，在一定程度上也推动了这一思想的传播，因此可以称其为战后文学中表现“自我意识”的典型代表。

第二，西方“存在主义”思潮的滥觞和意识流手法的广泛应用。存在主义最早于 20 世纪初期传入日本，但真正成为文学创作者所采用的手法时已处于战后。由于战败和战败后的状况使民众在社会中遭遇了理想和现实的冲突，社会上普遍弥漫着忧郁和焦虑的氛围，因此，追求个人精神自由和自我存在价值的观念日益占据主导地位，而追求精神的绝对自由往往造就了孤独的状态，体现了人生是虚无的、孤独的和荒谬的这种认知。正如本多秋五在《战后文学史话》的结语中所下的结论那样：战后文学是“认识在无意识中的自己并且知道自己存在的条件，知道自己与周围的世界之间的关系”[②]的文学。同时，意识流手法善于把人物意识活动作为文艺作品的重心，充分展现个体存在的体验和内心的感受性。在这两种文学创作理念的指导下，出现了椎名麟三、中村真一郎和以太宰治、坂口安吾为代表的“无赖派”等带有萨特存在主义倾向的文学作品。他们强调人是孤独的，人的生活总会和烦恼伴随在一起并且是无意义的，试图借此回归人性和真实，来迎合战后人们绝望的心理，其中，椎名麟三的《深夜的酒宴》是将存在主义与“自我意识”相契合的重要

① 古林尚、佐藤勝：《戦後の文学》，有斐閣，1978 年，第 23 页。

② 本多秋五著：《日本战后派文学》，孙利人译，《日本问题译丛（2）》，1979 年 8 月。

作品之一。椎名麟三虽然并未直接参加战争，但由于其在战前参与左翼运动与共产主义运动，与底层工人等群众接触较多，曾一度被捕入狱。因此，在他的作品中往往多见对于平民在战争前后中的心理和行为的深刻刻画。在《深夜的酒宴》中，作者所要表现的最核心的问题就是对自己所存在的世界感到不协调和对自由产生的怀疑与不安，进而追求个人的精神自由和自我抉择的权利，展现出个体存在的体验和内心的感受性。可以说，追求“自我”是这些作家一贯的主题。椎名麟三自己也表示，“人的自由，恐怕是我一生所追求的课题”[①]。而在太宰治的《人间失格》中，作者则以主人公的放荡生活作为更加直接的表达方式，表现作者对于自由的“自我意识”的向往和对现实生活的失望。相比于崛田善卫对于个人与政治之间的纠缠而引发的“自我意识”，这种纯粹的对于自由精神和意识的追求，为日后的“孤独美学”提供了直接的理论依据和借鉴。

第三，大多数战后作家对政治和文学具有强烈的矛盾意识。除民主主义文学外，作家更加侧重于作品的文学性和艺术性，否认作品的政治属性而强调作品的社会属性，甚至否认文学和政治之间的联系，以荒正人和本多秋五等为代表的近代文学评论家大力提倡文学的自律性和作家的主体性，确立了现代的自我意识。而其影响也逐渐扩展至战后文学的各个流派，甚至战前老作家新作中也隐约带有“自我意识”的印记。如川端康成、谷崎润一郎等作家在战后作品中多次以物哀和虚无为主基调，通过描绘乡下小镇、雪国风光或是平静的城市生活等场景，展现出一种与社会和政治相隔绝的“纯粹”的美，可见“自我意识”此时已经广泛地渗入日本文学的方方面面。

概括而言，战后初期文学的“自我意识”集中展现了该时期日本社会普遍存在的各种各样的消极情绪，值得一提的是，这一时期的这种消极情绪实质上是利大于弊的，这些文学作品充分考虑了个人与社会、个性与社会阶级之间的相互关系，试图理解个人与战后社会之间的矛盾。它伴随着旧秩序的颠覆而产生，促使整个社会徘徊于十字路口中，杂糅着对当前体制的不满，对新统治者的怀疑，对美好生活的期望，有时又对当时的社会表现出尖锐的批判，形成了一种否定战时非自由的“自我”，而追求精神上自我实现的思潮。由于这种思潮本质上与西方自由主义思想类似，因此对于促进“盟总”进行战后民主改革，尤其是民众从精神层面真正认同战

① 叶渭渠、唐月梅：《日本文学史》（现代卷），经济日报出版社，2000 年，第 445 页。

后秩序起到了重要推动作用，同时也是日本二战后再次西化的起点。可以说正是基于当前的“消极”，而提供了创造未来的“积极动力”，这也是“孤独美学”在发展初期所起到的主要作用。

二、由“自我意识”到“孤独意识”

由于朝鲜战争期间美国在日本的军需订货极大地促进了日本经济地发展，以及出于美国方面的扶持，日本经济呈现出一片繁荣的状态。随着 1956 年鸠山内阁公布《第十次经济白皮书》，宣布“早已不是战后”，日本正式进入经济高速发展时期，而其文学的表现形式也有所调整。在媒体和文学日益商品化的社会中，“自我”正在呈现出空虚和虚无的倾向。[①]由于文学作品的商品属性愈加明显，背离了原有的“自我意识”作为纯文学的定位，因此，“自我意识”发展为倾向更为明确的“孤独意识”，是“孤独美学”的第二个阶段。

所谓“孤独意识”，不同于之前从自由主义和虚无主义中凝结出抽象的、相对的“孤独”，也不再存在主观上与社会紧密得纠缠和联系。并且相比于“自我意识”而言与群体社会更加疏离。“孤独意识”最明显的标志是文学作品中塑造的角色往往具有一种基于自身的孤独的形象，直接描绘脱离社会的孤独感，更加注重文学作品中具体的孤独体验和实践，甚至在某些作品中已经营造出完全与社会脱节的形象，又可以概括为“舍弃现实”。其次是侧重于反映资本主义高速发展时期普通民众的精神危机，可以理解为希望但又无法逃离现代社会的绝望和烦恼，于是通过达到孤独的状态摆脱纷至沓来的杂乱价值观，以避免在物质文明和精神生活难以匹配的不协调状态下被快速发展的物质文明同化，类似于西方世界中普遍出现的“迷惘的一代”和“垮掉的一代”。

实际上，“孤独意识”是一种被迫的孤立和自觉的孤独相结合的产物，一方面作家和读者群体本身因为性格、身体、行为等各方面原因无法被主流社会及其价值观认可，甚至“自认为自己是劣等生，承认自己平凡、渺小”[②]，另一方面出于对资本至上理念的批判和厌恶，使得他们也不屑于主动融入社会，寄希望于通过孤立的生存制造精神上的世外桃源。作为一种社会思想而言，“孤独意识”与“孤独美

① 曹志明：《日本战后文学史》，人民出版社，2010 年，第 174 页。
② 松原新一：《戦後日本文学史・年表》，講談社，1978 年，第 197 页。

学”之间已无明显区别，但并没有上升到美学层面，作家与读者之间也尚未达成某种共识。

尽管“孤独意识”的表现形式相对于“自我意识”而言更少一些，但其产生的原因却是复杂的。其中最关键的是日本社会进入到经济高速发展时期以后，曾经一度饱受批判的私小说再次被关注。由于新一代作家和读者群体大多对战争年代和混乱的战后局面印象不深，同时整个社会也逐渐摆脱了战败的阴霾，因此他们的关注点普遍放在个人生活层面，把对社会问题的关注转向对个体问题的关注，把对外部世界的描绘转向对内心世界的挖掘，把文学创作的素材锁定在“自我”的领域中。他们要营造“小小角落里的另一个世界，即在自己精神形成过程中，在自己的内部营造一个从自己周围所得不到的另一个世界，并蛰居其中”[①]。这种小说通过“描写如一尘沙砾般的生存状态”[②]，强调朴素而真实的感情和心理变化，并主动回避现实，人为地将自发的孤独状态上升为自觉的孤独意识。由此可见，私小说再次盛行是“孤独意识”形成的最主要原因，其代表作家也主要集中于内向派和“第三新作家”。例如，在后藤明生的《夹击》中描述了“我”在寻找一件虚构的“大衣”的一段过程，在他人眼里，“我”的个性特征完全被所要寻找的“大衣”所替代，个人成为现代社会中一个没有实际价值的符号，进而反映了现代人以虚幻的观念代替社会生活和个人价值，并且在无意义的场所中重复着无意义的活动，在这种过程中孤独成了人生的主题，具有明显的厌世倾向。这一情绪折射出一种回避生活、逃避现实的态度和行为，成为“孤独意识”的最好体现。

经济高速发展带来的是精神上的空虚，由此也促进了“孤独意识”的传播和发展。随着资本主义经济的持续发展，其剥削的本质日益暴露出来，人与人之间、人与社会之间的关系逐渐脆弱化。因此，一部分作家出于对社会的失望再次采取了“孤独”这一手段，试图避免资本社会对精神的干扰。他们运用超现实主义手法，把日常生活引入“非现实的世界”，运用离奇的语言，表现存在的感觉，以体现自我生存的价值，表达了作者对世界的看法，即当前的资本主义社会是毫无意义的。其中最典型的代表应属于三岛由纪夫创作的《涨潮声》，书中虚构了一对生活在孤岛上与现代社会相隔绝的男女的恋爱故事，通过描述近似于柏拉图式的幻想世界，否定以现实社会为基础建立的人际关系，侧重于现实之外的精神撞击，试图恢复一种想

① 叶渭渠、唐月梅：《日本文学史》（现代卷），经济日报出版社，2000年，第366页。
② 長谷川泉：《日本文学新史》（現代），至文堂，1986年，第131页。

象的、原始的、淳朴的心灵结合，同时也从侧面批判了以资本价值为主导的社会对于人性以及个体价值的忽视。而吉井吉由的《杏子》中则描述了“我”与一个患有精神分裂症的女孩之间畸形的恋爱关系，来表达对现实生活中的人际关系和人与社会的联系的不满。这些作品使“孤独意识”直接成为一种实实在在的体验，为人们所广泛接受。

另外，由于从 60 年代到 70 年代，日本受到国际上广泛开展的无产阶级运动的影响，国内处于激烈的政治运动中，但是受限于各种条件最终都趋于没落，其影响也非常短暂。但是在这一过程中却产生了大量运动的边缘者、受害者和失败者。在认识到政治的残酷性和斗争性并被主流社会所抛弃后，他们习惯以冷眼对待国家政治，以冷漠的态度围观社会，甚至对社会的作用持以忽视和鄙弃的态度，认为“社会是个人造出来的观念，但是社会造不出一个活人，甚至连一个蝼蚁也造不出”[①]，从而形成了一股徘徊在社会边缘的文化群体。这种孤独实际上是一种被迫的孤立，但也成为“孤独意识”流行的又一原因。

20 世纪 50 年代中期到 70 年代末可以说是日本发展的“黄金时代”，但是从“孤独意识”的盛行中我们不难看出，在欣欣向荣的经济发展背后却是暗流涌动的社会思潮，主流价值观通过与超速运转的经济相互解释，看似具有强大的凝聚力，却由于不相匹配的精神文明而缺乏群众基础，致使出现了各种与社会保持一定距离的思想，而“孤独意识”从主流价值思想中分离已经成为一种既定事实。况且，更需注意的是，表面上“孤独意识”这类思想与社会脱节，几乎没有现实意义。但是所谓的“孤独”正是源于对现实世界的不满，因而表现出一种失落感、空虚感和颓废感，形成了“孤独”的生存哲学，而在高度模式化的社会与日本人纤细而敏感的直觉下，“孤独”成为消极地对抗现实世界的一种方式，这种压抑而又隐晦的对抗也充满了诸多不稳定性。

① 王长新：《日本文学史》，吉林大学出版社，1990 年，第 387 页。

三、“孤独美学”的正式确立

“孤独美学”是孤独意识的直接继承者，也是“孤独意识”上升到更为具体的文学形式的必经之路，至此，这一直观的文学现象最终得以成为一种美学形式。“孤独美学”相较于“孤独意识”的最大变化有两点，其一是正式形成了以孤独为美的感性体验，其二是孤独的“形式”转化为完全主动自觉的孤独。

那么什么是“孤独美学”呢？笔者认为，定义“孤独美学”，主要从审美主体、审美对象、审美手段和美学形式四个方面入手。由于孤独美学是由“自我意识”“孤独意识”逐渐演变而来，因此其审美主体主要是与前两个阶段相适应的，与社会相对疏离的个体，即所谓的“自我”，多表现在现代日本社会中饱受生活与经济压力，渴望解脱的社会成员身上。审美对象，即审美客体，是自我存在的价值，在体验孤独的过程中发掘作者和读者意识深处对自我存在及其价值的判断与追求。而审美手段则是进行自我探索，特别是体现在文学作品中的自我剖析和精神分析中，将个体的注意力投入到对“自我”的体验和关怀。总体而言，孤独美学的美学形式是一种形而上学的美，以个人和社会不可调和的矛盾为基础，通过对“孤独”这种状态的感性的追求达到精神世界的自我完善并摆脱不必要的社会秩序的界限，在这一过程中发现“存粹”的自我价值。因此“孤独美学”也不是无意义的逃避现实，其本身“(孤独)不在于达到一个虚构和空幻的王国，而在于抵达一个具体的可能性的天地”[①]，借助“孤独”来实现一种人文关怀。

由于经历了前两个阶段的发展，“孤独美学”正式形成的原因看起来比较简单，似乎只是在上文中已经提到的各种条件下的自然过渡。但是从社会和历史层面考虑，另一关键原因在于日本进入 70 年代以后，为了适应更加激烈的竞争和更快节奏的生活而缺乏人文关怀的冷漠社会使得理想与现实之间的矛盾更为明显。而 80 年代则更是可以称之为理想主义“消亡”的年代，随着泡沫经济破裂揭下了假性繁荣的面具，即便如国家般强大的“组织”也濒临崩溃的边缘，远不如“组织”稳固的渺小个体又如何保持自我意识的独立性成为人们在批判国家政策的同时所关注的重点。一部分年轻人从 60 年代一度流行的“太阳族”和内向派作家中的作品找

① 赫伯特·马尔库塞著:《审美之维》，李小兵译，广西师范大学出版社，2001 年，第 147 页。

到了共同认知和灵感，提倡以高度自由的状态实现自我认同，承认并鼓励保持孤独的精神从而摆脱社会束缚，并融合了西方现代小说中的幽默、爵士乐与摇滚乐、酒吧文化等元素，试图创造出更为潇洒自由的行文风格，由此诞生了“孤独美学”成熟的作品。这些技法和创作理念的应用，不仅大大增强了作品的可读性和趣味性，也成功激起了青年人对日本社会的失望，对自己前途的灰心，以及成为日本庞大的资本体制下的牺牲品的共鸣。

村上春树当属“孤独美学”中知名度最高的作家，通过他的作品，我们也可以发现一些“孤独美学”更为深刻的社会影响。尽管村上春树的作品被批评家们指斥为缺乏政治关怀和漠视历史传统，实际上他的大部分小说都有一个精心界定的历史时期，总体来看，可以当作日本“后战后”时期的精神史来解读，一直深挖到日本现代疾患的战前根源。[①]而村上春树的“孤独美学”的核心理念正是在此基础上，站在社会外围，保持孤独的心态和意识从而不受影响地观察社会的走向和趋势。如在《世界尽头与冷酷仙境中》，作者试图通过对梦境中温馨却没有爱情的世界和现实中冰冷残酷而又能够拥有情感的世界的对比与来回转换，阐述出自我价值应当以自我存在为基础，人必须通过克服内心世界的冲突和矛盾从而实现生命的最终归宿的观点。而在《奇鸟形状录》中借助时空交错重叠的背景设定，着重刻画了资本主义社会对个人个性的摧残，进而延展到个人在政府、国家、社会等强大的暴力力量的胁迫中如何通过“孤独”的生存哲学避免成为社会中潜在的加害者，通过形式上的“孤独”来保证独立思考的能力。综上看来，他的作品往往用荒诞离奇的艺术手法来表现都市青年孤寂的自我存在、逃避社会现实、脱离社会意识的倾向，但是最终目的还是归于对社会与自我之间关系的思考。一方面忠于探索纯粹属于他自己自我内心最深处的诸主题，另一方面又能够使之与众多读者的期望产生共鸣。[②]实际上这正是“后战后”时期成长起来的年轻人的普遍心理：一方面对社会具有一定的责任意识和关怀，但另一方面迫于现实的压力和自身的境况而只能成为一名旁观者，在外部社会无法实现自我价值的背景下转而投身于发掘内心深处的意识从而实现自我认同。而更为有趣的是，在村上春树的作品中，主人公往往以旁观者的身份出现，自由职业，中等收入，连家人都极少涉及，的确可以算得上是一个“独行侠”。

① 杰·鲁宾著:《倾听村上春树——村上春树的艺术世界》，冯涛译，上海译文出版社，2006年，第23页。

② 杰·鲁宾著:《倾听村上春树——村上春树的艺术世界》，第242页。

而作家本人的很多作品也是在旅居国外时从外部观察日本而创作出来的，可以说与作品本身的思想相辅相成。

此外，以村上龙、中上健次等为代表的“透明族”，同样是具有典型的“孤独美学”特征的文学作品。不同于村上春树以自我和社会微妙的关系为主题，“透明族”更多地受到先前“太阳族”文学的影响，又被称为颓废派文学。在他们所描绘的世界中，“孤独”更多地侧重于不能与除自我之外的存在取得精神上的共鸣和情感，无法在现实社会中找到适合自己的位置，自我存在与其他任何事物之间存在着一种与生俱来的互斥性。因此，主人公并不与社会直接接触甚至抵触向正常的社会生活靠拢，而是运用放荡而嬉闹的手法再现青年人乃至整个社会空虚的精神，酗酒、斗殴、音乐、学生运动往往成为描写的重点，通过近似于自我放逐的形式来达到宣泄自我，确认自我的一种方式。相比于村上春树而言，这种“孤独美学”的形式更为极端，具有强烈的叛逆和破坏性，往往不能被主流社会，甚至是相对于主流社会而言已经较为疏离的群体所认可，但是却也更多地代表了一种被边缘化的、反传统的价值观，标志着“孤独美学”与主流价值观的彻底决裂与分离。

总体而言，“孤独美学”侧重于寻找自我意识的过程，成为与社会妥协过程的一个缩影，在拉锯的过程中，孤独所代表的对抗性也逐渐消解，而所取得的成就则是得以在边缘成为不受约束的观察者，这就是所谓完全主动而自觉的孤独。另外，在这种情况下，“孤独美学”的消极方面也有所展露：由于本质上强调的仍然是保持孤独的状态，拒绝做出除自我意识以外的突破，而其原有的对抗性也被淡化，这种完全的旁观者身份难以为除自我以外的问题找到解决办法，在具体行动上缺乏有力的思路。值得一提的是，“孤独美学”的主要文学作品在日本青年人中饱受赞美，其所反应的思想可能是正是如今日本平成一代缺乏对于现实生活的热情和普遍弥漫的厌世情绪的根源，同时也是日本当代社会所面临的问题之一。

四、“孤独美学”的新发展

进入21世纪以后，随着文学多样性的不断发展和传播媒介的不断增加，“孤独美学”的表现形式也愈发多样，还出现了带有“孤独美学”色彩的漫画、轻小说和动画等作品。这些作品虽然不算是严格的“孤独美学”的艺术成品，但往往又与之有千丝万缕的联系，其中不乏类似新海诚等引起广泛热议的创作者。虽然其教化意义有所下降，但这些作品在关注新一代年轻人需求的同时兼顾了趣味性和大众化，有助于“孤独美学”的广泛传播。加之文化交流日趋频繁，日本文学也更多地被其他国家所接受，“孤独美学”开始被更多学者和作家关注。

而当前“孤独美学”所面临的最主要问题是探索“孤独”和疏离感的深层原因，“孤独美学”作为一种社会思潮，到底是由于日本特别的社会土壤而产生的，还是基于资本主导下的体制的社会共性现象？如果是前者，那么为什么这一美学形式却仍然能在其他国家被广泛认可，如果后者，那么又为何首先发端于日本本土呢？另外，如何才能调和自我和与社会之间的疏离感的程度，换而言之，即“孤独”的程度，或者可以理解为“孤独美学”最终的定位，是我们面临的第二个问题。它到底会走向完全脱离现实社会的唯美主义时代的私小说，还是走向“作为人派”的社会小说，抑或是演变成纯粹的通俗文学读物，其未来的道路仍然是未知的。

关于第一个问题，村上春树在访谈中曾指出：“我们确实远离了战前的天皇体制并确立和平宪法，结果我们也确实逐渐进入一个以现代公民社会的意识形态为基础的高效而且理性的世界，而且这一点已经为我们的社会带来了几乎压倒一切的繁荣昌盛。然而，我（也许还有很多人）却似乎仍免不了疑心，即使到了现在，在社会的很多领域内，我们仍然在和平地、静悄悄地被当作微不足道地消费品给抹去。我们已经相信我们生活于其间的日本是一个我们的基本人权得到保障的所谓自由的‘公民社会’，但事实果真如此吗？如果将表层剥去，我们会发现骨子里在呼吸和跳动着的仍是那个旧有的封闭国家体系或曰意识形态。”[①]因此笔者认为，“孤独美学”应该定位于一种国家非自然转型期间衍生出来的特殊现象，虽然具有一定共性，能够引起处在转型社会的群体的共鸣，但在主体上仍是带有浓厚的日本色彩，恰如鲁思·本尼迪克特指出的日本文化所特有的二元性那样，“孤独美学”同样在两个方向之间摇摆不定，时而孤立于主流社会之外，时而又与其产生千丝万缕的联系，是由日本人纤细的直觉和敏感的心理造就的文学和美学体验。

另外，关于“孤独美学”未来的走向问题可能并不难预测，实际上尽管“孤独美学”的主旨思想大多以与社会保持一定距离为主，但由于其本身是因社会问题的集中发作而产生的对抗型文学作品，所谓的“孤独”在绝大多数情况下仍是一种趋利避害的手段，因此当在社会满足其基本诉求，或者说对这种非主流意识形态更为

① 杰·鲁宾著:《倾听村上春树——村上春树的艺术世界》，第 342 页。

包容的时候，“孤独”本身就会失去其意义进而自然而然地消解，最终得以回归与社会紧密的联系。其发展应该是一个整体，从最初本能地采取“孤独”的态度，沉浸在臆想的自我世界中，到开始探索“孤独”的深层原因，我们有理由相信，迟早也会出现关于如何调和“孤独”状态的思考和相关作品，并通过其观察日本群众对于历史与当代社会的理解和认知。同时，我们或许也能从中一窥我国严肃文学发展的未来。

结　论

通过以上四个部分的论述，我们大致厘清了日本当代文学史上“孤独美学”这一文化现象的发展过程。首先发源于战后文学思潮中的“自我意识”，而后由于“自我”范围的变化和社会变革，并受到日本传统文学的影响，从而自成一派发展为“孤独意识”，最后演变为一种独立的美学形式——孤独美学。大体来看，“孤独美学”的变化经历了一个由普遍到特殊的历程，最初起源于主流思想，与主流思想保持一定的嵌套关系，但从“自我意识”到“孤独意识”的演变过程中，逐渐带有了的较多消极色彩使其本身包含了离心和边缘化倾向，随着主流价值观和意识形态关注点的不断变化，这种内部的矛盾逐渐发展到不可调和的地步并导致其最终从主流价值体系中分离出来。

尽管“孤独美学”在不同的发展阶段均有不同的表现形式和主张，但是概括而言最终都会指向探讨自我存在的方式和意义。其核心观点在于：作为社会中独立存在的个体，自我存在的意义就是“存在”这一状态本身，而并非与人格化的“社会”或社会中任何其他的存在具有任何相关性。而实现这个意义的方式就是以孤独的状态深挖意识深处的观念，从而对自我的存在形成更全面的认识。同时，为了避免人格化的社会对自我存在意义的强制介入与干涉，必须与社会保持一定的距离，至于衡量距离本身的标准则取决于不同的“自我”。也就是说，孤独美学所依托的一切基础和最终指向都是自我存在。

关于“孤独美学”的影响应该一分为二地看待。从一方面来说，强调实现自我价值主要依靠自身的主观能动性和合理的，有助于人们摆脱随波逐流、人云亦云的思想，形成独立而多样化的社会评判标准，实际上，作为一个真正文明的现代社会，无论“孤独美学”所提出的主张本身的是与非，其作为一种美学形式和生活态度应该被以包容的态度所接受，至少其提出“权利诉求”的这一权利不应该被忽视，同时，由于其本身就蕴含了隐蔽的对抗性，并且所涉及的群体往往有着较为集中的共同点，如果不加以重视则很难预料其对现实社会的种种作用。这就引出了其消极的一面——致使一部分人形成了缺乏社会关怀与责任意识的心理，这一点表现在处于人生低谷中青年人身上尤为明显。另外，这种思想往往会促使孕育出一些非正常的人格形式，而这也是经常出现在此类作品中的人物的性格特点，例如自闭、偏激、妄想等，这些都是值得我们注意的消极影响。因此，对于这种文学现象的进一步研究，有助于了解日本当代社会中民众思想与心理的变化，对于在现代社会中如何处理人与群体之间的关系，实现自我价值，追寻自我存在的意义具有借鉴意义。尤其是探讨主流价值思想与其他曾经存在或仍然存在于日本社会当中的意识形态之间的关系时需要注意，进而对日本当代社会尤其是主流之外的群体形成更深刻的认识。

（作者：李思聪；于海君，延边大学人文社会科学学院历史系副教授）

当代日本及中日关系

中国改革开放 40 周年与中日经济关系*

马成三

*本文系根据 2018 年 12 月 13 日在南开大学日本研究中心的讲演稿增改而成。

2018年是我国实行改革开放40周年，同时也是《中日和平友好条约》签订40周年。对于笔者来说，还是第一次踏上日本国土40周年。

1978年9月，笔者被派往我国驻日使馆商务处常驻，而在商务处的第一项工作就是参加邓小平访日（1978年10月22—29日）的接待。1978年年底，中共中央十一届三中全会召开，宣布实行改革开放，我国经济以及中日经济关系开始进入一个新阶段。

在常驻日本期间，笔者感受到了当时中日经济的巨大差距，同时也见证了日本社会对我国改革开放的支持。本稿结合个人的体验，谈谈改革开放后中日经济实力的变化、日本对我国改革开放的支持以及如何看待日本经验等问题。

一、见证中日经济实力的消长

40年前初到日本的中国人有种普遍的感觉，那就是感到震惊。震惊的理由，不外乎是看到我国与日本在经济上的巨大差距以及日本现代化水平之高。正如邓小平所说，到了日本“明白了什么是现代化”。

笔者在赴日常驻之前，是外贸部国际贸易研究所（现商务部国际贸易经济合作研究院）的研究人员，从事日本经济贸易及中日经济贸易关系问题调查研究。当时国际贸易研究所订有多种日文报纸和数十种日文杂志，阅读这些日文报纸杂志及统计资料，是我们的日常工作。就是说，我们与其他初到日本的中国人不同，在国内对于日本经济的发展状况等是有相当了解的。

但是笔者在出国前对日本的了解，仅停留在统计数字和概念上，几乎没有感性认识，到日本目睹物质供应的丰富和城市的繁华，还是感到震惊。对于事先对于日本的情况没有什么了解的一般中国人，特别来自地方的同志来说，初到日本受到的冲击无疑更为强烈。

1979年5月，廖承志率领“中日友好之船”代表团访问日本，团员多达600余人，其中不少人来自地方。有的来自地方团员在访问日本人家庭时，不但问收入状况，还问“粮食定量是多少”。当时陪同访问兼做翻译的常驻人员，没有当场翻译，而对提问者说“过后我来回答这个问题”。对此，提问者颇为不满，因为在他们看来这是个“天大的问题”（民以食为天）。当时一般的中国人根本不了解日本及世界，以为我国实行“粮食定量”，日本及世界都如此。

改革开放初期，国内不少部门派团赴日考察，笔者在东京曾多次参与接待和陪同。参观三越和西武等大百货商店，是一些代表团的固定活动项目。这些商店的服务员十分热情，而我们的代表团成员却只看不买，令人感到尴尬。为何只看不买？原因是买不起。

记得一位局级干部看到一件女上装的价签，惊呼“这么一件上装就要8000日元”，笔者过去一看发现是80000日元，那位局长漏掉一个零。笔者提醒他再确认一下是几位数，局长惊诧得说不出话了。改革开放初期，日本的人均GDP以及工资水平相当于中国的几十倍，中国一位局长的年收入也赶不上日本人的平均月收入；当时外汇管理严格，即使能筹集到人民币也无法兑换成外汇。

物转星移。如今我国游客大举进入日本，平均每天达两万人（次），他们给人的印象是“有钱”。中国游客在日本的“爆买”成为令人瞩目的社会现象，甚至入选为年度头条“流行语”（2015年度）。中国人赴日观光及“爆买”，令日本社会对中国人的“钱包”刮目相看，给日本人上了一堂重新认识中国的“社会课”。

中国游客的“爆买”，正是中日经济实力变化的反映。

1978年中国的名义GDP只有2200亿美元，而日本则超过1万亿美元，中日之差为5倍以上。在日元大幅度升值的1991年，日本的名义GDP曾为中国的9倍，人均GDP之差则达90倍。

2010年中日经济规模发生逆转。据国际货币基金组织统计，2010年中国的名义GDP接近6.1万亿美元，超过日本的5.7万亿美元而跃为世界第二；2018年中国扩大到13.41万亿美元，而日本则缩小为4.97万亿美元，中国约为日本的2.7倍。

人均收入的差距也有明显缩小。据国际货币基金组织统计，2018年中国的人均名义GDP为9608美元，日本为39306美元，中日之间大约相差4倍。但是中国城乡的收入差别约为3倍，京沪广深等沿海大城市有许多居民的收入水平可能已经逼近甚至超过日本的全国平均水平。

据调查，中国游客之所以到日本“爆买”，其原因之一是认为日本物价便宜。笔者想起昔日中国代表团员在东京的百货商店只看不买的情景，不能不产生一种隔世之感。改革开放初期到日本的中国人，许多人显得“土里土气”“小里小气”；而现在日本人以及旅日中国人到了京沪广深，常常被形容“土里土气”“小里小气”了。

中国经济的快速发展以及中日经济实力的变化，大大超过日本人的预料（其实美国人以及中国人也没有预料到）。20 世纪 90 年代初，笔者参加过一个在福冈举行的关于亚太地区经济合作问题的国际研讨会，当时有个一贯对中国持批判态度日本学者大谈中日经济差距，讲日本的人均 GDP 为中国的 100 倍，得意之情溢于言表。事后一查统计，发现那个日本学者的话并非妄言（确切地说应该为 90 倍）。

直到 20 世纪 90 年代中期，日本有的学者还认为中国的“巨大市场只是幻觉”，“中国的汽车市场规模还赶不上日本的千叶县”。但是在 1995 年至 2017 年期间，中国的进口额从 1321 亿美元增至 18438 亿美元，即增加了 13 倍，而同期日本的进口额则仅翻了一番，从 3359 亿美元增至 6719 亿美元。1995 年日本的进口额为中国的 2.5 倍，2017 中国的进口额则相当于日本的 2.7 倍了。

作为汽车市场，中日的地位变化更为巨大。1995 年中国的汽车年销售量只有 140 万辆，仅为日本 687 万辆的 1/5；2017 年日本减少到 500 万辆，而中国则近达 3000 万辆，为日本的 6 倍之多。作为汽车市场，中国已经先后超过日美，跃为世界第一。

中日经济实力的变化，由于来得过于迅速，许多日本友好人士也有点茫然，对于中日关系不能没有一定的影响。2015 年 6 月，王毅在回答关于中国对日政策的提问时表示，“中日关系的问题从根本上讲，在于日本能不能真心接受和欢迎最大的邻国中国重新发展和崛起。就现实意义而言，中国的发展已经给日本带来了重要利益，但从心态上讲，似乎日本还没有为此做好充分的准备。中日之间目前的问题追根溯源，都与此有关”。影响中日关系的因素是多方面的，日本对中国崛起的态度只是其中的一个因素，甚至是不是最主要的因素看法也不尽相同，但是肯定是个不可忽视的重要因素。

二、中国的改革开放与日本

过去 40 年来，中国经济之所以能够获得如此巨大成绩，最大的原因是成功地实行了改革开放政策；而中国改革开放政策的成功，除了我们自身的努力以外，还得益于良好的外部条件，其中包括来自日本的支持与帮助。

谈到日本对我国改革开放的支持与帮助，不能不谈日本对华 ODA（经济发展援助）。改革开放初期，我国发展经济面临的重大困难是资金不足，特别是外汇资金不足。现在我国拥有世界最大规模的外汇储备，但是改革开放起步的 1978 年我国的外汇储备不到2亿美元，1980年甚至为负数。过去在统计上曾经显示为正数，那是因为把国有专门外汇银行——中国银行的业务用外汇统计进去了。

当时我国参照其他发展中国家和地区的经验，利用引进外资的办法来解决资金、特别是外汇资金不足的问题。引进外资主要有两种方式，一是引进外国直接投资，二是对外借款。其中引进以参加经营为特征的外国直接投资有许多好处：不需要偿还，可以同时引进技术与管理经验，直接促进国内就业。但是需要有良好的投资环境，包括港口、公路、铁路、通信等在内的基础设施等硬环境和法律保证、服务等软环境。

在上述硬环境和软环境尚不具备时，只能利用对外借款。对外借款主要有两种类型，一是商业贷款，二是利用世界银行等国际金融机构和外国政府的贷款。其中商业贷款利息高，期限短；国际金融机构和外国政府贷款被称为官方贷款，属于开发援助，具有利息低、期限长等优点。但是贷款额度有限，外国政府贷款还为外国政府的对华政策所左右。

在改革开放后的相当长一段时间里，我国曾经把争取国际金融机构和外国政府的贷款作为重要的引进外资形式，而在我国接受的外国政府贷款中，来自日本的政府贷款—即日元贷款占最大比重，平均占我国对外借款的40 %以上。

据中方统计，自1979年到对华日元贷款结束的2008年，日本政府累计向我国承诺提供日元贷款约33165亿日元（折合300亿美元），用于255个项目的建设。截至2016年年底，我国实际利用日元贷款30499亿日元，已偿还本息20688亿日元。

除了有偿的日元贷款以外，日本还向我国提供相当规模的无偿援助。据中方统计，截至2011年年底，我国累计接受日本无偿援助1423亿日元，用于148个项目建设，涉及环保、教育、扶贫、医疗等领域。

日本的对华无偿援助虽然远比其对华有偿资金援助少，但是与其他发达国家的对华无偿援助规模相比还是相当可观的。据经合组织统计，日本的对华无偿援助额相当于欧盟国家对华无偿援助承诺额的两倍多，在我国接受外国政府的无偿援助中日本的援助占最大比重。

由世界银行和亚洲开发银行等国际金融机构提供的优惠贷款，在我国接受的开发援助（官方贷款）中占有相当大的比重,而日本则是这些国际金融机构的重要出资者之一。如果把这部分间接的对华贷款计算在内，那么我国实际利用的日本资金还要更多一些。

对于中国来说，利用日元贷款等日本政府资金的最大作用，就是解决国内资金、特别是外汇资金的不足问题。在20世纪90年代初之前，我国的投资环境尚不完善，外国企业的对华直接投资比较少，当时以日元贷款为中心的日本资金发挥了重要作用。

日本的对华ODA援助一开始就把运输、通信、电力等基础设施的建设作为重点，这有助于我们克服经济发展的“瓶颈”，实现改善基础设施→改善投资环境→促进引进外国直接投资→扩大出口→缓解资金不足的良性循环。

当然，日本对华提供ODA与我国放弃战争赔偿有关，也给日本带来了巨大的经济利益。在我国实行改革开放之前及以后的相当长时间里，日本在我国市场上一直保持着“最大供给者”的地位，在我国实行对外开放后日本的地位不断遇到来自欧美的激烈竞争。一般认为，日本对华提供ODA是在这一竞争中维持其地位的有力手段，对日本企业的对华出口和直接投资有不容忽视的促进作用。

我国在偿还贷款问题上一贯坚持“守合同、讲信用”的方针，被认为是偿还贷款的“优等生”。据中方统计，自2003年度以来，我国每年偿还本息1000亿日元左右，截至2016年年底累计偿还本息21962亿日元，相当于使用总额的70%以上。

根据2005年中日双方达成的协议，日本对华提供日元贷款和大规模无偿援助于2008年基本结束。从2019年起，日方将不再向我国提供新援助项目，预计到2022年3月所有援华项目将全部结束。日本对华日元贷款的结束，表明我国经济实现了跨越式的发展。

我国政府对于日本的援助一直给予高度的评价，在1998年11月签署的《中日关于建立致力于和平与发展的友好合作伙伴关系的联合宣言》中，明确写入“中方对日方迄今向中国提供的经济合作表示感谢”的内容。

我国引进外资的另一个重要方式（应该说是更重要方式），是引进外国直接投资。从统计上看，日本才是最大的对华投资国家。

据我国商务部统计，截至2017年年底日本对华直接投资累计1081亿美元，在我国利用外资国别中排名第一。也就是说，包括对外借款和引进外国直接投资，日本是我国最大的资金供应国。

日本的对华直接投资有几个特点，一是在行业构成上以制造业为中心，二是日本企业的经营比较坚实，遵纪守法和人权意识比较强。也就是说，与其他国家与地区相比，日本的对华直接投资的质量比较高。改革开放以后，我国的耐久家用电器等许多新的业种获得迅速发展，这里边包括日本企业对华投资的作用。

近年来以我国劳动力成本提高和中日关系恶化等为背景，日本对华投资不振，2015年以后其单年度的对华投资额分别被新加坡和韩国所超过。但是从20世纪70年代末期以来的累计看，日本依然居首位。根据日本贸易振兴机构（JETRO）调查，进入2018年以后随着中日关系的改善，日本企业的对华投资意愿明显恢复。

日本对我国改革开放的支持还有一点值得强调，那就是在关键时刻对我国的帮助。有两个例子比较说明问题。

第一，1989年，西方国家纷纷对我国进行制裁，我国经济和改革开放事业受到不小的影响，如何突破西方的封堵成为我国非常重要的外交课题。此时，日本首相第一个访华，并且宣布解除制裁、恢复日元贷款，不久又实现天皇访华。也就是说，日本成为我国摆脱制裁的一个突破口。

另一个是，日本对我国加入WTO（世界贸易组织）的积极支持。我国从申请“复关”（恢复在关贸总协定中的地位）到正式加入WTO，历时15年。根据关贸总协定和WTO的规定，我国要加入必须经过提出申请、贸易体制的审议、双边谈判等程序。其中双边谈判、即与WTO成员方之间进行一对一的谈判，费时最多，也最为关键。

从理论上讲，WTO成员方包括世贸组织所有成员方，但是实际上是与世界贸易的“巨头”、也是WTO的最重要成员的美日欧（欧盟）谈判。在美日欧中，最早与我国达成协议就是日本（1999年7月），其后为美国（1999年11月），最后为欧盟（2000年5月）。与上述三“巨头”的谈判完成，意味着我国加入WTO成为定局，其中与美国的谈判最为关键，但是日本首先与我国达成协议可以说起到了带头作用。

我国能够在改革开放初期获得日本的各种帮助，受益于若干个幸运条件，笔者认为其中重要的有：周总理等老一辈政治家长期做中日友好工作开花结果，在日本结交了一大批友好人士；日本政界财界中还有一些战争体验者掌权，他们受过中国文化的熏陶，对中国有一种负疚感。对于这些友好人士，我国领导人给予高度评价，邓小平在1989年11月会见日本友人时曾说：“讲历史要全面，既要讲日本侵华的历史，也要讲日本人民、日本众多友好人士为中日友好奋斗的历史，这些人多得很呐!”（《邓小平文选》第三卷）

三、还需重视"日本经验"

日本是亚洲最先步入发达国家行列的国家，战后高速增长曾经被称为"日本奇迹"。20 世纪 60 年代以后，"日本奇迹"引起包括欧美发达国家在内的各国的注目。20 世纪 70 年代末，随着我国进行政策调整，变以阶级斗争为纲为以经济建设为中心和实行改革开放，"日本经验"、特别是高速增长的经验，迅速成为国内有关部门研究的对象。

在改革开放起步的时候，我们不但需要外国的资金和技术，还需要外国发展经济的经验。在这方面，日本也给了我们很大的帮助，笔者作为驻日使馆商务处的工作人员对此有着亲身感受。笔者在商务处主要搞调查研究工作，1978 年年底十一届三中全会决定实行改革开放，调查战后日本经济高速增长的经验，便成为我们重要的工作任务。

当时我国国内在进行某一项改革之前，都会让主要驻外使馆了解当地国的经验，其中日本的经验很受重视。我们调研组经常走访日本的政府部门、研究单位和金融机构，了解日本的有关经验。实际上，后来我国在对外开放和振兴出口方面，确实参考了不少日本的经验。

日本的一些民间企业与民间研究机构，对向我国传授经验非常热心，给本人留下深刻的印象。例如，当时日本兴业银行与野村证券等机构连续定期举办学习班，为我国政府官员和金融系统工作人员讲授日本的经验、国际经济金融及市场经济的运作。讲师大多既有理论知识，又有实践经验，讲解方法也灵活多样，经常采取问答对话方式，效果相当好。而这些中国学员后来都成为国家金融系统骨干和地方政府的高官，在各自的岗位上为改革开放事业做出了贡献。

进入 21 世纪以后，受日本经济发展停滞、中国经济高速增长以及中日关系恶化的影响，中国社会对"日本经验"的关心和"学习日本"的声音明显变弱。本人认为，尽管中日两国的经济地位发生了巨大变化，但是我们依然有必要研究"日本经验"（包括反面经验）。

我国面临转变经济增长方式、跨越"中等收入陷阱"、完善现代市场体系等诸多挑战，日本的许多经验，特别是社会治理的经验和包括环境保护、人口老龄化对策、高速增长时期建设的基础设施的维修改造等"后高速增长时期"的经验，特别值得我们重视。

1.社会治理与维持社会和谐。许多访问过日本的中国人，都对日本社会的秩序井然、和谐以及管理精细有效留下深刻的印象。日本从中央到地方自治体在社会治理方面确实积累了丰富的经验。

20世纪90年代初以后的大约20年，日本人称之为“失去的20年”。这一期间，日本经济发展停滞，平均收入几乎没有增加（由于通货紧缩，名义收入还有所下降）。但是日本依然保持了社会稳定，几乎没有发生大的社会混乱，这反映出了日本社会的“底力”。这一现象及其背景值得我们研究。

日本保持社会和谐，与日本比较公平的分配制度有密切的关系。日本属于亚洲较早实行市场经济的国家，在通过税收和社会保障等手段进行收入再分配方面积累了不少经验。进行再分配的前提，是要确切掌握个人的收入和财产状况（包括房地产=日本称为不动产），日本在这方面建立的有关制度对于我国也有借鉴意义。

2.环境保护和生态文明建设。20世纪60年代以后，在民众要求保护环境运动的压力下，日本政府相继制订了一系列有关环保的法律，企业也采取了许多具体措施。根据日本著名经济学家都留重人的观察，早在20世纪70年代中期，在日本“环境问题已不是什么计算费用和利益的问题了，正在成为以‘环境权’‘身体保护权’‘游览海滨权’‘光照权’等形式表现出来的人权问题”（都留重人《日本经济奇迹的终结》）。

20世纪70年代初爆发的石油危机“转祸为福”，促进了日本节能技术的开发和产业结构的升级，使日本从“公害大国”变成了生态文明建设先进国。日本积累的经验以及开发出来的有关技术，很值得我们认真研究和利用。中日两国在环保方面的合作，可以在政府（包括地方自治体）、企业和个人（科技人员等）等多层面推进。

3.人口老龄化对策。日本是亚洲最早进入老龄化社会的，65岁以上的人口比重已达25%，即四个人之中就有一个老人。老龄化成为日本最大的经济与社会问题，日本政府（包括地方自治体）与企业都在认真研究和采取应对措施，已经积累了一定的经验。

到2017年年底，65岁以上的人口在我国总人口中的比重为11.4%，这一数字虽然低于日本，但是由于人口基数大，老龄人口的绝对数约达1.6亿人，比日本总人口（1.27亿人）还要多3000多万人。我国在应对人口老龄化，建立社会养老服务体系和发展老年服务产业过程中，日本的经验及教训值得研究借鉴。

4.高速增长时期建设的基础设施的维修改造。日本在经济高速增长时期，集中建设了大量公路、桥梁、隧道以及上下水道等社会基础设施。这些设施的使用年限多为 50 年，许多设施已经或者即将迎来更新期。据日本国土交通省调查，到 2031 年建后超过 50 年以上的公路桥将达 53%，水闸等将达 62%。

基础设施的老化极易引起事故频发，例如 2012 年 12 月山梨县高速公路一个隧道发生水泥棚板掉落事故，掉落范围长达 130 米，造成 9 人伤亡；同年 7 月，大阪府堺市发生自来水管破裂，3 万多户人家断水，7.4 万人的生活受到影响。事故发生后，日本政府组织调查组赴现场调查，认定设施的老化是导致上述事故发生的最大原因。

上述重大事故震惊日本朝野，以至日本政府把 2013 年定为“维修政策元年”，国土交通省专门成立“社会资本老化对策会议”，制订了“基础设施长寿化计划”。落实上述计划的第一步是进行摸底调查，2013 年 12 月国土交通省对其所管基础设施按建设时间排队调查，对象包括公路、治水、下水道、港湾、公营住宅、公园、海岸、机场、航空标志和政府机关设施等 10 个领域。

2018 年相继发生西日本暴雨和北海道地震后，日本政府再一次对全国的基础设施进行了排查，确认机场、河川及医院、电力等约 30 个领域 132 个项目有问题，有的问题可能危及人命。为此安倍内阁决定实施“三年紧急对策”，要在 2018—2020 年度的 3 年期间投入 3 万亿日元以改造和充实基础设施。

改革开放以来，我国的基础设施建设突飞猛进，与日本相比，我国的工程量更大、更集中。另一方面，我国在工程质量和保养维修等方面还有一定的差距，一些地方甚至发现所谓“豆腐渣工程”问题。若干年后，我国的许多基础设施所面临的保养维修问题很可能更突出。随着经济由高速增长向中速增长转换，届时我国的财政状况可能比现在紧张，为此我国应该密切关注日本解决基础设施老化问题的动向和经验，这一问题也可以列为中日经济技术交流的内容之一。

四、客观地看待与日本的差距

对“日本经验”的态度，还与对日本的认识有密切关系。改革开放以来，我国经济及许多重要产业发展成果巨大，与日本的差距明显缩小，名义 GDP 规模实现了中日逆转，有些方面甚至超过日本（如在非现金支付方面，日本明显落后于我国）。但是我们也应该承认，我国在许多方面与日本相比依然存在不小的差距。

1.人均收入水平的差距。根据国际货币基金（IMF）统计，2017 年我国人均 GDP 为 8677 美元，约为日本（38344）的 1/4。根据世界银行的分类，日本属于高收入经济体，2017 年居世界第 25 位（2000 年曾居第 4 位）；我国为中等收入经济体，居世界第 74 位（2000 年居第 119 位）。

古人说“不患寡而患不均”，在信息发达的现代社会里，收入分配问题尤为重要，可能直接影响社会稳定与和谐。日本经过 30 年的高速增长，基本解决了城乡等收入差别问题。但是我国城市居民的可支配收入与农民纯收入仍然有三倍左右的差距，考虑到社会保障和教育等方面的差别，实际差距可能更大。

在城市居民间的收入差距方面，日本也比我国小。基尼系数被认为是反映收入分配差异的重要指标，该系数介于 0—1 之间，数字越小收入分配越平均，一般把 0.4 视为安全警戒线。根据经济合作与发展组织（OECD））统计，2016 年日本的基尼系数为 0.34，而我国则为 0.51。

2.工业生产及对外贸易的质的差距。中日两国先后成为“世界的工厂”，但是我国的工业发展在相当大的程度上依靠引进外资，日本则是重点引进和自主开发技术。按人均工业附加价值额计算，日本约为我国的 7 倍（2013 年数字）。

我国在许多领域尚未摆脱“加工基地”的地位，低附加价值的产品比较多。一台苹果手机的批发价格 179 美元，其中我国组装工程的价值仅有 6.5 美元，不到 4%，占制造成本大部分的精密部件都是在日本和韩国等地生产的。

我国的出口贸易在规模上远超日本，但是“四个过度依赖”（对加工贸易、外资企业、劳动密集型产品和特定市场的过度依赖）问题依然严重；机电产品比重虽有很大提高，但低附加价值的劳动密集型产品居多，自己品牌、特别是名牌产品的比例尚低。

3.技术水平及技术开发能力的差距。日本依靠自身的技术力量，产生了一大批如丰田、三菱、日产、索尼、东芝、松下等世界著名企业和品牌；相比之下我国的品牌还比较少。

一国的技术水平可以从技术出口以及技术贸易收支上看得出来。据联合国贸易和发展会议（UNCTAD）按国际收支细目统计，2014 年日本的技术出口（包括技术专利、版权、商标和特许权等）为 368.32 亿美元，仅次于美国居世界第二位；同年我国的技术出口只有 6.76 亿美元，居世界第 21 位，排在韩国（51.51 亿美元，世界第 9 位）之后。

再从技术贸易收支上看，2014 年日本有 159 亿美元的顺差，顺差规模仅次于美国为世界第二位；同年我国的技术贸易则有近 220 亿美元的逆差。根据日方统计，2013 年度（2013 年 4 月至 2014 年 3 月）日本对我国技术出口额为 5076 亿日元，相当于从我国技术进口额（57 亿日元）的 89 倍。

从以上分析中可以看到，我国的经济与产业虽然发展迅猛，名义 GDP 规模所代表的经济总量实现了中日逆转，但是这并不等于中日经济实力已经发生逆转。因为经济实力不但要看量的指标，还要看质的指标，特别是要看作为"第一生产力"（邓小平）的科学技术。从科学技术水平看，日本在许多方面依然领先于我国，一些差距还很大。

4.社会发展方面的差距。除了经济和科技方面的差距以外，中日在社会发展方面的差距也不容忽视。由于我国是个发展中国家，底子薄，因此在平均寿命、教育水平、医疗水平与社会保障等方面与日本的差距还相当大。据世界卫生组织（WHO）统计，2017 年日本人的平均寿命为 86 岁（女性 87 岁、男性 81 岁），世界排名第 1；我国的平均寿命为 76 岁（女性 78 岁、男性 75 岁），居世界第 52 位。

表 1　中日名义 GDP 规模的比较（单位：亿美元）

年	我国	日本	我国/日本（%）
1980	3054	11054	0.28
1985	3126	13989	0.25
1990	3986	31328	0.13
1995	7369	54491	0.11
2000	12149	48875	0.25
2005	23088	47554	0.49
2010	60664	57001	1.06
2015	112262	43895	2.56
2016	112218	49267	2.28
2017	120623	48599	2.48
2018	134074	49719	2.70

表2　中日名义人均GDP的比较（单位：美元）

年	我国	日本	我国/日本（%）
1980	309	9466	0.03
1985	295	11580	0.03
1990	349	25380	0.01
1995	608	43441	0.01
2000	959	38536	0.03
2005	1766	37224	0.05
2010	4524	44674	0.10
2015	8167	34569	0.24
2016	8116	38805	0.21
2017	8677	38344	0.23
2018	9608	39306	0.24

资料来源：国际货币基金（IMF）：World Economic Outlook Databases（2019年4月版）。

（作者：静冈文化艺术大学名誉教授）

福田主义、新福田主义与中日关系

段瑞聪

内容摘要 本文主要考察了福田主义、福田赳夫的外交理念和他倡导的国际行动理事会的全球理念，以及他们是如何被福田康夫首相继承，发展成为新福田主义的，并考察了他们对中日关系产生的积极影响。笔者认为，福田主义和新福田主义有三点共同之处，即不做军事大国、心连心的交流以及和平共处。福田主义和新福田主义得到了国际社会的承认和评价，对发展中日关系也起到了积极作用，对当今的日本政府也有借鉴意义。福田康夫原首相退任后，身体力行，依然积极从事中日友好事业，受到中日双方的肯定和称赞。

关键词 福田主义 新福田主义 中日和平友好条约 国际行动理事会

引 言

2018年恰值中日和平友好条约缔结40周年，中日两国举办了各种纪念活动。众所周知，中日和平友好条约是在当时的邓小平副总理和福田赳夫首相的领导下缔结的。自1972年9月中日邦交正常化至1978年8月《中日和平友好条约》签订，整整经历了6年时间。《中日和平友好条约》之缔结为什么会需要这么长时间？为什么会在福田赳夫任内签订？笔者认为值得回顾和研究。

中日两国实现邦交正常化以来，共签署了4份政治文件。[①]即1972年9月29日恢复邦交时发表的《中日两国关于恢复邦交正常化的联合声明》、1978年8月12日两国签署的《中日和平友好条约》、1998年11月26日发表的《中日关于建立致力于和平与发展的友好合作伙伴关系的联合宣言》，以及2008年5月7日签署的《中日关于全面推进战略互惠关系的联合声明》。这4份政治文件当中，只有《中日和平友好条约》分别在中国全国人民代表大会常务委员会和日本国会批准通过。而且，这4份政治文件当中，有两份是由福田赳夫和福田康夫父子在任期间签署的。在日本宪政史上，父子二人先后就任首相的只有福田赳夫与福田康夫。福田赳夫和福田康夫父子二人直接参与并签署这两份战后中日关系史上的重要文件，是他们两代人都十分重视中日关系的表现。

福田赳夫和福田康夫不仅在首相在任期间，而且在卸任首相之后仍然积极参与国际政治活动，为推动世界和平事业做出了贡献。福田父子二人卸任首相后活跃的主要舞台是1983年在福田赳夫倡导下成立的国际行动理事会（InterAction Council，全称“前政府首脑国际行动理事会”，通称“OB Summit”）。[②]那么国际行动理事会的理念如何？其主要从事什么活动？有何意义？与中国有什么关系呢？

迄今为止，关于中日和平友好条约已有很多研究成果。[③]关于福田赳夫及福田

① 关于中日关系中4份政治文件的特色及其意义，参见张耀武：《中日关系中的四个政治文件的特色及其意义》，《大连大学学报》第三三卷第五期，2012年10月，第58—62页、101页。

② 宮澤喜一監修、宮崎勇編：《普遍的な倫理基準の探求：福田赳夫と OB サミット》，日本経済新聞社，2001年。

③ 永野信利：《天皇と鄧小平の握手：実録・日中交渉秘史》，行政問題研究所，1983年。古澤健一：《昭和秘史：日中平和友好条約》，講談社，1988年。緒方貞子著・添谷芳秀訳：《戦後日中・米中関係》，東京大学出版会，1992年，第六章。石井明ほか編：《記録と考証　日中国交正常化・日中平和友好条約締結交渉》，岩波書店，2003年。李恩民：《〈日中平和友好条約〉交渉の政治過程》，御茶の水書房，2005年。

主义的研究也不少。[①]但是关于国际行动理事会的研究却非常少。就管见所及，只有真田芳宪的研究。[②]近年来，随着口述史工作的推进，当时直接参与福田主义和《中日和平友好条约》起草和签订工作的外务省官员中江要介(1975 年担任外务省亚洲局长、1984 年驻华大使)、谷野作太郎(1975 年担任外务省亚洲局南东亚第二科科长、1978 年亚洲局中国科长、1998 年驻华大使)、枝村纯郎(1977 年外务省参事官)、田岛高志(1976 年亚洲局中国科长)等人的口述史料相继出版，为研究中日关系提供了新的素材。[③]另外，笔者于 2018 年 11 月 5 日有幸得到采访福田康夫原首相的机会，向其请教了很多有关中日关系和国际行动理事会的问题。[④]

本文将在已有研究的基础上，利用上述新资料以及对福田康夫原首相的采访资料，考察福田主义的来龙去脉，以及福田赳夫首相全方位外交理念与《中日和平友好条约》之关系，然后再分析国际行动理事会与中国之关系，最后分析福田康夫首相是如何继承和发展福田主义以及福田赳夫的外交理念，及其对中日关系所产生的影响。

---

① 杨淑梅:《“福田主义” 与战后日本对东南亚政策》,《东南亚》, 2002 年第一期，第 31—34 页、30 页。乔林生:《福田主义与日本的东盟外交》,《日本研究》, 2007 年第二期，第 60—64 页。田庆立:《福田赳夫内阁的“全方位外交”及其中日缔约实践》,《北华大学学报》(社会科学版), 第一二卷第三期，2011 年 6 月，第 55—59 页。清宮龍:《福田政権・714 日》, 行政問題研究所，1984 年。若月秀和:《大国日本の政治指導 1972—1989》, 吉川弘文館，2012 年，第二章。若月秀和:《福田赳夫研究：一九七〇年代を中心に》,《立教法学》第 86 号，2012 年 10 月，第 109—194 頁。井上正也:《福田赳夫：“連帯”の外交》, 増田弘編著:《戦後日本首相の外交思想》, ミネルヴァ書房，2016 年，第一〇章。井原伸浩:《福田ドクトリンと ASEAN 重視政策》, 中村登志哉編著:《戦後 70 年を越えて ドイツの選択・日本の関与》, 一藝社，2016 年, 第 53—73 頁。《保城広至 “福田ドクトリンと ASEAN”,《年報・日本現代史　新自由主義の歴史的射程》, 現代史料出版，2018 年 12 月 20 日, 247—284 頁。Lam Peng Er, ed., *Japan' s Relations with Southeast Asia: The Fukuda Doctrine and Beyond*, New York: Routledge, 2013., Chapter 1—3.

② 眞田芳憲:《インターアクション・カウンシルの〈世界人間責任宣言〉草案とその歴史的意義について》。大内和匠・西海真樹編:《国連の紛争予防・解決機能》, 中央大学出版部，2002 年，第二章。

③ 中江要介:《日中外交の証言》, 蒼天社出版，2008 年。中江要介著、若月秀和ほか編:《アジア外交動と静：元中国大使中江要介オーラルヒストリー》, 蒼天社出版，2010 年。谷野作太郎著、服部龍二ほか編:《外交証言録：アジア外交　回顧と考察》, 岩波書店，2015 年。枝村純郎著、中島琢磨・昇亜美子編:《外交交渉回想 ：沖縄返還・福田ドクトリン・北方領土》, 吉川弘文館，2016 年。田島高志著、高原明生・井上正也編集協力:《外交証言録　日中平和友好条約交渉と鄧小平来日》, 岩波書店，2018 年。

④ 2018 年 11 月 5 日，笔者在福田康夫原首相事务所采访记录。

一、福田主义与《中日和平友好条约》之签订

(一)福田主义之来龙去脉

1976年12月23日，福田赳夫当选第8代自民党总裁，第二天就任第67届内阁总理大臣，当时已经年满71周岁。福田赳夫认为在外交方面主要面临以下两个课题。第一是如何拓展日本外交途径。第二则是如何调整因石油危机而陷入混乱的国际经济秩序，日本应该如何发挥主导作用。[①]

关于第一个课题，福田赳夫认为如果不巩固好日美关系，就无法强化外交基础。基于此，福田赳夫决定于1977年3月访问美国，并于卡特(Jimmy Carter)总统举行会谈。

同年8月，福田赳夫出席在马来西亚首都吉隆坡举行的东盟首脑会议，同时还访问了印度尼西亚、新加坡、泰国、菲律宾和缅甸。8月18日，福田赳夫在本次出访的最后一站菲律宾首都马尼拉发表演讲。[②]这次演讲后来被称为“福田主义”。

关于福田主义提出的背景，东京大学保城广至教授认为主要有以下三点。[③]①为了改善与印度支那各国关系。②日本外务省内部对东盟这一区域组织的评价逐渐提高。③为了重新思考日本对东南亚各国的援助政策(ODA)。

最早建议福田赳夫首相在马尼拉进行演讲，阐述日本对东南亚政策的是时任外务省南东亚第二科长谷野作太郎[④]。谷野作太郎最初起草的提案是“福田六原则”。具体来说，第一，为了维护世界和平和稳定，东南亚各国和日本有必要建立合作和连带关系。第二，明确表示支持东盟各国和缅甸的社会经济开发以及东盟地区合作。第三，建立与东盟各国以及缅甸之间特殊贸易通商关系。第四,促进日本与东盟各国

---

① 福田赳夫:《回顧九十年》，岩波書店，1995年，第270—271页。

②《福田首相のマニラにおけるスピーチ》，福田赳夫《回顧九十年》，第363—370页。

③ 保城広至:《福田ドクトリンとASEAN》,《年報・日本現代史　新自由主義の歴史的射程》，第249—251页。

④ 谷野作太郎著、服部龍二ほか編:《外交証言録：アジア外交　回顧と考察》，第42頁。枝村純郎著、中島琢磨・昇亜美子編:《外交交渉回想：沖縄返還・福田ドクトリン・北方領土》，第80—81頁。根据保城広至的研究，当时担任福田主义起草工作的除了谷野作太郎和枝村纯郎以外，还有外务省亚洲局长中江要介和地域政策课长西山健彦。保城広至:《福田ドクトリンとASEAN》,《年報・日本現代史　新自由主義の歴史的射程》，第256页。

心连心的交流。第五,继续加强日本与东盟各国和缅甸首脑之间的对话。第六,促进东盟与印度支那各国之间的合作关系，建立日本与印度支那各国之间的善邻友好关系。

时任外务省亚洲局参事官的枝村纯郎根据谷野作太郎的上述提案，起草演讲稿时将六原则归纳为四原则后，将演讲初稿交给首相官邸。不久，时任首相秘书官的小和田恒根据福田赳夫首相之意，指示将“日本不作军事大国这一决心加入演讲稿”[①]。在修改后的第二稿中，福田赳夫首相又指示不但要将“日本不做军事大国”加入演讲稿，而且要将其放在首位。由此可知，福田赳夫首相非常重视“日本不做军事大国”这一原则。经过修改，演讲稿中主要强调以下五项原则。第一，日本不做军事大国。第二，承认东盟作为自律性区域组织。第三，加强对东南亚各国的经济技术援助。第四，心连心的交流。第五，与印度支那各国共存。

但是没想到发生了意外。8 月 10 日，福田赳夫讲演稿的主要内容被《产经新闻》提前报道了。[②]因此，根据福田赳夫首相指示，将上述五项原则最终归纳为以下三项原则。其具体内容如下。

第一，日本决心不做军事大国，从这一立场出发，为东南亚乃至世界和平与繁荣做出贡献。第二，日本与东南亚各国之间，不仅在政治和经济方面，而且在社会、文化等广泛领域构建心连心的相互信赖关系。第三，日本基于对等合作的立场，对于东盟及其加盟国之间的自主性连带，将与志同道合的其他地区各国一起积极合作，与印度支那各国之间构建基于相互理解的关系，以此对整个东南亚地区的和平与繁荣做出贡献。

上述三原则是福田主义的三个核心。第一个核心是首要的，就是强调日本走和平发展道路，不做军事大国。据说福田赳夫在马尼拉发表演讲时，引起阵阵掌声，特别是讲到“日本不做军事大国”时，掌声尤为响亮。[③]笔者认为，那些掌声无疑是菲律宾以及东南亚各国对日本期待的表现。对于经历过日本侵略的东南亚各国来说，福田赳夫首相明确表示日本不做军事大国，会给东南亚人民带来一种安心感。

① 枝村純郎著、中島琢磨・昇亜美子編:《外交交渉回想: 沖縄返還・福田ドクトリン・北方領土》,第 82—83 頁。

② 枝村純郎著、中島琢磨・昇亜美子編:《外交交渉回想: 沖縄返還・福田ドクトリン・北方領土》,第 83—85 頁。谷野作太郎著、服部龍二ほか編:《外交証言録: アジア外交　回顧と考察》, 第 43—44 頁。

③ 枝村純郎著、中島琢磨・昇亜美子編:《外交交渉回想: 沖縄返還・福田ドクトリン・北方領土》,第 88 頁。

菲律宾总统马科斯在答谢辞中讲道："日本以这种形式出现，我们已经期待了很久。"可以说这是马科斯的真心话。

福田主义的第二个核心是"心连心的交流"。当时，东南亚各国的留日学生回国后很多人变成反日。1974 年 1 月，田中角荣首相访问曼谷和加尔各答时都遇到反日游行。[①]其主要背景是反对日本企业进军东南亚。面对这种情况，福田赳夫深感忧虑。1974 年，他担任大藏大臣时组织成立了东南亚留日学生同窗会，推动各种形式的与东南亚的人文交流。另外，早在 1972 年福田赳夫担任外务大臣时就设立了国际交流基金。国际交流基金对日本在东南亚的文化交流发挥了巨大作用。2015 年 4 至 5 月，美国皮尤研究中心在亚洲太平洋地区 11 个国家就对中、美、日、韩 4 国的好感度进行调查显示，对日本的好感度平均达到 71%。[②]其中，马来西亚、越南、菲律宾和澳大利亚 4 国对日本的好感度均超过 80%。这表明福田主义的实行产生了积极的效果。

福田主义的第三个核心是对东盟各国的经济援助以及和平共处。福田主义诞生之后，日本加大了对东南亚的经济支持与合作，深化了与东南亚国家的关系。近年来，随着区域全面经济伙伴关系协议（RCEP）谈判进展顺利，2018 年底跨太平洋伙伴关系协议（TPP）开始生效。枝村纯郎认为，从这个意义上来说，福田主义所倡导的目标如今已经实现。[③]

福田康夫告诉笔者，2017 年时值福田主义发表 40 周年，在印度尼西亚首都加尔各答举行了纪念研讨会。2018 年 11 月，福田赳夫发表演讲的马尼拉的酒店也制作了纪念牌。[④]经过 40 年的岁月，福田主义依然影响着日本与东南亚的关系。从这个意义上来说，福田主义是日本与东南亚各国实现和解的指针，也是日本外交的遗产。

（二）"全方位和平外交"理念与《中日和平友好条约》之缔结

福田赳夫上台后，面临着复杂的国际形势，如何强化与美国的外交基础，又改

① 枝村純郎著、中島琢磨・昇亜美子編：《外交交渉回想：沖縄返還・福田ドクトリン・北方領土》，第 71—72 頁。

② 《日本に"好意的"71%　米調査機関》，《産経新聞》，2015 年 9 月 4 日朝刊，8 面。

③ 枝村純郎著、中島琢磨・昇亜美子編：《外交交渉回想：沖縄返還・福田ドクトリン・北方領土》，第 93—94 頁。

④ 2018 年 11 月 5 日，笔者在福田康夫原首相事务所采访记录。

善与对立中的中、苏关系，考验着福田的政治和外交智慧。1978 年 1 月 26 日，福田赳夫在参议院回答日本共产党议员宫本显治关于中日关系的提问时首次使用了“全方位和平外交”一词。福田赳夫指出：“日本采用全方位和平外交方针，与任何国家都友好相处。假使日本与苏联缔约，也不会敌视其他任何国家。假使日本与中国缔约，也不会敌视其他任何国家。这就是全方位和平外交。”[①]当时，中日就和平友好条约进行谈判时，中国方面强烈要求加入“反霸权条款”。福田赳夫考虑到跟苏联的关系，于是提出全方位和平外交。 1978 年 12 月福田赳夫卸任首相。1980 年，福田赳夫在《我的首相时代》一文中，将“全方位和平外交”解释为“全方位不等距离外交”。他在文章中指出：“我们所交往的国家既有共产国家，也有自由主义国家。既有军事国家，又有发展中国家。虽然有各种各样的国家，其立场也不相同，但是我们希望能超越不同的立场，经常保持相互理解。不是全方位等距离外交，而是不等距离外交”。“最根本的是友好亲善、相互理解，只有这一立场是不会改变的”[②]。可以说，“全方位和平外交”既是福田赳夫的外交理念，也是他对华对苏外交的基本方针。

福田赳夫就是在这一外交理念和方针下，解决棘手的缔结中日和平友好条约问题的。1976 年 12 月，福田赳夫就任首相时就开始思考如何完成缔结中日和平友好条约这一课题[③]。当时，由于中苏关系恶化，要缔结中日两国缔结和平友好条约，就要设法安抚苏联，避免日苏关系恶化。为此，福田赳夫还特意启用了亲苏人士鸠山一郎之子鸠山威一郎担任外务大臣，以平衡对华对苏外交。

1977 年 1 月 31 日，福田赳夫在第 80 届国会上发表施政演说时讲道：“巩固以《中日联合声明》为基础而不断发展的与中国的善邻关系，对于营造亚洲和平的国际环境具有重大意义。关于中日和平友好条约,两国都热切希望尽早缔结，日本政府为了实现双方都能满意的结果正在尽最大努力”。[④]但是中日和平友好条约谈判进展并不顺利。关于其主要原因，当时担任外务大臣的园田直认为有以下两点[⑤]。第一，围绕“反霸权条款”的讨论花费很多时间。第二，由于 1976 年 1 月周恩来总

① 《第 84 回国会参議院会議録第 5 号》，1978 年 1 月 26 日，第 15 頁。

② 福田赳夫：《わが首相時代》，《中央公論》第 95 年第一三号，1980 年 10 月，第 294 頁。

③ 福田赳夫：《回顧九十年》，第 227—228 頁。

④ 《第八十回国会における福田首相の施政方針演説》，福田赳夫：《回顧九十年》，第 356 頁。

⑤ 園田直：《世界　日本　愛》，第三政経研究会，1981 年，第 177 頁。

理去世，“四人帮”得势，中日两国事实上已经无法在冷静的氛围下进行谈判。1977年8月12日，中国共产党第十一次全国代表大会在北京召开，会议宣布“文化大革命”结束，缔结中日和平友好条约的时机渐趋成熟。[①]

除了上述两个原因以外，自民党内部慎重派即亲台派的存在也很重要。[②]关于这个问题，福田赳夫在其回忆录中讲道：“所谓慎重派的中心人物滩尾弘吉、町村金五、藤尾正行等都与我有深交。都是长期与我同甘共苦的人物。因此，我相信如果我做出决断的话，他们一定会服从我的。事实上的确如此。但是没有人知道说服他们有多么辛苦。正因为如此，我认为缔结中日和平友好条约这一工作非我莫属。”[③]1980年，福田赳夫在《我的首相时代》中也讲道：“就任首相时，我认为这(指缔结中日和平友好条约——笔者注)是必须由我来完成的历史使命”，“如果我不解决这个问题的话，就永远也解决不了。”[④]由此可知，当时自民党内部能够说服亲台湾派的只有福田赳夫。可以说这种情况是《中日联合声明》发表6年之后才缔结《中日和平友好条约》的原因之一。

在中日两国政府的努力下，经过艰苦谈判，1978年8月12日，园田直外务大臣和黄华外交部长在人民大会堂安徽厅签署了《中日和平友好条约》。福田赳夫与大平正芳等自民党主要干部在首相官邸通过电视转播观看了全部过程。条约签署后，福田赳夫说：“《中日联合声明》为中日两国架起了一座吊桥，那座吊桥现在变成铁桥了。我想利用这座铁桥运输重物，积极地与中国进行交流。”[⑤]同一天，福田赳夫发表首相谈话，祝贺《中日和平友好条约》的签订，并“希望中日和平友好条约不仅可以巩固和发展日中两国长远的和平友好关系，而且可以对亚洲乃至全世界的和平与稳定做出贡献”[⑥]。同时他也不忘安抚苏联，表示该条约“不敌视任何国家，与所有国家谋求和平友好关系是我国外交的基本立场”。

1978年8月16日，中国全国人大常委会开会审议并批准了《中日和平与好条约》。10月16日和18日，日本众议院和参议院也先后批准了该条约。同年10月

① 中江要介：《日中外交の証言》，第135頁。

② 2018年11月5日，笔者在福田康夫原首相事务所采访记录。清宮龍：《福田政権・714日》，第6章。緒方貞子著・添谷芳秀訳：《戦後日中・米中関係》，第6章。

③ 福田赳夫：《回顧九十年》，第301页。

④ 福田赳夫：《わが首相時代》，《中央公論》第95年第一三号，1980年10月，第293頁。

⑤ 古澤健一：《昭和秘史：日中平和友好条約》，第223—224頁。

⑥ 《どの国とも友好　福田首相談話》，《読売新聞》，1978年8月13日朝刊。

22 日，邓小平副总理乘专机抵达日本。这是中华人民共和国成立以来，中国领导人首次正式访问日本。第二天，在首相官邸举行了《中日和平友好条约》换文仪式。关于《中日和平友好条约》之意义，园田直认为对日本而言有以下三点意义。[①]第一，拓宽了发展中日关系之路。第二，为亚洲太平洋地区稳定做出贡献。第三，扩大了日本外交活动的基础。还有一位学者从国际政治的观点指出，《中日和平友好条约》“在东西冷战体制下，为将社会主义阵营的主要成员中国名副其实地争取到西方阵营而起到桥梁作用”[②]。

《中日和平友好条约》签订以后，福田赳夫与邓小平的交往也没有中断。1979 年 2 月 6 日，邓小平访美归国途中再次访问日本。第二天，邓小平分别拜会了大平正芳首相、福田赳夫原首相和田中角荣原首相。在与福田赳夫会谈时，邓小平讲道：“如果说中美上海公报推动了中日邦交正常化，那么现在也可以说，中日和平友好条约推动了中美邦交正常化。中美邦交正常化同福田先生任首相期间在中日缔约问题上的决断很有关系。”[③]通过 1972 年 2 月尼克松总统访华，同年 9 月中日邦交正常化，1978 年 8 月中日和平友好条约缔结，以及 1979 年 1 月中美邦交正常化，中国与日本和美国成功地改善了关系，为中国推进改革开放创造了良好的国际环境。

二、国际行动理事会与中国

（一）国际行动理事会之创建

1978 年 12 月，福田赳夫卸任首相。之后，他开始思考与人类有关的全球性问题。福田赳夫认为，为了避免全球性经济、军事和政治危机，全世界原首相、总统等领导人应该超越狭隘的国家利益，积极行动起来。[④]因此，福田赳夫与原西德总理施密特等人经过协商，于 1983 年 3 月在奥地利首都维也纳召开了国际行动理事会准备会议。[⑤]

---

① 園田直：《世界　日本　愛》，第 174 頁。

② 宮城大蔵編著：《戦後日本のアジア外交》，ミネルヴァ書房，2015 年，第 168 頁。

③ 中共中央文献研究室编：《邓小平年谱（1975—1997）》上，中央文献出版社，2004 年，第 486 页。

④ 宮澤喜一監修、宮崎勇編：《普遍的な倫理基準の探求：福田赳夫と OB サミット》，第 10 頁。

⑤ 福田赳夫：《回顧九十年》，第 8 部。

在成立国际行动理事会主旨说明中，福田赳夫主要强调以下 3 点。[①]第一，随着东西两大阵营矛盾激化，军备竞赛、特别是核武器研发竞赛十分危险。第二，由于人口急剧增长，资源和环境面临危机。第三，石油危机以后世界经济变得不稳定。这些问题都是全球性问题。从这个意义来说，国际行动理事会是福田赳夫全球理念的产物。[②]

1983 年 11 月，国际行动理事会第一次全会在维也纳召开。此后每年都会召开一次全会。国际行动理事会的主要活动包括以下三个部分。第一，和平与安全保障问题。第二，振兴世界经济问题。第三，人口、开发和环境问题。除此之外，全会还会讨论该年度所面临的主要问题，并制定具体意见书。[③]国际行动理事会及其成员会将全会采纳的意见书直接交给世界各国政要和国际机构负责人。

福田康夫告诉笔者，国际行动理事会的意见书虽然没有约束力，但是可以为现任国家领导人在制定决策时提供参考。[④]特别是关于裁军和核武器等全球性问题，现任国家领导人往往会坚持本国利益，很难达成一致意见。即使在联合国也存在同样的问题。从这个意义上来说，福田康夫认为各国原政要聚在一起，从中长期的观点一起讨论这些问题的话，容易达成一致意见。

关于国际行动理事会的活动，福田赳夫本人认为以下两件事最有意义。[⑤]第一件事是促成 1985 年 11 月里根总统与戈尔巴乔夫总书记举行会谈，为结束冷战做出贡献。第二件事是讨论如何应对资源匮乏时代。 福田赳夫的全球理念在国际社会获得高度评价，1989 年他被推选为诺贝尔和平奖候选人。[⑥] 原联邦德国总理施密特指出："福田赳夫是日本政治家中极少数的国际主义者，他不拘泥本国利益，认识并尊重他国利益，为维护世界和平而不断努力。"[⑦]施密特认为"国际行动理事会恐怕是日本人提出的国际性构想中最杰出的组织"[⑧]。

① 福田赳夫:《回顧九十年》，第 332—333 頁。

② 宮澤喜一監修、宮崎勇編:《普遍的な倫理基準の探求》，第 10 頁。

③ 宮澤喜一監修、宮崎勇編:《普遍的な倫理基準の探求》，第 12—13 頁。

④ 2018 年 11 月 5 日，笔者在福田康夫原首相事务所采访记录。

⑤ 福田赳夫:《回顧九十年》，第 340—348 頁。

⑥ 宮澤喜一監修、宮崎勇編:《普遍的な倫理基準の探求》，第 110—111 頁。

⑦ H.シュミット著、永井清彦・片岡哲史・内野隆司訳:《シュミット外交回想録》下，岩波書店，1989 年，第 201 頁。

⑧ 宮澤喜一監修、宮崎勇編:《普遍的な倫理基準の探求》，第 v 頁。

（二）国际行动理事会中国

中国原国家领导人没有加入国际行动理事会。不过，自 1985 年起，全国人大常委会副委员长黄华，全国政协副主席吴学谦、宋健等人先后作为特邀嘉宾出席国际行动理事会全会。另外，国际行动理事会第十一届年会和第三十届年会分别于 1993 年 5 月和 2012 年 5 月在上海和天津举行。中国政府高度重视这两次会议。

1993 年 5 月 13 日，国际行动理事会第十一届年会在上海召开，福田赳夫原首相、施密特原总理和原新加坡总理李光耀等出席会议。朱镕基副总理在开幕式上致欢迎辞，并介绍了中国经济发展情况。[①]在这次会议上，国际行动理事会就中国经济形势进行长时间讨论，最后得出以下结论。即“为了加强全世界和平与稳定，中国应该采取控制核扩散政策。与此同时，世界各国应该积极支持中国加入国际金融等世界经济体系”[②]。笔者认为，2001 年中国加入世界贸易组织与国际行动理事会的这些提议有密切关系。第十一届年会闭幕后，所有成员应中国政府邀请乘专机飞往北京，国家主席江泽民在人民大会堂接见了国际行动理事会所有成员和特邀嘉宾。足见中国政府对国际行动理事会之重视。这充分表明了中国政府希望早日融入国际社会的态度。

2012 年 5 月 10 日，国际行动理事会第三十届年会在天津召开。开会前一天即 5 月 9 日，时任国家副主席的习近平在人民大会堂接见了国际行动理事会成员。习近平副主席向成员们表示欢迎，并表示中国将会为稳定世界经济、促进全球经济发展做出积极贡献。[③]同日，温家宝总理在天津会见了出席此次会议的福田康夫原首相和施密特原总理等其他国家前政要。[④]在会见福田康夫时，温家宝表示 2008 年胡锦涛主席访日期间与福田康夫首相共同签署和发表中日第四个政治文件，提出“中日互为合作伙伴，互不构成威胁”，应“相互支持对方的和平发展”，对中日关系发展具有重要指导意义。“中方愿与日方加强各领域交流与合作，日方应谨慎、妥善处理两国之间的敏感问题，使中日关系稳定、健康发展”。福田康夫对中国在日方

---

① 《在国际行动理事会第十一次会议开幕式上朱镕基副总理的讲话》，《人民日报》，1993 年 5 月 14 日第一版。

② 宮澤喜一監修、宮崎勇編：《普遍的な倫理基準の探求》，第 154 頁。

③ 引自《天津に新鮮な風が吹く》。本资料由国际行动理事会东京事务局渥美桂子女士提供，特此致谢！

④ 《温家宝会见出席国际行动理事会第三十届年会的外国前政要》，《人民日报》，2012 年 5 月 10 日第一版。

遭受地震海啸灾害时提供的宝贵帮助表示感谢，他还表示“日本绝大多数民众认为日中关系非常重要，双方利益密不可分，应从大局和长远角度认真对待相互合作，珍惜来之不易的良好局面，把握两国关系发展的正确方向”。5月10日，温家宝总理在天津迎宾馆举办晚宴，招待出席国际行动理事会第三十届年会的各国前政要。由此可知，中国政府非常重视国际行动理事会及其成员。

国际行动理事会一贯积极促进中国融入国际社会。1997 年 6 月在荷兰召开的第十五届年会上，国际行动理事会发表公报，建议请俄罗斯和中国加入 G7（西方 7 国首脑会议）。①第二年，在巴西里约热内卢召开的第十六届年会上，国际行动理事会也提出了同样的建议。②2003 年 6 月西方 7 国首脑会议在法国依云（Evian）召开，俄罗斯开始参加，G7 变成 G8。只是 2014 年由于俄罗斯合并克里米亚半岛，G8 又重回 G7。俄罗斯是否会重新加入 G7 还是未知数。

三、新福田主义与中日关系

（一）福田康夫就任首相与新福田主义之提出

2007 年 9 月 26 日，福田康夫当选日本第 91 代内阁总理大臣，创下了日本宪政史上父子二人均为首相的纪录。令人感到惊奇的是他当选首相的年龄竟然与其父亲福田赳夫当选首相时同样，均为 71 岁。

2008 年 1 月 18 日，福田康夫发表施政演说，提出以下五点方针。③即推行以民为本的行政财政政策、完善社会保障制度和巩固安全、构建充满活力的经济社会、将日本建设成和平合作国家、向低碳社会转型等。福田康夫首相施政演说中还有一点值得注意，那就是提出招收 30 万外国留学生计划。据统计，截至 2018 年 5 月 1 日，在日留学生人数达到 298980 人。可以说，福田康夫提出的这一计划已经基本实现。笔者采访福田康夫时问到为何要提出这样的计划。福田康夫告诉笔者，因为当时就已经预测到少子化问题④。2018 年日本政府正式制定旨在扩大接纳包括体力

---

① 宮澤喜一監修、宮崎勇編：《普遍的な倫理基準の探求》，第 198 頁。
② 宮澤喜一監修、宮崎勇編：《普遍的な倫理基準の探求》，第 209 頁。
③ 《18 日の福田首相施政方針演説の全文》，《読売新聞》，2008 年 1 月 19 日朝刊。
④ 2018 年 11 月 5 日，笔者在福田康夫原首相事务所采访记录。

劳动者在内的外籍劳工的相关法律，决定自 2019 年度起未来 5 年内引进约 34.5 万名外国劳工。从这个意义上来说，福田康夫首相提出扩招外国留学生是有先见之明的。扩大招收留学生首先可以缓解日本大学生源不足问题，防止大学倒闭。此外，大部分留学生学成回国服务，有助于发展日本与这些国家的关系。而其中的一部分优秀留学生肯定会留在日本，成为补充日本人口不足的重要来源，可谓一举两得。

2008 年 5 月 22 日，日本经济新闻社举办“亚洲之未来”国际交流会议，福田康夫首相以“太平洋成为内海之日”为题发表演讲，提出了对亚洲外交的基本方针。[①]这次演讲被称为“新福田主义”，主要包括以下五点。第一，坚决支持实现东盟共同体。第二，强化日美同盟。第三，尽力作和平合作国家。第四，通过年轻人的交流，加强维护亚洲未来的知识基础建设。第五，经济增长与环境保护、气候变化对策保持均衡。可以说上述五方针，第一至第四继承了福田主义，第五个方针则是继承了国际行动理事会的全球理念。重视亚洲是新福田主义的重要特征。

（二）出访中国

2007 年 9 月 28 日即福田康夫就任首相第三天就与温家宝总理举行了电话会谈。这是有史以来中日两国首脑第一次举行电话会谈。由此可知福田康夫首相非常重视中日关系。

同年 12 月 27 日，福田康夫首相访问中国。由于小泉纯一郎首相在任期间每年参拜靖国神社，中日关系陷入邦交正常化以来最困难时期。因此，2006 年 10 月安倍晋三首相访华，开启了“破冰之旅”，2007 年 4 月温家宝总理访日被称为“融冰之旅”，福田康夫首相则将自己访华称为“迎春之旅”。对于福田康夫首相来访，中国方面给予高度重视。[②]国家主席胡锦涛举办晚宴欢迎福田康夫首相来访。这是自 1986 年中曾根康弘首相访华以来，时隔 21 年由中国最高领导人为日本首相举办的欢迎会。

---

① 福田康夫：《太平洋が“内海”となる日へ－“共に歩む”未来のアジアに 5 つの約束－》，https://www.kantei.go.jp/jp/hukudaspeech/2008/05/22speech.html。2018 年 6 月 11 日閲覧。《外交基本方針　防災・防疫でアジア連携　福田首相が表明》，《読売新聞》，2008 年 5 月 23 日朝刊。《〈アジア、共に歩む〉　防災協力訴える　福田首相が外交政策を発表》，《朝日新聞》，2008 年 5 月 23 日朝刊。白石隆：《新福田ドクトリン　〈アジアの中〉の発想で》，《読売新聞》，2008 年 7 月 20 日朝刊。

② 《福田首相訪中　対中関係宿題残す》，《読売新聞》，2007 年 12 月 29 日朝刊。

12月28日，福田康夫首相在北京大学以“共创未来”为题发表演讲，中国中央电视台进行现场直播。[①]福田康夫首相在演讲中首先指出，“通过这次访华，我要向所有的中国朋友表明的是，‘日中两国理应成为建设亚洲及世界美好未来的创造性伙伴’这样一种我的坚定信念”[②]。讲到历史问题，福田康夫首相指出：“在漫长的历史长河中，尽管有过那样不幸的时期，但我们有责任和义务，不折不扣地去正视它，并传给子孙后代。战后，作为自由民主国家而获得新生的我国，一贯走和平国家的道路，并致力于同国际社会的合作，我觉得这是值得自豪的。但是，我认为，在感觉这种自豪的同时，还必须对自己的错误进行反省，以及带着顾及被害者感情的谦虚。只有认真地看待过去，并且勇敢而明智地反省该反省之处，才能避免今后重蹈覆辙的错误”。

福田康夫首相认为中日两国构建战略互惠关系是时代潮流的要求。他认为中日战略互惠关系应该由以下3个核心组成。即“互利合作”“国际贡献”“相互理解和相互信赖”。福田康夫首相指出：“为了促成对话、理解、信赖的良性循环，最有效的办法就是，加强以下三方面的交流：一是青少年交流；二是知识交流；三是安全保障领域的交流。”[③]福田康夫首相还提出了“北京大学福田方案”。具体包括以下三点内容。第一，举办学术研讨会。第二，从北京大学的学生中间选拔100名学生，以及从附属高中选拔50名学生，分别到日本进修。第三，继续帮助日本研究中心的集中授课工作。后来，“北京大学福田方案”基本落实，为促进中日两国青少年交流起到了重要作用。

(三)胡锦涛主席访日与第四份政治文件之签署

2008年5月6日，胡锦涛主席访问日本。这是自1998年江泽民主席访日以来，时隔10年中国国家主席访问日本。2007年福田康夫首相访华被称为“迎春之旅”，胡锦涛主席访日被称为“暖春之旅”。5月7日，福田康夫首相与胡锦涛主席签署

① 《福田首相訪中　対中関係宿題残す》，《読売新聞》，2007年12月29日朝刊。《日中、蜜月演出　首脳会談、福田首相の初訪中》，《朝日新聞》，2007年12月29日朝刊。

② 《福田首相　北京大学讲演〈要旨〉》，《朝日新闻》，2007年12月29日朝刊。

③ 《“日中关系除了和平友好之外别无其他选择”——福田康夫北大演讲稿(摘录)》，《对外传播》，2008年第二期，第24—26页。

了《中日关于全面推进战略互惠关系的联合声明》。中日双方为了构建战略互惠关系，决定在以下五大领域构筑对话与合作框架，开展合作。①增进政治互信。②促进人文交流，增进国民友好感情。③加强互利合作。④共同致力于亚太地区的发展。⑤共同应对全球性课题。可以说这五大领域与福田主义和国际行动理事会的全球理念是一致的。

5月8日，胡锦涛主席在早稻田大学发表演讲，中国中央电视台进行现场转播。面对困难的中日关系，胡锦涛主席在演讲时指出，中日是一衣带水的邻邦，两国关系正站在新的历史起点上，面临进一步发展的新机遇。中国政府和人民真诚希望，同日本政府和人民一道努力，增进互信，加强友谊，深化合作，规划未来，开创中日战略互惠关系全面发展新局面。他还特别提到"在中国现代化建设的进程中，日本政府向中国提供了日元贷款合作，支持中国的基础设施建设、环境保护、能源开发、科技发展，为促进中国现代化建设发挥了积极作用。日本各界友人以不同形式对中国现代化建设提供了热情帮助。对日本众多友好人士为中日友好事业倾注的心血，中国人民将永远铭记"[①]。鉴于当时日本社会有人提出"中国威胁论"。胡锦涛主席强调指出："中国奉行防御性的国防政策，不搞军备竞赛，不对任何国家构成军事威胁，永远不称霸，永远不搞扩张。"胡锦涛主席在演讲时强调加强青少年交流的必要性，并宣布中国政府决定邀请100名早稻田大学学生访华。

5月10日，胡锦涛主席结束访日行程回国。日本媒体分析指出，胡锦涛主席此次访日为中日关系的"战后"画上了句号，他想与日本构建真正的战略互惠关系之意愿随处可见。[②]一位日本学者指出："在冷战结束后的中日关系史上，从双方领导人都热心希望改善中日关系这一点来看，这个时期是最好的时机"。[③]改善中日关系的确需要双方共同努力。

自2008年5月《中日关于全面推进战略互惠关系的联合声明》发表，至今已经过去十多年时间。2018年5月30日，福田康夫原首相与时任中国驻日大使程永华作客日本电视台"深层NEWS"节目，就中日关系展开讨论。福田康夫指出："中

① 《胡锦涛在日本早稻田大学的演讲（全文）》，《人民网》，2008年5月8日。《中国・胡主席、円借款に謝意》，《朝日新聞》，2008年5月9日朝刊。

② 《〈戦後〉終止符に意欲　胡錦濤・中国国家主席》，《朝日新聞》，2008年5月11日朝刊。

③ 宮城大蔵：《現代日本外交史》，中央公論新社，2016年，第183頁。

国在世界上的地位已经发生变化。制定第五个政治文件意义重大”。[①]众所周知，2010年中国 GDP 总额超过日本，成为世界第二经济大国。福田康夫着眼于中日关系未来，认为中日两国有必要制定新的政治文件，以适应新时代中日关系的发展。

那么如果制定第五份政治文件的话，应该以什么样的内容为主呢？笔者在采访福田康夫原首相时，请教了这一问题。对此，福田康夫指出以下两点。第一，应该考虑构建什么样的世界秩序。第二，日中两国应该如何加强合作。[②]福田康夫指出，因为中国和日本分别是世界第二和第三经济大国，如果两国能够合作的话，就会成为世界第一。他希望中日两国能够认识到这一点。综观今天的国际形势，笔者认为福田康夫提出的两点建议非常重要。

（四）就任博鳌亚洲论坛理事长与中日关系

2008 年 9 月 24 日，福田康夫卸任内阁总理大臣。之后，他仍然继续致力于改善中日关系。2010 年 4 月在博鳌亚洲论坛年会上，福田康夫原首相当选该论坛理事长，任期至 2018 年 4 月，整整 8 年时间。博鳌亚洲论坛被称为世界经济论坛的亚洲版，在全世界受到关注。

福田康夫对习近平主席提出的人类命运共同体理念和中国提出的“一带一路”倡议积极支持。2018 年 4 月 9 日，《人民日报》刊登福田康夫署名文章。[③]他在文章中指出：“习近平主席提出的人类命运共同体理念旨在让全世界所有人都幸福。‘一带一路’建设便是一项具体行动”。基于此，福田康夫认为“作为邻国，日本理所当然应该加入到‘一带一路’倡议之中，并与中国合作一起造福各国人民”。福田康夫在文章中讲到 20 世纪 80 年代日美贸易摩擦，呼吁“中国应该吸取日本的惨痛教训，提高警惕，谨慎行事。”福田康夫原首相的这篇文章在中国引起很大反响。

福田康夫一直对日本近代侵华历史抱反省的态度。2018 年 6 月 27 日，福田康

① 《日中友好へ〈新文書を〉》，《読売新聞》，2018 年 5 月 31 日朝刊。同一时期，在中国也有学者提出签订第 5 个政治文件的必要性。参见张耀武：《中日关系的关键之年需要第五个政治文件》，《大连大学学报》第三九卷第二期，2018 年 4 月，第 1—6 页。

② 2018 年 11 月 5 日，笔者在福田康夫原首相事务所采访记录。

③ 福田主义：《人类命运共同体理念让所有人幸福》，《人民日报》，2018 年 4 月 9 日第 21 版。

夫原首相特意访问南京，参观了侵华日军南京大屠杀遇难同胞纪念馆，为遇难者献上花圈表示哀悼，并亲笔题词“和平东亚”[①]。福田康夫是继海部俊树、村山富市、鸠山由纪夫之后，第四位参观该纪念馆的日本原首相，引起中日两国关注。他认为通过参观纪念馆，确认并理解那些历史史实，再将那些史实告诉不知道的日本人非常重要。由此可以看出福田康夫原首相对历史问题的诚挚态度。

结 语

本文主要考察了福田主义、福田赳夫的外交理念和他倡导的国际行动理事会的全球理念，以及他们是如何被福田康夫首相继承，发展成为新福田主义的，并考察了他们对中日关系产生的积极影响。笔者认为，福田主义和新福田主义有三点共同之处，即不做军事大国、心连心的交流以及和平共处。福田主义和新福田主义得到了国际社会的承认和评价，对当今的日本政府也有参考意义。

今天，国际社会面临很多问题。贸易保护主义、全球变暖、恐怖活动、难民、经济差距扩大、民族主义高涨等等。为了应对这些问题，中日两国的合作越来越重要。但是，就现状来看，中日两国民众对对方国家的亲近感还很低。特别是日本民众对中国的好感度非常低。那么中日两国如何才能加深相互理解、构建相互信赖关系呢？福田康夫原首相提出了下述三点提议。[②]第一，对他者的同情心（Compassion）、心连心的交流（heart to heart）。第二，对不同文化的感受性（Cultural Sensitivity）。第三，构建与对方的信赖感（Confidence）。笔者认为福田康夫原首相的建议很重要，很实际。福田康夫原首相不仅为改善和改善中日关系积极建言，还身体力行，长期奔波于中日官方和民间之间，以实际行动为中日两国加深相互理解，构建相互信赖关系和共同发展，做出了自己的贡献，得到了中国政府和人民的赞赏和高度评价。

附记：非常感谢福田康夫原首相百忙之中抽出宝贵时间，接受笔者采访。也感

① 《日本前首相福田康夫参观侵华日军南京大屠杀遇难同胞纪念馆》，《新华网》，2018 年 6 月 26 日。http://www.xinhuanet.com/world/2018—06/26/c_129900977.htm。2019 年 5 月 6 日閲覽。

② 福田康夫：《寛容と理解》，福田康夫、ヘルムート・シュミット、マルコム・フレーザー他著：《世界はなぜ争うのか》，渥美桂子译，朝倉書店，2016 年，第 100—101 頁。福田康夫主编：《十国前政要论“全球公共伦理”》（中文版），王敏译，人民出版社，2017 年，第 102—103 页。

谢原国际行动理事会东京事务局渥美桂子女士提供宝贵资料。本研究为中国国家社科基金重大项目“日本民间反战记忆跨领域研究（17ZDA284）”的阶段性成果。

（作者：南开大学讲座教授、庆应义塾大学教授）

基于学术成果可视化的日本人工智能发展状况研究
——面向Microsoft Academic数据库的文献计量（2012—2018）

姬世伦　武与伦　徐万胜

内容摘要　人工智能与大数据技术正在深刻改变着当前人们的生活方式与行为能力。在世界各国大力发展人工智能与大数据技术的背景下，日本从积极进行顶层战略规划设计、各大高校与科研机构协力等方面出发，加快对人工智能技术的研究与应用工作。研究发现，日本各主要高校中东京大学在人工智能研究中成果丰富，表现突出，同时东京地区成为日本人工智能学术研究最密集的地区；日本各高校的主要合作机构集中于部分国家科研部门与以美国和中国高校及跨国公司为主的机构；日本在人工智能技术研究方向上多分布于机器学习、数学优化与模式识别等领域。

关键词　日本人工智能　可视化数据分析　文献计量　机器学习　模式识别

一、研究背景及意义

人工智能（Artificial Intelligence，AI）技术从诞生之日起经历了多次“高峰”与“低谷”。如今，人工智能与大数据技术已经成为崭新的社会发展推动力量。在未来，人类社会的网络化、自动化与数据化程度将会空前提高。因此，人工智能技术对世界各国发展与繁荣都十分重要。日本在20世纪60年代人工智能最初兴起时就开展了有关技术的初步研究与探索。随着信息技术的不断发展，从2012年起人工智能技术迎来了新的一轮发展“热潮”。在这一时期推动技术变革的动力主要来自逐渐海量化的数据与持续进步的计算速度。2012年，安倍晋三第二次出任日本首相一职，便提出了旨在对日本经济进行调整改革的“安倍经济学”。其中产业结构调整改革正与本次人工智能热潮契合。

日本学者藤原洋于2010年发布了《第四次工业革命》一书，提出了“第四次工业革命”的全新概念[①]，这一构想逐渐变成了被广泛认可的新兴战略理念。日本政府将人工智能技术看作“第四次工业革命”的重要内核。2013年日本政府提出了“再兴战略”[②]，旨在紧跟产业革命浪潮，重振日本经济。2016年1月，日本政府发布第五期《科学技术基本计划》，提出了建设“超智能社会”（Society 5.0）[③]的目标，并把大数据、物联网与人工智能三项关键信息技术列为其“超智能社会”的支柱。2016年4月，日本设立了跨部门的“人工智能技术战略会议”，本会议的主要作用是制定日本人工智能产业化的相关路线图，同时进行产业指导、资本运作以及人才选拔，并形成了工作机制层面上的“三省联动机制”（总务省、经济产业省与文部科学省）。在2016年5月日本政府发布的《科学技术创新综合战略2016》中，将“超智能社会”的目标与结构框架进行了详细解释。[④]2017年3月，日本又发布了《人工智能技术战略》与《人工智能研究开发目标及产业化路线图》。在2017年日本政

①藤原洋：《第4の産業革命》，朝日新聞出版社，2010年。

②日本経済再生本部：日本再興戦略—Japan is back—[EB/OL]. [2018—02—22]，http://www.kantei.go.jp/jp/singi/keizaisaisei/pdf/saikou_jpn.pdf。

③“超智能社会”被学界认为是狩猎社会、农耕社会、工业社会和信息社会后的最新的社会形态。

④《科学技術イノベーション総合戦略2016》，http: / /www8. cao. go. jp /cstp / sogosenryaku /2016 /honbun2016. pdf [2017 - 10 - 07]。

府预算中，文部科学省与经济产业省都对人工智能相关研究给予资金支持。①

在政府的大力倡导下，日本的各大高校及企业纷纷投身于人工智能领域的相关研究，2017 年，东京大学校长五神真就曾发表文章对大学在建设“超智能社会”中的责任和作用进行分析。②由此，近年来日本各大高校在图像识别、数学优化、自然语言处理、大数据分析、智能医疗等领域均取得了一定成果。日本的无人搬运机、3D 打印技术、丰田公司拥有的最短的高端车型生产线就是日本在加速人工智能技术研究与应用上取得的部分成果。基于上述考虑，本次研究的重点以日本主要高校在人工智能各大顶级会议与相关核心期刊上发表的论文为研究样本，通过对文献数量、关键词信息、引文信息、合作机构等内容进行统计整理，研究 2012—2018 年期间日本人工智能研究的发展情况，并对未来的趋势进行研判。

二、数据选择与研究方法

（一）数据来源

本次研究选用了 Microsoft Academic 的引文索引数据库作为数据来源，检索策略为“顶级会议名称+日本主要高校名称”以及“核心期刊名称+日本主要高校名称”的方式，时间限定为 2012—2018 年。③选用的人工智能顶级会议分别为 AAAI④、ACL⑤、ICML⑥、ICCV⑦、CVPR⑧、

①陈骞：《日本政府人工智能发展举措》，《上海信息化》2017 年第 10 期，第 79 页。

②《Society5.0（知識集約型社会）への社会変革と大学の役割》，http: / /www. mof. go. jp/about_mof /councils/fiscal_system_council / sub – of_ fiscal_ system/ proceedings/material / zaiseia291004 /03. pdf? 2018 – 01 – 24。

③本研究数据来源均取自 Microsoft Academic，登陆链接：https://academic.microsoft.com/home，数据访问时间：2019 年 5 月 10 日。

④AAAI 是美国人工智能协会主办的年会，美国人工智能协会是人工智能领域的主要学术组织之一。该会议 h5 指数：69。

⑤ACL 是国际计算语言学学会的年会，主要进行重要的计算语言学研究交流。该会议 h5 指数：87。

⑥ICML 是国际机器学习学会（IMLS）主办的年度机器学习国际顶级会议。该会议 h5 指数：113。

⑦ICCV 全称为国际计算机视觉大会，由 IEEE 主办，其论文集代表计算机视觉领域最新的发展方向和研究水平，会议收录率较低。该会议 h5 指数：124。

⑧CVPR 是国际计算机视觉与模式识别会议，由 IEEE 主办。与 ICCV、ECCV 并称计算机视觉三大顶会。该会议 h5 指数：188。

IJCAI①与 Neurips②七大会议，选取的核心期刊分别为 ASC③、ESA④、IEEE TFS、IEEE TSMC⑤、KBS⑥、NeuroC⑦、JMLR⑧、IEEE TIP⑨、IEEE TPAMI⑩、IJCV⑪、MIA⑫、PR⑬以及 CL[14]。作为数据检索的日本主要高校有——日本文部科学省认定的指定国立大

①IJCAI 是国际人工智能联合会议，该会议 h5 指数：61。

② Neurips 又名 NIPS，全称是神经信息处理大会，是机器学习领域的顶级会议。该会议 h5 指数：134。

③ Applied Soft Computing 是 Elsevier 公司的一本国际期刊，旨在推广软计算方面的综合方法与观点，以解决现实生活中的问题。该期刊重点是发布模糊逻辑、神经网络、进化计算、粗糙集和其他类似技术领域的应用和交叉的最高质量研究，以解决现实世界的复杂性问题。该期刊 h5 指数：77。

④ Expert Systems With Applications 是 Elsevier 公司的一本国际期刊，其重点是展示、交流与全球工业、政府和大学应用的专家系统和智能系统相关的信息。该期刊的主旨是发表涉及专家系统和智能系统的设计，开发，测试，实施和管理，并为这些系统的开发和管理提供实用指南的相关研究成果。该期刊 h5 指数：92。

⑤IEEETransactions on Fuzzy Systems（IEEE TFS）是属于 IEEE 的一本月刊杂志。该杂志主要发表涉及从硬件到软件的模糊系统的理论，设计或应用的相关论文。IEEE Transactions on Systems, Man and Cybernetics（IEEETSMC）属于 IEEE。该杂志囊括了有关系统工程领域的重要研究。该期刊 h5 指数：88。

⑥Knowledge—Based Systems 是 Elsevier 公司的一本国际性，跨学科和面向应用的期刊。该期刊侧重于研究基于知识技术的系统，以支持人类的决策、学习及行动。该期刊侧重于知识系统实际意义及其计算机开发和使用的相关研究，涵盖了这些知识系统的实现过程：设计、模型和方法、软件工具、决策支持机制、用户交互、组织问题、知识获取和表示以及系统架构等。该期刊 h5 指数：74。

⑦Neurocomputing 隶属于 Elsevier 公司，该期刊发表的论文主要聚焦在神经计算领域的贡献，涵盖了神经计算理论、实践和应用等。该期刊 h5 指数：71。

⑧The Journal of Machine Learning Research（JMLR）为机器学习领域的高质量学术论文的电子和纸质化出版提供了一个国际平台。该期刊 h5 指数：79。

⑨IEEE Transactions on Image Processing(IEEE TIP)属于 IEEE，该期刊侧重于图像处理、成像系统以及图像扫描、显示和信号处理方面等。该期刊 h5 指数：101。

⑩IEEETransactions on Pattern Analysis and Machine Intelligence（IEEE TPAMI）是属于 IEEE 的月刊。该期刊是模式识别领域的顶级刊物，致力于在模式识别和机器智能领域内提供最重要的研究成果。该期刊 h5 指数：118。

⑪ International Journal of Computer Vision（IJCV）属于 Springer 出版社，是计算机视觉领域的顶级刊物。该期刊详述了计算机视觉这个快速发展的领域的科学和工程研究。其常规文章主要介绍该领域主要的技术进步，而综述文章则提供了对相关主题的最新技术和教程演示的重要评论。该期刊 h5 指数：65。

⑫ Medical Image Analysis 是属于 Elsevier 公司的期刊，为在医学和生物图像分析领域传播、交流新研究成果提供了一个平台，其特别关注计算机视觉、虚拟现实和机器人应用于生物医学成像问题相关的工作。该期刊发表该领域最高质量的原创论文，包括处理、分析和利用医学和生物图像的基础科学。该期刊 h5 指数：57。

⑬ Pattern Recognitionsh 是属于 Elsevier 公司的期刊，是模式识别领域的著名刊物之一。该期刊发表对模式识别的理论、方法和应用做出原创性的贡献的论文。该期刊 h5 指数：51。

⑭ Computational Linguistics 由计算语言学协会（ACL）赞助，自 1988 年以来一直由麻省理工学院出版社（MIT Press）出版，是计算语言学和自然语言处理研究领域的著名期刊。该期刊 h5 指数：32。

学：东京大学（The University of Tokyo）、京都大学（Kyoto University）、东北大学（Tohoku University）、名古屋大学（Nagoya University）、东京工业大学（Tokyo Institute of Technology）、大阪大学（Osaka University）；同时还有未在上述行列的几所历史悠久的大学：九州大学（Kyushu University）、北海道大学（Hokkaido University）；日本学术研究恳谈会包含的一些大学：早稻田大学（Waseda University）、庆应义塾大学（Keio University）；以及超级国际化大学计划 A 中的部分大学：广岛大学（Hiroshima University）、筑波大学（University of Tsukuba）。在数据检索阶段，共获得 688 篇顶级会议论文与 270 篇核心期刊论文作为本次研究的数据样本。

（二）研究方法

采用基于爬虫的数据收集方法对上文所用数据库进行了数据检索与获取，随后使用文献计量法与可视化方法对相关文献进行整体统计分析。在使用可视化方法对文献具体数据进行分析时，使用了折线图来呈现年度发展趋势与数量走向、对论文的具体构成情况使用了组成直方图进行表示，对具体数量的直观表现使用了饼状图；在关键词频次研究中使用了词云（word cloud）图更好地反映关键词出现频率与热度；最后利用 Gephi 绘制网络结构图来更清楚地显示主要高校与合作机构间的具体联系情况。

三、顶级会议发文情况的统计分析

（一）时间序列总发文量统计

经过数据收集，在 Microsoft Academic 检索出的日本各大高校 2012—2018 年顶级会议论文总计 688 篇。从时间序列上看，2012—2016 年，日本人工智能学界研究发文量整体呈稳定上升趋势，其中 2014 年较之前出现减少现象，原因可能为各项新兴技术研究尚处于起步阶段。明显的时间拐点出现在 2017 年，之后的发文量迅速增多。关于一个学科的年度发文量从一定程度上可以反映出该年度学科的建设水平与研究成果数量。表 1 对应着日本各年度的高校顶级会议发文总量。图 1 可以清楚地表明，2012 年至 2018 年日本人工智能研究处于较快发展阶段。上文提到，2017

年日本相继发布了《人工智能技术战略》与《人工智能研究开发目标及产业化路线图》，在顶层设计、方案实施以及发展指导上均对该年度之后的学术研究起到了至关重要的推动作用。

表 1 日本主要高校顶级会议发文量/篇

年份	2012	2013	2014	2015	2016	2017	2018
发文量（篇）	79	83	69	80	91	147	139

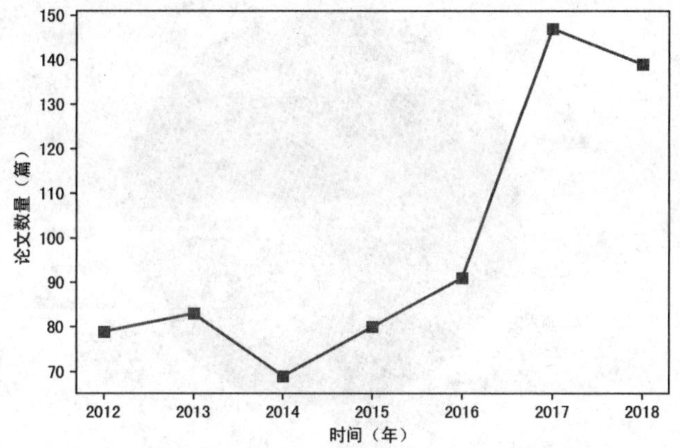

图 1　全日本会议论文发展情况——年份统计

（二）主要高校论文发表情况统计

通过对各大高校 2012—2018 年在人工智能顶级会议发表的论文总量进行统计分析，有助于对日本高校在研究中的表现情况与学科优势布局状况做整体把握。表 2 可知各主要高校的总发文情况。由图 2 可知，在 2012—2018 年，各大高校中东京大学的表现最为优异。其单独或合作总发文量占据统计样本数据的 37.94%，占有率为第二名京都大学的三倍以上，可见其在人工智能学科建设领域的突出成绩与非凡表现。除东京大学外，东京工业大学（Tokyo Institute of Technology）同样有着良好的表现，其以 9.88%的占比排在各大高校的第三名。两所位于东京的高校的总发文量接近数据总量的 50%，从侧面也说明了东京地区人工智能学科建设的先进水平。除去发文量较多的东京大学、京都大学、东京工业大学以及大阪大学之外，其余高校的发文量大都在 1%—5%上下浮动。从高校论文发表情况统计的结果看，日本人工智能学科建设的优势地区主要集中于东京、京都、大阪等主要城市，且存在一定的高校资源不平均的现象。

表 2 主要高校发表顶级会议论文总量

大学	东京大学	京都大学	东京工业大学	大阪大学	名古屋大学	北海道大学	庆应义塾大学	筑波大学	早稻田大学	东北大学	九州大学	广岛大学
发文量(篇)	261	99	68	54	22	38	25	25	15	33	36	12

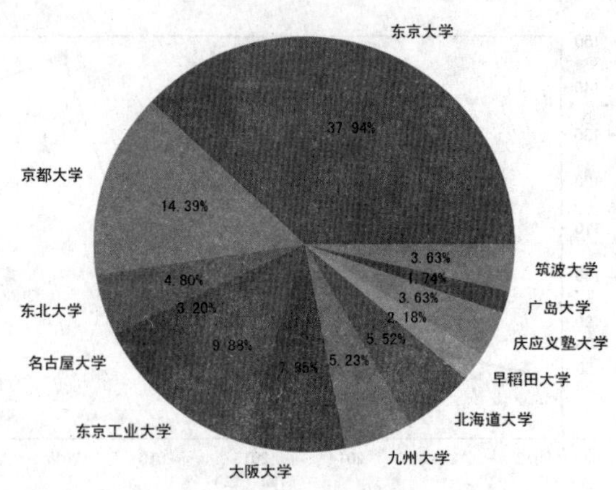

图 2 2012—2018 年主要高校顶级会议论文发文量占比

(三)主要高校历年发表论文数量情况统计

对日本各主要高校历年发表数量进行数据统计，可以对主要高校学科建设的过程与进展进行整体分析。表 3 中，各大学历年的发文数量已经详细标出。由图 3 可知，作为研究对象的 12 所大学在 2012—2015 年发文量没有发生突变，大部分大学发文量呈稳定上升状态，个别大学（如东京大学）有小幅度下降情况。2017 年所有大学的发文量基本都有较大提高，这与上文对图 1 中 2017 年时间拐点的分析结果相契合。它说明 2017 年日本人工智能学界研究取得了很多进展与突破。同时，仔细分析图 3 中各单独折线可以发现，东京大学历年发文量在全部 12 所大学中都是最多的，即使是在其折线的最低点（2015 年），也高于其他大学的最高点。这可以说明，在日本人工智能领域研究的发展进程中，东京大学是远远领先于其他大学的。图 3 中的各条折线反映出各大高校历年发文的变化，是与图 2 中各大高校发表论文总量相对应的，具有十分可信的数据契合度。这也能充分说明，2012—2018年日本的人工智能研究是在快速发展的。

表 3 日本主要高校各年度顶级会议论文发表量/篇

年份/大学发文量（篇）	2012	2013	2014	2015	2016	2017	2018
东京大学	34	29	28	22	34	60	54
京都大学	7	14	11	11	15	20	21
东北大学	4	3	1	5	6	4	10
名古屋大学	6	0	1	3	4	6	2
东京工业大学	9	17	9	6	6	15	6
大阪大学	5	5	6	7	5	15	11
九州大学	4	5	4	7	5	6	5
北海道大学	2	2	4	6	9	7	8
早稻田大学	1	2	1	4	0	4	3
庆应义塾大学	2	4	1	3	1	5	9
广岛大学	2	0	0	2	4	1	3
筑波大学	3	2	3	4	2	4	7

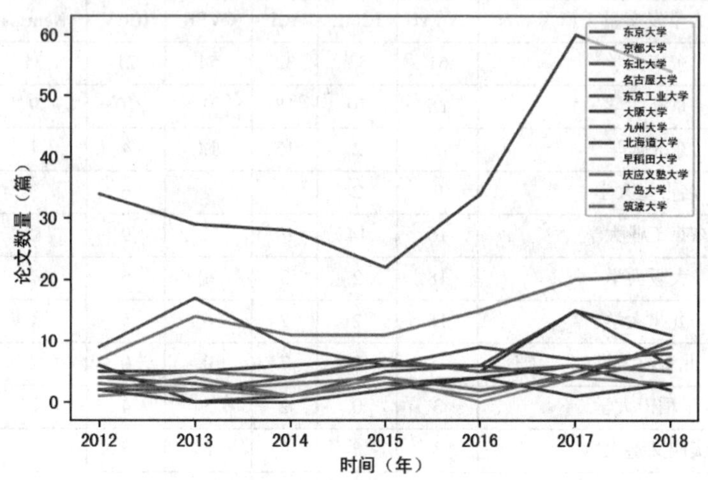

图 3　日本主要大学会议论文发展情况——年份统计

(四)主要高校顶级会议论文分布统计

由于不同的顶级会议研究与探讨的热点技术不同，因此对主要高校在各大顶级会议上的论文分布进行统计，可以更加直观地了解不同高校研究领域的异同，并进一步研究其研究偏好及优势项目。表4统计了各主要高校在人工智能领域不同顶级会议的发文情况。在图4中，横轴表示论文发表总量，纵轴按大学名称依次排列，并按不同的颜色对同一大学在不同会议上发表的论文数量进行分类显示。由图4可知，东京大学、京都大学与东京工业大学在会议论文的分布情况中表现较为平均，各种领域的会议都有成果发表。而其他大学在会议领域上显然有所侧重。例如，在图4中可以观察到，北海道大学在两大泛人工智能会议（AAAI与IJCAI）中有明显侧重，而庆应义塾大学则更加偏向于计算机视觉领域的相关会议（CVPR与ICCV）。这充分说明，日本各大高校的优势领域是不完全相同的。同时，基于图2中高校总发文量的前期分析，我们可以更加明确各大高校在人工智能学科建设与研究成果上的实力对比情况。诸如东京大学、京都大学等实力较强的学校，在各个领域都有涉猎，并且表现较为平均。部分大学的特点则是某一特定领域的专精。这也与日本人工智能产业结构分布以及高校学术资源数量差异有一定的关系。

表4 主要高校各顶级会议论文数量统计/篇

会议/大学发文量（篇）	AAAI	ICML	ACL	CVPR	ICCV	Neurips	IJCAI
东京大学	61	33	32	54	21	34	26
京都大学	28	10	18	9	10	9	15
东北大学	2	2	13	12	4	1	4
名古屋大学	0	2	4	4	6	3	3
东京工业大学	16	14	14	18	9	12	4
大阪大学	18	2	3	20	5	7	1
九州大学	16	2	2	6	5	1	4
北海道大学	18	0	7	0	0	2	11
早稻田大学	3	0	2	5	4	0	1
庆应义塾大学	3	3	2	8	5	4	0
广岛大学	2	1	8	1	0	0	0
筑波大学	13	2	3	1	1	1	4

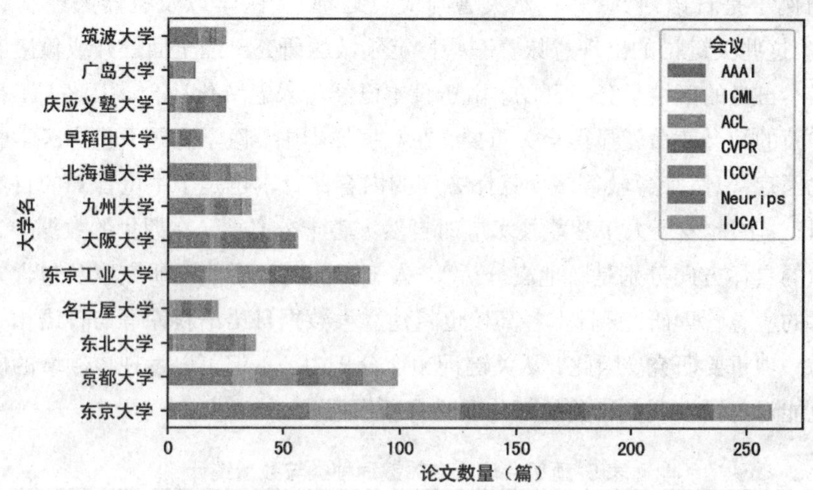

图 4　2012—2018 年日本主要大学会议论文组成统计

（五）基于词云（word cloud）的顶级会议论文关键词频次统计

通过研究数据样本内不同论文中出现的关键词种类及其出现频次，可以系统性地探索论文相关学科领域研究主题的热点分布及学科进展，同时也可以总结规律或发现具有潜在影响力的新兴技术或者研究方法。表 5 将数据样本中出现的各个领域的关键词，按照种类和数量进行了统计梳理。在图 5 中，关键词都已用中文表示，其面积大小代表其出现频率的多少。可以从图 5 中清楚地分析到，机器学习和数学优化两大关键词占了整个图的较大面积，这说明这两大领域是日本近年来研究的热点区域，成果也最丰富，大多集中于解决机器学习理论问题与设计更好的数学优化问题算法。此外，可以看到模式识别、计算机视觉、自然语言处理也占了较大比重。这说明，在这之中，图像与视频处理、语言模型构建、机器翻译、计算摄影和数据挖掘技术是日本各大学的研究重点。通过图 5 还可以观察到，近年来大热的深度学习、强化学习、度量学习等众多“学习”方法，以及从经典的卷积神经网络、循环神经网络到近来持续大热的生成对抗网络和图神经网络都在上图中出现过，这则可以反映出日本各主要大学在人工智能发展新时期仍然紧跟时代潮流，走在学术研究和技术研发的前列。

除去通用的领域之外，图 5 中可以发现一些符合日本自身特点与需求的项目。

典型的例子是日语研究[①]、自然灾害与应急处理[②]、医学以及机器人控制和群体智能[③]。这些关键词的出现意味着一些特定领域的研究已经全面展开或付诸实践，这与日本自身的国情是分不开的。由于日本已经步入老龄化社会，因此人工智能在医学方面的社会使命就显得至关重要，在数据样本中，医学主题下包含医学影像[④]、个性化医疗[⑤]、医疗急救等多个具体方面的内容；日本也是个举世皆知的自然灾害多发国家，因此发展人工智能技术应对自然灾害十分必要。在搜集的数据中，涉及这方面的具体方向分别是：地震分析[⑥]、人工智能与社会能源研究以及包含人工智能技术的应急管理研究；日本各高校也将建立大数据日语语料库等与日语相关的项目作为一项重要研究。因此，从关键词频次分析中，不但可以发现该领域的研究重点，也能对与国家利益相关的部分项目有所掌握。

表 5 顶级会议论文关键词种类与数量统计

关键词	数量	关键词	数量
启发式	10	数学优化[⑦]	121
数学经济学	6	智能决策支持系统	1
深度学习	14	主动学习	5
食品科学	13	机器学习	55
信息检索	5	联合学习	1

①Takuya Matsuzaki, Takumi Ito, Hidenao Iwane, *Hirokazu Anai：Semantic Parsing of Pre—university Math Problems*，Nagoya University，in 2017 Meeting of the Association for Computational Linguistics.

②Xuan Song, Quanshi Zhang, Yoshihide Sekimoto, *Ryosuke Shibasak：Intelligent system for urban emergency management during large—scale disaster*，The university of tokyo，in 2014 National Conference on Artificial Intelligence.

③James Everett Young, Kentaro Ishii, Takeo Igarashi, *Ehud Sharlin：User—centered programming by demonstration: stylistic elements of behavior*，University of Tokyo，in 2013 International Joint Conference on Artificial Intelligence .

④Qiuyu Chen, Ryoma Bise, Lin Gu, *Yinqiang Zheng：Virtual Blood Vessels in Complex Background Using Stereo X—Ray Images*，Keio University，in 2017 International Conference on Computer Vision.

⑤Ikko Yamane, Florian Yger, Jamal Atif, *Masashi Sugiyama：Uplift Modeling from Separate Labels*，University of Tokyo，in 2018 Neural Information Processing Systems.

⑥Ken—ichi Fukui, Daiki Inaba, *Masayuki Numao：Discovery of Damage Patterns in Fuel Cell and Earthquake Occurrence Patterns by Co—Occurring Cluster Mining*，Osaka University，in 2014 National Conference on Artificial Intelligence.

⑦数学优化中包括：数学、凸优化、最小生成树、遗传规划、近似算法、核方法、组合优化、贪心算法、数学分析等。

续表

众包	22	计算机视觉	101
视频处理①	13	图像识别	5
人类计算	7	特征降维	3
聚类分析	25	万维网	3
社交网络	9	实体识别	2
自然语言处理	77	知识管理②	9
图神经网络	2	生成对抗网络	9
超分辨率	4	可穿戴设备	9
活动识别	1	医学③	11
卷积神经网络	22	数据挖掘	34
贝叶斯	27	离散数学	13
模式识别	106	非负矩阵分解④	20
管理科学	7	多智能体控制	1
推荐系统	3	注意力机制	5
短语⑤	2	社会学	8
小样本	4	非线性系统	10
强化学习	13	语音识别	4
搜索算法	7	质量控制	2
人机交互	6	认知科学	4
马尔科夫过程	11	资源分配（计算机）	2
分布式计算⑥	3	自然灾害应急管理	1
增量学习	2	情感分析	8
度量学习	5	统计关系学习	2
音乐	2	在线学习	4
自动编码器	9	新数据集	11

①视频处理中包括：视频跟踪、视频去噪。
②知识管理中包括：知识表示与推理、知识提取。
③医学中包括：糖尿病、卫生保健、医疗急救、个性化医疗、医学影像。
④非负矩阵分解包括：奇异值分解、回归分析、玻尔兹曼机、主成分分析、支持向量机、随机森林。
⑤短语包括：词汇、句子、语言模型、语言学、词嵌入、语言风格。
⑥分布式计算包括：云计算、并行计算、实时计算。

续表

光流	2	无监督学习	7
生成模型[①]	8	图像恢复[②]	7
视觉问答	4	计算摄影[③]	14
生物学	3	特征提取	16
增强现实	4	自动驾驶	4
人脸识别	7	鲁棒性	11
场理论	4	目标检测	10
辐射校准	4	雷达卫星图像	2
行人追踪	1	三维重建	5
计算机图形学	3	运动估计[④]	1
弱监督学习	5	循环神经网络	6
多任务学习	4	机器翻译	11
日语博客[⑤]	1	汉语	1
旅游评论	3	错误检测与纠正	5
分析化学	2	组合学	3
学徒学习	1		

图 5 顶级会议论文关键词频次统计词云（word cloud）图

---

①生成模型包括：统计模型、实体建模、偏好建模。

②图像恢复包括：图像处理、3D 目标识别、图像分割、图像分类、图像去噪、图像压缩、图像增强、图像重建。

③计算摄影包括：运动快门、立体相机、光度立体法、高光谱成像、水下摄像机。

④运动估计包括：姿态估计、动作识别、人体部位追踪。

⑤日语博客包括：日语网页、日语谓词、日语语料库。

四、核心期刊发文情况的统计分析

（一）时间序列总发文量统计

经过数据收集，在 Microsoft Academic 检索出的日本主要高校 2012—2018 年以来在人工智能有关领域的相关核心期刊上发表学术论文总计 270 篇。通过时间序列的分析可以看出，2012—2014 年，日本各大主要高校在相关核心期刊上研究与发表论文量整体比较稳定，并没有出现较大波动或涨幅。同时，在这个时间段的比较中，2014 年的总发文量同比之前的一年出现轻微的减少现象，其原因可能是在泛人工智能、计算机视觉等领域的研究还处于初级阶段，因此学术研究的相关数据及成果还在不断积累。并且，论文的总量相对较少，所以较小的实际数量差距（37 篇与 38 篇）对比会在图上较明显地表示出来。同样，在图 6 中，第一个明显的数据陡增出现在 2015 年，在 2015 年一年的时间里，日本各大主要高校在相关核心期刊上的发文量总数为 48 篇。随后的 2016 年相较于前一年有较大的回落，但依然高于 2012—2014 年学术研究刚起步的时期。在 2017 年，各大主要高校发文量又有了明显回升，这也可以理解为是学术研究逐渐走向成熟以及学科建设不断取得进展的成果。由于总量相较于会议论文的数量偏小，所以在作图时微小的数量差异在纵坐标的体现较为显著，这也是图 6 中 2018 年数据回落的一个解释。

一个学科的年度发文量，一定程度上可以反映出该年度学科的建设水平与研究成果的数量。表 6 对应着日本各年度的高校在相关核心期刊上的发文总量。从图 6 中可以明显看到，2012—2018 年日本人工智能研究经历了起步的稳定增长期与技术相对成熟后的飞跃期，上文提到，2017 年日本相继发布了《人工智能技术战略》与《人工智能研究开发目标及产业化路线图》等多个战略，正是由于日本政府在顶层设计、方案实施以及发展指导上做出了相应的部署与详尽的规划，所以均该阶段的人工智能学术研究受到了政府较多扶持与帮助，实现学术成果的陡增也就顺理成章了。

表 6 日本主要高校核心期刊发文量/篇

年份	2012	2013	2014	2015	2016	2017	2018
发文量（篇）	36	38	37	48	37	46	28

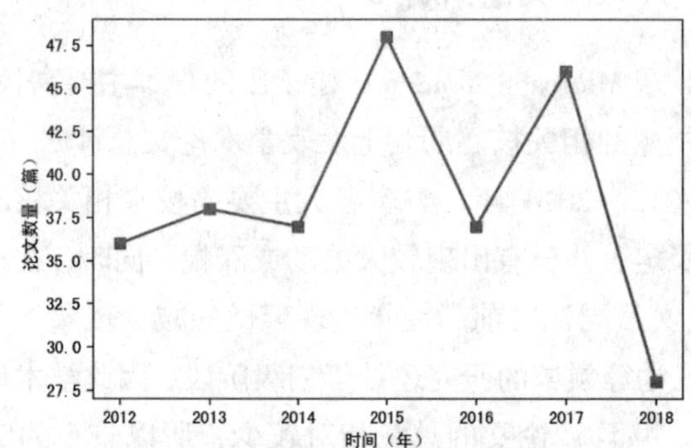

图 6 全日本期刊论文发表情况——年份统计

（二）主要高校核心期刊论文发表情况统计

通过对日本主要高校 2012—2018 年在人工智能领域相关核心期刊发表的论文总量进行统计分析，可以更清晰地对日本高校在特定方向研究中的表现情况与整体学科建设优势布局状况进行分析。通过表 7 可知各主要高校在 2012—2018 年在专业核心期刊上的总发文情况。由图 7 可较明显地发现，在 2012—2018 年，各大高校中东京大学的表现最为优异。这一情况与上文中统计会议论文出现的情况相似。在核心期刊论文发文量方面，其单独或合作总发文量占据统计样本数据的 25.74%，占有率接近于第二名大阪大学的两倍，而在数量上领先于第二名大阪大学与第三名东京工业大学论文量的总和。通过数据的详细对比可发现东京大学在人工智能学科建设的优异表现，将其比喻为日本人工智能领域的领军学校十分恰当。与上文中顶级会议论文量统计的情况有所不同，在相关核心期刊的发文量统计方面，大阪大学的表现比上文中的京都大学与东京工业大学更加优秀。大阪历来繁荣，作为一个商业城市蓬勃发展，并不断寻求接受新的想法。所以大阪是一个培养新挑战的精神和意愿的地方，也被选为 2019 年 G20 峰会以及 2025 年大阪—关西世博会的举办地。东京工业大学表现仍然很稳定，其发文量占比同样超过 10%，排在各大高校的第三名。京都大学则以2篇之差排在总发文量的第四名。同时，在论文发文总量方面，早稻田大学（Waseda University）的表现也较好。其发文量占比为8.82%，已十分接近于10%，在总量方面仅比前一名京都大学少8篇，位列总排名的第5位。

从图7的面积对比可以显著分析出，前五名的东京大学、东京工业大学、大阪大学、京都大学与早稻田大学发文总量接近样本数据总量的 60%。其他高校则在1%—5%上下浮动。通过对表7与图7的分析可以发现，从各主要高校在核心期刊上发表论文情况统计的结果看，日本的发达城市如东京、京都、大阪等在人工智能学科建设与发展上具有较突出的区位优势，这可能与政府宏观经济发展布局、给予的技术优惠政策以及高科技人才聚集有关。当然也可以从侧面反映出日本的人工智能学科建设与学术研究存在一定的教育资源分配不均的现象。

表7 主要高校2012—2018年发表核心期刊论文总量

大学	东京大学	京都大学	东京工业大学	大阪大学	名古屋大学	北海道大学	庆应义塾大学	筑波大学	早稻田大学	东北大学	九州大学	广岛大学
发文量（篇）	70	27	33	36	13	17	7	11	23	8	12	13

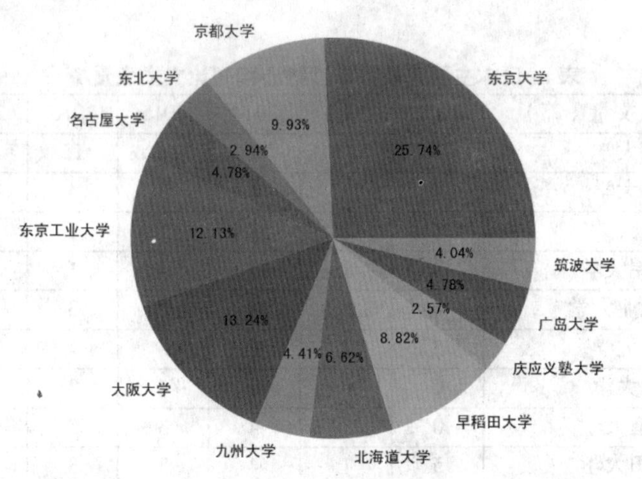

图7 2012—2018年各大高校核心期刊论文发文量占比

（三）主要高校历年核心期刊发表论文数量情况统计

对日本各主要高校历年核心期刊论文发表数量进行详尽的数据统计，有助于直观地分析日本各大高校在人工智能学科建设的具体过程。在表 8 中，各大学历年在相关核心期刊上的发文数量已经罗列出。通过观察图 8 可知，与上文中研究会议论文发文量展现的结果不同，作为研究对象的 12 所大学在 2012—2018 年的发文量出现了前一个阶段陡增、下一个阶段锐减的现象，大部分大学发文量没有十分明显的趋势，曲线曲折程度较大，且出现增多或减少的年份符合上文中分析过的几个时间拐点。此外，2017 年几乎所有参加抽样的大学的发文量基本都有较大提高。与上文中的分析结果相似，2017 年一年中，日本人工智能学界的相关研究取得了成绩。同时，通过对图 8 中的各个单独折线进行分析可以发现，东京大学的发文量曲线的纵坐标是明显高于其他大学的。历年发文量在全部 12 所大学中都是最多的，只有大阪大学与东京工业大学可以在特定的年份接近东京大学当年的水平，其余大学则连东京大学的最低点也未达到。这足以说明，东京大学是日本人工智能学科建设与技术发展的翘楚，也是学术创新与腾飞的重要“发动机”。

此外，我们可以发现，在图 8 中的各条折线反映出各大高校历年发文的变化，是与图 7 中各大高校发表论文总量的折线变化情况相吻合的，数据契合度良好。这同样可以表明，日本在这一个统计阶段中的学科建设与学术成果均取得了不小的进展。

表 8 日本主要高校各年度核心期刊论文发表量/篇

年份/大学发文量（篇）	2012	2013	2014	2015	2016	2017	2018
东京大学	7	15	7	8	12	13	8
京都大学	4	3	4	3	4	6	3
东北大学	1	2	1	1	1	1	1
名古屋大学	3	1	0	4	1	3	1
东京工业大学	4	6	4	8	3	5	3
大阪大学	5	4	4	6	4	4	9
九州大学	0	0	2	4	3	3	0
北海道大学	0	3	4	3	5	1	1
早稻田大学	5	1	4	3	3	7	0
庆应义塾大学	2	0	3	0	1	0	1
广岛大学	5	3	1	3	0	0	1
筑波大学	0	0	3	5	0	3	0

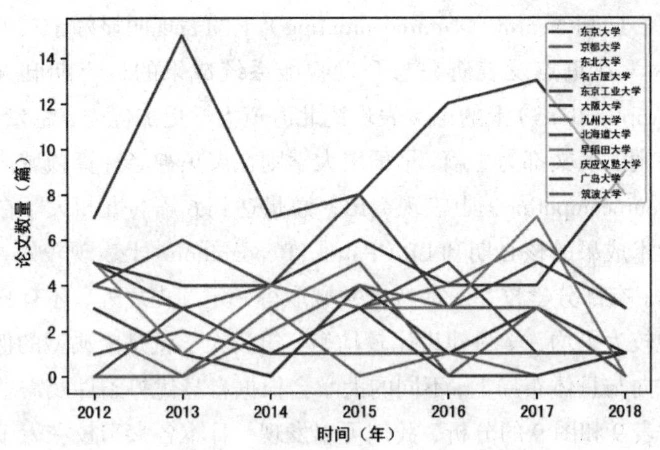

图 8 日本主要大学期刊论文发表情况——年份统计

（四）主要高校各相关核心期刊论文分布统计

因为人工智能领域的各大核心期刊的专业方向以及议题设置不同，所以对主要高校在各大相关核心期刊上的论文分布情况进行整理分析，有利于更加直观地接触不同高校的重点研究领域，同时也容易在大数据支撑下总结不同大学的研究偏好以及合作项目的规律。在表 9 中，各主要高校在不同的核心期刊上发表论文情况已经被详细罗列。而图 9 中，横轴代表的是论文发表总量，纵轴则是大学名称依次排列，并按不同的颜色对同一大学在不同的核心期刊上发表的论文数量进行分类展现。观察图 9 可知，东京大学、大阪大学与东京工业大学在核心期刊上论文的分布情况中表现较为优异，在涉及泛人工智能、计算机视觉与模式识别的相关期刊上都有学术成果发表。其中东京大学不仅在数量上占有绝对优势，而且在论文领域也十分宽泛与全面。

除上文所提的三所综合表现较强的大学之外，也有一些大学在特定领域表现突出。例如由表 9 和图 9 可知，名古屋大学在致力于生物医学成像应用工作的核心期刊 MIA（Medical Image Analysis）上表现十分突出，而在其他方面则表现一般。同样的情况也出现在北海道大学和广岛大学。其中北海道大学在重点发表研究与开发智能系统成果的核心期刊 ESA（Expert Systems With Applications）及聚焦神经计算领域成果的核心期刊 NeuroC（Neurocomputing）上的表现明显好于其他方向的有关期刊。广岛大学在重点发表研究与开发智能系统成果的核心期刊 ESA（Expert Systems With Applications）上的论文表现比北海道大学更加优秀，总量达到了 8 篇，平均每年在该刊上发文都为 1 篇。早稻田大学则在聚焦神经计算领域成果的核心期刊 NeuroC（Neurocomputing）上表现突出，总量达到 6 篇。九州大学在主要发表模式识别领域学术成果的核心期刊 PR（Pattern Recognition）上表现较好，论文发表总量为 7 篇。除了有部分学校在一些特定领域取得一定领先之外，还有一些学校在各项研究中表现较为平均，学科建设比较均衡。筑波大学就是个典型的例子。这说明在学术研究方向与具体布局上，不同的大学会根据自身优势条件及需求进行调整与规划。通过对表 9 和图 9 的分析，我们可以发现，日本各大高校在人工智能研究中的偏好方向优势与领域是不尽相同的。此外，结合前文中的叙述与分析也可以发现，像东京大学、东京工业大学、大阪大学等综合性大学学术研究的面更加宽泛，成果分布更显平均。而其他学校则各有侧重，在部分领域甚至表现好过前文提到的总体表现更好的综合性大学。因此，基于上述分析我们可以得出结论，日本的人工智能学科建设在不同高校中情况存在差异，主要表现在重点研究方向的选择上。

表 9 主要高校各相关核心期刊论文数量统计/篇

核心期刊/大学发文量（篇）	ASC	ESA	IEEE TFS	IEEE TSMC	KBS	NeuroC	JMLR	IEEE TIP	IEEE TPAMI	IJCV	MIA	PR	CL
东京大学	2	8	0	2	1	13	8	4	16	6	4	6	0
京都大学	1	7	0	4	1	4	2	2	3	0	1	2	0
东北大学	0	0	0	0	4	1	0	0	1	1	1	0	0
名古屋大学	0	2	0	0	0	0	1	2	0	0	8	0	0
东京工业大学	0	9	2	2	1	6	6	6	4	0	0	3	0
大阪大学	0	5	0	4	2	3	1	5	6	3	0	7	0
九州大学	0	0	0	1	2	1	1	0	0	0	0	7	1
北海道大学	0	4	0	0	1	5	0	2	1	0	0	4	0
早稻田大学	3	6	1	1	0	6	0	2	1	3	0	0	0
庆应义塾大学	1	2	0	0	0	2	0	2	0	0	0	0	0
广岛大学	0	8	0	0	1	1	0	0	1	0	0	2	0
筑波大学	1	0	0	0	1	3	0	3	1	0	1	1	0

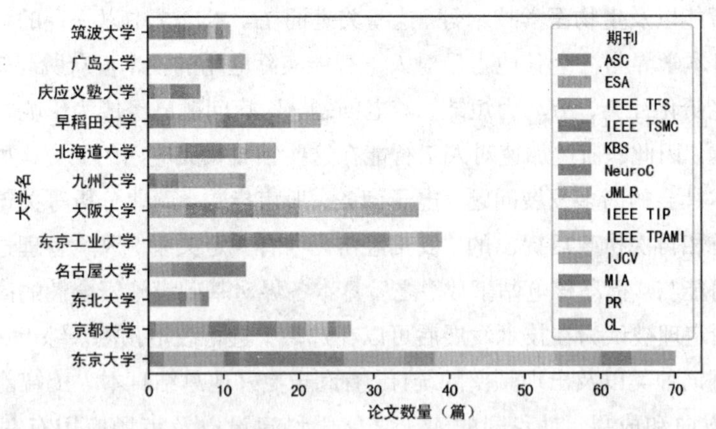

图 9　2012—2018 年日本主要大学期刊论文组成统计

（五）基于词云（word cloud）的核心期刊论文关键词频次统计

通过研究检索到的所有期刊数据样本内不同种类论文中出现的关键词大方向与其出现频率的高低，可以总结归纳出一个特定时间区间中日本人工智能学界研究的热点问题与国家大力扶持的重点研究课题，此外也有助于对下一个阶段学术成果聚集式出现做出提前预测与应对。表 9，将样本中所有论文里出现的各个领域的各类关键词，进行了较系统地梳理。图 10 中，关键词都已经用大小不同的中文显示出来，同上文的词云图原理相同，关键词面积的大小与其在样本论文中出现的频率成正相关。在图 10 中，机器学习和模式识别这两大关键词面积较大，这很好地说明了在这一阶段日本研究的重点与热点方向为机器学习类与模式识别类，这些研究也取得了丰硕的成果，解决了很多机器学习理论应用与计算机视觉的问题。同时，在图中的数学优化、计算机视觉、数据挖掘、模糊逻辑等关键词面积也很可观。这意味着，在这之中，日本各主要高校这一阶段在大数据样本挖掘技术、深度学习与自动识别技术等方面有所突破。

此外在图 10 中我们还能发现，日本主要高校的研究方向不仅仅只有最普遍的“深度学习”“监督学习”等人工智能基本技术，还有具有日本特点的方向——投资策略、风险管理、股市指数、可穿戴设备、人力资源管理、三维重建、机器人控制与群体智能以及生物医学技术等。这些关键词在学术论文中以一定的频率反复出现，说明日本学界与社会其他力量对人工智能实际应用的技术。众所周知，日本已经步入了老龄化社会，劳动力短缺、养老问题、医疗问题已经成为影响社会繁荣与稳定的问题。因此，通过加速对人工智能在这些领域相关应用的研究，可以尽快解决困扰日本社会的诸多发展问题。电子商务、股市指数、商业分析等关键词的出现也与日本首相再次执政后提出的"安倍经济学"有一定关系。风险管理这一关键词的出现也可能与"福岛核电站事故"之后日本各界对基础设施安全性的高度关注有关。贝叶斯定理被认为在技术发展后可以在选举中进行政治预测。综上，我们发现通过对关键词种类以及出现频率的统计，有利于更好地总结日本人工智能研究与应用的具体方向和成果，对我国的人工智能学科建设以及市场应用有一定的借鉴作用。

表 10 核心期刊论文关键词种类与数量统计

关键词	数量	关键词	数量
机器学习	133	模式识别	120
计算机视觉	55	数学优化	122
数据挖掘	24	聚类分析	17
自然语言处理	23	模糊逻辑	24
鲁棒性	15	卷积神经网络	10
人工神经网络	9	投资策略	10
特征提取	10	非线性系统	10
运动估计	8	机器人控制与群体智能	10
知识表示与计算	17	线性规划	14
稀疏近似	7	子空间拓扑	7
图像处理	20	可视化	9
计算摄影	22	弱监督学习	5
建模方法	5	三维重建	11
新数据集	5	生物医学工程	5
判别模型	5	行人检测	4
机器翻译	4	众包	3
贝叶斯	11	搜索算法	5
视频处理	5	风险管理	5
智能决策支持系统	5	深度学习	5
强化学习	5	概率逻辑	7
计算机理论	12	专家系统	4

续表

离散数学	7	自适应系统	4
马尔可夫过程	4	干涉合成孔径雷达	4
计算机网络	3	线性系统	4
线性系统	5	敏感性分析	2
经济学	9	随机性	4
启发式	5	潜变量模型	5
分布式计算	3	人力资源管理	1
教育学	1	人脸识别	1
电子商务	1	精算学	1
可穿戴设备	1	虚拟现实	1
商业分析	1	股市指数	1

图 10 核心期刊论文关键词频次统计词云（word cloud）图

（六）样本论文合作机构分布网络统计

通过对在会议论文及期刊论文中与主要高校进行学术合作的机构进行分析，有助于对日本人工智能研究的机构分布态势与水平做整体把握。图 11 是进行分析的网络可视化结果。在网络图中，每个圆形节点表示论文发表的单位（大学/机构），节点之间的连线表示相连的两个大学/机构间有论文合作关系，节点的大小正比于该大学/机构的“度”，与该节点合作过的大学/机构越多，该节点的度越大，面积也越大。边的宽度则代表合作次数的多少，边越宽，表示相连的两个机构之间合作过的次数越多。由图 11 可知，前文中发文量较多的几所大学——东京大学、京都大学、东京工业大学与大阪大学都拥有较大的“度”，十分直观的说明了这些大学的学科建设水平在整个日本都是处于领先地位的。同时，在非大学的合作伙伴中，国家信息学研究所、国家先进工业科学技术研究所作为国立科学机构表现较为突出，与二者关联的大学与科研机构同样数量众多。此外，在非学术机构中，以 IBM、日本电报电话株式会社、微软等知名企业表现较为突出。在合作机构的整体分布中，除了日本的本土大学、国家机构与企业之外，也有较多外国知名高校与企业也出现在了合作名单中。例如，中国的北京大学、清华大学、复旦大学、南开大学等知名高校以及众多美国高校、企业都与作为研究样本的 12 所日本主要高校有过学术合作。这也能从侧面反映出人工智能的国际化发展趋势以及相关国家的研究分布。

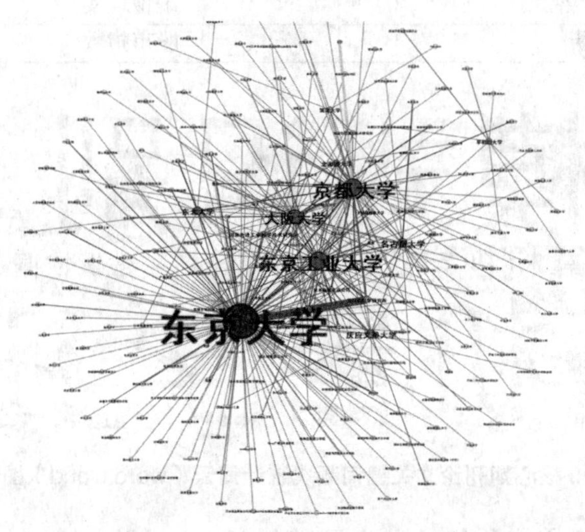

图 11 Gephi 高校合作机构分布网络图

结　语

人工智能技术可以创造巨大的生产力，未来影响不可估量。日本素来重视“科技立国”，是个信息化程度很高的国家。在大数据与人工智能发展的大潮中从不落后于其他国家。本文借助文献计量法、数据挖掘以及统计可视化的方法，对 Microsoft Academic 引文数据库中收录的 2012—2018 年日本 12 所主要高校在 7 个人工智能顶级会议上发表的文献以及 13 种人工智能领域核心期刊发表的论文进行数据获取与统计分析。通过对日本年度总发文量、各大学论文发表情况、在各大会议占比、主要合作机构以及关键词频次统计，得出结论如下：

第一，从时间序列结果来看，日本在世界人工智能第三次发展浪潮中紧随时代潮流前进，该领域总体文献与成果数量呈现逐年增长趋势，且在 2017 年发生了数量上的质变，这与日本政府加紧顶层战略设计是分不开的，同时各大高校的合作机构中大量出现了日本的国家信息机构与国家重点部门，说明了政府对人工智能研究与应用的高度重视。在 2017 年之后，日本人工智能研究的成果已经逐步显现，这说明了其总体战略规划和具体实施的成功；第二，人工智能研究逐渐发展成熟，并出现了多个热门的研究主题，其中机器学习、数学优化、模式识别等领域是最热门的研究方向。日本也因此可以将众多的研究成果投入到大规模应用中。并且可以根据日本本国的具体国情进行技术的选择。在人工智能技术不断发展的这一阶段，利用相关技术甚至可以实现政治系统的信息传递和战略预警，未来人工智能技术甚至将从商用过渡到政治方面；第三，日本人工智能的学科建设已经初具规模，在这一阶段已经逐渐形成东京地区“一超”其他地区“多强”的争鸣局面，未来本土的学术带头角色大概率将由东京大学担任（学术成果与数据总量的 50%最接近），东京工业大学、大阪大学等大学同样表现优秀。但是通过研究也可以发现，不同大学及研究机构的学术资源并不平均，这或许会成为制约日本人工智能技术未来发展的一个影响因素。

大数据以及人工智能技术已经在很大程度上改变了人们的生活方式，人类理解世界、认识世界的方式也发生了巨大变化。作为我国的主要邻国及国际社会中的重要国家，日本旨在从人工智能的发展大潮中抓住提振经济的机遇及经济转向的新引擎，这个目标是毋庸置疑的。所以应该对日本的相关学科建设情况、发展趋势与热点研究领域做到及时了解与掌握。这样，一方面可以加强与日本相关机构的合作，提高我国人工智能技术的研究水平；另一方面则可以借鉴日本在本领域的经验与不足，达到全面发展的战略目标。

（作者：姬世伦，战略支援部队信息工程大学硕士研究生；武与伦，国防科技大学硕士研究生；徐万胜，战略支援部队信息工程大学教授）

编 后 记

2019 年适逢新中国成立 70 周年。70 年来，南开日本研究学人在新中国日本研究的奠基者之一吴廷璆先生的带领下，奋发努力，勇攀高峰，一直走在全国日本研究的前列，为我国的日本研究事业做出了积极贡献。为此，本书特设专栏，展现了不同时期南开日研学者的学术成果，表现出南开日本研究薪火相传、生生不息的光荣传统和美好未来。

本书收录了不少有特色的研究成果。如毕世鸿关于日本“大东亚共荣圈”构想与“南方共荣圈”关系的研究，让我们进一步加深了对日本与东南亚关系的了解。李国栋对中国学者关于稻作东传研究的评介，有助于深化日本稻作文化的研究。松浦正孝对田村省藏亚洲主义的研究别开生面，他将村田的亚洲主义归结为“实业亚洲主义”，反映了村田乃至日本关西地区亚洲主义的特征。而马成三结合自己亲身经历对改革开放 40 年与中日经济关系的论述，很有深度，特别是对中日实力冷静客观的分析对比，耐人深思。

《南开日本研究 2018》上刊载的孙歌研究员《竹内好的亚洲观及其时代脉络》的论文，是作者在 2017 年 6 月 17 日召开的日本东方学会创立 70 周年纪念大会上的演讲稿的基础上充实而成，其演讲的英文翻译版，已发表在 2019 年 8 月出版的东方学会会刊 *Acta Asiatica* 第 117 期上，特此说明。

两篇日文译稿中的个别词语，根据中国的出版规范要求进行了调整，特此说明。

最后，衷心感谢各位作者对本刊的大力支持，感谢岳勇编辑的辛勤劳作。

编者